# Les banques centrales : acteurs politiques ?

XVIIIe-XXIe siècles

Graphisme Hugues Vollant

Sous la direction de

Michel Margairaz
et Olivier Feiertag

# LES BANQUES CENTRALES : ACTEURS POLITIQUES ?

## XVIIIe-XXIe SIÈCLES

SPM

Cet ouvrage doit beaucoup à la vigilance scrupuleuse
de Marie-Claude Esposito et de Thierry Claeys
dans les différentes étapes de sa mise en oeuvre.


ISBN : 978-2-37999-224-7
Dépôt légal : avril 2026
Éditions SPM 16, rue des Écoles 75005 Paris
Tél. : 06 86 95 37 06
courriel : lettrage@free.fr – site : www.editions-spm.fr

DIFFUSION – DISTRIBUTION : L'Harmattan
5-7 rue de l'École-Polytechnique 75005 Paris
Tél. : 01 40 46 79 20 - télécopie : 01 43 25 82 003
site : www.editions-harmattan.fr

# Introduction

**Michel Margairaz**
Université de Paris I Panthéon Sorbonne
IDHE.S UMR 8533
Mission historique de la Banque de France

Cet ouvrage a été composé à partir des actes d'un colloque scientifique international, qui s'est tenu dans l'*auditorium* Jacques Delors – inauguré peu auparavant – de la Banque de France, les 5 et 6 décembre 2024, sous le même titre. Le volume qui en résulte se décline sur vingt-cinq chapitres répartis en six parties, comprenant des études originales, présentées, rédigées, introduites et conclues par plus de trente auteurs et autrices de différentes disciplines, qu'ils ou elles soient économistes, juristes, politistes, historiens, historiennes[1].

Nous avions pris délibérément le double parti du temps long – du XVIII^e^ au XXI^e^ siècle – et de l'espace mondial, cadre estimé comme le plus favorable pour *historiciser* et *mettre en perspectives* la complexité des réalités analysées comme celle de leur formulation par les contemporains. Ainsi, les études réunies ici traitent-elles des banques d'émission ou de banques centrales de plus d'une vingtaine de pays à un moment donné de leur histoire, sans compter les banques centrales régionales, telles que certaines des banques africaines du second XX^e^ siècle ou encore la Banque centrale européenne.

Nous avions également cru bon, dans la dynamique scientifique du colloque comme dans celle des actes, de respecter la chronologie pour l'enchaînement des parties et, plus précisément, de se fonder sur la succession historique des systèmes monétaires internationaux, institutionnalisés ou non, qui scandent ainsi l'évo-

1 Il convient ici de remercier chaleureusement Marie-Claude Esposito pour son rôle guère remplaçable de préparation des textes, et surtout de relecture, en français et anglais, des contributions ainsi que, plus généralement, de la mise en forme du volume.

lution générale et l'organisation du volume, à l'exception des banques centrales coloniales et post-coloniales, traitées dans une (deuxième) partie spécifique. En posant la question sur le fait de savoir si les banques centrales ont été ou sont des « acteurs politiques », nous connaissions l'existence de nombreux travaux et ouvrages de recherches – y compris parmi les actes des colloques précédents, organisés et publiés par la Mission historique de la Banque de France – qui côtoient, au moins partiellement, le sujet. Toutefois, la mise en perspectives larges dans le temps et dans l'espace a permis d'ouvrir de nouvelles questions et de bel et bien y répondre en fournissant des apports originaux nouveaux, grâce également à l'ouverture et au dépouillement de nouvelles archives.

Pour ce faire, nous avions également d'emblée, pour plus de clarté, signalé à tous les auteurs et à toutes les autrices à l'œuvre d'inclure dans leurs analyses l'importance des définitions, à la fois celles qui sont contemporaines des acteurs et d'autres plus tardives, et en particulier la distinction féconde entre *la, le* et *les politiques.*

*La politique* voit s'affronter des acteurs professionnels et/ou institutionnels, reconnus comme tels par les contemporains, qu'il s'agisse des gouvernements, des parlements, des partis, des hommes et femmes politiques.... *Le politique* en revanche peut caractériser des pratiques et des acteurs, bien au-delà de celles et ceux de *la politique,* à travers des engagements au contenu jugé indirectement socio-politique *a posteriori* par des acteurs ou des chercheurs de sciences sociales. Enfin, *les politiques* désignent les politiques publiques dans leur diversité, qu'il s'agisse de la politique monétaire, de celle du crédit, mais aussi plus largement, de la politique financière, économique, sociale, culturelle..., nationale ou internationale. Cette manière de *déglobaliser* la notion d'acteur politique a permis, espérons-nous, de mieux cerner la complexité des relations entre banques centrales et politique, et notamment de surmonter certaines impasses et fausses oppositions et de proposer ainsi de nouvelles lectures.

PREMIÈRE PARTIE

# « Préhistoire des banques centrales et étalon-or »

**Ghislain Deleplace**
Université Paris 8-LED

Six textes ont été discutés lors de cette session, dont cinq sont reproduits ci-après[1]. La première communication, par Louis Pons, a pour objet d'examiner le rôle qu'ont joué « les conflits politiques » dans le fait que les révolutionnaires ont « tourné le dos » à la Caisse d'escompte et adopté « un papier-monnaie à cours forcé » : l'assignat. Pour cela, sont examinés des discours prononcés à l'Assemblée nationale, des délibérations de la Commune de Paris, et des publications exposant des plans de réforme. L'existence de conflits politiques conduit à s'interroger sur la possibilité que la pénurie de monnaie ait été instrumentalisée par certains acteurs politiques contre la Caisse d'escompte et en faveur de l'assignat. Mais de quelle pénurie de monnaie s'agit-il ? On pense évidemment à celle pour l'État, c'est-à-dire au crédit public. C'est ce qui intéresse Dupont de Nemours, cité par Louis Pons. Mais il y a aussi la pénurie de monnaie dans le circuit privé, c'est-à-dire l'insuffisance de la quantité de monnaie par rapport aux besoins de l'économie, à laquelle sont censés remédier les plans de Ferrières et de Caille. Encore faut-il alors poser la question : les besoins de qui ? Quand le banquier Kornmann accuse la Caisse d'escompte d'être responsable de la fuite de l'or et de l'argent à l'étranger, il exprime les besoins du grand commerce et des banquiers nationaux, injustement privés de cette monnaie d'or et d'argent. Mais quand Brissot et surtout les sections de la Commune de Paris appellent à la création de billets de faible dénomination, ce sont les besoins de la population qu'il s'agit de satisfaire.

Puisque la citation de Dupont de Nemours, mise en exergue du texte, fait le parallèle entre la Caisse d'escompte et la Banque d'Angleterre, il est intéressant de noter que le même débat autour des petites coupures se déroulera quinze ans plus tard en Angleterre, pendant la période d'inconvertibilité. La Banque d'Angleterre freine alors des quatre fers dans le rôle d'émetteur de la monnaie du peuple. Ce débat est mené dans le cadre théorique fixé quarante ans plus tôt par Adam Smith, qui distingue la circulation monétaire « *between traders* » (les entreprises, le grand commerce et les banques) et celle « *between traders and consumers* » (qui concerne la population dans son ensemble). Si le billet de la Banque d'Angleterre, émis par l'escompte des effets de commerce, est adapté à la première, il ne l'est pas à la seconde. Même si cette distinction analytique n'est pas formulée dans la France de 1789, elle est utile pour nous quand il s'agit de comprendre l'exigence formulée par les représentants du peuple d'une autre monnaie que le « billet de caisse ». Certes, on ne pouvait reprocher à la Caisse d'escompte de ne pas satisfaire un besoin pour lequel elle n'avait pas plus été créée que la Banque d'Angleterre. Mais l'expression politique de cette plainte quant à la pénurie de

1 Le dernier, "Walter Bagehot and Central Bank Governance: Lessons from *Lombard Street* (1873) ", de Nesrine Bentemessek Kahia et Rebeca Gomez Betancourt, a été accepté pour publication par *The European Journal of the History of Economic Thought* et n'est donc pas reproduit ici.

monnaie du peuple rejoignait sans le savoir une exigence économique fondée. Reste à savoir si l'assignat constituait une réponse appropriée à cette exigence, mais c'est une autre question.

La deuxième contribution, par François de Coustin, en s'appuyant sur la correspondance de Napoléon Bonaparte et les procès-verbaux du Conseil général de la Banque, montre que les attentes du premier vis-à-vis de la seconde seront durablement déçues. Au début, Bonaparte cherche à faire pression sur les régents par l'intermédiaire de son ministre du Trésor afin d'obtenir les financements dont il a besoin, une pression qu'ils parviennent cependant à esquiver. Cette situation perdure après l'avènement de l'Empire, jusqu'à ce qu'en 1806 Napoléon décide de reprendre les choses en main par la loi, qui lui permet de nommer à la tête de la Banque un gouverneur et deux sous-gouverneurs de confiance. Les relations « gagnent en fluidité » comme l'écrit Coustin, d'autant plus que Napoléon utilise son nouveau Ministre du Trésor, Mollien, pour faire passer avec fermeté ses messages au Conseil général. La Banque y oppose néanmoins une certaine résistance, par exemple à propos de la baisse du taux d'escompte à 4 %, quand ce n'est pas Mollien lui-même qui résiste, comme à propos de la création de succursales en province. Ces résistances conduisent Napoléon à se lasser, et après 1810 il se résigne à ne pas avoir « (...) obtenu ce qu'il voulait, à savoir un instrument docile de financement de ses guerres ».

Ce texte met en scène avec brio, à propos de l'activité de la Banque, la tension entre un amateur intéressé (au sens propre) et des professionnels de la finance privée, le lien entre ces deux pôles étant assuré par le ministre Mollien. L'image qui en ressort est celle d'un déséquilibre, non pas en faveur du pouvoir politique, quelque fort soit-il, mais en faveur des professionnels, qui par leur maîtrise et leur emprise dans leur domaine ont la capacité de résister aux pressions de ce pouvoir au point qu'il se lasse d'intervenir. Cette situation appelle au moins deux questions.

D'une part, bien qu'amateur, Napoléon Bonaparte montre dans la correspondance citée une connaissance des détails techniques de l'activité de banque dont on imagine qu'il ne l'a pas acquise à Brienne. Si l'influence de Mollien fut déterminante, elle n'a pas dû être la seule puisque des désaccords se manifestèrent entre eux. Napoléon avait-il en la matière d'autres conseillers qui, avant même que ses exigences fussent transmises à Mollien, pouvaient les formuler dans des termes appropriés, voire suscitaient chez lui des attentes que son génie seul ne pouvait concevoir ? D'autre part, avec le recul que permet le travail de l'historien, peut-on affirmer que ces exigences et ces attentes étaient mal fondées, voire infondées, comme le prétendait la Banque ? Était-il si inconséquent, pour l'économie en général et pas seulement le Trésor, de souhaiter qu'elle cessât d'être « Banque de Paris au lieu d'être Banque de France » ? Était-il si justifié pour la Banque, dans les circonstances de l'époque, de renâcler à la création d'une succursale à Lille au motif que « (...) les négociants [y] ignoraient la véritable nature du régime et des opérations de la Banque » ? Au-delà de la question économique évoquée *supra* sur la place d'une banque d'escompte dans l'ensemble de la circulation monétaire, ce texte conduit à s'interroger sur la question *politique* de la légitimité de professionnels de la finance utilisant le privilège d'émettre une monnaie pour consolider leurs positions privées.

La troisième communication, par Pilar Nogues-Marco, étudie successivement le système des paiements par lettres de change intérieures fonctionnant avant l'attribution du monopole d'émission à la Banque d'Espagne en 1874 et les conditions de cette attribution. Il en ressort que, non seulement le système avec banque centrale ne fut pas issu du système « décentralisé » antérieur, mais que la localisation à Madrid de la banque attributaire du monopole ne peut s'expliquer par le rôle de cette place dans ce système. Il en découle, selon l'auteur, que c'est l'aspect politique qui a été déterminant dans l'émergence de la banque centrale, et que les prêts à l'État y ont dominé la logique des paiements privés.

Une première interrogation concerne le fonctionnement du système des paiements intérieurs avant 1874 et son devenir après cette date. Ce réseau dont le texte montre la densification dans le demi-siècle précédent était-il géré par les banques provinciales (auquel cas il y avait un lien entre les billets qu'elles émettaient et les lettres de change intérieures) ou par des marchands-banquiers spécialisés (auquel cas la séparation entre la lettre de change intérieure et le billet pouvait être un facteur d'inefficience de ce réseau) ? Et qu'est devenu ce réseau après 1874 ? Les lettres de change intérieures ont-elles été remplacées par les billets émis par la Banque d'Espagne ?

Une seconde interrogation concerne l'insertion du système des paiements intérieurs dans le contexte international. Selon l'ouvrage de référence d'Ernest Seyd daté de 1868, *Bullion and Foreign Exchanges, Theoretically and Practically Considered,* Madrid était alors la seule place espagnole échangeant des lettres avec Londres et Paris. Par rapport aux villes (telles que Barcelone ou Santander) prééminentes dans le système intérieur, Madrid pouvait se prévaloir au début des années 1870 d'une antériorité dans le négoce des lettres de change internationales, et cela a pu jouer en sa faveur à un moment où le système monétaire international connaît un profond bouleversement. De plus, selon Seyd, les lettres tirées de Londres étaient payées à Madrid en *hard cash* et non en billets. Cela signifie qu'il y avait à Madrid une connexion, qui ne se retrouvait nulle part ailleurs entre le marché des lettres de change internationales, le monnayage des pièces d'or et d'argent, et la convertibilité des billets de la banque d'émission. Cette connexion ne doit-elle pas être prise en compte, en plus du rôle de Madrid comme siège du pouvoir politique, dans la genèse de la banque centrale en Espagne à cette époque ?

La quatrième communication, par Virginia-Anastasia Fournari et Evangelos Prontzas, s'inscrit dans la démarche des avocats du *free banking*, qui considèrent que la Grèce fournit l'un des 62 épisodes de *free banking* observables dans le monde au XIX^e^ siècle. Le texte vise à introduire une dimension non prise en compte dans les études antérieures, à savoir l'expansion territoriale de la Grèce au cours de la période considérée. Les auteurs repèrent alors deux épisodes successifs de *free banking*, l'un avec deux banques après une première expansion territoriale en 1864, l'autre avec trois banques après la seconde expansion territoriale en 1881. Il s'agit donc selon les auteurs d'un *free banking* hybride, puisque ce processus historique engendre une hiérarchie entre ces trois « banques d'émission concurrentielles » en faveur de la première, la Banque nationale de Grèce (BNG).

Bien que le texte ne le précise pas, les cartes géographiques qu'il contient montrent que chaque banque dispose d'un privilège d'émission de billets dans une zone *distincte,* même si les billets émis par une banque peuvent « pénétrer la zone de circulation » d'une autre banque. Autrement dit, il existe une concurrence entre les banques pour la *circulation* de leurs billets dans l'ensemble de la Grèce, mais non en ce qui concerne leur émission, pour laquelle chaque banque dispose d'un monopole dans sa propre zone. S'il en est bien ainsi, la hiérarchie entre les trois banques quant à la part de leurs billets dans la circulation totale (77 % pour la BNG) et dans les réserves des banques n'a rien de surprenant : elle reflète simplement la disproportion entre le poids économique du territoire grec d'origine et celui de ses ajouts ultérieurs.

Est-il alors justifié de parler de *free banking* hybride ? Considéré comme une des variantes du laissez-faire monétaire, le *free banking* suppose non seulement la possibilité pour les utilisateurs de monnaie de choisir dans quels billets se libérer de leurs engagements mais aussi la liberté pour les banques d'émettre ces billets. Il semble difficile d'appliquer cette expression à un système dans lequel chaque banque dispose d'un monopole d'émission dans une région, même si, une fois émis, son billet peut circuler dans une autre région. Cette remarque ne diminue en rien l'intérêt du texte pour la compréhension du processus *historique* dans lequel la constitution du système bancaire au XIXe siècle en Grèce a été influencée par les modifications de frontières. En revanche, la grille de lecture *théorique* de ce processus n'est sans doute pas à rechercher du côté du *free banking,* quelle que soit par ailleurs l'opinion qu'on peut avoir sur la pertinence générale de cette dernière approche.

La cinquième communication, par Ludovic Desmedt pose la question suivante : « Peut-on déterminer quelle est l'impulsion initiale qui déclenche la création d'une banque d'émission ? ». La réponse donnée à cette question dans le texte est sans ambiguïté : « Sur la vingtaine de cas évoqués, ce sont donc surtout les facteurs *indépendance* et *unification* qui impulsent la décision ». Pour le montrer, l'auteur passe en revue la création de banques d'émission dans 23 pays, et il distingue trois périodes : « 1609-1791, l'époque des pionniers » ; « 1800-1846, les banques d'émission à 'l'ère des révolutions' » ; « la généralisation, à partir de 1850 ». Le tour de force que constitue le repérage systématique de ces institutions au moment de leur création est d'autant plus notable que l'expression « banque d'émission » y est prise au sens large puisqu'elle inclut des banques de dépôt et de virement comme la Banque d'Amsterdam, point de départ de cette histoire. La largeur des champs couverts, tant historique (trois siècles) que géographique (l'Europe entière) conduit néanmoins le lecteur à vouloir en savoir un peu plus avant d'accepter la conclusion de l'auteur selon laquelle la création des banques d'émission est plus souvent une affaire politique (la formation ou la défense de l'intégrité territoriale) qu'économique (la structuration d'un système des paiements). Deux directions pourraient être explorées.

En premier lieu, l'intérêt des banques d'émission racontées par l'auteur vient de ce qu'on connaît le début, mais aussi la fin de l'histoire : elles ont disparu ou sont devenues des banques centrales. Mais entre ces points de départ et d'arrivée elles ont certes été des acteurs politiques, mais aussi des acteurs économiques. Qu'est-ce qui, *dans les conditions de leur création*, pouvait les mettre sur cette voie ? L'exemple de la Banque d'Angleterre est significatif : la contrepartie du sauvetage des finances royales que sa création permet est l'obtention d'un monopole d'émission de billets par l'escompte dans un rayon de 65 miles autour de la *City*, point de départ de la position au sommet de la pyramide des paiements en Angleterre qu'elle pourra ainsi acquérir au long du XVIIIe siècle. Qu'en est-il pour toutes les autres banques étudiées ? Existait-il ou non *dans les conditions de leur création* de quoi favoriser leur développement ultérieur comme centre du système des paiements ? Si cet aspect est laissé de côté, on risque de biaiser dans le sens politique la réponse à la question posée par le texte.

En second lieu, on peut pour la même raison regretter de ne pas savoir de façon plus systématique quels types d'actifs étaient monétisés par ces banques d'émission. Les deux termes de l'alternative posée par le texte recouvrent la monétisation de la dette publique ou celle du capital privé sous ses différentes formes (métaux précieux, papier commercial, titres de dette privée, parts de sociétés, créances hypothécaires). Disposer sur les 23 cas étudiés d'une taxinomie de la composition de l'actif de ces banques – ou, à tout le moins, d'une indication sur le type d'actif dominant dans leur bilan – aiderait à consolider ou à nuancer la conclusion du texte. Cela permettrait aussi de lever le voile sur une dimension économique importante de l'intégrité d'un pays : la place de ces banques d'émission dans les paiements internationaux. Car si les gouvernements sont nationaux, le capital monétisé par les banques d'émission est internationalisé.

## ÉPILOGUE

Même si à cette période ancienne les banques d'émission ne sont pas encore des banques centrales, il semble que trois leçons puissent être tirées sur la question de ces dernières comme acteurs politiques.

La première est que cette question conduit à examiner leur rapport aux autres acteurs politiques. Dans des termes modernes, il est vu au prisme de l'indépendance de la banque centrale par rapport au pouvoir politique, qui a pour argument principal la *confiance* : comment la monnaie centrale pourrait-elle susciter la confiance de l'ensemble des acteurs économiques – condition supposée de son acceptabilité – si son émission est subordonnée aux intérêts changeants des autorités politiques ? Mais s'il y a un enseignement tant de l'histoire monétaire que de l'histoire de la pensée monétaire, c'est que *la confiance en la monnaie* ne s'identifie pas avec *la légitimité de la monnaie*. Si l'on appelle *confiance* la croyance généralisée en l'efficacité d'une institution monétaire (étalon-or ou banque centrale) et *légitimité* la conviction partagée qu'elle incarne l'intérêt général, il est illusoire de croire que la légitimité des autorités politiques suffit à susciter la confiance en la monnaie qu'elles instituent. Mais il est tout aussi dangereux à l'inverse d'accepter sans discuter l'argument micro-économique selon lequel la crédibilité d'une banque centrale suffit à garantir la légitimité de sa monnaie ou l'argument juridique selon lequel il suffit à l'institution monétaire pour être légitime de bien remplir un mandat qui lui vient de la loi.

La deuxième leçon est que, même si les débats actuels sur la possibilité de conjuguer politique monétaire et stabilisation financière ne peuvent pas être transportés tels quels dans ce passé lointain, la distinction entre ces deux aspects du rôle des banques d'émission y apparaît déjà. Et comme aujourd'hui, la régulation de l'émission de monnaie ne se limite pas à la défense de la valeur interne de celle-ci, mais s'étend à la satisfaction des besoins de l'économie, dans un environnement international donné. De même, la stabilisation financière ne se limite pas à la surveillance et au sauvetage des banques, mais concerne l'ensemble des marchés d'actifs. Il est vrai que c'est en temps de crise que les banques centrales apparaissent en pleine lumière comme acteurs politiques (« *Whatever it takes* »), à Londres en 1866 comme dans la zone euro un siècle et demi plus tard. Mais elles le sont aussi quand elles n'en parlent pas (voire quand elles nient l'être), dans la routine technique et quotidienne de la politique monétaire. Peut-être une façon de classer les différentes facettes des banques centrales comme acteurs politiques est-elle d'adopter cette distinction entre politique monétaire et stabilisation financière. Et peut-être les problèmes posés par la conciliation de ces deux fonctions dans une même institution sont-ils à l'origine d'une certaine confusion dans la perception de l'action politique des banques centrales.

La troisième leçon est en creux, car elle résulte d'un manque. Bien que le titre donné par les organisateurs du colloque à cette session mentionne l'étalon-or, celui-ci est le grand absent des communications qui y ont été présentées. Quand les relations avec l'extérieur s'y révèlent au détour d'une phrase, c'est sans rapport avec la nature du système monétaire international – qu'il serait d'ailleurs plus approprié pour cette période d'associer à la dualité d'étalons métalliques qu'au seul étalon-or. Et pourtant, tant la relation entre confiance en la monnaie et légitimité de la monnaie que celle entre politique monétaire et stabilisation financière dépendent aussi en économie ouverte de l'insertion de celle-ci dans ce système. Cette période a aussi beaucoup à nous apprendre sur ce point.

Les textes discutés dans cette session sur la « préhistoire des banques centrales » montrent qu'il y a ici bien plus que la présence dans notre ADN de traces de celui des chasseurs-cueilleurs. Cette période ancienne constitue bien un gisement pour des interrogations toujours actuelles.

Chapitre 1

# Une banque d'émission contestée : quelle réforme de la Caisse d'escompte face à la disette monétaire au début de la Révolution française ?

> Je vous demande si l'on doit accumuler les qualifications injurieuses sur notre Caisse d'Escompte payant au moins cent mille écus par jour, souvent davantage, depuis quinze mois, au milieu d'une inquiétude générale & fondée, & malgré l'autorisation expresse qui lui a été donnée de se dispenser de tout payement, tandis qu'on prodigue les éloges à la Banque Anglaise, payant au plus quarante sept mille francs par jour, ou même ne payant point, dans des circonstances bien moins pénibles, & qui ne devaient donner lieu à aucune raisonnable inquiétude[1] ?
>
> Pierre Samuel Dupont de Nemours, 20 novembre 1789.

**Louis Pons**
Université Paris I Panthéon Sorbonne

À la fin de l'Ancien Régime, l'unique banque d'émission parisienne, la Caisse d'escompte, rencontre de graves difficultés : ses réserves métalliques s'amenuisent, baissant de 47 à 8 millions de livres tournois entre la fin de 1787 et la mi-1790, tandis que son émission fiduciaire double, passant de 89 à 180 millions de livres tournois au cours de la même période[2]. Autorisée par Anne Robert Jacques Turgot en 1776 pour favoriser la baisse de l'intérêt de l'argent, cette compagnie

1 *Discours prononcé à l'Assemblée nationale, par M. du Pont, sur les banques en général, sur la Caisse d'escompte en particulier, et sur le Projet du Premier Ministre des Finances, relativement à cette dernière*, Paris, Baudouin, 1789, p. 10.

2 Toutes les données évoquées dans ce paragraphe sont issues de André Daniel Laffon de Ladébat, *Compte rendu des opérations de la Caisse d'escompte*, Paris, Bailleul, 1807, tableau n° VII. Leur vraisemblance est corroborée par les états comptables manuscrits conservés en AN F12 796.

ABSTRACT
At the end of the Ancient Regime, the only issuing bank in Paris, the *Caisse d'escompte*, was in dire straits and had obtained royal authorization to suspend the convertibility of its banknotes. While its legitimacy as an institution of public credit was questioned in the National Assembly, writings circulating among political clubs, sections and the Paris Commune blamed it for maintaining a monetary shortage that was threatening commerce. Some authors called for the creation of a new issuing bank to increase the quantity of means of payment in circulation. Others demanded that the Caisse convert its banknotes without restrictions, or even that it be liquidated, while some sections hoped the issue of small bills. Ultimately, the Assembly decided not to borrow from the *Caisse d'escompte*, and the institution gradually lost its local issuing monopoly. However, it remained a crucial intermediary for the State, particularly for the purchase of precious metals abroad.

RÉSUMÉ
À la fin de l'Ancien Régime, l'unique banque d'émission parisienne, la Caisse d'escompte, est en grande difficulté et a obtenu du pouvoir royal l'autorisation de suspendre la convertibilité de ses billets. Si sa légitimité en tant qu'institution de crédit public est mise en cause à l'Assemblée nationale, les écrits diffusés au sein des clubs politiques, des sections et de la Commune de Paris lui reprochent d'entretenir une pénurie monétaire qui fait languir le commerce. Certains auteurs appellent à la création d'une nouvelle banque d'émission pour augmenter la quantité de moyens de paiement en circulation. D'autres exigent que la Caisse reprenne ses paiements à bureau, voire qu'elle soit liquidée, alors que certaines sections aspirent à l'émission de petits billets. Finalement, l'Assemblée décide de se passer de la Caisse d'escompte pour effectuer ses emprunts et l'institution perd progressivement son monopole local d'émission. Cependant, l'établissement reste un intermédiaire crucial pour l'État, notamment pour l'achat de matières monnayables à l'étranger.

JEL : **G, N**
Key-words : **discount bank, banking, money, public credit, French Revolution**
Mots-clés : **caisse d'escompte, banque, monnaie, crédit public, Révolution française**

d'actionnaires pratique l'escompte d'effets commerçables à un taux plafonné à 4 %. Elle émet des billets de banque convertibles, monte des opérations d'achat de matières précieuses à l'étranger, gère les comptes courants de particuliers. Et depuis février 1787, elle accorde, comme la Banque d'Angleterre, des prêts directs au gouvernement, opérant la jonction entre « deux circuits », « celui de la *monnaie/finance privée* et celui de la *monnaie/finance publique* »[3]. Le 16 août 1788, le pouvoir royal annonce une banqueroute partielle, portant un coup rude à son crédit[4]. Si les avances de la Caisse d'escompte ne sont pas concernées par cette décision, le Principal ministre Etienne Charles Loménie de Brienne craint une ruée et concède à l'établissement un arrêt de surséance suspendant temporairement la convertibilité de ses billets[5]. Alors que ce texte réglementaire est prorogé à plusieurs reprises, Etienne Clavière et Honoré Gabriel Riqueti de Mirabeau le dénoncent comme un « arrêt de banqueroute » : ils accusent la compagnie de préserver sa profitabilité au détriment des besoins en numéraire

3 Ludovic Desmedt, « La Banque d'Angleterre et la *City* », *in* Jérôme Blanc, Ludovic Desmedt (dir.), *Les Pensées monétaires dans l'histoire. L'Europe, 1517-1776*, Paris, Classiques Garnier, 2014, p. 257.

4 François Crouzet, *La Grande Inflation. La monnaie en France de Louis XVI à Napoléon*, Paris, Fayard, 1993, p. 80-83.

5 « Arrêt du conseil d'état du roi, du 18 août 1788, concernant la circulation des billets de la caisse d'escompte », *Réimpression de l'ancien Moniteur*, Paris, Plon frères, vol. « Introduction », 1847, p. 363.

de l'économie ; ils l'enjoignent donc à respecter ses engagements et à reprendre ses paiements à bureau ouvert[6].

Le déclin progressif de la Caisse d'escompte en tant qu'institution de crédit public est-il pour autant inéluctable dès cette époque ? Pierre Samuel Dupont de Nemours répond par la négative : les difficultés rencontrées par l'établissement seraient moins le fait d'une mauvaise gestion que des services qu'elle a rendus à un gouvernement impécunieux. La Caisse a continué à réaliser une grande partie des billets apportés à ses guichets. Entre janvier et mai 1790, c'est encore 5 millions de livres en numéraire qu'elle distribue chaque mois en moyenne[7]. Pour Dupont de Nemours, le crédit de la compagnie pourrait être restauré par des réformes financières adaptées. C'est à cette fin que le premier ministre des Finances Jacques Necker présente, le 14 novembre 1789, un plan pour ériger la Caisse d'escompte en « banque nationale » : dotée d'un nouveau privilège, la Caisse pourrait porter son capital de 100 à 150 millions de livres et émettre jusqu'à 240 millions de billets ; la surséance serait maintenue provisoirement pour que 170 millions de ces billets soient prêtés à l'État ; ces avances seraient progressivement remboursées grâce aux recettes issues de la contribution patriotique et de la vente des biens du clergé, collectées par une Caisse extraordinaire[8]. Si un tel projet peut paraître novateur, il repose sur une logique d'amortissement déjà expérimentée au XVIII^e^ siècle : il s'agit d'établir une caisse distincte des rouages financiers ordinaires du gouvernement, dotée du produit d'un ou de plusieurs impôts, et de consacrer ce produit exclusivement au remboursement anticipé des dettes de l'État[9].

Si l'institution pouvait être préservée moyennant quelques ajustements, comment expliquer la rupture révolutionnaire ? Pourquoi les révolutionnaires français ont-ils choisi de fonder leur régime monétaire sur de nouvelles bases, tournant le dos à la Caisse d'escompte pour émettre un papier-monnaie à cours forcé contrôlé par l'Assemblée nationale ? Des travaux récents ont souligné la contribution de la crise financière à ces changements : celle-ci a nourri la défiance de la presse politique, tant conservatrice que patriote, vis-à-vis de la Caisse d'escompte et du monde financier[10], tout en faisant émerger de nouvelles conceptions du crédit public s'opposant aux vues ministérielles[11]. L'ambition de ce chapitre est de montrer que l'essor des critiques adressées à la Caisse d'escompte est in-

6 Sur la Caisse d'escompte, on consultera avec profit Rober Bigo, *La Caisse d'escompte (1776-1793). Et les origines de la Banque de France*, Paris, PUF, 1927 ; Alain Plessis, « La Révolution et les banques en France : de la Caisse d'escompte à la Banque de France », *Revue économique*, vol. 40, n° 6, 1989, p. 1001-1014 ; Eugene N. White, "The Evolution of Banking Theory During the French Revolution", *in* Gilbert Faccarello, Philippe Steiner (dir.), *La Pensée économique pendant la Révolution française*, Grenoble, Presses universitaires de Grenoble, 1990, p. 451-463 ; Manuela Albertone, *Moneta e politica in Francia. Dalla Cassa di sconto agli assegnati (1776-1792)*, Bologne, Il Mulino, 1992 ; Patrice Baubeau, « La Caisse d'escompte, la Banque de France et leurs privilèges de part et d'autre de la Révolution française », *in* Guillaume Garner (dir.), *L'Economie du privilège. Europe occidentale* XVI^e^-XIX^e^ *siècles*, Francfort-sur-le-Main, Vittorio Klostermann, 2016, p. 115-135.

7 État comptable manuscrit des administrateurs de la Caisse d'escompte, 30 mai 1790, AN F12 796.

8 François Crouzet, *La Grande Inflation, op. cit.*, p. 104.

9 Tim J. A. Le Goff, « Les caisses d'amortissement en France (1749-1783) », *in L'Administration des finances sous l'Ancien Régime*, Paris, Comité pour l'histoire économique et financière de la France, 1997, p. 177.

10 Niccolò Valmori, *Banking and politics in the age of democratic revolution*, Chapter 3, Oxford, Oxford University Press, 2023.

11 Julia Fleider Marchevsky, « Trusting Credit: public opinion and finances during the crisis of the Old Regime in France (1764-1790) », thèse de doctorat en sciences économiques, Université Paris 8, 2024, p. 191-223.

dissociable d'une autre crise, la pénurie de monnaie – ce qu'on appelle à l'époque la *disette du numéraire*. À partir de l'été 1789, l'insuffisance de la quantité de moyens de paiement en circulation pousse plusieurs acteurs à publier des projets bancaires divers mettant en cause la Caisse, au moins implicitement. Rarement évoqués au sein de l'Assemblée nationale, ces textes sont discutés au sein des clubs politiques, des comités de district et à l'Assemblée des représentants de la Commune de Paris. Témoignant de l'ampleur des inquiétudes relatives à la *disette* monétaire, ils esquissent des ébauches de réformes variées pour surmonter cette crise : certains appellent à la création d'un nouvel établissement pour concurrencer la Caisse, ce qui reviendrait à enlever à cette dernière son privilège exclusif d'émission (1) ; d'autres demandent la révocation de son régime de surséance, voire sa liquidation pure et simple (2). Finalement, l'Assemblée nationale décide, en monétisant l'assignat, de se passer des prêts de la Caisse d'escompte et de supprimer ses privilèges : la compagnie demeure néanmoins le principal intermédiaire de l'État pour ses approvisionnements en matières monnayables (3).

## VERS LA CRÉATION D'UNE NOUVELLE BANQUE POUR PALLIER LE MANQUE DE MONNAIE ?

La création d'une banque d'émission présente plusieurs avantages : une telle institution dispense les banquiers et négociants de conserver dans leurs caisses une grande quantité de numéraire ; en émettant des billets payables à vue, elle met en circulation une monnaie qui ne lui coûte rien. Ainsi, son principal intérêt est-il de mieux ajuster la masse monétaire aux besoins de l'économie et de rendre la monnaie métallique plus abondante. L'aggravation de la pénurie monétaire à partir de l'été 1789 montre que la Caisse d'escompte n'est pas parvenue à atteindre ces objectifs. Face à cet échec, le public propose de multiples projets bancaires alternatifs, qui ont fasciné en son temps le socialiste Louis Blanc : « Les idées les plus bizarres furent émises, les combinaisons les plus ingénieuses se firent passage (…). Ces idées de banque nationale à créer, de papier-monnaie à répandre sous telle ou telle garantie fermentaient du reste dans toutes les têtes[12] ». Selon Jean-Claude Perrot, c'est au moins quatorze projets de banque foncière qui sont élaborés au cours des années 1789-1790[13], et ceux-ci ne représentent qu'une partie des projets d'émissions fiduciaires qui circulent à cette époque. En règle générale, ces projets ne critiquent pas ouvertement la Caisse d'escompte. Ils se contentent d'appeler à la création d'une banque concurrente, mettant en cause le privilège exclusif d'émission de l'établissement. Par ailleurs, ces publications se rejoignent très souvent sur un aspect : la volonté d'augmenter la quantité de monnaie en circulation. Nous présentons en détail deux de ces plans, que nous avons choisis pour plusieurs raisons : ces textes ont bénéficié d'une certaine diffusion, ayant

**12** Louis Blanc, *Histoire de la Révolution française*, Bruxelles, A. Lacroix, Verboeckhoven et Cie, vol. 4, 1869, p. 113-115.

**13** Jean-Claude Perrot, « Aléas d'une innovation : les banques foncières au XVIIIe siècle », *in Une histoire intellectuelle de l'économie politique. XVIIe-XVIIIe siècle*, Paris, Éditions de l'EHESS, 1992, p. 202.

d'abord été adressés aux plus hautes sphères de l'État avant d'être discutés au sein de lieux de sociabilité politique sous la Révolution ; ils sont l'œuvre de négociants, donc d'individus extérieurs à l'administration royale, mais qui s'appuient sur leur expérience professionnelle pour réfléchir aux questions bancaires et monétaires.

Le premier projet est celui du négociant lyonnais Jacques-Annibal Ferrières, qui conçoit un « nouveau genre de banque nationale et territoriale[14] ». Perrot rappelle qu'une première version de ce projet a été déposée devant notaire en 1773, avant d'être présentée au contrôleur général des Finances Claude Guillaume Lambert en 1788[15]. En décembre 1789, des députés emmenés par Jérôme Pétion de Villeneuve et Jean-François Reubell souhaitent présenter ce plan à l'Assemblée nationale, mais ils ne parviennent pas à l'inscrire à l'ordre du jour[16]. Malgré ce revers, la banque de Ferrières attire l'attention, ce dernier étant même consulté par les membres d'un district de Paris[17]. Plusieurs brochures en exposent les principes : il s'agit d'une banque foncière assez classique, qui donnerait à chacun la possibilité de convertir en « signes territoriaux » des terres « franches et quittes de toute hypothèque » ; ces signes seraient « librement et volontairement acceptables », « à ordre » ; leur valeur serait « échangeable à vue, comptant, sans perte, contre des espèces courantes d'or ou d'argent, dans 75 ou 85 caisses territoriales » réparties dans les départements[18]. Autrement dit, tous les propriétaires fonciers, dont l'État, pourraient contracter un emprunt à 4 % auprès de la banque territoriale, en hypothéquant leur propriété. Au bout d'un an, ils seraient tenus de rembourser cet emprunt ou de le renouveler pour la même durée. Si l'un des objectifs de la banque territoriale est de soulager l'État, un tel établissement soutiendrait également le commerce face à la pénurie de monnaie. En effet, il aurait la vertu de rendre le numéraire moins nécessaire par la généralisation du virement. Utilisée à Lyon « depuis des siècles », la pratique du virement permet, selon Ferrières, d'acquitter « des centaines de milliards de paiements » avec 1,5 million de numéraire. Grâce à l'hypothèque foncière, la banque territoriale pourrait étendre le principe du virement à l'ensemble du royaume et circonscrire l'usage du numéraire aux appoints et aux soldes[19]. On comprend alors l'intérêt des billets territoriaux pour faire face à la *disette* monétaire : ceux-ci fourniraient constamment à la nation « la quantité de numéraire toujours proportionnée à ses vrais besoins » ; si le prix de l'argent augmentait, une quantité proportionnelle de signes serait mise en circulation pour le ramener à 4 %[20]. Un tel plan aurait donc l'avantage de remédier à la pénurie monétaire, et cela n'est sans doute pas étranger à son succès.

**14** Jacques-Annibal Ferrières, *Plan d'un nouveau genre de banque nationale et territoriale, présenté à l'Assemblée nationale*, Paris, Imprimerie de Monsieur, 1789.

**15** Jean-Claude Perrot, « Aléas d'une innovation... », *art. cit.*, p. 202.

**16** *Archives parlementaires*, t. X, p. 517 (séance du 12 décembre 1789).

**17** *Rapport fait par MM. les commissaires nommés pour l'examen du PLAN DE BANQUE TERRITORIALE de M. Ferrières, au Comité général du district de Henri IV*, s. l., 22 janvier 1790.

**18** Jacques-Annibal Ferrières, *Plan d'un nouveau genre..., op. cit.*, p. 5-6. Voir également Louis Blanc, *Histoire de la Révolution française, op. cit.*, p. 115-121.

**19** *Ibidem*, p. 7-9.

**20** *Ibid.*, p. 10-11.

Le second projet est l'œuvre du négociant Charles Etienne d'Audibert Caille, qui défend la création d'une « Caisse nationale de crédit et de secours[21] ». Il aurait été présenté à divers ministres, de Charles Alexandre de Calonne à Necker en passant par Loménie de Brienne et Lambert, avant d'être adressé aux États généraux[22]. Au cours des années 1789-1792, son auteur, devenu jacobin, le soumet à de multiples interlocuteurs[23]. La Caisse nationale de Charles Étienne Audibert Caille présente plusieurs caractéristiques : elle émettrait cinq milliards de livres en billets en accordant des prêts à 3 % non seulement à l'État, mais également à divers particuliers et institutions solvables ; elle garderait toujours dans ses coffres la contrepartie de ses billets en numéraire, en effets publics ou en papiers commerciaux très solides ; elle aurait des bureaux dans les principales villes du royaume[24]. Cette banque soulagerait aussi bien l'État, auquel elle octroierait des prêts à des conditions favorables, que des particuliers en manque de liquidités. Audibert Caille invoque d'ailleurs un mécanisme susceptible d'atténuer la pénurie monétaire : en permettant le remboursement des rentes perpétuelles placées à l'étranger, la Caisse nationale empêcherait que des quantités considérables de numéraire soient drainées hors de France lors du paiement des intérêts[25]. Comme la banque territoriale de Ferrières, la Caisse d'Audibert Caille doit ajuster la masse monétaire aux besoins du public.

Ainsi, ces nouveaux établissements bancaires fourniraient-ils à l'État de nouvelles liquidités, tout en augmentant la quantité de monnaie en circulation, à une époque où les espèces courantes manquent chaque jour davantage. Si Ferrières et Audibert Caille pointent en creux les insuffisances de la Caisse d'escompte, leurs projets s'inscrivent dans un cadre bancaire très classique : les billets émis sont convertibles à vue et d'un grand montant, ceux de Ferrières étant même à ordre. Ces auteurs ne prévoient pas l'émission d'un papier-monnaie inconvertible, dont la valeur ne dépendrait plus d'une garantie métallique. Or, rien ne garantit que les coupures de ces établissements hypothétiques entreraient en circulation, le public ayant avant tout besoin de petites espèces pour le paiement des salaires ou les petites transactions.

## EN QUOI LES OPÉRATIONS DE LA CAISSE D'ESCOMPTE ALIMENTENT-ELLES LA *DISETTE* MONÉTAIRE ?

Au cours de l'année 1790, alors que l'insatisfaction à l'égard de la pénurie monétaire ne cesse de croître et que les autorités publiques craignent des émeutes, la critique de la Caisse d'escompte se radicalise. L'institution est désormais accusée d'être responsable de la *disette* monétaire. En décembre 1789, la milice du district

**21** Charles Etienne d'Audibert Caille, *Moyen simple, sûr, et facile, pour libérer l'État, soulager le Peuple, et rendre la Nation plus riche, plus puissante, & plus heureuse qu'elle n'a jamais été*, Paris, Baudouin, 1789.

**22** *Ibidem*, p. VI.

**23** Voir par exemple sa lettre au marquis de Condorcet du 9 avril 1791, *Inventaire Condorcet*, IDC 2734, https://www.inventaire-condorcet.com/Inventaire/Correspondance?ID=2734.

**24** Charles Etienne D'Audibert Caille, *Moyen simple, sûr, et facile..., op. cit.*, p. 19-24.

**25** *Ibidem*, p. 23-25, note 1.

des Cordeliers arrête un convoi de lingots d'argent et de piastres affrété par les administrateurs de la Caisse d'escompte pour que ces matières soient converties en écus à la Monnaie de Limoges et échangées contre les billets de l'établissement[26]. Quelques jours plus tard, c'est le district de l'Oratoire qui présente aux représentants de la Commune de Paris une délibération appelant l'Assemblée nationale à exiger de la Caisse d'escompte la fabrication de billets de 100 et de 50 livres[27]. En janvier, les districts de Saint-Etienne du Mont, des Mathurins, des Cordeliers, de Notre-Dame et de Saint-Merry prennent des délibérations pour empêcher l'agiotage sur les « billets de caisse[28] » et les accaparements de numéraire aux alentours de la rue Vivienne, où la Caisse est installée[29]. Cette agitation suscite un étonnant débat sur la question monétaire à la Commune de Paris, lors duquel certains représentants s'élèvent avec force contre l'établissement. Ces discussions montrent que la question de la réforme de la Caisse d'escompte est étroitement liée à celle de la pénurie de monnaie. Les adversaires de la Caisse tentent de démontrer que les opérations qu'elle mène nourrissent la *disette du numéraire* et menacent la prospérité de l'économie parisienne.

Le premier opposant à la Caisse d'escompte à la Commune de Paris est Jacques Pierre Brissot, qui est très lié au comte de Mirabeau et à Clavière. Celui-ci reprend dans son discours les éléments utilisés par ses amis pour pourfendre les arrêts de surséance[30]. Brissot ne critique donc pas la Caisse d'escompte en soi, mais la suspension partielle de la convertibilité de ses billets. Son raisonnement repose sur une comparaison entre le billet de banque et la monnaie métallique[31]. Alors que cette dernière a pour avantage de porter une valeur intrinsèque universellement reconnue, les billets, bien qu'ils circulent sur des espaces plus étroits, ont pour eux de renfermer des « sommes immenses sous un très-petit volume », d'être plus faciles à transporter, de circuler plus rapidement, et donc de faire naître « plus d'affaires ». Cependant, leur crédibilité repose sur la certitude de leur convertibilité à vue, sur la conviction que la banque conserve en bons effets la contrepartie de ses billets, et qu'elle sera toujours à même de payer ceux que le public lui présentera[32]. Or, quand le gouvernement autorise une banque à ne plus payer ses billets, il transforme ces coupures en papier-monnaie inconvertible, voué à s'avilir et à chasser les métaux précieux. Citant Clavière, Brissot rappelle plusieurs précédents historiques qui confirment cette loi : le Système de Law, le papier-monnaie des Américains et même les assignats russes, pourtant convertibles en monnaie de cuivre[33]. Ainsi, Brissot ne se démarque-t-il guère des arguments avancés par Clavière et Mirabeau au cours des mois précédents. En revanche, les solutions qu'il préconise se révèlent assez originales : il propose que

**26** Sigismond Lacroix, *Actes de la Commune de Paris pendant la Révolution* (à présent ACP), Paris, Cerf, 1894-1955, série 1, t. III, p. 325-327 (séance du 31 décembre 1789).

**27** ACP, série 1, t. III, p. 324-325 (séance du 31 décembre 1789).

**28** Les billets de la Caisse d'escompte étaient couramment appelés ainsi.

**29** ACP, série 1, t. III, p. 425 et 433-435 (séance du 12 janvier 1790).

**30** Jacques Pierre Brissot, *Discours sur la rareté du numéraire, et sur les moyens d'y remédier*, Paris, Desenne et Bailly, 10 février 1790.

**31** *Ibidem*, p. 11-22.

**32** *Ibid.*, p. 12-13.

**33** *Ibid.*, p. 17-18.

la Caisse d'escompte émette des billets de moins de 200 livres – conformément à la revendication du district de l'Oratoire –, mais à condition que ces petits billets soient convertibles à vue ; une partie des billets de 200 et 300 livres serait réalisée journellement et ceux de 1000 livres porteraient un intérêt. Comme ses réserves métalliques sont limitées, la compagnie de la rue Vivienne créerait un « Bureau de Changeur » dans chaque district pour augmenter la concurrence sur le marché du numéraire et faire baisser le prix de l'argent. Enfin, l'Assemblée nationale s'engagerait à ne pas prolonger le régime de surséance au-delà du 1er juillet, afin de rassurer le public[34]. Ainsi, Brissot souhaite-t-il que l'établissement reprenne ses paiements à bureau ouvert dans un avenir proche et propose divers expédients provisoires pour atténuer les effets de la *disette* monétaire.

Le représentant Guillaume Kornmann pousse sa critique de la Caisse d'escompte plus loin. Pour lui, ce n'est pas le régime de surséance qui chasse le numéraire, mais l'existence même de la compagnie de la rue Vivienne[35]. Kornmann dirige une maison de banque installée à Paris et fonde donc son analyse sur son expérience personnelle du monde de la finance. Il estime que le manque de monnaie résulte d'un agiotage sur la dette publique que la Caisse d'escompte rend possible[36]. Ces spéculations seraient le fait de capitalistes étrangers ou provinciaux, et elles reposeraient sur un mécanisme assez simple. Depuis 1776, le gouvernement français emprunte à des taux particulièrement élevés. Or, l'établissement créé par Turgot permettrait aux négociants étrangers de spéculer sur les effets publics français sans avoir à avancer le moindre écu : ceux-ci n'auraient qu'à envoyer leurs traites à leurs correspondants à Paris pour qu'elles soient escomptées à la Caisse d'escompte à un taux inférieur à 4 % par an ; les billets obtenus seraient ensuite placés dans les emprunts publics ; pour s'acquitter des premières traites, ces capitalistes étrangers en enverraient de nouvelles qui seraient escomptées par la même compagnie ; et comme le numéraire est la seule monnaie admise à l'étranger, le Trésor royal serait contraint de payer les intérêts en espèces. De ce fait, l'argent se serait « (...) écoulé de la Capitale chez l'Étranger par toutes les routes, (...) plus nous avons augmenté la masse de nos Emprunts, plus l'Étranger, avec la malheureuse facilité que lui offroit la Caisse d'Escompte pour escompter ses Traites, a pompé notre argent, & a diminué nos véritables ressources »[37]. Kornmann déduit de cette analyse le caractère « inévitable » de la liquidation de la Caisse d'escompte : si les billets de caisse restent en circulation, ils favoriseront nécessairement l'écoulement du numéraire à l'étranger[38]. Selon ce banquier originaire de Strasbourg, la suppression de l'établissement favoriserait le retour du numéraire.

Si tous les représentants parisiens ne sont pas convaincus par leurs analyses, Brissot et Kornmann s'efforcent de montrer en quoi les opérations de la Caisse d'escompte alimentent la *disette* monétaire : le premier juge que la pénurie de

**34** *Ibid.*, p. 54-57.
**35** Guillaume Kornmann, *Opinion de M. Kornmann*, Paris, Lottin, 31 janvier 1790, p. 4.
**36** *Ibidem*, p. 5-9.
**37** *Ibid.*, p. 6.
**38** *Ibid.*, p. 18.

monnaie est une conséquence du régime de surséance dont elle bénéficie, tandis que le second considère qu'elle résulte de l'agiotage de capitalistes étrangers sur la dette publique française – agiotage que la Caisse rendrait possible. Si ces deux individus se rejoignent pour critiquer la compagnie de la rue Vivienne et le décret des 19 et 21 décembre 1789 qui conforte son rôle[39], ils n'appellent pas pour autant à remplacer les billets de caisse par un papier-monnaie d'État. En cela, ils se distinguent des revendications formulées au sein des comités de sections, qui sont composés de fabricants, d'artisans et de salariés : à cet échelon, le besoin de monnaie se fait plus pressant et le commerce de l'argent est dénoncé de façon croissante. Le 11 mars 1790, un mémoire lu à l'Assemblée de la Commune fait état de la brève arrestation de deux personnes prévenues d'avoir vendu de l'argent contre des billets de caisse sur les marchés de Sceaux et de Poissy[40]. Le 9 août 1790, la section de Mauconseil propose de créer une « Caisse d'échange par les bons citoyens » : des membres de la section souscriraient une somme quelconque en espèces, pour que ces écus soient ensuite échangés au public contre des grosses coupures[41]. Une telle caisse soutiendrait le crédit des billets et éviterait leur conversion usuraire. Enfin, lors du mois de septembre 1790, une majorité de sections appuient non seulement le principe d'assignats forcés et sans intérêt, mais également la fabrication de petites coupures jusqu'à 6 livres et la frappe d'une monnaie de billon[42]. Ainsi, les analyses de Brissot et Kornmann et les revendications des sections ne se recoupent-elles que partiellement, les premiers étant encore, au début de l'année 1790, plutôt hostiles à l'émission d'un papier-monnaie à cours forcé et en petites dénominations.

## LA CAISSE D'ESCOMPTE APRÈS SEPTEMBRE 1790 : UN ÉTABLISSEMENT BANCAIRE COMME UN AUTRE ?

Au cours de l'année 1790, la Caisse d'escompte cesse ses avances à l'État, ce dernier utilisant désormais l'assignat pour financer son déficit courant : le décret du 17 avril 1790 prévoit le remplacement progressif des billets de caisse par le papier-monnaie national et celui du 29 septembre 1790 entérine l'émission de 800 millions d'assignats forcés, sans intérêt et au porteur. Le 8 octobre suivant, un nouveau décret semble dénier à la Caisse d'escompte tout privilège : il l'autorise à émettre de nouveaux billets, acceptables librement et « de gré à gré », comme les « autres billets de commerce ». L'établissement est d'ailleurs concurrencé par de nouvelles banques d'émission à partir de 1791. Faut-il alors considérer que les adversaires de la Caisse d'escompte ont obtenu gain de cause ? La Caisse est-elle devenue une compagnie strictement privée, sans relation privilégiée avec l'administration royale ?

**39** Tous les décrets évoqués peuvent être retrouvés au sein de la collection Baudouin : <https://artflsrv04.uchicago.edu/philologic4.7/revlawall0922v2/>.
**40** ACP, série 1, t. IV, p. 385.
**41** ACP, série 1, t. VII, p. 81-82.
**42** ACP, série 1, t. VII, p. 76-116.

En réalité, les liens entre la Caisse d'escompte et l'État restent forts. L'ancien président du conseil d'administration de la Caisse d'escompte, Antoine Laurent Lavoisier, est nommé en avril 1791 commissaire de la Trésorerie nationale, intégrant la direction collégiale de l'institution chargée, entre autres choses, d'effectuer les opérations d'achat de numéraire. Antoine Delessart, ancien administrateur de la Caisse, devient ministre des Finances, puis ministre de l'Intérieur. Plusieurs membres de la famille Le Couteulx, très liée à la compagnie de la rue Vivienne, occupent des positions stratégiques au sein des institutions politico-administratives : Jean-Barthélemy Le Couteulx de Canteleu est un membre éminent du Comité des finances ; Jacques-Jean Le Couteulx du Molay est trésorier de la Caisse de l'extraordinaire[43]. Ces liens expliquent vraisemblablement pourquoi l'établissement demeure, pour l'administration royale, un fournisseur privilégié de matières monnayables. Et ce rôle n'est pas anecdotique, l'État devant acquitter en numéraire une grande partie des dépenses publiques. Dans une lettre aux commissaires de la Trésorerie nationale, le directeur général du Trésor public Bertrand du Fresne estime avoir besoin, chaque mois, de 10 millions de livres de numéraire, essentiellement pour la solde des troupes et les besoins de Paris[44]. Or, du Fresne compte sur la Caisse d'escompte pour importer, d'ici la fin de juin 1791, au moins 17 millions de livres tournois de piastres. L'établissement conserve probablement ce rôle jusqu'au début de l'année 1793. En 1792, le directeur de la Caisse d'escompte, François Charles Vincens, demande à James Bourdieu, son correspondant à Londres, d'acheter de grandes quantités de matières précieuses – représentant au moins 25 millions de livres-assignats – pour les exporter vers la France[45]. Bourdieu s'exécute jusqu'à ce que le procureur général émette une injonction formelle contre lui et saisisse sa marchandise en février 1793, au début de la guerre franco-anglaise. La Caisse d'escompte reste donc, en pleine guerre contre les puissances européennes coalisées, un intermédiaire crucial pour l'approvisionnement en numéraire de la France républicaine.

* * *

Il ressort de cette étude que les conflits politiques relatifs à la *disette* monétaire ont profondément déterminé les réformes financières mises en œuvre au cours des premières années de la Révolution française. Devant l'incapacité de la Caisse d'escompte et du pouvoir royal à surmonter cette crise, plusieurs acteurs – principalement des banquiers et des négociants – ont élaboré une grande variété de projets bancaires visant à augmenter la quantité de monnaie en circulation. Certains ont proposé la création de nouveaux établissements. Pointant plus directement les opérations de la Caisse d'escompte, d'autres ont appelé à remettre en cause le régime de surséance dont elle bénéficie depuis août 1788. En fin de

43 Michel Zylberberg, *Capitalisme et catholicisme dans la France moderne. La dynastie Le Couteulx*, Paris, Editions de la Sorbonne, 2001, chap. VIII.

44 Lettre du 16 avril 1791, AN ABXIX 327, p. 489-[496].

45 Niccolò Valmori, *Banking and politics in the age of democratic revolution*, *op. cit.*, p. 131-141.

compte, l'Assemblée choisit de monétiser l'assignat et de se passer des avances de la Caisse. Toutefois, si les décrets de septembre et octobre 1790 semblent donner raison aux adversaires de la compagnie, celle-ci demeure un intermédiaire crucial de l'État pour ses achats de matières monnayables à l'étranger.

Chapitre 2

# La main ferme de Napoléon

**François de Coustin**
Banque de France

Le 8 mars 1811, le gouverneur de la Banque de France informe son conseil général « (…) qu'il a été assez heureux pour trouver l'occasion de faire connaitre à Sa Majesté l'Empereur et Roi, le vœu du Conseil général d'obtenir l'agrément de placer la statue en marbre de Sa Majesté dans la galerie du Palais de la Banque destinée aux assemblées générales »[1]. Pourquoi Napoléon refuserait-il une offre qui marque la totale allégeance de la Banque, toujours soucieuse de déférer aux demandes – pour ne pas dire aux ordres – qu'il lui transmet par l'intermédiaire des deux ministres concernés, celui des Finances, l'inamovible Martin Gaudin, et celui du Trésor, Nicolas François Mollien, qui a pris la place de François Barbé-Marbois ?

La demande est tout sauf neutre. À l'origine de la création de la Banque de France, Napoléon en est le plus important actionnaire avec mille actions (sur 45 000), dont il charge scrupuleusement Mollien d'encaisser les dividendes[2]. Son abondante correspondance[3] montre qu'il n'est pas de sujet, si minime puisse-t-il être, sur lequel il ne veuille être informé et, au besoin, trancher. Bien qu'entreprise à capitaux privés, la Banque de France n'échappe pas à cette règle et ses ministres sont là pour recevoir reproches et instructions. Ayant déclaré un jour devant le Conseil d'État : « La Banque n'appartient pas seulement aux actionnaires ; elle appartient aussi à l'État puisqu'il lui donne le privilège de battre monnaie », il ajoute cette phrase ambiguë : « Je veux que la Banque soit assez dans la main du gouvernement et n'y soit pas trop »[4]. La Banque sort alors d'une crise majeure

1 Archives historique de la Banque de France (AhBdF), Procès-verbaux du Conseil général de la Banque de France (PVCG), tome 6, du 31 août 1809 au 9 mai 1811, 8 mars 1811, p. 359.

2 AhBdF, Livre A, p. 60.

3 Fondation Napoléon, *Napoléon Bonaparte - Correspondance Générale*, 15 tomes, Paris, Fayard, 2007-2018. Dorénavant référencée CGNB.

4 Séance du Conseil d'État du 27 mars 1806. Joseph Pelet de la Lozère, *Opinions de Napoléon sur divers sujets de politique et d'administration, recueillies par un membre de son conseil d'état ; et récit de quelques événements de l'époque*, Paris, Firmin Didot frères, 1833, p. 254-255.

ABSTRACT
When Napoleon encouraged the founding of the Bank of France by a group of private bankers, he was convinced that it would serve him and help finance his wars. Disappointed by its stubborn resistance to his injunctions, he took back control when its financial difficulties put it in danger. By appointing a civil servant to head it, who alone had decision-making power, he thought he would achieve his goals. Faced with some of his orders, the opposition of his own Minister of the Treasury, Count Mollien, allowed the Bank to retain relative autonomy.

RÉSUMÉ
Quand Napoléon favorise la fondation de la Banque de France par un groupe de banquiers privés, il est convaincu qu'elle se mettra à son service et concourra au financement de ses guerres. Déçu par la résistance opiniâtre qu'elle oppose à ses injonctions, il reprend la main quand ses difficultés financières la mettent en péril. Par la nomination à sa tête d'un fonctionnaire qui détient seul le pouvoir de décision, il pense arriver à ses fins. Face à certains de ses ordres, l'opposition de son propre ministre du Trésor, le comte Mollien, permet à la Banque de conserver une relative autonomie.

JEL : **E5, G3, N2, N4**
Key words : **Central bank, Napoleon, Control, State, Interest rates, discount rates**
Mots clés : **Banque centrale, Napoléon**

où elle a abusé de son indépendance ; il annonce donc littéralement une reprise en main pour laquelle il est difficile de faire la part du *trop* et du *assez*.

## UNE INDÉPENDANCE FAROUCHEMENT DÉFENDUE

La Banque de France naît de la rencontre de deux volontés convergentes. Le Premier consul rêve d'instituer un équivalent de la Banque d'Angleterre, créée pour financer les guerres contre la France, et deux banquiers habiles, Jean-Frédéric Perregaux et Jean-Barthélémy Le Couteulx, veulent voir garanti par l'État un simple « club privé de réescompte »[5] regroupant les plus gros banquiers de la place de Paris. Par une distribution habile d'actions gratuites aux membres du gouvernement comme au Premier Consul et à ses familles, les Bonaparte et les Beauharnais, les seconds obtiennent assez vite satisfaction. Le 18 janvier 1800 est créée la Banque de France. Le 25 février, le Premier consul reçoit régents et censeurs. Au Président de la Banque qui lui présente un exemplaire des Statuts « en l'invitant à lui accorder la protection du Gouvernement et sa bienveillance personnelle », Bonaparte répond que

> Le gouvernement favoriserait de tout son pouvoir cet établissement non pour faire un usage particulier du crédit qu'il pourra obtenir mais pour atteindre de grands résultats d'utilité générale dans la circulation et l'intérêt de l'argent ; qu'on ne devait pas douter des vues du gouvernement à cet égard lorsqu'au milieu de ses besoins, il faisait le sacrifice d'une partie importante de la recette qu'il obtenait par le cautionnement, pour la convertir en actions de la Banque[6].

**5** Arnaud Manas, « Le Mythe des trente deniers du 18 brumaire », *in* Pierre Branda (dir.) *L'économie sous Napoléon*, Paris, Vendémiaire, 2016, p. 79-93.
**6** PVCG, tome 1, p. 10, 8 ventôse an VIII [27 février 1800].

Dans ses *Mémoires,* Mollien commente l'opération avec aigreur : « C'était la première fois, peut-être, qu'il arrivait à un gouvernement dont toutes les caisses étaient épuisées, de donner de l'argent à une *banque d'escompte,* pour exploiter son *lucratif privilège,* au lieu d'en demander à ses actionnaires, pour prix de ce privilège ! »[7].

Bonaparte espère recevoir les dividendes de sa générosité, mais déchante rapidement. Les instructions ou remarques qu'il adresse à Perrégaux, mais le plus souvent à Barbé-Marbois pour qu'il intervienne auprès des régents, soit n'obtiennent pas de réponse, soit font l'objet de longs débats au sein du conseil général pour aboutir à des refus faussement désolés. Il ne désespère pourtant pas d'établir des relations confiantes : « Je fonde un grand espoir dans la Banque ; je l'aiderai dans toutes les circonstances ; mais il faut qu'elle se pénètre de sa puissance et de son utilité »[8]. Avec une menace voilée :

Je ne saurais penser que les régents méconnussent le principe qu'ils doivent escompter les obligations lorsqu'elles sont à moins de deux mois d'échéance », et ne fussent pas pénétrés de l'obligation où ils sont de donner à leur privilège[9] toute l'extension dont il est susceptible ; l'intérêt de l'État, du commerce, des actionnaires, tout en fait une loi[10].

En vertu du vieux principe – toujours en usage à la Banque – selon lequel la confiance n'exclut pas le contrôle, Napoléon tente même d'exercer, au moyen d'un intermédiaire, une action plus directe en faisant prendre « sous le nom de deux personnes différentes, 80 actions de la Banque. Ces actions seront pour vous ; vous choisirez deux hommes instruits et qui aient votre confiance, de manière qu'ils puissent faire partie du conseil général de la Banque, et qu'ils puissent parler et soutenir les intérêts du gouvernement dans cette association »[11]. Si 80 actions permettent de compter parmi les 200 plus importants actionnaires de la Banque, et donc de participer aux assemblées générales de celle-ci, mais avec une seule voix, elles ne donnent pas accès au conseil général qui regroupe les régents et censeurs et fait la pluie et le beau temps.

Napoléon n'a pas d'autre moyen de se faire entendre que d'intervenir par le truchement de ses deux ministres, essentiellement Barbé-Marbois. Il ne s'en prive pas, mais en vain. De janvier 1800 à décembre 1804, une dizaine de courriers expriment des demandes précises et se heurtent à des refus, toujours motivés, parfois après plusieurs séances de discussions[12]. Leur compte rendu n'est pas

7 Souligné dans le texte. François-Nicolas Mollien, *Mémoires d'un ancien ministre du Trésor public,* édition critique annotée par David Lionel Jauneau, sous la direction de Matthieu de Oliveira, Paris, IGPDE-Comité pour l'Histoire économique et financière de la France, 2016, tome 1, p. 137.

8 Lettre à Perrégaux, régent de la Banque de France, Paris, 2 frimaire an XII [24 novembre 1803], CGNB, tome 4, lettre n° 8320.

9 L'émission des billets.

10 Lettre à Perrégaux, id., CGNB, tome 4, lettre n° 8320.

11 Lettre à Régnier, Grand Juge, ministre de la Justice, Saint-Cloud, 24 vendémiaire an XII [17 octobre 1803], CGNB, tome 4, lettre n° 8159.

12 Une demande exprimée au conseil du 5 vendémiaire an 11 [27 septembre 1802], sur un projet du ministre du Trésor public de réunir la Banque de France et la Caisse d'escompte du commerce, fait l'objet d'un examen les 13 et 15 vendémiaire avant d'aboutir à un refus. PVCG, tome 2, p. 3, 7, 9-12.

toujours tendre pour Barbé-Marbois, dont on souligne ce que ses courriers ont « d'amphibologique et de contradictoire »[13] ! Sourcilleux de la totale indépendance de la Banque par rapport aux demandes du gouvernement, le conseil général fait parfois preuve de souplesse. Après avoir exprimé un refus à Barbé-Marbois[14], il peut, deux semaines plus tard – un nouveau courrier formulant des demandes plus favorables pour la Banque – les accepter, non sans hésitations, au motif que :

> La Banque doit concourir de tous ses moyens à aider le gouvernement dont les besoins naissent de la gravité des circonstances et dont l'insistance auprès de la Régence a essentiellement pour objet la plus grande économie possible dans l'exécution des mesures prises pour y pourvoir[15].

Cela n'empêche pas les régents, trois semaines plus tard, d'exprimer un refus à des demandes supplémentaires[16].

La seule vision qui guide les régents dans leur gestion serrée de la Banque est la préservation très frileuse de leurs intérêts face aux demandes de l'exécutif, qui sont avant tout des appels au financement de ses besoins, sous couvert de défense des intérêts du Commerce – avec un grand C – argument commun aux deux parties. Lorsqu'en janvier 1803 débutent les discussions avec le Tribunat sur les statuts de la Banque et de son privilège, les régents demandent et obtiennent une audience du Premier consul. Durant deux heures et demie, celui-ci les écoute « avec indulgence » et entre « dans tous les détails nécessaires pour fixer son opinion sur les représentations qui lui étaient faites »[17]. Une fois obtenu ce qu'ils désiraient, les régents, ingrats, reprennent leur position de refus. Bonaparte s'en agace et, au début de 1804, hausse le ton auprès de Barbé-Marbois[18]. Le passage à l'Empire ne modifie pas l'attitude des régents qui, tout en discutant d'un projet d'adresse au nouvel empereur, glosent sur le fait que la Banque n'est pas une administration de l'Etat et que les services qu'elle lui rend « doivent toujours être considérés comme demandés et obtenus »[19].

## LA REPRISE EN MAIN

Pour maintenir son indépendance, il faut en avoir les moyens. Les spéculations hasardeuses d'un des régents, Médard Desprez, lors de l'affaire des Négociants réunis[20], mettent la Banque en péril et renversent le rapport de force avec Napoléon. Quand l'affaire commence à tourner mal au début de 1805, il fait curieusement confiance à Barbé-Marbois : « Je vous laisse le maître de faire là-des-

**13** PVCG, 4 fructidor an 11 [22 août 1803], tome 2, p. 238.

**14** PVCG, 28 vendémiaire an 12 [21 octobre 1803], tome 2, p. 298.

**15** PVCG, séance extraordinaire du 10 brumaire an 12 [2 novembre 1803], tome 3, p. 304.

**16** PVCG, 1er frimaire an 12 [23 novembre 1803], tome 2, p. 314 et *sq.*

**17** PVCG, 19 germinal an 11 [9 avril 1803], tome 2, p. 106 et *sq.*

**18** CGNB, lettre à Barbé-Marbois, Paris, 20 pluviôse an XII [10 février 1804], tome 4, lettre n° 8656.

**19** PVCG, 5 prairial an 12 [25 mai 1804], tome 3, p. 72.

**20** Pour plus de détails, voir Pierre Branda, *La Tortueuse affaire des Négociants réunis, in* Pierre Branda (dir.), *op. cit.*, p. 191-206.

sus ce que vous jugerez à propos ; mais je désirerais plus de fixité et une marche constante »[21]. Cinq mois plus tard, alors qu'il est en campagne, le ton change : « Dans les affaires qui occupent mes instants, et la multiplicité des sollicitudes qui remplissent ma pensée, je n'ai pas pu voir ce que faisait la Banque et m'y opposer. Je m'en suis reposé sur vous. Vous êtes coupable de lui avoir laissé transgresser la loi. C'est là qu'est le mal ; ne le cherchez pas ailleurs »[22].

Le problème de la Banque est d'être entraînée, autant par les manœuvres de Desprez que par les demandes de Barbé-Marbois qui cherche à l'aider, dans une spirale de dépenses et une fuite de son numéraire, des files d'attente d'épargnants peu confiants se formant à sa porte pour échanger leurs billets contre du bel et bon argent. Malgré la limitation qu'elle impose, Perrégaux est obligé de reconnaître « tout ce que la situation actuelle de la Banque peut faire présager de fâcheux », précisant que « depuis très longtemps il a adressé l'état de situation à l'Empereur et au ministre du Trésor Public »[23]. Paniqué, Barbé-Marbois convoque le comité central de la Banque, en présence de Fouché, ministre de la Police générale et de Gaudin, ministre des Finances. Justifiant son action, « le comité central a donc particulièrement insisté sur l'indépendance de la Banque dans ses opérations, sur la cessation des escomptes extraordinaires tant à M. Desprez qu'au Trésor Public »[24]. Pour manifester cette indépendance, une semaine plus tard, il répond à une demande de Barbé-Marbois, « (...) par une lettre bien motivée pour exprimer au ministre tous les regrets de la régence de ne pouvoir accorder le surcroît d'escompte demandé »[25].

D'Autriche où il se trouve, Napoléon ne l'entend pas ainsi et le manifeste aux deux personnes en lesquelles il a le plus confiance. À Cambacérès il écrit : « Je ne sais à quoi pense Marbois ; je crois qu'il est devenu fou. (...) S'il n'y a point d'argent, c'est qu'il y a de l'agio, que les régents de la Banque ne suivent aucune loi constitutive de leur Banque. »[26] À Joseph :

« Tout ce qui arrive à la Banque était depuis longtemps prévu par les gens sensés. (...) Un vice radical et auquel je vois peu de remède, c'est que la plupart des régents ont un intérêt opposé à celui du public et de l'État. Je m'occuperai d'y chercher du remède à mon retour. Jusque-là, il faut laisser aller. »[27]. À Barbé-Marbois enfin, il annonce sa volonté de reprise en main :

> Si vous avez eu des comptes satisfaisants à me rendre pendant quatre ans, c'est que vous avez suivi ce que je vous ai dit : mes finances sont dans une situation critique, parce que, depuis quatre mois, vous vous en êtes écarté. Il n'y a aucun de vos embarras que je n'aie prévus, même ceux de la Banque. Vous êtes un très honnête homme, mais je ne puis ne pas croire que vous êtes entouré de fripons. Au reste je serai dans peu dans ma capitale, et j'arrangerai mes affaires.[28]

**21** CGNB, lettre à Barbé-Marbois, Saint-Cloud, 10 germinal an XIII [31 mars 1805], tome 5, lettre n° 9754.
**22** CGNB, lettre à Barbé-Marbois, Pont-de-Briques, 6 fructidor an XIII [24 août 1805], tome 5, lettre n° 10649.
**23** PVCG, mercredi 1er complémentaire an 13 [18 septembre 1805], tome 3, p. 270.
**24** PVCG, 16 brumaire an 14 [7 novembre 1805], tome 3, p. 327 et *sq*.
**25** PVCG, mercredi 22 brumaire an 14 [13 novembre 1805], tome 3, p. 343.
**26** CGNB, lettre à Cambacérès, Schönbrunn, 24 brumaire an XIV [15 novembre 1805], tome 5, lettre n° 11098.
**27** CGNB, lettre à Joseph, Znaïm, 27 brumaire an XIV [18 novembre 1805], tome 5, lettre n° 11122.
**28** CGNB, lettre à Barbé-Marbois, Schönbrunn, 24 frimaire an XIV [15 décembre 1805], tome 5, lettre n° 11181.

Arrivé à Paris, Napoléon révoque Barbé-Marbois pour le remplacer par Mollien, président de la Caisse d'amortissement. Il s'occupe ensuite de la Banque, dont le sort est rapidement réglé par la loi du 22 avril 1806. Divers avantages accordés aux actionnaires ne sont que douceurs destinées à faire passer la potion amère : le pouvoir leur échappe. « Je dois être le maître dans tout ce dont je me mêle, et surtout dans tout ce qui regarde la Banque, qui est bien plus à l'Empereur qu'elle n'est aux actionnaires, puisqu'elle bat monnaie »[29]. Napoléon place à sa tête un gouverneur et deux sous-gouverneurs, fonctionnaires nommés par lui mais rémunérés par elle, le gouverneur seul pouvant prendre les décisions engageant la Banque et présidant toutes ses instances, dont les délibérations doivent être signées de lui. Pour bien faire comprendre aux régents que la donne a changé, il nomme à ce poste Emmanuel Crétet, ancien directeur général des Ponts et chaussées, qui a toujours été proche de lui et auquel il avait naguère demandé « (...) ce qu'il y aurait à faire pour achever l'établissement de notre banque (...) et la mettre à même de nous rendre les mêmes services que rend la banque de Londres »[30].

Avec deux hommes de confiance à la Banque et au ministère du Trésor public, les rapports entre Napoléon et la Banque gagnent en fluidité, non sans quelques frictions initiales. Après l'installation du gouvernement de la Banque le 13 mai, Crétet annonce à son conseil :

> (...) qu'il a eu une conférence avec les ministres des Finances et du Trésor public, sur les relations à établir entre le Trésor et la Banque ; qu'il existe à cet égard une correspondance suivie avec le ministre du Trésor public ; il a ajouté qu'il s'empressera de soumettre les résultats au Conseil aussitôt qu'il sera en état de le faire .[31]

Cela n'empêche pas Napoléon d'adresser à Mollien, un mois plus tard, une lettre assez désagréable pour la Banque, dans laquelle subsiste un reste de méfiance :

> Pour les traites des douanes, il y a de la mauvaise grâce à la Banque de ne pas vouloir les escompter, dans un moment surtout où elle n'a aucun papier ; certainement il n'y a rien qui soit davantage un papier sûr et de commerce. Si elle persiste dans cette résolution, mon parti est pris, je me formerai une banque par les receveurs généraux, qui recevra ces billets. Il est extraordinaire que la Banque préfère garder des millions en caisse et ne pas se servir de son privilège, à réaliser le crédit du Trésor public dans des papiers aussi bons[32].

Mollien transmet la demande. Crétet l'expose au conseil général, qui l'accepte[33]. Tétanisés par la reprise en main de Napoléon et sachant qu'*in fine* le gouverneur aura le dernier mot, les régents acceptent toutes ses demandes avec les plus grandes flatteries :

**29** Joseph Pelet de la Lozère, *Opinions de Napoléon*, *op. cit.*, p. 254-255.
**30** CGNB, lettre à Crétet, Paris, 23 germinal an X [13 avril 1802], tome 3, lettre n° 6846.
**31** PVCG, vendredi 30 mai 1806, tome 4, p. 121.
**32** CGNB, lettre à Mollien, Saint-Cloud, 20 juin 1806, tome 6, lettre n° 12336.
**33** PVCG, vendredi 27 juin1806, tome 4, p. 132 et *sq.*

Le conseil général reçoit avec une extrême sensibilité cette nouvelle preuve de la bienveillance de Sa Majesté pour la Banque de France et manifeste unanimement son vœu pour accepter les négociations proposées, dans tout l'étendue que comporteront les moyens actuels de la Banque, distraction faite des besoins du commerce et d'une réserve importante commandée impérieusement par l'expérience[34].

Napoléon est en mesure de dicter des mesures dont la Banque devrait être seule juge. Hier comme aujourd'hui, les gouvernants préfèrent les mesures économiques propres à flatter l'opinion plutôt que celles que réclamerait la situation économique. La loi du 22 avril 1806 précise que « (...) le but de l'institution de la Banque est de favoriser la circulation des capitaux et la baisse du taux de l'intérêt dans tout l'empire de la France »[35]. Napoléon s'obsède autant sur le taux de l'intérêt légal[36] que sur celui de l'escompte : « Je désire que vous causiez avec le gouverneur de la Banque pour provoquer une délibération qui mette l'escompte à quatre pour cent »[37]. On dirait aujourd'hui que tout cela n'est que communication politique car, la Banque entérinant cette baisse le 5 août[38], Napoléon demande à Joseph Fouché de faire « (...) faire par des hommes qui connaissent bien les finances de l'Ancien régime des articles qui rappellent, ce que tout le monde sait d'ailleurs, que dans les moments de paix de l'Ancien régime les effets publics ne se négociaient pas à moins de six pour cent »[39]. Moyennant quoi, au conseil suivant – au cours duquel François Jaubert est installé comme gouverneur à la place de Crétet, nommé ministre de l'Intérieur – la Banque procède à des opérations pour se couvrir, car « La baisse de l'escompte à quatre pour cent et la pénurie de la matière escomptable privent momentanément la Banque du bénéfice naturel et raisonnable dont elle a besoin pour fournir à ses frais et pour former le dividende légal »[40].

## LES RÉSISTANCES D'UN MINISTRE

Habitué à trancher sur tout, Napoléon aimerait que tout plie à sa volonté. Ayant fait en sorte d'avoir à la tête de la Banque des fonctionnaires dévoués, il pense que les professionnels de la finance que sont les régents mettront en musique ses décisions, quelles qu'elles soient. Mollien, qui en est lui-même un, tire un constat désabusé :

Napoléon aurait voulu sans doute ne rien trouver d'énigmatique pour lui dans le système de la banque ; mais il éprouvait, sur cette matière, ce qui arrive sur toute théorie qu'on étudie isolément des faits. Les conséquences justes et les consé-

**34** PVCG, vendredi 2 octobre 1807, tome 4, p. 308.
**35** PVCG, mercredi 5 août 1807, tome 4, p. 279.
**36** CGNB, lettre à Defermon, président de la commission des finances au Conseil d'État, Saint-Cloud, 31 juillet 1807, tome 7, lettre n° 16077.
**37** CGNB, lettre à Gaudin, Saint-Cloud, 31 juillet 1807, tome 7, lettre n° 16082.
**38** PVCG, mercredi 5 août 1807, tome 4, p. 280.
**39** CGNB, lettre à Fouché, Saint-Cloud, 9 août 1807, tome 7, lettre n° 16143.
**40** PVCG, vendredi 14 août 1807, tome 4, p. 284 et *sq.*

quences fausses se heurtaient dans sa pensée, suivant l'interlocuteur qu'il venait d'entendre, et il ne lui restait conséquemment que des doutes qui fatiguaient son esprit. Ce qu'il cherchait à découvrir dans l'analyse de la banque, c'était le mal ou le bien qu'elle pouvait faire à son *gouvernement*[41].

Le désappointement de Napoléon vient notamment de ce qu'il comprend que la Banque ne peut pas faire fonctionner sa planche à billets pour subvenir à ses besoins de financement. Son autre déception, que partage Mollien, est que le doublement de capital qu'il lui a offert – ou plutôt imposé – et qui n'était pas nécessaire car l'existant était « déjà plus que suffisant pour son propre service »[42], ne l'a pas incitée à « offrir au Trésor, pour prix de leur privilège, le prêt à intérêts de ce nouveau fonds »[43].

Qu'importe ! Ce qu'il n'obtient pas de bonne volonté, il pense l'avoir par contrainte :

Monsieur Mollien, par les états que vous m'avez remis, il paraît que sur le revenu de 720 millions, auquel se monte le budget de 1808, il y a à peu près 120 millions qui n'échoient pas dans l'année. Jusqu'à ce qu'on ait pu prendre un parti pour fixer définitivement cet objet, il me semble que vous pouvez négocier 40 millions à quatre pour cent à la Banque. (…) Faites votre négociation avec la Banque[44].

Mollien a déjà préparé le terrain lors d'une conférence avec Jaubert[45]. Il ne lui reste plus qu'à transmettre sa demande précise pour l'année 1808[46]. Le conseil général en discute, puis formule un accord définitif et le traité est signé le 24 décembre[47] et reconduit chaque année. Signe que les temps changent, la Banque en demande le début du remboursement en décembre 1813.

Le sujet sur lequel Mollien manifeste son désaccord est celui, très sensible, des succursales, préoccupation constante que Napoléon exprime dès 1801[48] et à laquelle les régents opposent une remarquable force d'inertie. Tout change après 1806. L'article 10 des nouveaux statuts prévoit qu'« Il sera établi des comptoirs d'escompte dans les villes de départements où les besoins du commerce en feront sentir la nécessité. Le Conseil en délibérera l'organisation pour être soumise à l'approbation du gouvernement »[49]. La mise en œuvre ne tarde pas : en juin, un décret crée deux succursales à Rouen et Lyon, dont l'établissement a fortement été incité par le ministère. Estimant avoir donné suffisamment de gages, le conseil général balaye ensuite une demande de Bourges. En mai 1810, Napoléon revient à la charge : « La Banque ne remplit pas son titre et reste Banque de Paris au lieu

**41** François-Nicolas Mollien, *Mémoires, op. cit.*, tome 2, p. 30.
**42** *Ibidem*, p. 31.
**43** *Ibid.*
**44** CGNB, lettre à Mollien, Fontainebleau, 6 octobre 1807, tome 7, lettre n° 16481.
**45** PVCG, vendredi 2 octobre 1807, tome 4, p. 308.
**46** PVCG, vendredi 4 décembre 1807, tome 4, p. 359.
**47** PVCG, mardi 8 (p. 359), vendredi 18 (p. 363) et jeudi 24 décembre 1807 (p. 382).
**48** CGNB, lettre à Perrégaux, Paris, 21 vendémiaire an X [13 octobre 1801], CGNB, tome 3, lettre n° 6571.
**49** PVCG, vendredi 2 janvier 1808, tome 5, p. 13.

d'être Banque de France ». Se trouvant à Anvers, sensible aux récriminations des départements qu'il a traversés, il s'enflamme comme la laitière de la fable :

> Pourquoi n'escompte-t-elle pas à Valenciennes, à Cambrai, à Saint-Quentin, à Lille ? (...) Je désire établir l'escompte des billets à Rome et à Lyon, et avoir quatre autres succursales de cette espèce. Ces six succursales, l'une portant l'autre, peuvent soutenir 5 millions de papier ; cela fait 30 millions. Je désire que, dans les villes de France où il y a une chambre de commerce et autres qui seraient désignées, ce qui peut aller au nombre de trente ou quarante, la Banque ait, non un correspondant, mais un commissaire ; que ce commissaire soit autorisé à prendre du papier à 4 pour 100, n'ayant d'autre commission qu'un dixième pour trois mois, selon l'usage adopté dans les villes des départements, et ne pouvant augmenter l'intérêt de plus de ½ pour 100 par an. On aurait alors de l'argent à volonté à 4 et ½ pour 100 par an. En prenant ces mesures, la Banque aurait bientôt 200 millions d'actions, et elle remplirait son titre et son but[50].

La critique ne vient pas des régents, qui ignorent tout de ce courrier, mais de Mollien, qui s'agace d'un souverain « (...) voulant laisser, pour monument de son passage, un comptoir d'escompte dans chaque ville »[51] et « (...) peu accoutumé à rencontrer des doutes sur son infaillibilité »[52], dont il se rend compte que tous les discours qu'il lui a tenu sur les banques d'escompte ont « (...) rien moins qu'éclairé (...) les conditions organiques de ces établissements, la spécialité de leurs devoirs, la limite de leurs services »[53]. Il lui répond qu'il ne notifiera pas ses résolutions à la Banque[54]. Napoléon lui écrit « sans aigreur[55] » : « Ce que vous devez dire au gouverneur de la Banque de France, c'est qu'ils doivent écrire en lettres d'or, dans le lieu de leurs assemblées, ces mots : *Quel est le but de la Banque de France ? D'escompter les crédits de toutes les maisons de commerce de France à 4 pour 100 par an* »[56].

Patiemment, Mollien envoie à Napoléon une longue note dans laquelle il tente de lui démontrer que la Banque de France.

> (...) devait au moins s'abstenir d'ajouter de nouvelles succursales à celles qu'elle avait établies à Rouen et à Lyon ; et que , si elle persistait à conserver ces deux succursales, elle ne devait y continuer le service des escomptes qu'avec des billets au porteur, d'une forme particulière pour chacune de ces deux villes, et même d'une coupure différente de celle des billets circulant à Paris[57].

Une telle recommandation va à l'encontre de l'opinion bien arrêtée de Napoléon sur le caractère national de la Banque de France. Il félicite pourtant Mollien sur

**50** CGNB, lettre à Mollien, Anvers, 5 mai 1810, tome 10, lettre n° 23553.
**51** François-Nicolas Mollien, *Mémoires, op. cit.*, tome 3, p. 25.
**52** *Ibidem*, p. 18.
**53** *Ibid.*
**54** *Ibid.*, p. 20.
**55** *Ibid.*
**56** CGNB, lettre à Mollien, Laeken, 15 mai 1810, tome 10, lettre n° 23610.
**57** François-Nicolas Mollien, *Mémoires, op. cit.*, tome 3, p. 25.

son mémoire et lui demande de le communiquer aux régents « (...) comme venant de moi, afin de leur laisser la liberté de l'attaquer en votre présence »[58]. Mais, dans deux autres lettres, dictées le même jour, il annonce son intention « (...) qu'on établisse sans délai à Lille une succursale »[59] et lui suggère de faire « (...) établir à Marseille un comptoir »[60]. Quand les régents, jusqu'alors ignorants de ces échanges, prennent officiellement connaissance de la note présentée comme venant de Napoléon et d'un décret de Gaudin établissant un comptoir à Lille, mais où il n'est pas question de Marseille, ils réagissent et consacrent plusieurs séances à l'examen de la note et à l'analyse de la situation de Lille. Malgré leurs nombreuses objections – « Les renseignements qui en résultent ne sont pas favorables à l'établissement d'un comptoir » « Les négociants (...) ignoraient la véritable nature du régime et des opérations de la Banque »[61] – partagées par Mollien[62], les régents cèdent pour Lille. En revanche, sur la note de Mollien, ils obtiennent qu'une délégation – dont ils ne peuvent cependant désigner les membres, imposés par Gaudin[63] – rencontre ce dernier, Mollien et Fouché pour faire leurs observations, réunion dont un compte rendu précis est fait au conseil général[64].

De sa lecture de ce compte rendu, Napoléon ne tire qu'une conclusion : l'intérêt d'acheter un grand nombre d'actions de la Banque[65]. Cela occupe son esprit durant les deux mois suivants et il fixe à 5 000 le nombre d'actions à acquérir au prix de 1 260 francs[66]. Suffisamment content du fonctionnement de la Banque pour faire de ses gouverneurs, de son directeur et des quatre plus anciens régents des barons d'Empire – ce qui comble de joie les récipiendaires[67] – il ne peut s'empêcher de leur donner une leçon sur la Banque et sur les « (...) véritables principes qui doivent diriger ces sortes d'établissements, éminemment utiles à un pays, lorsqu'ils sont conduits avec sagesse, et qui lui deviennent si funestes lorsqu'on en abuse ». Après un long développement,

> Il résulte de ces observations, a bien voulu ajouter Sa Majesté, qu'un billet de Banque ne doit jamais être papier monnaie, c'est-à-dire papier obligé ; qu'un billet de Banque est bon lorsque l'escompte de la Banque et bon ; que dès lors il ne doit pas être obligé ; qu'il ne doit avoir la propriété de rester billet de Banque que lorsqu'il peut être échangé à volonté contre de l'argent[68].

* * *

**58** CGNB, lettre à Mollien, Le Havre, 29 mai 1810, tome 10, lettre n° 23700.
**59** *Ibidem*, lettre n° 23701.
**60** *Ibid.*, lettre n° 23702.
**61** PVCG, lundi 25 juin 1810, tome 6, p. 162.
**62** François-Nicolas Mollien, *Mémoires, op. cit.*, tome 3, p. 21.
**63** PVCG, vendredi 6 juillet 1810, tome 6, p. 185.
**64** PVCG, jeudi 19 juillet 1810, tome 6, p. 193-207.
**65** CGNB, lettre à Mollien, Rambouillet, 13 juillet 1810, tome 10, lettre n° 23981.
**66** CGNB, lettre à Mollien, Saint-Cloud, 2 septembre 1810, tome 10, lettre n° 24475.
**67** PVCG, jeudi 23 août 1810, tome 6, p. 219.
**68** PVCG, jeudi 6 septembre 1810, tome 6, p. 230-231.

Mollien a-t-il convaincu Napoléon et pris un ascendant suffisant en ce domaine pour que celui-ci lui laisse les coudées franches ? Tout porte à le croire. Il n'y a plus de lettres de Napoléon pour intervenir sur le fonctionnement de la Banque, les demandes de Gaudin ou de Mollien ne présentant que des aspects techniques. Une sorte de *statu quo* s'instaure. Les régents ne sont pas satisfaits de la situation, qu'ils tentent de modifier à la Restauration[69]. Napoléon n'a pas obtenu ce qu'il voulait, à savoir un instrument docile de financement de ses guerres.

Le souverain est déçu, l'actionnaire, fidèle, va l'être. Ayant porté à mille le nombre de ses actions lors de ses rachats de 1810, Napoléon les conserve précieusement. Jusqu'au 8 juin 1815, où le conseil général est informé que Napoléon souhaite les vendre[70] et valide la semaine suivante leur rachat au prix unitaire de 787,5 francs[71], soit au total une décote de 472 500 francs[72]. Napoléon perd une fortune, avant de perdre une bataille, son trône et la liberté.

**69** François de Coustin, *Les Tentatives d'indépendance de la Banque de France*, *in* Pierre Branda (dir.), *op. cit.*, p. 365-377.

**70** PVCG, jeudi 8 juin1815, tome 9, p. 153 et *sq.*

**71** PVCG, jeudi 15 juin 1815, tome 9, p. 157.

**72** Environ 2 millions d'euros d'aujourd'hui !

Chapitre 3

# Monetary Geography versus Political Sovereignty: The Emergence of National Issuing Banking in Spain

**Pilar Nogues-Marco**
University of Geneva

Historically, payment systems evolved from decentralized networks to national systems coordinated by a country's issuing bank. According to Charles Goodhart, the bank at the center of the payment system would emerge *naturally* because interbank deposits tended to concentrate in banks with the strongest standing and most prudent behavior.[1] This research focuses on the Spanish case, arguing that the establishment of the payment system's center was indeed a State-orchestrated institutional decision rather than a natural economic development. The article examines why the State aligned the payment system's center with the country's political capital during the emergence of national issuing banking. Economic, geographical, institutional, and political perspectives are integrated to evaluate the role of location in establishing the Bank of Spain as the center of the payment system. The Bank of Spain secured a national monopoly on banknote issuance in 1874, expanded its provincial branch network primarily between 1874 and 1886, introduced free inter-branch transfers in 1883, and began issuing national banknotes valid nationwide in 1884.[2] Prior to this, a system of multiple provincial issuing banks had been established in 19th century Spain, but the circulation of banknotes was limited to regional areas with no national circulation.[3] Inter-city

1 C.A. E. Goodhart, *The evolution of central banks*, Chapter 3, Cambridge MA, The MIT Press, 1988.
2 G. Tortella, "El Banco de España entre 1829 y 1929. La formación de un banco central", *in* F. Ruiz Martín *et al.* (eds.), *El Banco de España. Una historia económica*, Madrid, Banco de España, 1970, p. 263-315 ; Ll. Castañeda, *El Banco de España (1974-1900): La Red de Sucursales y los Nuevos Servicios Financieros*, Madrid, Banco de España, 2001 ; p. Martín-Aceña, E. Martínez-Ruiz and p. Nogues-Marco, "The Bank of Spain: A national financial institution", *Journal of European Economic History*, Vol. 42, No. 1, 2013, p. 11-45.
3 G. Tortella, *Los Orígenes del Capitalismo en España*. Madrid, Tecnos, 1973 ; C. Sudrià Triay and Y. Blasco Martel, *La pluralidad de emisión en España, 1844-1874*, Madrid, Fundación BBVA, 2016.

**ABSTRACT**
**Payment systems evolved from decentralized networks to centralized systems coordinated by a national bank. Contrary to the view that centralization was a natural economic process driven by the gradual concentration of interbank deposits in reputable banks, this research highlights state-driven institutional change. In Spain, the Bank of Spain secured a monopoly on national banknote issuance in 1874 during a civil war, despite opposition from regional issuing banks. While Northern Spain's industrial growth challenged Madrid's dominance as the payment system's center, political motivations ultimately cemented Madrid as Spain's geographical monetary center to support the nation-state's building.**

**RÉSUMÉ**
**Les systèmes de paiement ont évolué de réseaux décentralisés vers des systèmes centralisés coordonnés par une banque nationale. Contrairement à l'idée selon laquelle la centralisation était un processus économique naturel résultant de la concentration progressive des dépôts interbancaires dans des banques réputées, cette recherche met en évidence un changement institutionnel dirigé par l'État. En Espagne, la Banque d'Espagne obtint le monopole de l'émission de billets de banque nationaux en 1874 dans un contexte de guerre civile dans le pays, malgré l'opposition des banques régionales émettrices. Bien que la croissance industrielle du nord de l'Espagne ait défié la domination de Madrid en tant que centre du système de paiement, les motivations politiques ont finalement consolidé Madrid comme centre monétaire géographique de l'Espagne pour soutenir la construction de l'État-nation.**

JEL : **N23, G21, E58**
Keywords : **payment systems, national issuing banking, monetary geography, political sovereignty**
Mots-clés : **systèmes de paiement, banque nationale d'émission, géographie monétaire, souveraineté politique**

payments were still conducted through the Early Modern instrument of the bill of exchange, for which the provincial issuing banks were integrated into a pre-existing money market where private merchant-bankers had already well-established a decentralized correspondent banking network for payments.

We analyzed the geography of the Spanish payment system in the 19th century, prior to the Bank of Spain's national monopoly on banknote issuance, revealing a gradual shift in the geographical location of the monetary leadership.[4] Madrid experienced a relative decline, connected to broader structural economic changes that shifted economic activity northward. Money markets of regions along the Northeastern axis leading the industrialization process – particularly Barcelona, Bilbao, and Santander – became increasingly integrated. Consequently, by the last quarter of the 19th century, Northern Spain had the potential to compete with Madrid as the center of the payment system. This research suggests that changes in the geography of money played a significant role in the decision to centralize the payment system in Madrid. In 1874, the government granted the Bank of Spain a national monopoly on banknote issuance in exchange for a loan during a civil war. The Bank of Bilbao, the Bank of Santander, and the Bank of Barcelona – then Spain's most dynamic economic centers – strongly opposed the decision. Interbank deposits at the Bank of Spain only began after the monopoly was established. Thus, the emergence of national central banking was not due to

4 P. Nogues-Marco, A. Herranz-Loncán, and N. Aslanidis, "The making of a national currency. Spatial transaction costs and money market integration *in* Spain (1825-1874)", *Journal of Economic History*, Vol. 79, No. 4, 2019, p. 1094-1128.

Madrid's natural rise as the payment system's center but rather a political decision to position Madrid as the core of the Nation-State.

## THE GEOGRAPHY OF THE MONEY MARKET BEFORE THE EMERGENCE OF NATIONAL ISSUING BANKING

The structuring of economic space within Nation-States did not emerge until after the Industrial Revolution.[5] National money soon became linked to the rise of national markets due to two major structural changes: one political and one technological. Politically, the emergence of the Nation-State in the 19th century provided governments with unprecedented power to regulate currency within national borders. Technologically, new industrial methods applied to money production enabled the mass issuance of banknotes.[6] Together, these advances facilitated the monopoly of banknotes issuance with circulation across the entire national territory, the expansion of branch banking, and the development of an intra-national banking transfer system, allowing for near-perfect integration of the national money market, virtually eliminating the costs of moving money within the country.

In contrast, before the emergence of national issuing banking, which structured the new centralized organization of the payment system, the money market relied on the bill of exchange as the primary instrument for transferring money between cities – both domestically and internationally – within a decentralized payment system. Thus, in the pre-industrial world, money markets were traditionally defined at the city level rather than at the national level.[7] In the case of Spain, we used a novel, hand-collected database with nearly daily quotations for bills of exchange traded in ten major Spanish centers over the period 1825-1874.[8] This database contains more than 100,000 quasi-daily prices of bills of exchange in Madrid payable in Barcelona, Bilbao, Cadiz, Corunna, Malaga, Santander, Seville, Valencia, and Zaragoza. The scholars examined two essential dimensions of the payment system within the analytical framework of the specie-point mechanism.[9] First, they measured the progression of *convergence* over time, defined as the narrowing of the band due to the reduction in transaction costs associated with moving specie – gold and silver coins – rather than bills of exchange. Second, they

5 K. Polanyi, *The Great Transformation: The Political and Economic Origins of Our Time*, New York, Farrar & Rinehart, 1944; E. Helleiner, *The Making of National Money: Territorial Currencies in Historical Perspective*, Cornell University Press, 2003.

6 E. Helleinen, *The Making of National Money*, *ibid.*

7 M. Flandreau, C. Galimard, C. Jobst, and p. Nogues-Marco, "Monetary Geography before the Industrial Revolution", *Cambridge Journal of Regions, Economy and Society*, Vol. 2, No. 2, 2009, p. 149-171; p. Nogues-Marco, "Money Markets and Exchange Rates *in* Preindustrial Europe", *in* S. Battilossi, Y. Cassis, and K. Yago (eds.), *Handbook of the History of Money and Currency*, Singapore, Springer, 2018.

8 P. Nogues-Marco *et al.*, "The making of a national currency", *op. cit.*

9 For the specie-point mechanism, see also L. H. Officer, *Between the Dollar-Sterling Gold Points: Exchange Rates, Parity, and Market Behavior*, Cambridge, Cambridge University Press, 1996; M. Flandreau, *The Glitter of Gold. France, Bimetallism, and the Emergence of the International Gold Standard, 1848-1873*, Oxford, Oxford University Press, 2004; p. Nogues-Marco, "Competing Bimetallic Ratios: Amsterdam, London and Bullion Arbitrage *in* mid-18th Century", *Journal of Economic History*, Vol. 73, No. 2, 2013, p. 445-476.

calculated the evolution of *efficiency* over time, defined as the non-persistence of bills-of-exchange prices exceeding the band set by the costs of moving specie. The speed at which the price of bills of exchange returns to the band after a shock serves as a measure of the payment system's efficiency. Convergence increased over time due to declining transaction costs in the Spanish money market. Spanish historiography has traditionally associated the reduction in transaction costs and progress in economic market integration to the construction of the telegraph and railway systems.[10] The analysis of bills-of-exchange prices reveals that the process of price convergence began significantly earlier in the money market. These early gains were largely driven by government investment in the road network and the reorganization of postal transport services in the first half of the 19th century, which markedly sped up information transmission. Further convergence was achieved in the mid-1850s with the introduction of the telegraph and in the 1860s with railway expansion.

However, efficiency presented a different picture, with 60% of city pairs experiencing reduced efficiency despite widespread improvements in price convergence. This suggests that lower transaction costs did not always correspond to greater efficiency. To understand these patterns, it is useful to examine geographical differences (see Figure 1). Efficiency improved in connections between the North-East centers (Barcelona, Bilbao, Santander, and Zaragoza), while it declined in links involving Madrid and Southern cities (Cadiz, Malaga, and Seville), as well as the areas between these cities across the rest of the country. The heterogeneous evolution of market efficiency across Spanish city pairs was most likely associated with changes in economic size across cities, and the resulting changes in monetary leadership.

FIGURE 1 **EFFICIENCY CHANGES IN SPANISH MONEY MARKET OVER TIME (1825-1874)**

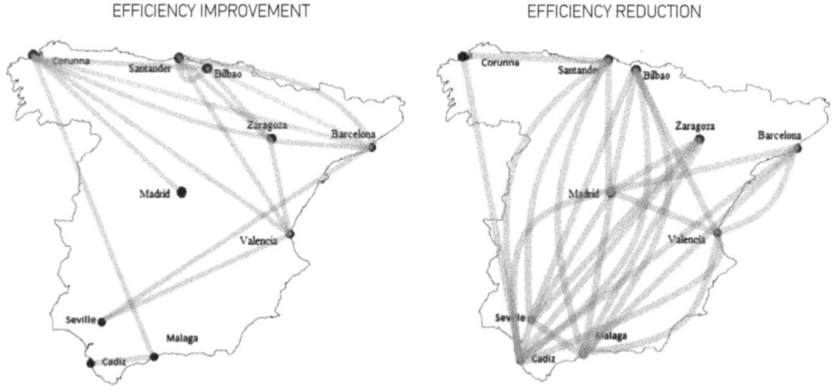


Source: Nogues-Marco *et al.* (2019)[11]

**10** A. Gómez Mendoza, *Ferrocarril, industria y mercado en la modernización de España*, Madrid, Espasa Calpe, 1989; A. Bahamonde Magro (Ed.), *Las comunicaciones en la construcción del Estado contemporáneo en España: 1700-1936. El correo, el telégrafo y el teléfono*, Madrid, Ministerio de Obras Públicas, Turismo y Medio Ambiente, 1993; J. R. Rosés, J. Martínez-Galarraga and D. A. Tirado-Fabregat, "The Upswing of Regional Income Inequality *in* Spain (1860-1930)", *Explorations in Economic History*, Vol. 47, No. 2, 2010, p. 244-257.
**11** P. Nogues-Marco *et al.*, "The making of a national currency", *op. cit.* (graphical representation of table 2).

Monetary leadership is closely linked to economic size.[12] In early 19th century Spain, Madrid and Cadiz dominated monetary leadership due to their ties to the Spanish-American colonies. However, with the decline of the Empire, their prominence faded, especially that of Cadiz. As the 19th century progressed, industrialization boosted several North-Eastern economies closer to Europe. As Martínez-Galarraga shows, one feature of Spanish industrialization in the 19th century was an intense centrifugal trend, with a much higher increase in economic activity and market potential in the Atlantic and Mediterranean coastal provinces compared to the center of the country. By the late 19th century, Barcelona on the East Coast, and Gipuzkoa and Vizcaya in the North, surpassed Madrid in income per capita and market potential, with Barcelona's GDP being 25% larger than Madrid's in 1860, and more than double by 1900.[13] This shift reflected the growth of provincial payment centers and increasing geographical dispersion of private merchant bankers, leading to polarization between Madrid and Barcelona.[14] One might inquire why arbitrage did not quickly exploit price differentials in bills of exchange, which would have increased market efficiency – that is, the speed at which bills of exchange prices adjusted to market shocks. This research argues that the primary reason for limited arbitrage was Spanish regulations on "real bills" – bills of exchange issued strictly against actual trade transactions – which imposed a prohibition on speculative bills of exchange lacking trading commodities as collateral. The operation of the bill of exchange market was regulated by the Code of Commerce of 1829, intended to provide the first national legal framework for trade activities, replacing the Consulate Ordinances that had been in force during the Early Modern period. However, some parts of the Code of Commerce were highly conservative, particularly the regulation of bills of exchange, which was directly copied from the Bilbao Ordinances of 1737, a compilation of Early Modern trade practices used by the Bilbao Consulate up to that point.[15]

To enforce legal restrictions against speculative bills, the Spanish Code of Commerce stipulated that only merchants registered in the guild of merchants would be afforded protection under Commercial Law when using bills of exchange. The registration process itself was regulated by the 1829 Code of Commerce.[16] If an individual not registered with the guild wished to operate with

12 C. P. Kindleberger, *The Politics of International Money and World Language, Essays in International finance*, Princeton, Princeton University Press, 1967 ; p. R. Krugman, "The international role of the dollar: theory and prospect", *in* J. F. O. Bilson and R. C. Marston (eds.), *Exchange Rate Theory and Practice*, Chicago, University of Chicago Press, 1984, p. 261-278 ; p. Hartmann, *Currency Competition and Foreign Exchange Markets: The Dollar, the Yen and the Euro*, Cambridge, Cambridge University Press, 1998; M. Flandreau and C. Jobst, "The Empirics of International Currencies: Network Externalities, History and Persistence", *Economic Journal*, Vol. 119, No. 537, 2009, p. 643-664 ; B. Eichengreen, A. Mehl, and L. Chitu, *How Global Currencies Work: Past, Present, and Future*, Princeton, Princeton University Press, 2017.

13 J. Martínez-Galarraga, J. (2013): *El potencial de mercado provincial en España, 1860-1930: un estudio de nueva geografía económica e historia económica*, Madrid, Banco de España. Estudios de Historia Económica, 2013 (see p. 81-82).

14 J. R. García López, "El sistema bancario español del siglo XIX: ¿Una estructura dual? Nuevos planteamientos y nuevas propuestas", *Revista de Historia Económica*, Vol. VII, No. 1, 1989, p. 111-132 (see p. 127).

15 J. Divar Garteiz-Aurrecoa, "Las Ordenanzas de Bilbao como antecedente de la Codificación Mercantil en España", *Boletín JADO Bilbao*, Vol. X, No. 22, 2011, p. 7-19 (see p. 17-18).

16 *Código de comercio, decretado, sancionado y promulgado en 30 de mayo de 1829*, Madrid, Oficina de D.E. Aguado, 1829 (Lib. 1, Tit. 1, Art. 1, and Lib. 1, Tit. 2, Arts. 21-31).

bills of exchange, he had to prove that these transactions were tied to legitimate trade. Otherwise, in the event of non-payment, the unpaid bill would not be handled by the Mercantile Courts, but by the Ordinary Courts.[17] This resulted in significantly lower legal protection, as the unpaid bill would be treated not as a commercial contract but as a simple promise of payment governed by general loan laws.[18] The restriction of trade activity to individuals registered in the guild of merchants reflected the regulatory framework of the *Ancien Régime*, which continued to govern Spanish economic activity well into the 19th century.[19] This contrasts, for instance, with the French Code of Commerce of 1807, which regulated trade activities more generally, regardless of the agents involved.[20] Spain did not update its regulations until the new Code of Commerce of 1885, which dismantled the Spanish merchant guild and introduce the liberalization of bills of exchange, recognizing them as valid and covered by Commercial Law, irrespective of the agents involved.[21] In addition, the legal system prevented the merchants' guild from drawing speculative bills through a set of strict control measures explicitly aimed at discouraging fraud. All operations involving bills of exchange had to be registered by an authorized broker.[22] Brokers were also required to provide both participants (buyer and seller) with an invoice for the transaction, and Mercantile Courts had the legal authority to inspect brokers' registry books and verify that the information recorded there matched the merchants' invoices.[23] Finally, reputation acted as a complementary mechanism to discourage merchants from engaging in arbitrage with speculative bills of exchange. The legal definition of "registered merchants" encompassed not only those whose primary activity was trade, but also merchant-bankers who expanded their roles to combine banking services, trade, and other functions such as insurance or shipping.[24] These merchant-bankers were the principal agents in the Spanish non-issuing banking sector at the time. They could operate as individuals or as partnerships, and their activities relied on long-term solvency and reputation. Since merchants were personally and fully liable, their reputation lent credibility to their banking operations, thereby creating a personal incentive to trade bills of exchange in compliance with the law.[25] In summary, the legal system in Spain aimed to discourage arbitrage. As a result, the volume of payment transactions— and thus the speed of adjustment to shocks — was directly linked to trade volumes. While direct data on the volume of traded bills of exchange is unavailable, indirect evidence of city

**17** *Código de comercio 1829, ibid.,* Lib. 2, Tit. 9, Art. 434; see also p. Avecilla, *Diccionario de la legislación mercantil de España*, Madrid, Imprenta de D. Severiano Omaña, 1849, p. 209.

**18** *Código de comercio 1829, op. cit.,* Lib. 2, Tit. 9, Art. 570.

**19** J. M. Gondra, *Derecho mercantil,* Madrid, Publicaciones Universidad Complutense, 1992 (p. 31).

**20** *Ibid.*, p. 28.

**21** A. Menéndez Menéndez, "Autonomía económica liberal y codificación mercantil española", *in Centenario del Código de Comercio*, Madrid, Ministerio de Justicia, 1986, Vol. 1, p. 45-82 (see p. 51-59); J. F. Duque Domínguez, "El Código de Comercio de 1885 en el marco de la codificación mercantil de la época", *in Centenario del Código de Comercio*, Madrid, Ministerio de Justicia, 1986, Vol. 1, p. 85-166 (see p. 151).

**22** *Código de comercio 1829, op. cit.* (Lib. 1, Tit. 3, Art. 83).

**23** *Ibid.* (Lib. 1, Tit. 1, Arts. 86, 91, 93, 95, and 97).

**24** F. Montañes y Machado, *Diccionario del subsidio industrial y de comercio*, Madrid, Establecimiento tipográfico de Salustiano de los Rios, 1860 (see p. 161).

**25** J. R. García López, "El sistema bancario español", *op. cit.*

leadership can be inferred from the Spanish cities whose bill prices were reported in the London money market, the most important international financial market of the 19th century. According to *The Economist*, only Madrid and Cadiz were quoted in the London money market from 1843 to 1869. The presence of Cadiz alongside Madrid can be explained by the persistence of monetary leadership, despite the independence of the Spanish-American colonies at the beginning of the 19th century. However, by the early 1870s, several other cities were also quoted in London: between 1870 and 1872, Barcelona, Malaga, and Santander were added, and later, from 1873 to 1876, Bilbao, Granada, Seville, and Zaragoza were also included. This expansion in the number of Spanish cities quoted in London money market highlights the decentralization of Spain's payment system and the increasing relevance of provincial monetary centers, which reduced Madrid's dominance just before the establishment of the Bank of Spain's national monopoly in Madrid.

Madrid would eventually recover its central position in the payment system between 1875 and 1884, due to the establishment of the Bank of Spain as the national bank. The Bank of Spain obtained the national monopoly on banknote issuance in 1874, established its primary network of provincial branches between 1874 and 1886, implemented a system of free money transfers between deposits held at different branches in 1883, and introduced national banknotes valid across the entire country in 1884, which allowed for monetary integration throughout the national territory. It was only then that Spain joined other advanced European countries in abandoning its previous decentralized payment system.

## BANKING MARKET STRUCTURE. FROM PROVINCIAL TO NATIONAL ISSUING BANKING

Spanish issuing banking began with the establishment of the *Banco Nacional de San Carlos* in 1782, which was created to assist the government in managing public debt. It was later transformed into the *Banco Español* de San Fernando in 1829, and ultimately became the *Banco de España* in 1856. Its banknotes were limited to circulation within the province of Madrid until 1874, when it secured a nationwide monopoly on banknote issuance. Before 1874, the Spanish banking system consisted of several provincial banks with note-issuing privileges, each restricted to circulating its banknotes within its own location and surrounding areas.[26] Even the Bank of Spain, which had operated since 1858 with a central office in Madrid and branches in Alicante and Valencia, restricted its banknotes to provincial circulation. Each banknote was marked with the name of the issuing city. There was no obligation for redemption outside the city of issue, nor was there a system for transferring funds between deposits held at different branches. In addition to Madrid, provincial issuing banks were established in other cities, beginning with Barcelona in 1844 and Cadiz in 1846. The *Banco de Isabel II*

**26** G. Tortella, *Los Orígenes del Capitalismo, op. cit.*

was also founded in Madrid in 1844, focusing primarily on private credit, but nonetheless operating within a free banking system in Madrid region alongside the *Banco Español de San Fernando*. However, it had a brief existence, as the two banks merged in 1847, quickly reestablishing a monopoly on banknote issuance in Madrid. Later, the banking legislation of 1856 facilitated the opening of issuing banks in other provinces, while still preserving a monopoly on issuance at the quasi-provincial level. Consequently, banks were founded in Malaga (1856), Seville (1856), Valladolid (1857), Zaragoza (1857), Santander (1857), Bilbao (1857), Corunna (1857), Jerez de la Frontera (1859), San Sebastian (1862), Reus (1862), Burgos (1863), Pamplona (1863), Oviedo (1864), Vitoria (1864), Palencia (1864), Santiago (1864), Balear (1864), and Tarragona (1864).[27]

Shortly after the expansion of the issuing banks, the 1866 crisis would prove to be one of the most severe in modern Spanish financial history.[28] As a result, many credit companies went bankrupt, and a few issuing banks were unable to withstand the financial turmoil. The *Banco de Palencia* was dissolved in 1868, and the *Banco de Santiago* and the *Banco de Cádiz* in 1870. Otherwise, the landscape of issuing banks remained unchanged, as no new issuing banks were created after the 1866 crisis. Within this landscape, historiography has tended to compare the size of the Bank of Spain with that of the provincial banks. In 1873, just before the Bank of Spain obtained the national monopoly on banknote issuance, its paid-up capital was more than six times that of the *Banco de Barcelona*, Spain's second-largest issuing bank. Banks such as the *Banco de Bilbao* and the *Banco Santander*, which are major Spanish banks today (*BBVA* and *Banco Santander*), were comparatively much smaller issuing banks at that time in relation to the Bank of Spain. A similar picture emerges with the banknote issuance indicator, as the Bank of Spain's banknotes accounted for half of the total banknotes in circulation in Spain.[29] Figure 2.1 shows a comparison of the four largest banks for the period 1846-1874, clearly illustrating the predominance of the Bank of Spain.[30]

**27** P. Schwartz (Ed.), *Ensayos sobre la economía española a mediados del siglo XIX*, Madrid, Servicios de estudios del Banco de España, 1970. ; G. Tortella, *Los Orígenes del Capitalismo, op. cit.* ; C. Sudrià Triay and Y. Blasco Martel, *La pluralidad de emisión, op. cit.*

**28** P. Martín-Aceña and p. Nogues-Marco, "Crisis bancarias en la historia. Del Antiguo Régimen a los orígenes del capitalismo moderno", *in* F. Comín and M. Hernández (eds.), *Las crisis económicas en España, 1300-2012. Lecciones de la Historia*, Madrid, Alianza Editorial, 2013, p. 141-167. ; C. Sudrià Triay, "La banca emisora provincial y la economía española: dinero y crédito", *in* C. Sudrià Triay and Y. Blasco Martel, *La pluralidad de emisión, op. cit.*, p. 141-191.

**29** P. Martín-Aceña, E. Martínez-Ruiz and p. Nogues-Marco, "The Bank of Spain", *op. cit.*, p. 20.

**30** For the Bank of Spain, see p. Tedde, *El Banco de España y el Estado liberal (1847-1874)*, Madrid, Gadir Editorial, 2015. ; for the *Banco de Barcelona*, see Y. Blasco and C. Sudrià, *El Banco de Barcelona (1844-1874): historia de un banco emisor*, Madrid, LID, 2010. ; for the *Banco Santander*, see P. Martín-Aceña, *Banco Santander. 150 años de historia (1857-2007)*, Madrid, Grupo Santander, 2007.

FIGURE 2 **COMPARISON OF THE SIZE OF ISSUING BANKS: BANK OF SPAIN, BARCELONA, BILBAO, SANTANDER, AND CADIZ. BANKNOTES AND PAID-UP CAPITAL, 1846-1874 (THOUSAND PESETAS)**

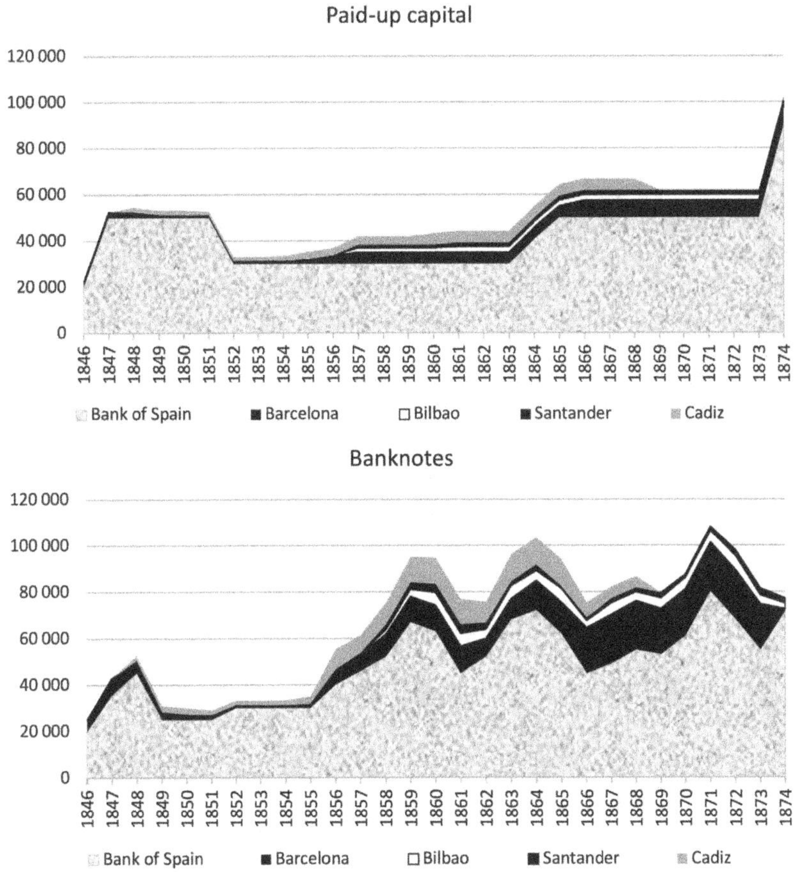


Source: Data for the Bank of Spain in Tedde (2015) and Schwartz (1970).[31] Data for the Banks of Barcelona, Bilbao, Santander, and Cadiz in Sudrià Triay and Blasco-Martel (2016).[32]

However, the Bank of Spain's predominance becomes less apparent when its role as the State's bank is excluded, shifting the focus to its activities within the private sector. When examining solely the private assets of the major provincial issuing banks, a relative decline in the Bank of Spain's importance becomes evident from the mid-1860s onward. During this period, its size became comparable to that of the major provincial banks, notably the *Banco de Barcelona*, the second largest issuing bank at the time. This trend is illustrated in Figure 2, which uses a less commonly examined indicator of size: the private portfolios of the issuing banks rather than their total portfolios, thereby excluding the substantial portion of the Bank of Spain's holdings that consisted of public assets

**31** P. Tedde, *El Banco de España, ibid*; p. Schwartz (Ed.), *Ensayos sobre la economía española, op. cit.*, appendix.
**32** C. Sudrià Triay and Y. Blasco Martel, *La pluralidad de emisión, op. cit.*, appendix.

from the comparison. However, the private portfolio indicator of size should be interpreted with caution. The Bank of Spain's balance sheets did not distinguish between private bills of exchange and Treasury bills. Instead, the private portfolio indicator relies on a proxy derived from the total annual discounting of both types of bills, as recorded in the Minutes of the General Shareholders' Meeting. The data presented in Figure 2 is consistent with the trends in the evolution of the geography of the money market discussed in the previous section. As outlined earlier, the geography of the Spanish money market underwent significant transformations during the 19th century. Madrid experienced a relative decline, driven by broader structural economic changes associated with industrialization, which shifted economic activity northward. During this period, the South of Spain and Madrid began to diverge from the North. Regions along the Northeastern industrial axis – particularly Barcelona, Bilbao, and Santander – became increasingly integrated. By the last quarter of the 19th century, Northern Spain had emerged as a potential competitor to Madrid as the center of the payment system.

FIGURE 3 **COMPARISON OF THE SIZE OF ISSUING BANKS: BANK OF SPAIN, BARCELONA, BILBAO, SANTANDER, AND CADIZ. PRIVATE PORTFOLIO, 1852-1874 (THOUSAND PESETAS)**

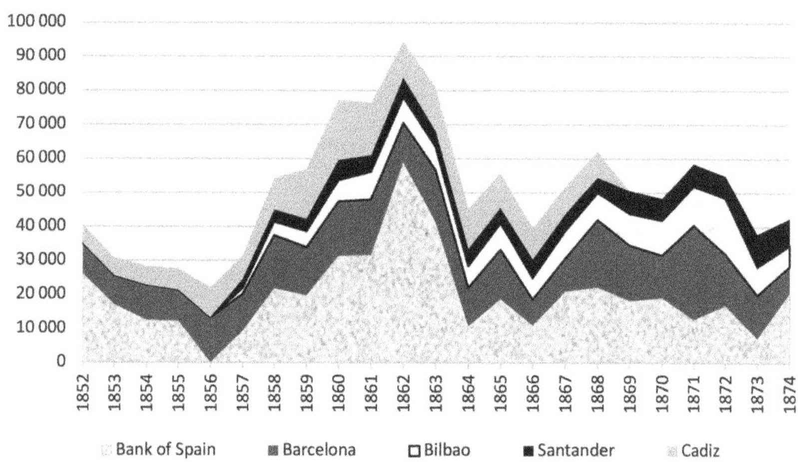


Source: Data for the Bank of Spain in Schwartz (1970).[33] Data for the Banks of Barcelona, Bilbao, Santander, and Cadiz in Sudrià Triay and Blasco-Martel (2016).[34]

In March 1874, the government granted the Bank of Spain the national monopoly on banknote issuance in exchange for a substantial loan. At that time, Spain was embroiled in the Third Carlist War (1872-76) and facing the costs of Cuba's first uprising, which had been ongoing since 1868. The government's legitimacy was precarious: martial law was in effect, and Parliament had been dissolved. The coup d'État of January 1874 had brought an end to the brief First Republic (February 1873 - January 1874). Sovereign debt had reached unsustainable levels. From the Spanish Glorious Revolution of 1868 until debt restructuring

**33** P. Schwartz (Ed.), *Ensayos sobre la economía española, op. cit.,* appendix.
**34** C. Sudrià Triay and Y. Blasco Martel, *La pluralidad de emisión, op. cit.,* appendix.

in 1882, Spain's sovereign debt exceeded its GDP. Raising taxes was unfeasible, and the possibility of securing additional foreign loans had been exhausted. An emergency decree, approved without parliamentary oversight, established a single National Bank of issuance in Spain to provide financial support to the Treasury, centered on the Bank of Spain with assistance from provincial banks. The decree gave provincial banks only 30 days to either agree to merge with the Bank of Spain or continue operating as banks without the privilege of note issuance. Provincial banknotes ceased to be legal tender. In July 1876, with the civil war concluded, the new King ratified the decrees issued by the provisional war government, legitimizing the end of provincial issuance in favor of a national monopoly.[35]

The decree had been submitted months earlier to the Bank of Spain for approval, allowing it to negotiate with the government to strengthen its position in discussions with the provincial banks. In the initial draft of the decree, the Bank of Spain would gain a 30 year issuance monopoly in Madrid but only a 10 year monopoly in the provinces, leaving open the possibility of reverting to a provincial issuance system once the Treasury's crisis had passed. Ultimately, the Bank of Spain successfully negotiated a 30 year national issuance monopoly for the entire Spanish territory. Additionally, the initial draft proposed that the provincial banks fully or partially merge with the Bank of Spain. The Bank of Spain negotiated with the government for the complete dissolution of the provincial issuing banks, though the government did not compel their liquidation, allowing them the option to continue banking operations without the privilege of issuance. There were claims from provincial banks, delays in decision-making, and further decrees to ratify the national issuance monopoly granted to the Bank of Spain. Eventually, most provincial banks merged with the Bank of Spain. The Bank of Spain exchanged the shares of the provincial banks for its own shares through a capital increase of the Bank of Spain. However, the Bank of Spain did not take the deposits or portfolios of the provincial banks, which had to be liquidated to complete the merger. The banknotes of the provincial banks were withdrawn from circulation.[36]

In the short term, the merger of the provincial banks into the Bank of Spain disrupted the regional financial system, as it took nearly a decade for the Bank of Spain to consolidate the branch network. Three of the provincial banks – the most solvent provincial banks, *Banco de Barcelona*, *Banco Santander*, and *Banco de Bilbao* – declined the merger and continued operating as banks without issuance privileges. These banks were located along the Northeastern industrial axis, where the money market had become increasingly integrated during the 19th century, giving them the potential to compete with Madrid as the center of the payment system.

**35** Y. Blasco-Martel, "Regulación bancaria y bancos provinciales en España", *in* C. Sudrià Triay and Y. Blasco Martel, *La pluralidad de emisión, op. cit.*, p. 83-110 ; Ll. Castañeda, "La instauración del monopolio de emisión y la absorción de los bancos de emisión provinciales por el Banco de España", *in* C. Sudrià Triay and Y. Blasco Martel, *La pluralidad de emisión, op. cit.*, p. 641-656.

**36** Ll. Castañeda, "La instauración del monopolio de emisión", *ibid.*

A significant portion of the Bank of Spain's shareholders opposed the national banknote issuance monopoly. Their concerns centered around potential legal disputes with provincial issuing banks, whose issuance privileges had been unlawfully revoked, the financial risks of supporting a government with questionable payment capacity, and the dangers of possible over-issuance of banknotes, which could result in inconvertible currency forced to circulate as legal tender. Due to these concerns, 25% of the shareholders voted against the national issuance monopoly proposal, while 75% accepted it, motivated by the anticipated increase in profits the monopoly was expected to generate.[37] The new national monopoly on banknote issuance, which replaced the traditional decentralized market system based on bills of exchange as payment instruments, firmly positioned Madrid at the center of the national payment system.

* * *

This research has highlighted that the geographical location of the national issuing bank for centralizing the payment system is not a trivial matter, as it entails a redistribution of the gains associated with money creation. On one hand, social groups that had economically benefited from monetary fragmentation would likely oppose the creation of a national currency.[38] On the other hand, the government could stand to gain from establishing a nationwide monopoly on banknote issuance by borrowing from the national central bank.[39] The example of Spain, as analyzed in this research, illustrates the political motivations behind the centralization of the payment system, contrasting with the economic conceptualization of such centralization as a natural economic process driven by the concentration of interbank deposits in the most solid bank within the system.

**37** Ll. Castañeda, *El Banco de España, op. cit.*; p. Tedde, *El Banco de España, op. cit.*

**38** E. Helleiner, *The Making of National Money, op. cit.*, chapter 3.

**39** R. Cameron, *Banking in the Early Stages of Industrialization: A Study in Comparative Economic History*, Oxford, Oxford University Press, 1967; E. Helleiner, *The Making of National Money, op. cit.*, chapter 4.

Chapitre 4

# State formation, expansion of national borders and free banking. Three issuing banks in Greece in the 19th century

**Virginia-Anastasia Fournari**
Panteion University

**Evangelos Prontzas**
Panteion University

In the latter half of the 19th century, the issuance of banknotes in a context of banking competition and within a legal environment in which traders were able to accept or reject the banknote of issuing banks resulted in Greece being situated within one of the 62 free banking episodes of the 19th century.[1] The advent of free banking, in particular, has its roots in this era. The term free banking is not without its own set of regulations and restrictions,[2] yet it also encompasses distinctive features that serve to reinforce its historical significance.[3]

The present study, which is the result of a combination of sociological and economic-historical analysis, focuses on the relatively neglected episode of free banking, although it is not entirely unknown. The Greek episode was examined through the lens of general surveys of the three banks that held the right of issue from 1864 to 1920 within the zone of the right of circulation of their banknotes

1 Kurt Schuler, "The world history of free banking: an overview", *in* Kevin Dowd (Ed.), *The experience of free banking*, The Institute of Economic Affairs, 2023, p. 13-49.

2 Ignacio Briones, Hugh Rockoff, "Do Economists Reach a Conclusion on Free-Banking Episodes?" *Econ Journal Watch*, 2 /2, 2005, p. 279-324.

3 The first collection of episodes on free banking *in* 1897 is by Charles Conant (*A History of Modern Banks of Issue*, New York, *G. p. Putnam's sons*, [1896] 1915 with continuous editions until 1969) followed by Raphael-Georges Levy, *Banques d'émission et trésors publics*, Paris, Hachette, 1911. Subsequent studies, *in* particular, have yielded a wealth of insights, yet have not illuminated certain enigmatic aspects pertaining to the establishment of issuing banks and the formation of a State. The recent examination of banking archives has facilitated a deeper comprehension of the nuances *in* the episodes of free banking, including the constitution of the Greek State and its interconnection with the legitimate practice of free banking.

**ABSTRACT**
**The study examines the implementation of free banking in 19th-century Greece and its impact on the formation of the state and the triple expansion of national borders. The establishment of the three banks with the right to issue banknotes between 1882 and 1899 determined the loose implementation of free banking, with competition between two issuing banks and the third one. The analysis focuses on three regions and their respective banks: the National Bank of Greece (NBG) (1842), the Ionian Bank (IB) (1864), and the Privileged Bank of Epirothessaly (PBE) (1882). The operation of PBE within this hybrid free banking system serves to extend the credit function and the monetization of the annexed periphery.**

**RÉSUMÉ**
**L'étude examine la mise en œuvre de la « pluralités des banques » et son impact dans la Grèce du XIX^e^ siècle, en lien avec la formation de l'État et la triple expansion des frontières nationales. La création des trois banques habilitées à émettre des billets de banque entre 1882 et 1899 détermine la mise en œuvre souple de « pluralités des banques », avec la concurrence de deux banques contre la 3ème émettrice. L'étude se focalise sur les dynamiques régionales et les institutions bancaires correspondantes : la NBG (1842), la IB (1864) et la PBE (1882). Le fonctionnement de la PBE au sein de ce système hybride de banque libre étend la fonction de crédit et la monétisation de la périphérie annexée.**

JEL : **E51, N23, N13, B25**
Keywords : **free banking, national borders, calculation of profits, Greece**
Mots clés : **pluralité des banques, frontière nationale, calcul des bénéfices, Grèce**

within Greek territory. However, this general analysis did not take into account the changes in national borders that occurred during this period. The episode is in its full development, that is, with the simultaneous operation of the three issuing banks, in the period 1883-1899. The inception of free banking in the Greek state can be traced back to 1864, when two banks first commenced operations. This was followed by the establishment of three issuing banks between 1882 and 1899. After the closure of one of these banks, free banking continued to be practiced for a few more years in the early 20th century. The lack of attention paid to the national issue consequently constrains a dimension of free banking that has not been sufficiently elucidated, particularly in light of the tensions that arose in the Greek parliament with regard to its implementation and the social controversies that emerged in the regions where each bank had the right to issue banknotes.

The parameter of the political frontier is nevertheless a crucial element in understanding the financial implications of the Greek State's constitution and the sources of its public revenue. The expansion of the national frontier on two occasions during the latter half of the 19th century resulted in a shift in the fiscal costs associated with the assimilation of the annexed territories. Greek governments were confronted with the dilemma of whether to rely on taxation or external financing through loans. The exclusion of the historical fact of the alteration of the national border through the implementation of free banking introduces a distortion to the discussion if free banking is implemented on a fixed political border. It is accurate to include the free banking episode in the distinct expansion from the original frontier of the autonomous Greek kingdom (1830) and its subsequent annexation with the establishment of a new issuing bank. The Greek episode, therefore, represents a hybrid form of free banking.

The transition from one privileged issuing bank (1841-1864) on the original border to three competitive issuing banks with territorial privileges on the new (extended) national borders (henceforth "issuing banks") was operated in two phases. In the first phase of the extension of the national frontier, a second issuing bank with privileges operated (1864-1881), with the possibility of circulation of the first central bank into the privileged area of the second, making it a clear free banking system.

During the second phase of the extension of the national frontier, three issuing banks operated (1881-1899), the third of which had a circulation area corresponding to the new change in the national frontier.[4] The term "hybrid" is now justified by the fact that the creation of this new issuing bank in 1881 entailed the compulsory circulation of the banknotes of the previous banks alongside the new banknote, which was convertible into coins by government decision, and by the intervention role assigned to the PBE. At the same time, the pre-existing ottoman coins maintained their robust usage in calculation and circulation, engendering a state of "lame duck" competition for the issuing bank.

## THE POLITICAL EXPERIENCE IN THE GREEK FREE BANKING EPISODE

Two key aspects of the analysis are the political issue and the social treatment of free banking. The political analysis of the operation of issuing banks constitutes a substantial portion of the debates held in the Greek parliament during the 1870s, employing a highly sophisticated level of discourse. These set forth the stances on the authority exercised by the government in conferring upon issuing banks, the advantages the government derives from the services provided, the exploitation rights they possess, and the distribution of their profits. The most significant issue is the credit that the government requires from each issuing bank, with the obligation to issue a quantity of notes that exceeds the level required for commercial needs. The power of banks in the Greek economy is also a topic of discussion, with particular attention paid to the international obligations to respect banks' rights and the role of banks in the procurement of foreign loans.

The combination of these factors defines a State that is initially established and subsequently undergoes alterations to its political boundaries over the course of a century. It develops a robust association between the banking system and its national identity. The relationship between financial services and the link between free banking and the performance of the system is not always straight-

4 Historical Archives NBG: Archives (A) National Bank of Greece, 1. Rules of Procedure [I]: Files: 1-5. 2. Loans[X]: Contracts between the Greek State NBG, the Ionian Bank and the Bank of Epirothessaly for the granting of loans (Files: 10, 19, 20, 27, 28). Negotiations for a settlement between the State and creditors (Files: 45-51). B) Bank of Epirothessaly (1882-1900), I. Documents: Files: 1-94 (Documents and statements of branches, correspondence of bank executives, correspondence of the governor and president under conditions of military occupation, foreign correspondence, credit lists, miscellaneous contracts, merger of the Bank of Epirothessaly and the National Bank of Greece). Files: 126-129 (Bank Articles of Association, Annual Reports, Shareholders' Proxies, Branch Control, Mortgage Loans). C) Ionian Bank, File 1-8 (Legislative decrees, Extension of issuing privilege, Merger of Ionian Bank and National Bank of Greece, Governors' correspondence, Negotiations).

forward to ascertain.[5] The chronological development of the banking system and the changing national boundaries of the Greek State are linked by two key issues: firstly, the signaling of the change in successive periods from privilege to competition and back to privilege in the operation of the banking system; and secondly, the aspects of fiscal policy with the developing ideas and its governmental management and intervention in the banking system.[6]

Following Greece's independence in 1832, banking legislation was enacted to regulate the operations of three issuing banks, which were established in accordance with the country's expanded national borders. The *National Bank of Greece* (NBG), the *Ionian Bank* (IB), and the *Privileged Bank of Epirothessaly* (PBE) constituted the Greek free banking episode (figure 1), as referred to and without further specification in the literature. The production and regulation of money was initially informed by theoretical approaches but ultimately evolved from the political considerations of Greek governments regarding the fiscal needs associated with the multiple constitutions of the State. Historical evidence indicates that the role of the governments in revenue generation was not a deliberate decision but rather an evolutionary process that allowed the national idea of Greek society to survive.

The three banks, which differed in composition and size, existed concurrently only during the period between 1882 and 1899. Of the three issuing banks, the NBG plays the most prominent role, influencing the Greek government's decision to adopt or reject free banking and the manner in which it is implemented. The NBG's commitment to accept the establishment of another issuing bank is contingent upon the convertibility of the banknote exclusively in the recently annexed provinces. The arbitrage now determines the convertibility or otherwise of the banknote between the two banknote circulation zones versus the new zone. The new issuing bank has contributed to this lame competition for some years by maintaining its share capital in an open account outside of Greece with the *Bank of Constantinople*.

The period of coexistence of the banknotes of each issuing bank represents an aggravation of banking and social competition driven by their respective power hierarchies. This hierarchy ranges from the most powerful entity, the NBG, to the relatively weaker institutions, such as the IB and especially the PBE. Figure 2 provides a clear representation of the hierarchy and offers insight into the nature of inter-banknote competition, which is evident in the holding of banknotes by one bank against the other. In the total circulation of banknotes within the Greek territory, the banknotes of the NBG will consistently represent a minimum of 77% of the total, while the maximum in the total circulation of IB will be slightly higher than 22% and of PBE almost 13% (fig. 2a). Indeed, the competition for their banknotes demonstrates that the two lowest-ranked banks in the power hierarchy, IB and PBE, both amass banknotes from the other issuing banks in their reserves, in comparison to those amassed by the NBG for the other two (fig. 2b).

5 Kevin Dowd, "The Case for Financial Laissez-Faire", *The Economic Journal*, 106/436, 1996, p. 679-687.

6 More generally on the subject Vera C. Smith, *The Rationale of Central Banking and the Free Banking Alternative*, Indianapolis, Liberty Fund, 1990.

FIGURE 1 **THE THREE ISSUANCE OF BANKNOTES RIGHT ZONES WITH CORRESPONDING ISSUING BANKS IN GREECE (1842-1899)**

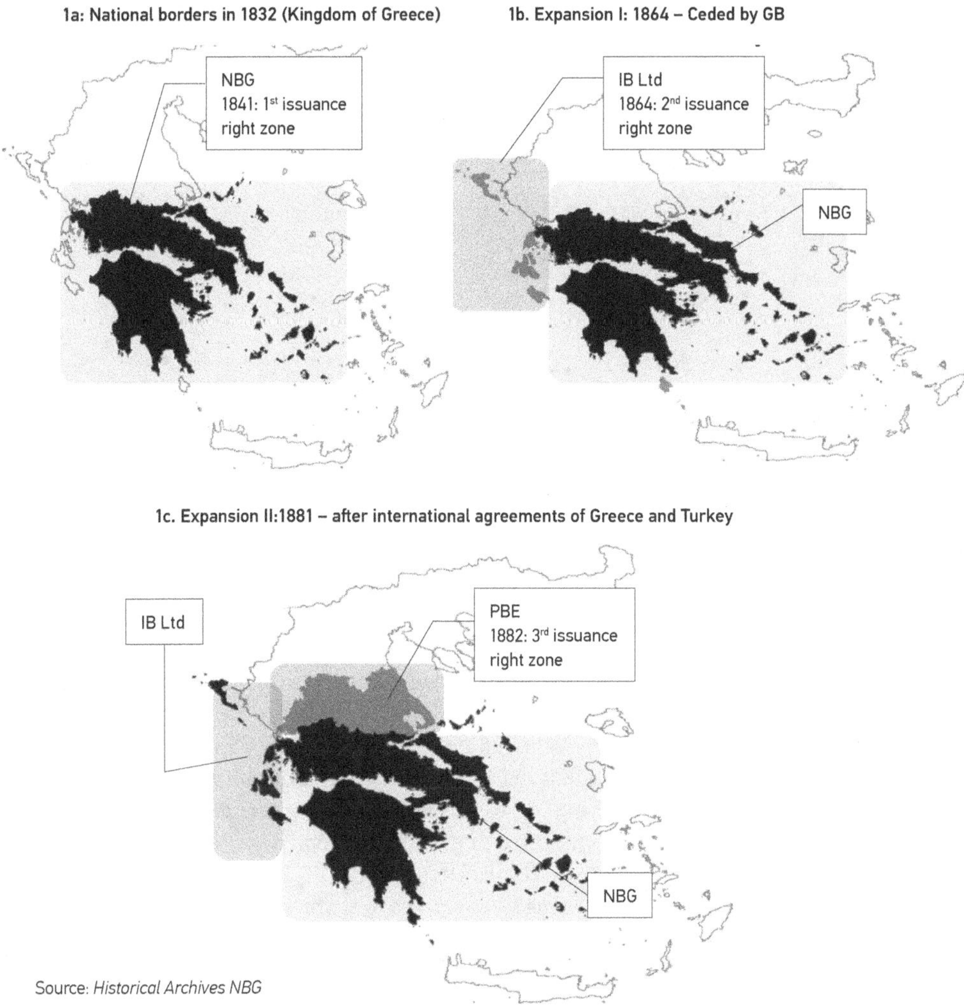


Source: *Historical Archives NBG*

The three distinct zones for the issuance of banknotes introduce disparate factors that influence the power hierarchy among banks. These factors include characteristics of the regions, such as the extent of each incorporated region in the Greek states, the size of the population, the transactional rites, the perception of coin, and especially property rights. These factors also influence the cost of integrating regions into the national states, the time required to standardize transactions, and the security of resources collected in monetary form by Greek governments.

The circulation of banknotes is a phenomenon that is opaque in nature, exhibiting properties that are not immediately apparent. Firstly, an immediately understandable condition is the ratio of transactions conducted by residents, which is primarily covered by coin. Secondly, the symbolic power for the national idea is the banknote of the NBG, which penetrates the circulation zone of the banknote of the PBE and IB. The third aspect is the result of social tensions surrounding the function of credit, which are caused by ambiguities in property rights.

FIGURE 2 **BANKNOTES OF ISSUING BANKS, 1843-1899 (IN MILLIONS OF DRACHMAS)**

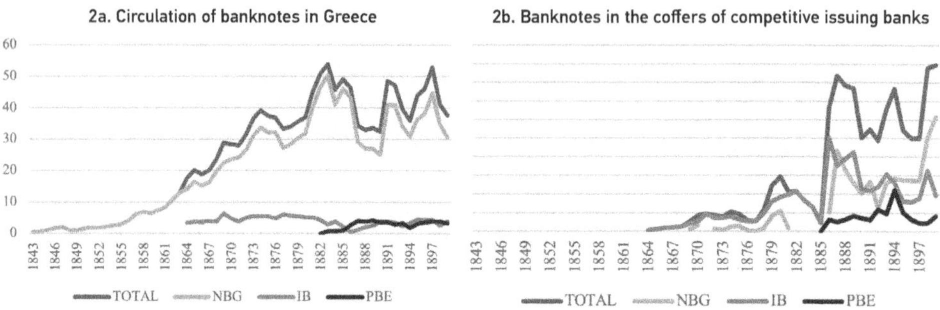


Source: *Bank Annual Reports 1843-1899 (NBG Historical Archives)*

These aspects are obscured by the complex web of relations between the governments and the management of the issuing banks on the most crucial issue facing the Greek states: the management of the public debt. The conclusion of government loans has a significant impact on the monetization of the economy. The integration of exchanges into the market mechanism plays a crucial role in strengthening the circulation of banknotes, regardless of whether they are in circulation with or without the right of convertibility. The impact is more pronounced at the newly established national border than at the previously existing one, as the previous exchange ratios are transferred and persist for varying lengths of time. This transfer demonstrates that the monetary assimilation of the new provinces is considerably more challenging in the PBE right zone and less so in the IB right zone. This is a consequence of the disparate currency units in the two zones (the Ottoman lira in the former, sterling in the latter). Therefore, the evolution of the national question in Greece and its relation to the banking question encompasses the hidden costs of monetary assimilation with the imposition of the drachma as a common medium of exchange and the obvious benefit of bank lending for Greek governments.

The initial expansion, which occurred in 1864, serves as the foundation for the subsequent political decision to implement a system of free banking. In 1864, the renewal of IB's 20-year issuing right was transferred to the Greek states with the expansion of the Ionian Islands. Consequently, the banknote of the Ionian Islands began to circulate alongside that of the NBG. In the 1870s, the Greek parliament initiated a discourse on the distinction between the right of issue and the privilege of issue. In particular, representatives of the NBG participate in the parliamentary debate. The matter under discussion is the renewal of the Ionian Bank's right of issue at the end of this decade. The debate centers on the question of whether there should be a single or multiple issuing banks. The theoretical positions of Michel Chevalier and Louis Wolowski on the relative merits of the two systems inform the political debate in the Greek parliament, although the distinction between them is not always clearly articulated. The aforementioned difficulties will present a challenge to politicians and bankers alike. Efthymios Kechagias (on the side of the NBG) advanced the argument in 1873 that this was not a political issue, but rather one that resurrected earlier discussions initiated in 1864 and even further back to the conditions of the banking system in Greece after 1843. The enumeration of the Greek banker and politician prompted the Greek parliament to consider whether a single bank or multiple banks in the 1870s would be a viable solution to the issue of banknote issuance. This issue extended beyond the operation of the IB and the NBG, as evidenced by the subsequent parliamentary debates and the international developments concerning the eastern question. However, the rationale behind the political decision does not appear to be contingent on the evolving landscape of international developments. The fact that the Greek government borrowed money in 1868 with the IB is of relatively less importance for the interests of the NBG. Of greater significance is the compulsory use of the IB banknote throughout its territory.[7]

In the political decision-making process regarding the structure of the banking system, the position advanced by the representatives of the NBG in parliament is that the model of two issuing banks, with the authority to issue banknotes, is not an optimal choice for the national economy. This marks the first instance of rejection by the most influential and long-standing issuing bank within the Greek states.

However, the issue extends beyond mere theoretical discourse and empirical analysis. The theoretical analysis, when considered alongside the parliamentary arrangements that were in place in the parliaments of the Ionian State until 1864 and of the Greek State from 1836 to the early decades of the 20th century, reveals a competition between a Greek issuing bank and a British issuing bank that was created three decades before the islands were transferred to the Greek State. Furthermore, it demonstrates the international economic obligations that were implied by the cession of the Ionian Islands to Greece. The political events in history serve to reinforce the issuing right of IB, which is guaranteed by an international treaty between Greece and Great Britain. In other words, the issuing right remains contingent upon the guarantee of protection for the foreign bank, the Ionian Bank, and the clause pertaining to the cession of the Ionian Islands from Britain to the Greek State. The issue, both as a banking and international one, regulates the political decisions for the implementation of free banking and

7 A detail about their competition is that the Ionian Bank has *in* circulation banknotes that reach 1/3 of the value of the banknotes of the NBG *in* the 1860s. The article defined its duration until the repayment of the loan and interest by the State to the two banks, i.e. for an unknown period of time. It also defined the IB's pledge of part of the national wealth such as salt pans, fish farms, etc. so that their profits would be used to pay the interest and commissions on the loan. S. Gekas, *The Commercial Bourgeoisie. Class Formation in a semi-colonial society, 1815-1864*, PhD, University of Essex, 2004; S. Gekas, E. Prontzas, "Monetarization and monetization of regional tier", *in* Th. Kalafatis, E. Prontzas, *Economic History of the Greek State*, T.1, Athens, PIOP, 2011, p. 211-277.

the decisions of the Greek governments until the end of the World War I, which occurred many decades after the parliamentary debates of the 1870s.
The third issuing bank is associated with the development of the Eastern Question between 1878 and 1881, as well as its consequences for the modern Greek State. This is in reference to the conclusion of the convention between Greece and Turkey in Constantinople in 1881. The expansion of national frontiers in Thessaly and Epirus was accompanied by an increase in domestic debt, incurred for the compensation of Ottomans leaving these regions. This was coupled with the resort to new borrowing to meet extraordinary expenses, an increase in taxation to remove the compulsory circulation of banknotes of the NBG and IB, and the granting of issuing rights to capitalists. The conclusion of the loan of GRD 120 million by the Greek state was contingent upon the granting of an issuing right to a group of capital holders. The Bank of Constantinople is the principal entity within the group, with Andreas Syngros, a prominent banker, playing a pivotal role in facilitating the new loan agreement with the Greek State. The political debate in the Greek parliament once again resulted in a conflict between the NBG and the government in late 1881. This was due to the government's policy of establishing, by law, another issuing bank in the territories that had been annexed. Pavlos Kalligas, a renowned law school professor, deputy governor of the NBG, and member of parliament, offers a meticulous political critique of the Greek government's decision to establish a "counter-insurer" of the NBG.[8] Prime Minister Alexandros Koumoundouros has downplayed the significance of Thessaly and Epirus in the context of the NBG's proposed expansion of its issuing rights to encompass the newly designated regions. The arguments put forth by the NBG representative in support of the proposed legislation are bolstered by the significant role that a well-established, historically esteemed banking institution would play in the newly designated regions. The transition of a region from one state of sovereignty to another is often accompanied by an anarchy and disarray, due to the lack of legislation, mortgage law, and unpredictable transactional behavior. The NBG's argument differs significantly from that presented two decades earlier with the operation of the Ionian Bank in the Ionian Islands and its incorporation into the Greek states. In the context of the new provinces, the significant challenges necessitate the involvement of a substantial financial institution with the capacity to navigate the complexities of unfamiliar local requirements, identify creditworthy individuals, adapt to evolving societal and commercial trends, and address the limitations of traditional credit assessment methods. His argument is further supported by an assessment of the time required for the bank to assimilate and adapt to local conditions. The period in question spans almost a decade, during which time the states has incurred a loss of public revenue. Additionally, the percentage of business that the NBG has committed to returning to the government as a result of the expansion of its operations has not materialized. NBG's argument is untenable for the government, so the issuing right is granted

8 Session of the Parliament on 18 December 1880 on the ratification of the Convention on the loan of GRD 120 million. p. Kalligas, *Melete kai logoi (=Studies and conversations)*, Athens, 1882, p. 475 et *sq.*

for 25 years to PBE under the same contract of 1880 that was used to negotiate the loan of GRD 120 million to the Greek State.

The issuing privilege of PBE was bestowed upon its founders prior to the liberation of Thessaly and Epirus. The formation of share capital is contingent upon the payment of the smallest possible initial capital by the shareholders. The incorporation of the company required a capital sum of 20 million drachmas, of which only 5 million was paid. It is obligatory for the personnel of the Bank to contribute to the formation of the share capital, in addition to purchasing shares and recruiting minor capital investors. Attempts to attract the local community to the share capital have not yielded significant results. This is due to the intensifying conflict between Greek foreign capitalists and those of the Ottoman Empire. The confrontation is driven by the performance of PBE's operations in its zone of privilege, characterized by banknote competition and the development of loan relations with the government. This culminates in the eventual absorption of PBE by the NBG in 1899, following the Greek-Turkish War of 1897 and the occupation of Thessaly by Turkish troops.

## THE MONEY SUPPLY IMPLICATIONS OF HYBRID FREE BANKING SYSTEM[9]

The calculation of the profits generated by the circulation of banknotes, and what the bank considers taxable are crucial aspects of free banking in its relations with the government, and an explanation for the hybridity of the case. Their relationship answers White's more fundamental question of whether the government plays a role in producing or regulating the private production of monetary assets from another route.[10] The focus of this inquiry is the PBE, with the statute establishing the PBE and the PBE's balance sheets[11] serving as the primary sources of analysis. The PBE operates within a privileged zone of low monetization.

The calculation incorporates the ongoing confrontation (in particular taxation of PBE's profits) between the government and the PBE, as well as one bank (PBE) versus the others (NBG & IB). The reason is the calculation of its net banknote circulation (CBN) relative to other banks and government lending. In the case of PBE, the CBN is calculated from:

$$CBN_{PBE} = ACBN_{PBE} - (SMC_{PBE} + BN_{NBG})$$

where

$ACBN_{PBE}$ = average circulation of banknotes,

$SMC_{PBE}$ = the Stock of coins and

$BN_{NBG}$ = the NBG banknotes remaining in the cash register of the PBE.

9 The calculation is based on the conditions of the PBE's business tax ten years after its creation, and the imposed non-convertibility of its banknotes.

10 Lawrence White, *Competition and Currency*. New York, NYU Press, 1989, p. 48.

11 Historical Archives NBG: Bank of Epirothessaly (1882-1900), I. Documents: Files: 1-94; S. Gekas, E. Prontzas, "Monetarization and monetization of regional tier", *op. cit.*

The discount rate for banknotes is set at 8%. According to the law, the PBE must yield to the treasury during a six-month period. This yield is calculated using the following formula:

$$Q = \frac{1}{4} (8/100)\, CBN_{PBE} = \frac{1}{4} \times 0{,}08 \times [ACBN_{PBE} - (SMC_{PBE} + BN_{NBG})]$$

The restrictions imposed on banking decisions that affect circulation are (than the required liabilities stipulated in the PBE's statutes):

$UCBN + L - M = 2C$ (1)

$M = 1/3\,(UCBN + L)$ (2)

$UCBN - M = C$ (3)

where

UCBN: the unknown value of banknotes in circulation;

L: the Bank's liabilities;

M: the coins stored; and

C: its capital

From equations 1-3, we can identify the condition that represents the greatest restriction and is consistent with all three equations. (1) and (3) are written

$UCBN = 2C + M - L$ (4)

$UCBN = C + M$ (5)

of which the second is more restrictive than the first since the bank's liabilities never exceed or approach its capital.

The equation (2) is also written

$UCBN = 3M - L$ (6)

It is not possible to determine the ceiling for the circulation of banknotes based on this information. Its sole purpose is to establish the lower limit of the coins reserve (M). In the absence of (2), the coins reserve would be eliminated while banknote circulation would remain in place. The analysis yields the following conclusions:

1. While equation (2) is always valid, it should not be taken as a solution for the UCBN. (1) is applicable when (3) is not contravened. However, when (3) is employed, (1) is never contravened. Accordingly, (1) represents the standard for establishing the maximum permissible circulation of banknotes.
2. The combination of equations (1), (2) and (3) gives us that from (3) the circulation is proportional to the M. But M must be greater than 1/2 of the bank's funds and "in view" liabilities. And for there to be certainty that from equation (1) the circulation will be proportional to the M must be greater than the difference $C - \frac{1}{2} L$.
3. The bank benefits from the circulation of the banknotes, that is, the difference between the circulating banknotes and the coins reserve, is equal to the funds, as shown in equation (3). This supports the assertion that the privilege of circulating banknotes effectively doubles the capital, given that they generate the same level of interest as real capital. Consequently, as capital grows, the benefit of circulation also increases. Reducing them has the opposite effect. It is capital, rather than coins, that affects the increase in profit from circulation.

Therefore, the function of PBE emerges with its position vis-à-vis other issuing banks and its credit function in the transitional economy of its issuing right. The prevailing view among banks with banknote issuing rights is that expanding their business equals increasing their turnover.[12] Circulation is enhanced by the exercise of loyalty to the local community through the expansion of monetization and the strengthening of credit ethics. The utilization of banknotes is predicated on the assurance that their acceptance and use in transactions does not result in any harm to the holder and that the denominated value is aligned with the value of the coin.

The conversion of banknotes into coins (gold and silver) is indicative of traders' mistrust. Upon entering circulation, the banknotes are subjected to a currency conversion test by traders, who subsequently return them to the bank's cashiers for redemption. This transition renders the banknote a tradable commodity, which is then removed from the market. Consequently, collusion among traders often ensues, resulting in adverse effects for the PBE. The reduction in the circulation of banknotes fails to align with the operational principles of the PBE.

The result is important because a free banking bank must take into account the issuance of its own banknotes. The restricted utilization of banknotes, coupled with the psychological and economic reliance of the local populace in the annexed regions on the metallic currency, hinders the PBE's capacity to adapt its portfolio and issue banknotes aligned with market demands. The outbreak of the Greek-Turkish war 15 years after the establishment of PBE led to its suspension, resulting in losses that ultimately led to its absorption by the NBG. However, this hybrid paradigm contributed to the monetary assimilation of the annexed area, but the cost of this was paid by the PBE.

* * *

The low average circulation of the PBE banknotes serves as an indicator of the cost associated with the incorporation of new provinces into the Greek State border, as well as a contributing factor in the context of the Greek episode of free banking. A detailed examination of the historical data on banking operations during the Greek free banking episode reveals that the system is not productive, at least in one case. This is based on the observation of the operation of the banking system in Greece during the period between 1882 and 1899. However, in this episode, functions are assigned that the Greek State appears to be unable to carry out. These relate to the homogenization of economic functions at a changing national frontier and the cost of achieving this through private banking capital (PBE & IB cases). The circulation of banknotes under free banking conditions is contingent upon a number of factors, including the competition surrounding their issuance for loans to the Greek State, the conflict with local capitalists, the trading habits and interests they express, and the legislation pertaining to the terms of circulation of banknotes between the three banks. Additionally, the

**12** Shirley J. Gedeon, "The Modern Free Banking School: A Review", *Journal of Economic Issues,* 31/1. 1997, p. 209-222.

political relations developed by the banks with the government play a role in determining the circulation of banknotes. These factors contribute to the perception that small-scale banking institutions are unable to flourish in the broader interest. The intense competition between the NBG and PBE initially manifested as criticism of the government's policy of adopting a free banking system. The NBG subsequently reinforced the weakening of PBE and ultimately facilitated its absorption through a hybrid implementation of the free banking system. Twenty years later, the government will mandate that IB relinquish its issuing rights to the NBG. This marks the conclusion of the Greek free banking episode.

Chapitre 5

# Parlementarisme et banques d'émissions en Europe : pouvoirs et contre-pouvoirs avant 1900

**Ludovic Desmedt**
Université de Bourgogne Europe
LEDi

« Invention européenne », la banque d'émission émerge, puis se diffuse sur tout le continent entre le XVIIe et la fin du XIXe siècle[1]. Depuis le nord de l'Europe, les premières banques de ce type vont essaimer au centre et au sud du continent, pour « remonter » vers la Scandinavie, puis dans les pays latins et finir par s'étendre aux Balkans. De nombreux économistes mettent en avant des motivations principalement financières pour le lancement des banques d'émission : le développement d'une forme de capitalisme particulier aurait nécessité une centralisation des systèmes de paiements, doublée de la nécessaire surveillance des transactions financières. Dans cette optique, les banques centrales sont au cœur d'un capitalisme où la finance acquiert une force prépondérante, et elles sont nécessaires pour homogénéiser la multiplicité des types de dettes en circulation. Le cas anglais est alors souvent pris comme prototype : le développement des missions assumées par la Banque d'Angleterre à partir de 1694 semble « naturel » et présenté comme modèle pour les autres nations. Une banque supérieure viendrait coiffer une pyramide à la base de laquelle les banques commerciales alimentent l'économie en crédits.

Parallèlement à cette approche en termes de réseaux monétaires et financiers, de nombreux auteurs ont insisté sur le fait que plusieurs des banques nationales ont été créées lors de conflits armés. Cette situation tiendrait aux besoins financiers engendrés par les guerres, que ces institutions auraient permis de combler.

1 Olivier Feiertag, « Banque centrale : une invention européenne », *in L'Europe, Encyclopédie historique*, Christophe Charle et Daniel Roche (dir.), Actes Sud, 2018, p. 2094-2105. Merci aux organisateurs du colloque et aux présidents de séance pour leurs encoucragements et remarques.

ABSTRACT
The historiography of Banks of Issue often takes up Charles p. Kindleberger's idea that "it was no accident that the Bank of England was founded in the midst of the Nine Years' War, or that the Banque de France was founded in 1800 to help finance its wars." In fact, if we look at the precise circumstances surrounding the creation of each bank of issue in Europe before 1900, we can see the preponderance of internal political factors. Of the twenty-three cases mentioned, it was above all factors linked to independence and national unification that drove the decision: after the era of the pioneers, the decision to launch a bank of issue fell mainly to the national parliaments. While some failures had shown that the sovereign and the issuer were too close (Palmstruch in Sweden, Law in France), the necessary distance was progressively established between the Bank, the State, Parliament and shareholders. Neither "war machines" nor "state bankers", the banks of issue played an important part in national construction, bringing together multiple interests in a delicate balance of power.

RÉSUMÉ
L'historiographie des Banques d'émissions reprend souvent l'idée formulée par Charles p. Kindleberger selon laquelle « ce n'est pas par hasard que la Banque d'Angleterre fut fondée au milieu de la guerre de Neuf Ans, ou que la Banque de France fut fondée en 1800 pour l'aider à financer ses guerres. » En fait, si l'on s'attache aux circonstances concrètes de la création de chaque banque d'émission en Europe avant 1900, on perçoit la prégnance des facteurs politiques internes. Sur les vingt trois cas évoqués, ce sont surtout les facteurs liés à l'indépendance et à l'unification nationale qui impulsent la décision : après l'ère des pionniers, la décision du lancement des banques d'émission incombe majoritairement aux parlements nationaux. Alors que des expériences malheureuses ont montré une trop grande proximité entre le souverain et l'émetteur (Palmstruch en Suède, Law en France), progressivement une distance nécessaire est placée entre la Banque, l'État, le Parlement et les actionnaires. Ni « machines de guerre », ni « banquiers de l'État », les instituts d'émission participent aux constructions nationales : elles font converger de multiples intérêts dans un délicat équilibre des pouvoirs.

JEL : **E42, E58, G21, N13**
Keywords : **banks of issue, revolutions, Europe**
Mots clés : **banques d'émission, révolutions, Europe**

À propos de l'État, Kindleberger souligne que « Ce n'est pas par accident que la Banque d'Angleterre fut fondée au milieu de la guerre de Neuf Ans, (...) ou que la Banque de France fut fondée par Napoléon en 1800 pour l'aider à financer ses guerres ». L'argument du « financement des guerres » a été repris plus récemment par des auteurs tels que Broz ou Poast, mais il généralise là aussi l'expérience britannique à l'ensemble des pays[2]. Une approche plus globale, mais pas nécessairement contradictoire avec la précédente, pointe le parallélisme entre le développement des États-Nations et l'apparition des instituts d'émission[3].

Nous tentons ici de revenir à la chronologie en évoquant l'ensemble des expériences de création de ces « Banques privilégiées ». Si l'on prend l'ensemble des cas, peut-on déterminer quelle est l'impulsion initiale, qui déclenche la création d'une banque d'émission ? Que trouve-t-on à son origine : la violence guerrière ou la stabilisation financière ? Une machine de guerre ou un dispositif de coordination des dettes ? Nous allons évoquer les diverses circonstances de créations,

2 Charles p. Kindleberger, *A financial History of Western Europe*, 1st Edition, London, Routledge, 1984, p. 5 ; J. Lawrence Broz, "The Origins of Central Banking: Solutions to the Free-Rider Problem", *International Organization*, Vol. 52, No. 2, 1998, p. 231-268 ; Paul Poast, « Central Banks at war », *International Organization*, No. 69, No. 1, Winter, 2015, p. 63-95.

3 Olivier Feiertag, Michel Margairaz, *Politiques et pratiques des banques d'émission en Europe (XVII$^{e}$-XX$^{e}$ siècle)*, Paris, Albin Michel, 2003, 830 p. ; Olivier Feiertag, Michel Margairaz, *Les banques centrales et l'État-Nation*, Paris, Presses de SciencesPo, 2016, 688 p.

souligner les « succès » et « échecs », voire orienter la réflexion vers un facteur (peut-être) occulté. Nous débutons cette contribution avec les premiers prototypes au nord de l'Europe (à Amsterdam, puis à Stockholm) et la création de la Banque d'Angleterre. Nous évoquerons aussi les cas français et espagnol avec des tentatives moins florissantes. Ce premier temps constitue *l'ère des pionniers*, car ces expériences, souvent amorcées par des concepteurs atypiques, demeurent très rares jusqu'en 1800. Dans un deuxième temps, nous évoquerons l'impact qu'a eue la période napoléonienne avec de nombreuses reconfigurations territoriales. Dans cette *ère des révolutions* et d'effort de mobilisation des ressources nationales, la dissémination de banques d'émission s'accélère. Enfin, à partir de 1850, une dernière vague se déploie, avec l'émergence de nouvelles entités politiques (notamment du fait de la perte d'influence de l'Empire ottoman) et le financement de l'industrialisation. À la lumière de cette chronologie, nous reviendrons enfin sur les mécanismes de pouvoir et contre-pouvoirs mis en place.

## L'ÉPOQUE DES PIONNIERS, 1609-1791

Dans l'Europe moderne, des innovateurs cosmopolites « apôtres du papier-monnaie »[4] proposent leurs services à certains souverains. Au sens propre du terme, la *Wisselbank* fondée à Amsterdam en 1609 n'est pas une banque *d'émission,* mais une banque de virements. Cependant son influence est tellement importante sur les projets ultérieurs (en Suède ou en France) qu'on se doit de l'évoquer. Entre Amsterdam, Stokholm puis Londres, les connexions, religieuses et culturelles sont nombreuses. Le « modèle » de la *Wisselbank* des Provinces-Unies protestantes trouve deux prolongements : le *Stockholm Banco,* puis la Banque d'Angleterre, fondée sous le roi Guillaume III d'Orange.

### Amsterdam (1609-1819), la Banque de la République

Le 31 janvier 1609, les magistrats d'Amsterdam fondent la *Wisselbank* (banque de change). Inspirée en partie des banques «*giro* » italiennes, c'est une institution de dépôts et de virements : il s'agit de permettre les compensations privées par jeux d'écritures dans ses livres. Sans émission de billets à son origine, elle ne fut pas une banque d'émission au sens traditionnel du terme. En revanche, les certificats (« récépissés ») que l'institution remet à ses clients pour attester la valeur du métal déposé à partir des années 1680 se trouvent abondamment utilisés par les marchands[5]. Ces effets procurent à leurs détenteurs un droit de tirage sur ses livres de compte et sont utilisés en bourse notamment. Contrairement à certaines banques d'émission ultérieures, la Banque d'Amsterdam ne monétisa jamais directement la dette publique hollandaise. Pendant deux siècles, la *Wisselbank* reste un modèle en Europe.

4 Claude Nordmann, « Monnaies et finances suédoises au XVIIe siècle », *Revue du Nord*, t. 46, n° 183, 1964, p. 469-488, p. 487.

5 Lucien Gillard, « Les Provinces Unies et la Banque d'Amsterdam », *in* Jérôme Blanc et Ludovic Desmedt (dir.), *Les pensées monétaires dans l'histoire : l'Europe, 1516-1776*, Paris, Classiques Garnier, 2014, p. 205-249.

En 1619, la ville de Hambourg suscite la création de la Banque de Hambourg, inspirée par celle d'Amsterdam. L'institution est administrée par deux sénateurs et émet des billets[6].

### La Banque de Suède (1668) : de Palmstruch au Parlement

En 1656, alors que la Suède cherche à envahir la Pologne, le roi Charles X étudie les propositions de financement. Parmi celles-ci, émerge la proposition d'un marchand livonien d'origine hollandaise, ayant séjourné à Amsterdam, Hans Wittmacher qui prend la nationalité suédoise et est anobli sous le nom de Johan Palmstruch. Le roi l'autorise à fonder le *Stockholm Banco,* qui s'inspire de la *Wisselbank,* « jusque dans les moindres détails, comme par exemple les commissions et les horaires d'ouverture. »[7]. Le roi en est le propriétaire, Palmstruch le gouverneur. Ce dernier prend l'initiative d'imprimer et lancer dans la circulation des « *kreditivsedlar* » (billets de crédit) en 1661. « Contrairement aux précédents billets de banque en circulation en Europe, les billets suédois n'étaient pas officiellement émis en contrepartie de dépôts bancaires. Ils étaient émis sur des formulaires imprimés en sommes fixes et arrondies. Ils n'étaient pas libellés au nom d'une personne particulière, mais au « porteur »[8]. Mais après quelques années, les demandes de conversion des billets en cuivre mettent en difficulté la banque, qui a émis au-delà de ses encaisses. Devant les difficultés à assurer la conversion, Palmstruch est condamné à mort, puis – finalement- emprisonné. Après quelques années de prison, il est finalement relaché.

L'échec du *Stockholm Banco* met en évidence la nécessité d'une institution bancaire à Stockholm et, en 1668, la Diète ouvre la banque du Parlement (*Rikets Ständers Bank*). L'organisation du nouvel établissement récupère clairement les principes de la banque fondée par Palmstruch, mais est la propriété du Parlement, et non du Roi. La création institutionnelle intervient au moment où l'équilibre entre le souverain et les deux chambres tourne à l'avantage du *Riksdag* (régence, 1660-1680). Compte-tenu de l'échec précédent, la nouvelle banque n'est pas autorisée à émettre de billets, mais les reçus des dépôts sont utilisés comme moyens de paiements entre marchands. Après les guerres napoléoniennes, le parlement établit sa primauté et la *Riksbank* devient finalement la seule institution monétaire du pays.

### La Banque d'Angleterre, 1694 : Paterson

En 1688-1689, la « Glorieuse révolution » installe Guillaume III d'Orange, *Stathouder* des Provinces-Unies, sur le trône d'Angleterre. À l'époque, l'Empire britannique n'est pas homogène et les tensions entre le centre et la périphérie se

**6** Ulrich Bindseil, « Early French and German central bank charters and regulations », *ECB occcasional paper*, No. 234, 2019.

**7** Anders Ogren, Leif Runefelt, « Argent, cuivre, papier : l'évolution des idées monétaires en Suède, 1521-1776 », *in* Jérôme Blanc et Ludovic Desmedt (dir.), *Les pensées monétaires dans l'histoire ..., op. cit.*, 2014, p. 899-940, p. 911.

**8** Rita Bredefeldt, « La genèse de la Banque de Suède dans le contexte économique et social de la fin du XVII<sup></sup>e siècle », *in* Olivier Feiertag, Michel Margairaz (dir.), *Politiques et pratiques des banques d'émission en Europe (XVII*e*-XX*e *siècle), op. cit.*, p. 52-65, p. 59. Dans un texte de 1652, Palmstruch pense que les billets pourraient circuler « pour l'éternité ». Voir Ulrich Bindseil, "Early French and German central bank charters and regulations", *op. cit.*, p. 31.

retrouvent dans le domaine bancaire. L'Angleterre se lance dans une guerre contre les principales puissances européennes, conflit long et extrêmement coûteux, qui entraîne une explosion des dépenses de l'État. La Chambre des communes établit une commission chargée de recevoir des propositions pour lever des fonds. Un projet proposé par un petit groupe de financiers, emmenés par l'Écossais William Paterson, qui a séjourné à Amsterdam, sort du lot. Le 27 juillet 1694, une charte royale, en vigueur jusqu'en 1705, réunit les bailleurs de fonds en une société appelée « Le Gouverneur et la Compagnie de la Banque d'Angleterre ». Chaque souscripteur possède un dépôt à la Banque. Très rapidement, la Banque avance 1,2 million de livres à l'État[9].

Un arrangement se met en place : le Parlement surveille les finances royales, les marchands alimentent en fonds la Banque d'Angleterre, dont les instruments de paiements vont bientôt circuler sur tout le territoire. Instituée comme « prêteur en premier ressort »[10] du gouvernement, la Banque d'Angleterre est d'abord conçue comme un expédient temporaire.

## D'Édinbourg à Dublin

Toujours sous l'impulsion de marchands, *The Governor and Company of the Bank of Scotland* est créée en 1695 à Édimbourg. Contrairement à son homologue anglaise, elle est explicitement destinée à financer l'industrie et le commerce (prêts et escomptes) et ne peut pas prêter au gouvernement. En Irlande, des marchands sollicitent en 1720 l'autorisation de fonder une banque irlandaise sur le modèle de la Banque d'Angleterre. Le Roi autorise la formation de l'établissement (juillet 1721), et une loi émanant du Parlement irlandais est demandée. Mais pour beaucoup d'Irlandais, ce projet dissimulerait un nouveau moyen d'asservissement, l'établissement émanant du pouvoir londonien. Jonathan Swift qualifie cette institution de « manufacture de papier »[11]. Face à une opposition croissante, le parlement irlandais finit par rejeter la charte et envoie une adresse au roi lui qualifiant le projet de « dangereux et pernicieux pour le bien-être et la liberté de cette nation ». Après d'autres tentatives infructueuses, les statuts de la *Bank of Ireland,* finalement établie en 1783, spécifient qu'aucun catholique ne pourra devenir directeur.

Alors que l'Angleterre met en place les éléments de la révolution financière, les conflits du tournant du XVIIIe siècle ont de multiples répercussions sur le continent. Dans les royaumes français et espagnols, les finances sont en piteux état et les premiers projets bancaires d'envergure sont proposés par des étrangers : un écossais à Paris, un français à Madrid. Dans les deux cas, ces initiatives soulèvent des résistances.

**9** Ludovic Desmedt, « Les fondements monétaires de la 'révolution financière' anglaise », *in* Bruno Théret (dir.), *La monnaie dévoilée par ses crises*, Paris, Éditions de l'EHESS, 2007, vol. 1, p. 311-338.

**10** Jan Kregel, "The Policy Implications of the Current Bank Crisis, or, Is Free Market Capitalism Compatible with Endogenous Money?", in Ghislain Deleplace, Edward J. Nell (eds.), *Money in Motion. The Post Keynesian and Circulation Approaches*, London, Macmillan, 1996, p. 651-671.

**11** Johathan Swift, *Les voyages de Gulliver,* 1721, p. 287.

### Paris : l'expérience de Law

L'Ecossais John Law voyage sur le continent dans les années 1690 et peut observer le fonctionnement de la *Wisselbank*. Alors que la France est gouvernée par le Régent Philippe d'Orléans (et plusieurs conseils), le projet imaginé par Law est accueilli favorablement. Les faits sont connus. À partir de 1716, la *Banque générale* ouvre comme société privée par actions, puis elle est nationalisée lorsqu'elle devient *Banque Royale* en 1718 (l'Etat rachète alors les actions des propriétaires de la *Banque générale*). La nouvelle institution émet des billets de banque, qui acquièrent progressivement le statut de seule monnaie légale. Le Système de Law combine les dimensions monétaires et financières (avec la *Compagnie du Mississipi*, puis *d'Occident*), les billets de la Banque étant convertibles en actions et inversement. Une intense spéculation mène à la crise, le système éclate et conduit à la démonétisation des billets (en août 1720). Contrairement aux expériences suédoises ou anglaises, Law a suscité l'opposition des élites politiques : « Les commentateurs éclairés d'aujourd'hui (...) précisent que l'échec de Law est fondamentalement dû à la résistance de l'oligarchie des financiers, des parlementaires et des traitants, résistance permise par le développement insuffisant de l'économie française d'alors. »[12]

### Aux origines de la Banque d'Espagne : Cabarrus

Dans le contexte de la guerre d'Indépendance américaine, l'Espagne entre en guerre contre la Grande-Bretagne et le roi est confronté au financement de l'engagement militaire. François Cabarrus, agronome et financier français, conseille Charles III pour financer les opérations militaires. Cabarrus crée les billets royaux (*los vales reales*) portant intérêt, qui permettent à l'État de limiter le recours à l'impôt. À la suite de cette expérience, en 1781, le roi est consulté sur l'opportunité de créer la *Banco Nacional de San Carlos (Saint-Charle*s) à Madrid, banque nationale qu'il fonde le 2 juin 1782, en s'inspirant de la Banque d'Amsterdam et de la Caisse d'Escompte de Paris. Alors qu'en Espagne, Cabarrus cumule les honneurs (il est fait comte en 1789), paraît une diatribe de Mirabeau, dans laquelle il compare Cabarrus, conseiller de la couronne Espagnole, à l'Ecossais John Law qui avait retenu l'attention du Régent en France[13]. Mirabeau précise : « C'est dans les spéculations de finances que le charlatanisme jouit de tous ses avantages[14] ». L'hostilité complique l'opération d'appel de fonds et Cabarrus décide de faire racheter à la banque ses propres titres à Paris. La manœuvre suscite des critiques virulentes et le conseil de la Banque, après avoir donné son accord, retire sa confiance à Cabarrus. Le financier est arrêté, puis incarcéré, en 1790, après que diverses irrégularités furent constatées. Il est finalement réhabilité en 1796.

Le système d'émission fiduciaire n'est homogénéisé qu'en 1874, lorsque les pouvoirs d'émission de 18 banques locales sont transférés à la Banque d'Espagne.

**12** Jean Cartelier, « Une expérience contrariée sous la Régence : le système de John Law », *in* Jérôme Blanc et Ludovic Desmedt, *Les pensées monétaires dans l'histoire : l'Europe, 1516-1776*, *op. cit.*, p. 291-328, p. 292.

**13** « Comme Law, malheureux par sa famille, il a été forcé de chercher un style & des secours dans une terre étrangère », Mirabeau, *De la Banque d'Espagne, dite de Saint-Charles, par le comte de Mirabeau*, Paris, 1785, p. 8.

**14** *Ibidem*, p. VI.

## BANQUES D'ÉMISSION À « L'ÈRE DES RÉVOLUTIONS », 1800-1846

Pendant l'aventure de l'Empire napoléonien, les conflits entraînent des poussées inflationnistes, voire hyper-inflationnistes, et plusieurs pays, dont l'Autriche ou le Danemark, connaissent des politiques de sur-émission de monnaie-papier. En conséquence, l'instauration de nouvelles institutions, permettant de retirer l'excès de billets dévalorisés, va se concrétiser.

### La Banque de France, 1800

Pour Kindleberger, on l'a dit, il est clair que « La Banque de France fut fondée en 1800 pour aider (l'État) à financer ses guerres. » Le doute est pourtant permis. Tout d'abord, l'initiative émane de banquiers privés, car le groupe de financiers soutenant la *Caisse d'escompte* forme l'essentiel des actionnaires de la nouvelle Banque, qui ne doit soutenir les finances publiques qu'indirectement, en maintenant des conditions stables sur le marché monétaire en toutes circonstances. À ses débuts, on ne demande pas à la Banque d'investir directement des montants importants dans l'achat de dette publique. La volonté consiste avant tout à assurer des conditions stables pour le marché monétaire. Le privilège d'émission des billets, initialement limité à la capitale, s'étend à toute la France à partir de 1848.

### La Banque des Pays Bas, 1814

Pendant la période impériale, Louis-Napoléon devient roi de l'éphémère Royaume de Hollande (1806-1810), occupé par les armées françaises. En 1813-14, le pays est libéré, mais la situation économique est extrêmement déprimée, le commerce tombe à des niveaux très bas. Dans un laps de temps très court, le royaume des Pays-Bas est créé et la fondation de la Banque du pays suit immédiatement. À l'initiative du roi Guillaume I$^{er}$, la *Nederlandsche Bank* voit le jour par un décret de mars 1814 afin de promouvoir la reprise économique. La Banque est une société privée, en vertu d'une charte fixée à l'origine à vingt-cinq ans. Dès sa création, elle agit surtout sur le marché financier d'Amsterdam (alors que la *Wisselbank* est définitivement liquidée en 1819). En 1864, l'établissement sera réorganisé sur le modèle de la *Banque nationale de Belgique*.

### La Banque nationale d'Autriche, 1816

La *Privilegirte Oesterreichische National-Bank* est créée sous la forme d'une société par actions, avec une administration calquée sur celle de la Banque de France. La Banque nationale est autorisée à accepter des dépôts et des bons d'escompte, et se voit accorder le droit exclusif d'émettre des billets convertibles en argent. Sa charte est renouvelée en 1841. Suite aux troubles de 1848 et aux demandes de conversions, les billets obtiennent le cours légal. Suite à la réunion des couronnes d'Autriche et de Hongrie, l'établissement devient la Banque d'*Autriche-Hongrie* en 1878 (OENB). Sa nouvelle charte prévoit des quotas de citoyens hongrois dans les instances de décision et une double direction, à la fois à Vienne et à Budapest.

**Scandinavie**

Les guerres napoléoniennes vont bouleverser les frontières, notamment au Nord de l'Europe. Jusqu'en 1807, le Danemark-Norvège avait réussi à rester en dehors des guerres napoléoniennes, mais la situation se modifie avec les frappes britanniques sur Copenhague en septembre. Le bombardement de la capitale et la capture de la flotte dano-norvégienne entraînent le pays dans la guerre générale européenne, aux côtés de Napoléon. En 1809, la Suède doit céder la Finlande à la Russie. L'année suivante, Jean-Baptiste Bernadotte, ancien maréchal de Napoléon, est désigné pour reprendre la couronne de Suède. Le traité de Kiel en 1813 opère le transfert du royaume de Norvège et de sa tutelle danoise vers la Suède, mais la Norvège en profite pour proclamer son indépendance. Des élections sont organisées et une assemblée constituante rédige une constitution.

Turku, 1811 : *Waihetus-Laina - ja Depositioni-Contori*

Après six siècles d'appartenance à la Suède, la Finlande devient un Duché de la Russie en 1809. Cette même année, La Diète de Porvoo, héritière des pouvoirs du Parlement suédois, tient sa première session. En 1811, Alexandre Ier, tsar de Russie, autorise la création de *l'Office des changes, prêts et dépôts du grand Duché de Finlande*. Cette institution est fondée sur les mêmes principes que la Banque de Suède (indépendante du gouvernement et subordonnée à la Diète). Initialement situé à Turku (première capitale), le siège est dépacé à Helsinki en 1819. En 1860, la Finlande acquiert sa propre unité monétaire, le *markka*, et la Banque obtient le droit d'émettre des billets et des pièces libellés en markkas. Les statuts de la banque sont réformés en 1867 sur le modèle de ceux de la Banque de Suède : elle devient la propriété de l'État et ses bénéfices sont versés au Trésor public. Elle est renommée *Banque de Finlande* en 1868.

Trondheim, 1816 : *Norges Bank*

Jusqu'en 1814, la Norvège est sous juridiction danoise et ce sont des billets danois qui circulent sur le territoire tout au long du XVIIIe siècle. En 1814, une assemblée constituante est élue et le pays se dote d'une constitution. L'assemblée constitutionnelle norvégienne rédige une loi visant à créer une banque norvégienne, qui doit émettre des billets convertibles en argent et libellés en dalers. En 1816, la *Norges Bank* voit le jour. Banque au capital privé, elle a un monopole d'émission, accepte des dépôts et accorde des prêts. Le siège est installé à Trondheim. Les billets de l'institution ne sont pas émis pour acheter la dette souveraine. Pendant la majeure partie du XIXe siècle, l'essentiel des actifs de la Banque est constitué de prêts hypothécaires.

Copenhague, 1818 : *Nationalbanken i Kjøbenhavn*

En 1814, à la suite de la guerre, le Danemark est séparé de la Norvège et devient un petit État-nation. En 1818, la création de la *Nationalbanken i Kjøbenhavn* est vue comme un moyen de surmonter les problèmes monétaires récurrents (Banque nationale de Copenhague, qui hérite de certains privilèges de la *Rigsbanken*). « À l'origine, la Banque fut créée pour retirer les billets émis par le Gouvernement pendant les guerres napoléoniennes : c'étaient des assignats hypothéqués sur des terres, qui disparurent en 1839. »[15] L'établissement est une société anonyme privée, hors du contrôle du gouvernement et de l'État, mais avec l'obligation légale de maintenir un système monétaire stable.

En 1875, la Norvège rejoint l'Union monétaire scandinave, avec le Danemark et la Suède, mais conserve sa propre banque centrale et son système monétaire.

### Varsovie, *Bank Polski*, 1828-1886

À la suite du congrès de Vienne en 1815, qui fonde le royaume de Pologne, de multiples propositions concernant l'installation d'institutions bancaires voient le jour dans la presse et au Sejm (chambre basse du Parlement). En 1826, une banque foncière voit le jour, puis une *Banque de Pologne* en 1828 (banque d'État). Elle a le droit d'émettre des billets en *zlotys*, convertible en argent. Durant l'insurrection de 1830-31 contre le tsar, l'institution joue un rôle politique en imprimant des billets affichant les armes de la Pologne et de la Lituanie, mais sans référence à la Russie. La *Banque de Pologne* est non seulement une banque d'émission, mais aussi la banque du Trésor public, ainsi qu'une banque de dépôt et d'investissement. L'établissement va prendre des participations dans les activités minières et métallurgiques. Toutefois, avec une emprise grandissante de la Russie, à partir de 1841, le rouble redevient l'unité monétaire légale. En 1870, la *Banque d'État de l'Empire russe* lui retire le droit d'émettre les coupures nationales. En 1886, l'institution est liquidée, ses actifs étant transférés à l'institution russe.

### Athènes, 1841 : *la Banque nationale de Grèce*

Suite à d'intenses combats (entre 1821 et 1832), la Grèce finit par obtenir son indépendance vis-à-vis de l'Empire ottoman lors de la signature du traité de Constantinople. Une des priorités pour le nouveau régime consiste à installer une *Banque nationale* pour impulser une dynamique financière plus efficace que celle des petits prêts usuraires. Les puissances étrangères qui soutiennent le nouvel État, principalement la France, ont une part active dans la création de l'institution. La loi d'août 1841 accorde à la *BNG* le privilège exclusif d'émettre de la monnaie-papier pour 25 ans. L'institution est une banque privée au capital de 50 millions de drachmes. Alors que la *BNG* voit le jour sous le roi Othon, l'instauration d'une monarchie constitutionnelle en 1843-1844 ne remet pas fondamentalement en cause son fonctionnement. En revanche, les défauts répétés de la nation sur les dettes contractées à l'extérieur, à la fois au moment du processus d'indépendance et après, tarissent les sources de capitaux extérieurs.

### Lisbonne, *Banco de Portugal*, 1846

Après l'épisode de Joseph Bonaparte, roi de la péninsule ibérique, le Portugal est « libéré » par les troupes anglaises (1814). Mais les Portugais se soulèvent à partir de 1820 pour gagner plus d'indépendance. Cette « révolution libérale » va renforcer les pouvoirs du parlement (*Cortes*) et stimuler les innovations

15 Raphaël Georges Lévy, *Banques d'émission et trésors publics*, Paris, Hachette, 1911, p. 23.

bancaires dans la péninsule. La *Banque de Lisbonne,* société par actions, est fondée en 1821, notamment pour récupérer les billets émis précédemment par le gouvernement. Ensuite, les soubresauts politiques dégénèrent en guerre civile (1832-34). Finalement, en 1846, un décret autorise la Banque de Lisbonne à s'unir à la *Companhia Confianca Nacional* pour former la *Banco de Portugal,* banque à capitaux privés. Pour autant, elle ne possède pas le monopole de l'émission, partagé avec sept autres établissements. Dans les décennies suivantes, les avances à l'État vont constituer la grande majorité des opérations de l'institution. Comme l'écrit Conant, la Banque a constitué une « fabrique de papier-monnaie gigantesque » [16]. En 1887, une réforme confère à la *Banque du Portugal* le monopole du privilège d'émission, tout en maintenant ses activités de banque commerciale et de banque de l'État.

## LA GÉNÉRALISATION, À PARTIR DE 1850

Au milieu du XIX$^{e}$ siècle, l'accès à l'indépendance de nouvelles entités politiques continue à propager les besoins en nouvelles banques d'émission. Dans les Balkans, en Italie et dans l'Empire allemand, les besoins monétaires sont similaires : retirer une circulation anarchique de pièces de toutes provenances, et souvent usées et rognées, pour les remplacer par une circulation homogène où figurent les nouveaux emblèmes nationaux. Si la *Wisselbank* avait pu fasciner l'Europe marchande à partir de 1609, la *Banque nationale de Belgique* va devenir source d'inspiration pour plusieurs États après 1850.

### Bruxelles, 1850 : *la Banque nationale de Belgique*

Jusqu'à la révolution de 1830, le royaume de Belgique fait partie des Pays-Bas. Par la suite, le franc belge naît en 1832. Parmi les banques privées, la *Société générale pour favoriser l'industrie nationale* (*SG*), créée par Guillaume I$^{er}$ en 1822, devient caissier de l'État. La *SG* et la *Banque de Belgique* (créée en 1835) obtiennent contractuellement le droit d'émission des billets. Après l'indépendance du pays et plusieurs crises financières, dont celle de 1848, il devient clair que les banques émettrices de billets doivent être séparées des banques ordinaires. À l'initiative du ministre des Finances, qui désire réduire l'influence des banques privées dans le domaine public, les deux grandes banques privées renoncent à leur privilège. La *Banque nationale de Belgique* (*BNB*) est instituée par la loi du 5 mai 1850. Elle remplace la *Société générale* comme caissier de l'État et reçoit le privilège d'émission. Sur un total de 25 millions de francs belges du capital de la *BNB,* la *Banque de Belgique* obtient 15 millions et la *Société générale* 10 millions. Le gouvernement belge nomme un gouverneur et un commissaire du gouvernement pour diriger et superviser l'institution qui débute ses activités en janvier 1851. Société anonyme, la *BNB* gère les opérations de caisse de l'État.

**16** Charles Conant, 1915, *A history of modern bank of issues*, London, Putnam's sons, p. 380.

**Saint-Pétersbourg, 1860 : *Gosudarstvennyj bank Rossijskoj Imperii***

Depuis 1768, des assignats (*Assignacionnyj*) circulent dans le pays : dans une économie essentiellement agraire, le système des banques foncières et de l'hypothèque est privilégié. Les émissions de rouble-papier ont pour objet de pourvoir aux besoins du Trésor russe dans le financement des guerres. La guerre de Crimée (1853-1856) provoque d'importantes émissions de papier-monnaie, puis une crise financière (1857-1859) aboutit à la liquidation de pratiquement tous les établissements de crédit et d'épargne, en particulier de la *Banque commerciale d'État* et des banques foncières privilégiées par la noblesse. La *Banque d'État de l'Empire russe* est fondée en 1860 à l'occasion de la refonte du système bancaire. Son siège est à Saint Petersbourg. Un an après son lancement, le vice-gouverneur de la banque recommande la transformation de l'institution en société par actions, avec monopole de l'émission des billets pendant vingt-huit ans. La gestion de la Banque dépend entièrement du gouvernement, mais les fonds (capital et réserves) sont déclarés inviolables. La *Banque d'État* (impériale) ne devient véritablement une banque d'émission qu'en 1897, lorsque la Russie adopte l'étalon-or.

**Istanbul, 1863 : *Osmanlı Bankası***

Dans l'Empire ottoman d'environ 30 millions d'habitants, les interdits religieux et les pratiques bureaucratiques contraignent fortement les pratiques financières jusqu'au XIXe siècle. En conséquence, il n'existe toujours pas de banques commerciales en 1850. C'est à ce moment que le gouvernement décide de moderniser le système des paiements impérial en fondant un établissement spécial : « Banque d'État, banque impériale, banque d'émission, banque commerciale, banque d'affaires, la Banque impériale ottomane est au centre de l'histoire financière de l'Empire ottoman. »[17] Appelé par le gouvernement ottoman en 1863 à Istanbul, le capital de la *Osmanlı Bankası* est néanmoins détenu par des actionnaires britanniques et français. Elle obtient le monopole de l'émission sur tout le territoire. À la fin des années 1880, son capital (5 millions de livres sterling, appelés sur un montant nominal de 10 millions de livres sterling) est en grande partie détenu en France.

**De Sofia à Belgrade**

La guerre russo-turque de 1877-1878 va redistribuer les pouvoirs dans cette région et le Congrès de Berlin (1878) entraîne la création de nations avides d'autonomie. Dans les provinces balkaniques, les banques d'émission nationales sont fondées peu après les indépendances politiques comme fondement d'un système monétaire moderne (entre 1880 et 1884). Dans ces territoires, la modernisation est une préoccupation pressante. Les proclamations d'indépendance vont profondément modifier le paysage monétaire et financier. Dans cette région, la Banque

17 Lorans Tanatar Baruh, « Pour une histoire des femmes à la Banque impériale ottomane : de l'empire pluriethnique à l'État-nation », *Histoire, économie & société,* n° 4, 2016, p. 21-35.

nationale de Belgique sert souvent de modèle et son administration assiste les nouvelles nations dans leur volonté d'intaurer un système efficace[18].

Bulgarie, 1879 : *Bulgarska Narodna Banka*
Pendant cinq siècles, la Bulgarie a été sous la domination de l'Empire ottoman. La guerre russo-turque de 1877-1878 entraîne l'expulsion de l'armée ottomane. En 1879, une assemblée de notables se réunit à Turnovo, la capitale médiévale, pour ressusciter un État bulgare (environ 2 millions d'habitants). L'une des premières mesures prises par le nouveau gouvernement consiste à créer la *Banque nationale bulgare* (*Bulgarska Narodna Banka - BNB*) en 1879. La *BNB* est la propriété de l'État. En 1880, le *lev* bulgare, devient monnaie légale. En 1881, la Banque émet ses premières pièces de monnaie. Ensuite, la loi de 1885 sur la *Banque nationale bulgare* lui accorde le monopole de l'émission des billets de banque (à cours légal). En 1884, la Banque nationale est étatisée.

Roumanie, 1880 : *Banca Naţională a României*
En 1867, le *lei* devient la monnaie nationale de la Roumanie, dix ans avant que le pays ne proclame son indépendance vis-à-vis de l'Empire ottoman (pour environ 4 millions d'habitants). La *Banque de Roumanie* (*Banca Naţională a României -BNR*) est créée par la loi du 17 avril 1880, avec un capital de 30 millions de *lei,* dont deux tiers souscrits par des investisseurs privés et un tiers par l'État. Conformément à la loi, la BNR a détenu le monopole de l'émission des billets de banque pendant 20 ans.

Serbie, 1884 : La *Banque nationale privilégiée du Royaume de Serbie*
En 1873, la loi sur la frappe des pièces d'argent serbe avait fixé le dinar d'argent comme unité monétaire nationale. Pour l'émission, trois possibilités sont à l'étude : un régime concurrentiel, une banque d'État ou une institution privée : « La commission opta pour la troisième solution et son choix fut approuvé par la *Skoupchtina,* qui vota ce projet le 6 janvier 1883. »[19]. Ainsi, l'établissement est intégralement privé, sans participation de l'État (contrairement aux cas grec et roumain). L'Assemblée du Royaume de Serbie adopte la loi sur la Banque nationale, qui instaure un contrôle gouvernemental strict sur cette société par actions. Opérationnelle à partir de 1884, l'institution regroupe l'émission de monnaie, la fourniture de crédit à l'économie et tient les finances gouvernementales. Imprimées par la *Banque nationale de Belgique,* puis par la *Banque de France,* les coupures de la *Banque de Serbie* n'ont pas cours légal, elles peuvent donc être refusées. Or, les montants de 50 et 100 dinars s'avèrent trop importantes pour le monde paysan et le public rejette parfois ces coupures.

**18** « *The Bulgarian National Bank, the National Bank of Romania and the National Bank of Serbia were all modelled along the lines of the National Bank of Belgium, which acted as a role model not only because of its impeccable exchange-rate record, but also because it presided over what the SEE countries aspired to become, namely industrialised, small open economies.* », Matthias Morys, « South-Eastern European Monetary History *in* a pan-European Perspective », *in South-Eastern European Monetary and Economic Statistics from the Nineteenth Century to World War II,* 2014, p. 25-53, < file:///Users/mac/Downloads/South_Eastern_European_Monetary_and_Econ.pdf>
**19** Miloutin Bochkovitch, *La Banque nationale de serbie,* Paris, Rousseau, 1919, p. 11.

L'Empire allemand, 1875 : *Reichsbank*

« Dans les pays qui ont constitué l'Empire allemand il y avait, en 1875, 32 banques d'émission, en plus de la *Banque de Prusse* remplacée alors par la *Reichsbank.* »[20]. Au *Reichstag* (parlement de l'Empire), le vote de la loi bancaire transforme la *Banque de Prusse* (la *Preußische Bank,* fondée en 1765) en banque centrale de l'Empire sous l'appellation *ReichsBank* le 1er janvier 1876. La loi accorde le droit aux autres banques d'émission (*Zettelbanken*) la possibilité de continuer à émettre des billets, uniquement dans le territoire de leur propre État. Ainsi, la *Reichsbank* est-elle la banque du gouvernement, une banque d'escompte et émettrice de billets de banque convertibles. C'est une banque privée, mais sous la direction du gouvernement.

La *Banca d'Italia,* 1893

L'unification italienne en 1861 conduit à la formation de la *Banque nationale du Royaume d'Italie* (anciennement *Banque nationale de Sardaigne*). La lire est créée en 1862. À la suite de prêts importants à l'État (pour financer la guerre contre l'Autriche), ces banques ont été autorisées à suspendre la convertibilité de leurs billets entre 1866 et 1883. Bien que la convertibilité ait été rétablie par la suite, les émissions de billets se sont multipliées pour culminer avec une crise bancaire en 1892-3. La révélation d'émissions illégales et de bilans falsifiés par la *Banca Romana* entraîne une reconfigation du paysage bancaire de la péninsule : ce scandale conduit le Parlement à réorganiser l'émission des billets. La loi d'août 1893 entraîne la fusion de deux banques émettrices (de Toscane) avec la *Banque nationale* dans le but de créer la *Banca d'Italia,* société par actions où les actionnaires élisent le Conseil, ainsi que le gouverneur, bien que cette nomination soit soumise à la sanction du gouvernement.

* * *

Si l'on s'intéresse à la création des banques d'émission avant 1900, on peut repérer trois temps : en premier lieu, la vague des « aventuriers » aux destinées diverses (Palmstruch, Law, Cabarrus) qui, avec leurs appuis politiques, créent des banques adossées au pouvoir. Hormis la *Banque des États du Royaume de Suède* et la *Banque d'Angleterre,* soutenues par les parlements nationaux, ces établissements apparaissent précaires et sujets aux revirements politiques qui compromettent leur stabilité. Plusieurs « apôtres de la monnaie-papier » connaissent la disgrâce : Palmstruch et Cabarrus font de la prison ; Paterson connaît des déconvenues à son retour en Écosse (projet Darien) ; Law est contraint à l'exil. Après 1800, parmi les multiples soubressauts provoqués par les guerres napoléoniennes, la création des banques d'émissions sont des symboles d'accession à l'indépendance (Scandinavie, Pologne, Grèce, Portugal, etc.). Ces banques

**20** Alain Plessis, « *La création de la Banque de France et la genèse des banques nationales d'émission en Europe au XIXe siècle* », *in* Olivier Feiertag et Michel Margairaz, Politiques et pratiques des banques d'émission en Europe (XVIIe-XXe siècle), *op. cit.*, p. 28.

apparaissent souvent comme des moyens d'éponger les émissions papiers et d'instaurer des entités susceptibles d'agréger la confiance des élites. Après 1850 s'ouvre une période qui lie volontés de modernisation et indépendances ou unifications (Belgique, Empire ottoman, Balkans, Empire allemand, Italie). Après le traité de Berlin (1878), en Roumanie, en Bulgarie et en Serbie, ces banques sont fondées au moment de l'indépendance : elles effectuent en priorité des prêts aux gouvernements et sont souvent uniques dans le pays au moment de leur création.

Cette synthèse indique que la dissémination des banques d'émission en Europe est directement connectée aux révolutions et aux formes de délibération politique (assemblées) mises en place : la *Wisselbank* est créée dans une petite république commerçante, la création de la *Banque de Suède*, propriété du Parlement, intervient au moment où l'équilibre entre le souverain et les deux chambres tourne à l'avantage du *Riksdag*. La *Banque d'Angleterre* commence à émettre ses billets lors de la « Glorieuse révolution ». Pour les jeunes nations, un phénomène similaire est observé : la Diète créée en Finlande en 1809 va fonder une institution d'émission deux ans plus tard. Dans sa lutte pour l'indépendance, l'assemblée serbe se dote d'une Constitution en 1869, reconnue par le traité de Berlin en 1878, au moment même où est créée la banque d'émission. La même année en Bulgarie, l'assemblée des notables de Turnovo fonde la *Banque nationale de Bulgarie* etc. Monnaie décrétée, (« *fiat* »), le billet reflète un nouveau pacte social : grâce à des assemblées élues qui contresignent les coupures, s'opère une mise à distance du pouvoir monétaire, qui en retour assure un consentement minimal des populations. On peut en déduire que « La confiance est donc constitutive du fait monétaire. Elle puise sa source et se renforce dans une communauté de valeurs et de symboles culturels auxquels l'ordre politique et constitutionnel donne une force juridique qui a force de loi. »[21]

Ajoutons que ces banques sont souvent conçues comme des expédients temporaires, avec des chartes limitées dans le temps (généralement 10 ou 30 ans) : ce caractère précaire peut paraître handicapant, mais pointe une différence essentielle avec les monarchies absolues (incarnées dans les pièces métalliques), celui de la délibération et de la révocation toujours possible. Ainsi, le papier-monnaie d'Etat se généralise au moment où les parlements acquièrent des rôles majeurs. « *Paper Money acts without the backing of material wealth and so is a testament to the power of legal language.* »[22].

Reprenons les hypothèses généralement retenues pour expliquer la création de ces établissements. En premier lieu, les banques d'émission seraient des « machines de guerre » (Kindleberger, Broz, Poast). Cette interprétation paraît contestable : sur la vingtaine de banques nationales, le lien est souvent très indirect. S'il est incontestable que l'Europe constitue un terrain de conflits au XIX$^e$ siècle, l'objectif de financer les dépenses militaires par une banque d'émission ne représente pas la priorité pour les États. En fait, cette création intevient plutôt

**21** Aglietta, Michel, Pepita Ould Ahmed et Jean-François Ponsot, *La monnaie : entre dettes et souveraineté*, Paris, Odile Jacob, 2016, p. 93.

**22** Jennifer J. Baker, "Money and its interpretation: Paper Money *in* Early America", *in A Cultural History of Money*, Vol. 4, New York, Bloomsbury Publishing, 2019, p. 143-162, p. 156.

dans les phases d'après-guerre : les banques d'émission sont surtout conçues pour éponger le papier-monnaie d'État, comme dans les cas scandinaves ou autrichien. Ces banques sont ainsi des « machines de reconstruction » plutôt que de destruction.

En second lieu, on évoque souvent une explication financière : une banque supérieure viendrait stabiliser un système bancaire instable. Il faudrait en quelque sorte compléter la pyramide bancaire par une banque supérieure qui superviserait la structure de crédit alimentée quotidiennement par les établissements privés. Là encore, le cas anglais a pu déformer la perspective car la situation en Scandinavie, en Grèce, dans l'Empire ottoman ou les Balkans indique que, souvent, la banque d'émission est la première à être créée. Dans ces cas, la pyramide repose sur la pointe : la multiplication des banques suit davantage l'installation d'une banque « supérieure ».

Pour reprendre l'expression de Kindleberger citée plus haut, si ce n'est pas « par accident » que la *Banque d'Angleterre* fut créée pendant la guerre, ce n'est pas non plus « par accident » que les banques en Scandinavie, dans les Balkans, aux Pays-Bas, en Grèce, Allemagne ou Italie débutèrent leurs activités au moment de l'unification ou de l'indépendance de ces nations.

DEUXIÈME PARTIE

# BANQUES CENTRALES COLONIALES ET POST-COLONIALES

**Michel Margairaz**
Université de Paris I Panthéon Sorbonne
IDHE.S UMR 8533
Mission historique de la Banque de France

Cette deuxième partie, consacrée aux banques coloniales et post-coloniales, se compose de deux chapitres, qui ensemble abordent le temps long de l'histoire de la colonisation et de plusieurs pays décolonisés depuis le premier XIX^e^ siècle jusqu'aux années récentes. Ces contributions représentent également toutes deux une première étape parmi des travaux de recherches plus vastes en cours.

Éric Monnet aborde, au sein d'un chantier plus large qu'il a ouvert sur l'étude des multiples banques coloniales, la question de la genèse et des premières décennies de fonctionnement des banques centrales du seul Empire colonial français. Il y défend une double thèse stimulante. Tout d'abord, il montre que les « banques centrales », créées à partir de 1851 dans les « vieilles colonies » – celles d'avant la Révolution – en Guadeloupe, à la Martinique, la Réunion, la Guyane et au Sénégal – ne se définissent pas tant par la fonction de « prêteur en dernier ressort » (PDR), absente dans des espaces sous-bancarisés, que par celle de dispensateurs de crédit à court terme et d'émission sur l'ensemble du territoire, en en faisant ainsi l'équivalent contemporain de la Banque de France. Il montre que, dès la Révolution de 1848 ce sont les mêmes acteurs politiques – tels Victor Schoelcher ou encore Hippolyte Passy – qui défendent et font adopter l'abolition de l'esclavage dans les colonies ainsi que l'indemnité à verser aux anciens propriétaires esclavagistes et ceux qui voient dans les banques centrales à créer les établissements qui fourniront le crédit à court terme nécessaire à l'économie coloniale, largement agricole et désormais fondée sur la « liquidité », et non plus sur la propriété. Non sans résonance avec le crédit vu comme émancipateur chez certains penseurs socialistes ou anarchistes d'alors, tels que Proudhon. Ainsi intégrées à l'économie coloniale, ces caisses d'escompte, dont les actionnaires se retrouvent chez les propriétaires agricoles, pourront-elles bénéficier d'une fraction de ces indemnités afin de fournir des prêts sur les récoltes pendantes aux anciens propriétaires, incités alors à rémunérer comme nouveaux salariés leur ancienne main d'œuvre servile gratuite.

L'auteur développe une seconde thèse, selon laquelle, une génération plus tard, dans les années 1870 et suivantes, un second modèle de banque coloniale se répand en Indochine, puis, dans les deux premières décennies du XX^e^ siècle, en Afrique occidentale (la Banque d'Afrique occidentale), au Maroc et dans les mandats issus des territoires ex-ottomans (Syrie, Liban) après 1920. Ce sont des banques d'investissements bien connues des historiens – la Banque d'Indochine, Suez, etc. – financées cette fois par un actionnariat parisien organisé par les grandes banques d'affaires de la Place et elles-mêmes destinées à assurer des opérations similaires, en particulier à acquérir des participations industrielles, fonctionnant ainsi comme des rouages de ce que Jean Bouvier, René Girault et Jacques Thobie ont dénommé naguère « l'impérialisme à la française ».

Éric Monnet indique bien que les banques centrales du premier type n'ont pas réussi à dépasser le milieu restreint des anciens propriétaires, à élargir l'espace bancaire et à préserver l'économie locale des crises périodiques. On peut penser que ses travaux en cours pourront mieux préciser, au-delà des intentions initiales de leurs fondateurs, les pratiques effectives de ces banques coloniales et les confronter à celles des espaces coloniaux des autres États colonisateurs.

Dans le second chapitre, Rodrigue Dossou-Cadja amorce une étude à venir de plus grande ampleur, qui devrait être fondée sur les archives de certaines banques centrales africaines. Il aborde la diversité des banques centrales africaines, et particulièrement à travers une approche de leur *indépendance* plus ou moins effective. Pour ce faire, il utilise l'indice d'indépendance légale établi par Cukierman et ses coauteurs (1992)[1], révisé en 2019, qui permet notamment de différencier les pays francophones des pays anglophones et lusophones. Chez les premiers, le caractère régional de la zone franc et le taux de change fixe attaché au franc français, puis à l'euro semblent corrélés avec l'existence de banques centrales régionales davantage indépendantes (la BCEAO surtout, et, à un moindre degré, la BCEAC) peu réformées sur la longue durée, plus stables et à même de prévenir les crises financières, malgré la forte dévaluation (de l'ordre de 50 %) du franc CFA en 1994, qui, semble-t-il, s'accompagne toutefois d'une plus grande emprise des coopérants français et des institutions internationales. De surcroît, les banques centrales anglophones – dont un bref résumé de l'évolution historique est présenté pour la banque centrale d'Afrique du Sud (créée en 1921) et du Kenya (en 1966) – qui se distinguent doublement des précédentes par le fait d'être davantage nationales et liées à des taux de changes flottants, apparaissent davantage comme des « instruments opérationnels de leurs gouvernements », et donc bénéficiaires d'une moindre indépendance, mais aussi d'une moins grande stabilité (elles sont plus soumises à des réformes fréquentes) et d'une plus grande vulnérabilité aux crises.

Cependant, l'auteur signale que ces indicateurs d'indépendance à l'égard des gouvernements nationaux ignorent les phénomènes de coopération internationale, ainsi que l'influence des anciens pays colonisateurs ou encore le rôle souvent substantiel du Fonds monétaire international ou de la Banque de réserve fédérale des États-Unis. Ce qui implique, nous annonce-t-il, d'aller explorer les archives des banques centrales elles-mêmes pour mesurer ces interconnexions et proposer une analyse historique approfondie.

1 Alex Cukierman, *Central Bank Strategy, Credibility, and Independence: Theory and Evidence*, Cambridge (Mass.), MIT Press, 1992, 496 p.

Chapitre 6

# Les banques coloniales dans l'histoire des banques centrales

**Louis Bourges**
École Normale Supérieure (ENS) Paris-Saclay
École des Hautes études en sciences sociales (EHESS)

**Éric Monnet**
École des Hautes Études en Sciences Sociales (EHESS)
Paris School of Economics

L'historiographie sur les banques centrales a pris l'habitude d'opposer ces dernières aux banques d'émission. Même si cette distinction apparaît dans l'entre-deux-guerres, c'est dans les années 1980 qu'elle s'est imposée dans le but d'identifier un moment historique – souvent daté de la fin du XIXe siècle – où les banques d'émission auraient mis de côté leur intérêt privé pour s'affirmer comme des banques centrales exerçant une mission au service du système bancaire dans son ensemble, et même de l'intérêt général. Dans cette perspective, la capacité de prêter aux autres banques pendant les crises – fonction de prêteur en dernier ressort – est devenu le critère dominant permettant de distinguer le passage de la banque d'émission à la banque centrale, souvent daté de la fin du XIXe siècle[1].

Depuis quelques années, ces distinction et chronologies communes sont toutefois remises en question. Une première approche souligne qu'il existe une continuité beaucoup plus importante que communément admise entre des banques « publiques », créées par des villes en Europe au XVIe et XVIIe siècle, telle que la Banque d'Amsterdam, et les banques centrales du XXe siècle[2]. Cette continuité n'est pas à chercher dans l'émission de billets (il y aurait donc des banques centrales qui ne soient pas des banques d'émission), mais dans la capacité d'une institution financière à offrir une forme de monnaie la plus sûre et com-

1 Le texte le plus symptomatique et influent de cette historiographie est sans doute celui de Forrest Capie et de ses coauteurs. Cf. Forrest Capie, Charles Goodhart, and Norbert Schnadt, " The development of central banking", in Forrest Capie, Charles Goodhart, and Norbert Schnadt (eds.), *The future of central banking*, Cambridge, Cambridge University Press, 1994, p.1-232.

2 Ulrich Bindseil. *Central Banking before 1800: A rehabilitation*, Oxford, Oxford University Press, 2019, p. 336.

ABSTRACT
The study of French colonial banks is experiencing renewed interest. This article synthesizes their governance and operations, showing how they can be integrated into the history of central banks. These banks shared common characteristics with other central banks of the 19th century, such as developing credit through monetary creation. The history of colonial banks allows for a rethinking of the history of central banks in a less teleological manner and recognizes their role in the context of state policies aiming at developing the credit system. Viewed as equivalents of the Bank of France in the colonies, they exhibited variants linked to two types of colonialism: plantation-based and Parisian financial circles.

RÉSUMÉ
L'étude des banques coloniales françaises connaît un regain d'intérêt. Cet article synthétise leur gouvernance et opérations, montrant comment elles peuvent être intégrées à l'histoire des banques centrales. Ces banques partageaient des caractéristiques communes avec d'autres banques centrales du XIXe siècle, comme le développement du crédit par la création monétaire. L'histoire des banques coloniales permet de repenser l'histoire des banques centrales de manière moins téléologique et de reconnaître leur rôle dans les politiques étatiques de développement du crédit. Perçues comme des équivalents de la Banque de France dans les colonies, elles présentaient des variantes liées à deux types de colonialisme : celui des plantations et celui des milieux financiers parisiens.

JEL : **N20**
Keywords : **colonial banks, French colonial empire, central banking, colonialism, Victor Schoelcher, credit**
Mots clés : **banques coloniales, empire colonial français, *central banking*, Victor Schoelcher, colonialisme, crédit**

munément acceptée, y compris sous forme de dépôts bancaires. Une seconde approche souligne l'importance des banques centrales dans le développement financier des nations - cela dès le XVIIIe siècle, mais de manière plus forte encore au XIXe siècle, en raison du nationalisme politique et économique[3]. Une banque centrale est alors définie comme une banque qui bénéficie d'un statut légal et politique spécial octroyé par l'État et dont un des buts est de développer l'accès au crédit sur un territoire national (sans que cela soit toutefois contradictoire avec une potentielle multiplicité d'institutions émettant de la monnaie dans certains pays). Plutôt que de prendre la fonction de prêteur en dernier ressort comme critère central, cette approche insiste sur la politique nationale du crédit, prenant notamment comme exemple le rôle des banques centrales dans le développement et l'unification du marché de l'escompte au XIXe siècle en Europe, dans le soutien au financement de la politique industrielle et agricole au milieu du XXe siècle ou dans le développement des marchés interbancaires à la fin du XXe siècle.

Bien que différentes, les deux nouvelles approches présentées ci-dessus ont en commun d'insister sur le rôle fondamental de la *liquidité* fournie par une banque centrale[4]. Une banque est qualifiée de « centrale » du fait de sa capacité de fournir de la liquidité – crédit à court terme – à l'économie locale et/ou au système financier, d'une manière plus importante et régulière que les autres

3 Éric Monnet, "The History of Central Banks", in *Oxford Research Encyclopedia of Economics and Finance*, Oxford University Press, 2023.

4 Même s'ils ne le formulent pas de cette façon et qu'ils donnent une grande importance à la fonction de prêteur en dernier ressort, on peut considérer qu'Olivier Feiertag et Michel Margairaz offraient déjà des importantes nuances à l'historiographie traditionnelle, en insistant notamment sur le rôle de développement des banques centrales dans les systèmes de crédit nationaux au XIXe siècle. Voir Olivier Feiertag et Michel Margairaz, *Les banques centrales et l'État-nation*, Paris, Presses Sciences Po, 2016, 688 p.

institutions financières[5]. Elle joue ainsi un rôle assurantiel[6] pour l'ensemble de l'économie, qui ne se réduit pas au prêteur en dernier ressort et qui contribue au développement du crédit en réduisant l'incertitude liée aux fluctuations économiques. Contrairement à l'historiographie qui prend comme point de départ des institutions existantes, aujourd'hui, en tentant de dater quand elles devinrent de véritables « banques centrales », ces nouvelles approches suggèrent de s'intéresser également aux institutions disparues et de prendre acte du fait que les banques centrales ont pu prendre des formes très diverses dans l'histoire, en fonction du régime politique et du système financier dans lesquels elles opéraient. Ce sont le statut légal spécial et la faculté de fournir plus de liquidité qu'une autre institution, qui font qu'une banque devient « centrale » pour le système financier, mais aussi pour le pouvoir de l'État. Cette perspective permet d'inclure l'histoire des économies très peu bancarisées, où la banque est centrale, car elle est la seule banque en opération et où la notion de prêteur en dernier ressort n'est pas opérante. Elle permet ainsi de sortir l'historiographie des banques centrales de son prisme euro-centrique. C'est à travers ce prisme que nous nous proposons de relire l'histoire des banques centrales coloniales. Ces banques furent créées dans les colonies par les États des empires coloniaux. Dans tous les cas que nous connaissons, elles avaient le droit d'émettre des billets. Souvent, elles furent les premières banques des colonies et, généralement, les principales. Elles apparaissent au milieu du XIX^e^ siècle, en 1851 dans l'empire colonial français. Ce modèle se développe concomitamment dans d'autres empires (Portugal, Espagne, Pays-Bas), entre 1828 (banque de Java) et 1888 (banque Espagnole de Puerto Rico). Les nouveaux empires coloniaux, Allemagne, Japon et Belgique, suivirent également cette voie. L'empire britannique constitue toutefois une exception de taille à cette histoire, de même que les colonies italiennes. Le modèle de banques coloniales était bien identifié par les acteurs de l'époque. Comme nous le verrons, ces banques figurent dans les ouvrages qui recensent les Banques d'émission ou Banques centrales au XIX^e^ siècle et début du XX^e^ siècle. Cette contribution constitue les prolégomènes d'un projet de recherche, qui couvrira et comparera l'ensemble des banques centrales coloniales du monde, mais consacré ici uniquement aux banques de l'empire colonial français.

Les banques coloniales de l'empire français ont déjà fait l'objet de plusieurs analyses, même si la place de chacune au sein de l'historiographie est très variable. La Banque d'Indochine a reçu une attention particulière et fait l'objet de plusieurs monographies[7]. Les banques de Guadeloupe et de Martinique ont été étudiées dans quelques articles qui soulignent surtout leur importance dans l'économie

5 Ce critère de liquidité est aussi ce qui permet de distinguer – selon cette approche – une banque centrale d'une « banque de développement » ou institution publique de crédit à long terme (comme la Caisse des dépôts en France). Dans certains pays, la distinction entre banque centrale et banque de développement n'a toutefois pas toujours été claire, surtout au XIX^e^ siècle. Éric Monnet, "The History of Central Banks", *op cit.*

6 Éric Monnet, *Balance of Power: Central Banks and the Fate of Democracies*, Chicago, University of Chicago Press, 2024, 264 p.

7 Yasuo Gonjo, *Banque coloniale ou banque d'affaires : La Banque de l'Indochine sous la III^e^ République,* Paris, Comité pour l'histoire économique et financière de la France, 1993, 429 p.; Marc Meuleau, *Des pionniers en Extrême-Orient: histoire de la Banque de l'Indochine (1875-1975),* Paris, Fayard, 1990, 646 p.

locale ou l'histoire politique de la colonisation[8]. Il n'existe pas toutefois d'étude proposant une comparaison systématique de ces banques, cherchant tout à la fois à identifier un modèle commun tout en soulignant les différences entre elles. Plusieurs publications contemporaines de ces banques, à la fin du XIX^e^ ou début du XX^e^ siècle, réalisaient de telles comparaisons, mais ces publications témoignent bien évidemment plus de la mentalité coloniale de cette période qu'elles ne constituaient une analyse visant à retracer l'histoire des banques coloniales dans l'histoire des banques centrales[9]. Celles-ci sont donc tout à la fois symptomatiques de l'engouement colonialiste que de la manière dont les contemporains mettaient quasiment sur le même plan les banques coloniales et les banques des métropoles comme la Banque de France. Étant donné notre perspective, nous nous attachons principalement à étudier et comparer les opérations financières des banques coloniales, c'est-à-dire la manière dont elles fournissent des liquidités à l'économie. Nous accorderons également de l'importance à leur statut légal spécial, puisque c'est principalement ce dernier qui en faisait – pour les contemporains – des équivalents de la Banque de France dans les colonies. Ni notre perspective, ni nos sources ne nous permettent de mettre en place une étude précise des banquiers et de leurs relations personnelles avec les entreprises locales ou l'administration coloniale.

La création des banques coloniales de l'empire français participe au nouveau projet colonial français qui suit l'abolition de l'esclavage. La raison de leur conception est bien de permettre au colonialisme de survivre à la fin de l'esclavage, que la plupart des contemporains considèrent comme un choc économique trop important pour pouvoir être surmonté sans institution de crédit fournissant de la liquidité à l'économie coloniale. Pour reprendre les mots de Victor Schœlcher lors des débats de l'année 1848 conduisant à la création des premières banques

8 Alain Buffon, « Les vieilles banques coloniales d'émission : la Banque de la Guadeloupe et la Banque de la Martinique », *Bulletin de la Société d'Histoire de la Guadeloupe*, n° 132, 2002, 51 p. ; Catherine Buttet, « La banque de la Nouvelle-Calédonie. Existence éphémère, expérience oubliée (1874-1877) », *Cahiers d'histoire*, vol. 45, n° 1, 2000 ; Agnès Festré et Alain Raybaut, « Banques coloniales, crédit et circulation: l'exemple de la Martinique 1848-1871 », *ØEconomia – History/Methodology/Philosophy*, vol. 43, n° 7-8, 2009, p. 22 ; Christian Schnakenbourg, « La Banque de la Guadeloupe et la crise de change (1895-1904) : Loi de l'Usine ou loi du marché ? », *Bulletin de la Société d'Histoire de la Guadeloupe*, n° 87-88-89-90, 1991, p. 64 ; Avec l'intérêt nouveau pour l'étude des statistiques coloniales et le contrôle bancaire, certaines recherches récentes viennent d'être publiées sur les banques des Antilles et de la Réunion, notamment menées par Arnaud Clermidy et Marie-Christine Touchelay. Ces études, menées en parallèle aux nôtres, portent principalement sur la surveillance et la gouvernance de ces banques. Masaki étudie la Banque du Sénégal ; Arnaud Clermidy, « L'État et les instituts d'émission dans l'Empire colonial français (1851-1945) », *in* Jean-Luc Mastin et Béatrice Touchelay (dir.), *Des banques sous surveillance?: Pour une histoire du contrôle bancaire depuis le XIXème siècle*, Villeneuve d'Ascq, Presses universitaires du Septentrion (2023), p. 165-179 ; Arnaud Clermidy, « Contrôler et diriger une banque d'émission coloniale en temps de crise : l'État et la Banque de la Réunion à la Belle Époque », *Histoire & mesure*, vol. 39, n° 1, 2024, p. 29 ; Marie-Christine Touchelay, « L'impossible contrôle de la banque de Guadeloupe (1900-1945) », *in* Jean-Luc Mastin et Béatrice Touchelay (dir.), *Des banques sous surveillance ?..., op. cit.*, p. 181-200 ; Toyomu Masaki, "The Management of the Bank of Senegal and the Formation of a Colonial Economy, 1840s–1901", *African Studies Review*, Vol. 66, No. 3, 2023, p. 595-617.

9 Voir, entre autres, parmi ces publications : Charles Conant, *A History of Modern Bank of Issue*, New York et Londres, G.P. Putman's Sons, 1915, p. 783 ; André Goumain-Cornille, *Les banques coloniales*, Paris, Librairie de la société du recueil général des lois et des arrêts, 1903, p. 281 ; Raphaël-Georges Lévy, *Banques d'émission et Trésors Publics*, Paris, Hachette, 1912, p. 664 ; André Moye, « Les banques Coloniales d'émission depuis la Guerre. », Thèse pour le doctorat, Université d'Aix-Marseille, 1936, p. 113 ; Édouard Renaud, « Les banques coloniales », Thèse de doctorat, Université de Poitiers, 1899, 243 p. ; Edmond Servais, *Banques d'émission: Banque de France, Banques coloniales, Banques étrangères*, Paris, Librairie Générale de Droit et de Jurisprudence, 1932.

coloniales, il s'agit de passer d'une économie coloniale fondée sur la *propriété* à une économie fondée sur la *liquidité*. Comme toute politique de liquidité ou politique du crédit dans l'histoire des banques centrales, la question du *collatéral* est donc cruciale. Et c'est sur ce plan que l'on observe une unité des banques coloniales de l'empire français, qui en fait un modèle singulier et distinct de celui de la Banque de France. Ces banques font en effet des prêts sur récoltes pendantes, c'est-à-dire que la banque prête aux planteurs et peut saisir la récolte si le prêt n'est pas remboursé. Ce type d'opération financière était interdit à la Banque de France, car considéré comme trop risqué, et donc pouvant potentiellement menacer la confiance dans la monnaie émise. Cette différence fut d'ailleurs régulièrement mise en avant pour refuser tout projet de transformer les banques coloniales en succursales de la Banque de France. Le prêt sur récoltes pourrait être pris comme argument pour nier le statut de banque centrale aux banques coloniales, sur la base du fait qu'il s'agit de prêts commerciaux qui n'ont rien à voir avec les fonctions communément attribuées aux banques centrales. Au contraire, la singularité de ces prêts prend tout son sens dans notre perspective, qui insiste sur le rôle des banques centrales dans le développement du crédit. Elle montre comment la question de la confiance dans la monnaie, et donc le type d'actif (et collatéral) accepté en contrepartie de l'émission de monnaie, dépend du contexte. Dans les économies coloniales essentiellement agraires, qui avaient fonctionné sans rémunération du travail pendant des décennies, la liquidité et le crédit ne pouvaient être déconnectés de la terre. On peut donc identifier un modèle singulier des banques coloniales reposant sur un statut légal spécial octroyé par la métropole (au contraire de banques commerciales privées), les intégrant dans l'administration coloniale et sur le type d'opération financière qu'elles pouvaient réaliser en contrepartie de l'émission de billets (au contraire de la Banque de France). Une autre caractéristique des banques coloniales de l'empire français tenait à la gestion du change entre la colonie et la métropole.

On constate toutefois une différence importante entre les banques coloniales, qui suggère de distinguer deux sous-modèles au sein du modèle principal. Un premier sous-modèle, représenté par les premières banques coloniales (Guadeloupe, Martinique, Réunion, Guyane et Sénégal), demeure ancré dans le financement de l'économie locale et principalement par le crédit à court terme. Le second sous-modèle, illustré de manière la plus nette par la Banque d'Indochine, rapproche ces banques de grandes banques d'investissement. La différence entre ces deux sous-modèles ne se résume pas aux opérations financières (à la composition de leur actif). Elle reflète aussi deux modes différents d'économie coloniale et implique des acteurs privés différents. L'actionnariat des banques coloniales d'investissement – telle la Banque d'Indochine ou la Banque d'Afrique occidentale – est constitué principalement de grandes banques parisiennes. Cela ancre ces banques dans les réseaux de l'impérialisme financier, qui dépassent la question de l'économie coloniale. On retrouvera d'ailleurs des déclinaisons de ce sous-modèle dans des pays indépendants, et non seulement dans les colonies (Banque Ottomane, Banamex, Banque d'Haïti, etc.). La diversité du colonialisme français, de ses objectifs et de ses réseaux économiques est donc également visible dans les différences d'actionnariat et de gouvernance au sein des banques coloniales.

## LA CRÉATION DES PREMIÈRES BANQUES COLONIALES ET L'IDÉOLOGIE DE LA LIQUIDITÉ

Les premières banques coloniales de l'empire français sont créées par la loi organique du 11 juillet 1851. Leur création est toutefois déjà annoncée par la loi du 30 avril 1849 « relative à l'indemnité accordée aux colons, par suite de l'affranchissement des esclaves » – et complétée par le décret du 24 novembre 1849 sur « la répartition de l'indemnité coloniale ». Leur naissance résulte donc directement de l'abolition de l'esclavage, et le décret de novembre 1849 impose aux propriétaires d'esclaves de verser 1/8 de l'indemnisation qu'ils reçoivent sous la forme du capital des banques nouvellement créées. Ainsi naquirent les banques de Martinique, Guadeloupe, Réunion, Guyane (et celle du Sénégal, deux années plus tard). La Banque de l'Algérie est créée dans la foulée, par une loi du 4 août 1851, mais sans lien avec l'indemnité des colons. À notre connaissance, un seul précédent de banque d'émission avait existé dans ces colonies : une première Banque de Guadeloupe, créée par une ordonnance royale du 10 décembre 1826, et qui avait été en opération entre 1827 et 1831. Mais, souffrant d'un capital trop faible par rapport aux billets en circulation, elle n'avait pas réussi à maintenir la confiance dans la monnaie et avait dû être liquidée[10].

De nombreux documents témoignant des débats sur l'indemnisation des propriétaires d'esclaves, et donc sur la création des banques coloniales, ont récemment été édités par Jessica Balguy[11]. Le précédent guadeloupéen n'est pas mentionné au sein de ces débats, ni celui de la Banque de Java, créée dans l'empire colonial néerlandais en 1828. Les modèles des banques coloniales sont au contraire la Caisse d'escompte, puis la Banque de France. Le nom de « caisse d'escompte » est utilisé plus fréquemment dans les discussions de 1848, mais les débats et textes juridiques de 1849 ont consacré le nom de banques coloniales, qui fut systématiquement repris par la suite. Ces débats dévoilent sans ambiguïté les objectifs de la création des banques coloniales, principalement défendue par Victor Schoelcher et le ministre des Finances Hippolyte Passy, qui était également le vice-président de la Société française pour l'abolition de l'esclavage[12]. L'idée de créer des banques dans les colonies provient de la peur de voir s'effondrer l'économie coloniale si les colons ne réinvestissent pas les fonds de l'indemnité dans le salaire des esclaves devenus libres. Les notions de « travail » et de « crédit » reviennent ainsi fréquemment dans les débats. Une proposition initiale était de forcer les colons à utiliser une partie de l'indemnité pour rémunérer le travail

**10** Max Chartol, « La Guadeloupe au milieu du XIX^e siècle : problèmes économiques, financiers et sociaux », *Bulletin de la Société d'Histoire de la Guadeloupe*, n° 19, 1973, p. 110.

**11** Jessica Balguy, *Indemniser l'esclavage en 1848 ? : débats dans l'Empire français du XIX^e* siècle, Paris, Karthala Éditions, 2020, p. 220.

**12** La commission sur l'indemnité versée aux propriétaires d'esclaves exclut l'Algérie, au motif qu'il y ait impossible de recenser la population. Voir Jessica Balguy, *Indemniser l'esclavage, op. cit.*, p. 187.

devenu libre. Mais cette solution parut trop contraignante. Faciliter le crédit, par la création d'une banque (ou caisse d'escompte), apparut donc comme une solution intermédiaire. Schoelcher résume ainsi ses arguments, qui réussirent à convaincre la majorité de la commission pour le règlement de l'indemnité :

> Qu'adviendra-t-il par exemple, si le colon ne peut arriver ou se refuse à organiser le travail de son exploitation ? Sera-t-il privé de sa portion afférente d'indemnité ? (...). Il paraît bien plus simple de prélever une somme déterminée sur l'indemnité, soit un 5e par exemple, et de l'employer à la fondation dans chaque colonie d'une caisse d'escompte qui fournira au planteur les moyens nécessaires pour rémunérer son travail en conservant la liberté de l'organiser comme il l'entendra. (6e séance de la Commission pour le règlement de l'indemnité)[13].

Passy, ministre des Finances, ne dit pas autre chose quelques mois plus tard lors des délibérations à l'Assemblée nationale : « Ce qu'il faut rendre aux colonies, ce sont les moyens de retrouver les avances que réclament la culture, c'est le crédit en un mot »[14]. La croyance de Schoelcher et de Passy dans la nécessité de l'expansion du crédit est à situer dans le contexte des nombreuses revendications de 1848 chez les socialistes et progressistes (de Louis Blanc à Proudhon) sur une nouvelle politique du crédit, en lien également avec une réorganisation du travail[15], et qui aboutirent notamment à renforcer les pouvoirs de la Banque de France en 1848 et à la création du Crédit Foncier en 1851. La volonté réformiste de Schoelcher et sa vision du crédit comme essentiel au développement économique et au travail sont encore plus explicites en 1849 : « Ce qu'il faut avant tout pour la prospérité des colonies, c'est d'y rendre la propriété liquide »[16]. Il est remarquable que les justifications données à l'Assemblée nationale par Schoelcher en 1849 aient continué d'être reprises, mot à mot ou légèrement reformulées, plusieurs décennies plus tard dans les nombreux ouvrages consacrés aux banques coloniales à la fin du XIXe siècle ou dans les débats parlementaires sur le renouvellement du privilège de ces dernières. Dans une proposition de loi de 1917, formulées par les défenseurs des banques coloniales, on lit encore cette référence aux mots de Schoelcher sur la volonté de transformer une économie coloniale fondée sur la *propriété* en une économie fondée sur la *liquidité*[17]. Ainsi, la création des banques coloniales procède-t-elle bien de la même idéologie que celle sous-jacente à la création de la Banque générale de Law, de la Caisse d'escompte ou de la Banque de France. Il s'agit de développer le crédit, et plus précisément la liquidité. Selon des règles communes bien établies au début du XIXe siècle en France, le crédit à court terme peut être financé par l'émission de billets, contrairement au crédit à long terme, à condition qu'une partie de l'émission de billets soit couvertes par une encaisse métallique. Étant donné que le travail dans les colonies est essentiellement du

**13** Jessica Balguy, *Indemniser l'esclavage, op. cit.*, p. 98.
**14** Séances des 19 janvier, 23 et 30 avril 1849, Assemblée nationale, *in Moniteur universel*, 1849, trimestre 2.
**15** Samuel Hayat, « Les controverses autour du travail en 1848 », *Raisons Politiques*, vol. 47, n° 3, 2012, p. 21.
**16** Séances citées.
**17** Archives historiques de la Banque de France (noté *infra* AhBdF), 1069 1997 03 AR 4.

travail agricole, les banques coloniales sont toutes créées avec la faculté de faire du crédit en prenant en garantie les récoltes à venir.

Pour insister sur combien l'idéologie sous-jacente et la fonction des banques coloniales apparaissaient encore clairement aux contemporains plusieurs décennies après leur création, nous pouvons citer ces mots de l'économiste William Oualid dans son ouvrage de 1923, consacré à la Banque d'Indochine et aux autres banques coloniales :

> La particularité la plus notoire des Banques coloniales, le but peut-on dire auquel a obéi le législateur de 1849-1851 en les instituant, a été de les faire servir au crédit agricole dont la suppression de l'esclavage rendait l'organisation indispensable, puisqu'elle privait le colon d'une main d'œuvre quasi-gratuite qu'il fallait remplacer par une organisation plus moderne du travail[18].

## LES BANQUES COLONIALES : UN MODÈLE ET DEUX SOUS-MODÈLES

### Le modèle des banques coloniales

Dans les yeux des contemporains, les banques coloniales constituent donc un modèle bien identifiable. De nombreux ouvrages ou articles, surtout à partir de la fin du XIX^e^ siècle, y sont exclusivement consacrés. Ces banques sont mises sur le même plan que les autres banques d'émission, y compris la Banque de France. Cette équivalence apparaît également dans les ouvrages qui recensent les banques d'émission dans une perspective internationale, comme la somme en quatre volumes éditées en 1896 par le *Journal of Commerce and Commercial Bulletin,* et dont le chapitre consacré à la Banque de France et aux banques coloniales est écrit par Pierre des Essars[19], directeur des études économiques à la Banque de France, ou encore les ouvrages de Conant[20] et Lévy[21]. Contrairement à la Banque d'Algérie, les autres banques coloniales créées après l'indemnisation de l'esclavage (Banque d'Indochine, puis Banque de l'Afrique occidentale, qui remplace la Banque du Sénégal) sont également placées sous l'autorité de cette commission de surveillance et figurent dans toutes les études sur les banques coloniales.

Outre cette unité administrative consacrée par une surveillance commune, les banques coloniales de l'empire français ont bien des caractéristiques similaires, qui rendent possible de parler d'un modèle commun. Elles ont toutes le droit d'émettre des billets, font des opérations de change et doivent verser une redevance à l'État français qui leur accorde le privilège d'émettre des billets et donc ainsi de faire du profit. Elles doivent également respecter une proportion fixe entre leur encaisse métallique et l'émission de billet, ce qui n'était pas le cas

**18** William Oualid, *Le privilège de la banque de l'Indochine et la question des banques coloniales,* Paris, Marcel Giard, 1923, p.21.
**19** Pierre Des Essars, Arthur Raffalovich, et Byron Walker, *A History of Banking in all the Leading Nations,* Vol. 3 *(France, Italy, Spain, Portugal, Canada*), New York, The Journal of Commerce and Commercial Bulletin, 1896.
**20** Charles Conant, *A History of Modern Bank of Issue, op. cit.*
**21** Raphaël-Georges Lévy, *Banques d'émission et Trésors Publics, op. cit.*

pour la Banque de France avant 1928. Comme la Banque, elles peuvent escompter du papier commercial. Comme nous l'avons dit, leur principale différence avec la Banque de France en termes d'opération financière concerne le prêt sur récolte pendante, destiné à financer l'agriculture. La Banque d'Algérie ne fait pas exception à ce modèle. Une autre caractéristique des banques coloniales de l'empire français tenait à la gestion du change entre la colonie et la métropole. Ces banques jouaient un rôle important pour fournir de la liquidité aux importateurs des colonies (vis-à-vis de la métropole), non principalement en monnaie fiduciaire, mais sous forme de droit de tirage sur des traites commerciales. Autrement dit, elles jouaient un rôle de compensation entre les importateurs et exportateurs de la colonie, et permettaient aux premiers de payer des biens provenant de métropole en utilisant les promesses de paiements que les importateurs de métropole avaient émis vis-à-vis des seconds. En fixant un taux sur ces opérations (mandat), une banque coloniale introduisait donc de fait un taux de change entre la colonie et la métropole. Cette politique pouvait être utilisée pour tenter de rétablir un équilibre de balance des paiements entre colonie et métropole[22]. Lors des discussions pour le renouvellement de leur privilège en 1911, les banques de Guadeloupe et Martinique furent au contraire accusées par les parlementaires d'apprécier le change au détriment de l'économie locale et aux bénéfices des actionnaires[23].

*Deux sous-modèles*

Au sein des banques coloniales, il convient toutefois de distinguer deux sous-modèles. Le premier inclut les banques créées dans le cadre de l'indemnisation des propriétaires d'esclaves. Ce sont des banques qui, par leurs opérations et par leur actionnariat, demeurent ancrées dans l'économie locale et fondent principalement leur modèle sur le prêt agricole. La Banque d'Algérie, créée également en 1851 mais sans lien avec l'indemnité coloniale, est plus proche de ce modèle. Le second sous-modèle inclut les banques créées plus tardivement et qui diffèrent par leurs opérations et leur actionnariat. Ce second sous-modèle émerge avec la création de la Banque de Nouvelle Calédonie en 1874. Cette banque vécut uniquement pendant trois ans, mais elle amorça un nouveau modèle de banque coloniale, créée à l'initiative d'actionnaires privés voulant développer l'économie coloniale à partir de la métropole. Dans le cas de la Nouvelle-Calédonie, il s'agissait d'une initiative individuelle portée par le banquier Joseph-André Marchand, domicilié à Paris et qui avait d'abord créé en 1872 la Compagnie de Nouvelle Calédonie. Il réussit en quelques années à convaincre le gouvernement et la Présidence de la République de lui permettre de créer une banque avec privilège d'émission en Nouvelle-Calédonie[24]. Ce modèle fut repris pour créer la Banque d'Indochine en 1875 et, cette fois, à l'initiative les grandes banques parisiennes comme le

**22** Dans le cas de la Guadeloupe à la fin du XIX$^{e}$ siècle, voir Christian Schnakenbourg, « La Banque de la Guadeloupe et la crise de change... », art. cit. Pour le cas sénégalais, voir Toyomu Masaki, "The Management of the Bank of Senegal..." , art. cit.

**23** Débats conservés dans AhBdF 1069 1997 03 AR 12 et AR 4. Voir aussi Pascal Ceccaldi, « Note présentée à la commission extraparlementaire chargée d'étudier le régime des établissements de crédit à la Martinique, à la Guadeloupe, à la Réunion et à la Guyane. », 1911.

**24** Catherine Buttet, « La banque de la Nouvelle-Calédonie... », art. cit.

Comptoir d'escompte de Paris et le Crédit industriel et commercial. Il s'agissait en somme d'étendre le modèle de la Banque Ottomane – créée en 1863 – aux colonies. La transformation de la Banque du Sénégal en Banque de l'Afrique Occidentale en 1901 suivait le même principe et consacrait le changement d'actionnariat. Il s'agissait donc d'un actionnariat principalement parisien et organisé par les grandes banques d'affaires parisiennes. Les banques coloniales ainsi créées pouvaient réaliser les mêmes opérations que celles de 1851 (y compris le prêt sur récolte), mais elles pouvaient également prendre des participations financières, devenant ainsi elles-mêmes des banques d'affaires. Les banques créées ensuite dans les protectorats ou mandats (au Maroc, puis en Syrie et au Liban) suivirent ce même modèle.

La création successive de ces deux sous-modèles, mais aussi leur co-existence, correspond bien à deux types d'économies coloniales, chacune appuyées sur des réseaux différents. Pour les banques de 1851, il s'agit d'une économie coloniale locale et encore dirigée par les colons anciens propriétaires d'esclaves, et principalement centrée sur l'agriculture. Pour les banques coloniales d'investissement créées à partir des années 1870, il s'agit d'un colonialisme financier, assis sur des réseaux parisiens et qui recoupe en partie les réseaux de l'impérialisme financier dominant à la fin du XIXe siècle.

## CONCLUSIONS POUR DES RECHERCHES FUTURES

L'étude des banques coloniales de l'empire français bénéficie d'un renouveau bienvenu. Notre contribution y participe en proposant une synthèse de la gouvernance et des opérations de ces banques. Notre objectif principal a été de discuter en quoi la création des banques coloniales peut être réintégrée dans l'histoire générale des banques centrales. Mais, surtout, il ne faudrait pas conclure que l'objectif de développement du crédit qui était au fondement de la création des banques coloniales fut atteint. Certes, ces banques firent des opérations et alimentèrent bien le financement de l'économie coloniale. Plusieurs études ont toutefois montré, en particulier pour les banques créées par la loi de 1851, comment elles restèrent au service d'une petite élite coloniale et ne permirent ni le développement d'un système bancaire plus large, ni des politiques contracycliques à même de venir en aide aux économies de ces colonies en cas de crise. Ces critiques étaient d'ailleurs présentes au sein du Parlement français, de la Banque de France et des économistes au début du XXe siècle. Dans certains cas – et surtout de la part de la Banque de France[25] – ces critiques allaient de pair avec une critique du prêt sur récoltes pendantes – qui était vu comme trop risqué et incompatible avec la crédibilité financière d'une banque centrale. Rétrospectivement, il serait facile d'endosser ce point de vue et, comme les économistes de la Banque de France du début du XIXe siècle, en faire un critère pour disqualifier les banques coloniales et les écarter de l'histoire des banques centrales. Mais ce serait oublier que les

**25** Pierre Des Essars, Arthur Raffalovich, et Byron Walker, *A History of Banking in all the Leading Nations, op. cit.*

prêts agricoles n'étaient pas étrangers au *central banking* de l'époque et étaient notamment pratiqués par la Banque de Russie et de nombreuses autres institutions d'Europe de l'Est[26].

26 Juha Tarkka, "The North European Model of Early Central Banking", in David Mayes, and Geoffrey Wood (eds.), *Designing Central Banks*, London, Routledge, 2009, p. 34-65 ; Guillaume Bazot, Eric Monnet, and Matthias Morys, "Taming the global financial cycle: central banks as shock absorbers in the first era of globalization", *The Journal of Economic* History, Vol. 82, No. 3, 2022, p. 801-839.

Chapitre 7

# Les banques centrales en Afrique : une comparaison entre les zones à régimes de change fixe et les zones à monnaie flottante

**Rodrigue Dossou-Cadja**
Centre National de la Recherche Scientifique (CNRS)
ART-Dev, Université Montpellier,
CIRAD, Université Paul Valéry Montpellier 3,
Université Perpignan Via Domitia

Les banques centrales sont aujourd'hui largement reconnues pour leur rôle essentiel dans la stabilisation économique en périodes de crise, en particulier face aux chocs économiques et financiers globaux. Des événements comme la crise financière mondiale de 2008 ou encore la pandémie de COVID-19 ont mis en évidence leur importance en tant qu'autorités régulatrices capables de « restaurer l'équilibre », au moyen de politiques tant micro que macro-prudentielles. Bien que leur mission historique de stabilisation des prix et des marchés financiers reste largement acceptée, les débats récents autour de l'indépendance des banques centrales (IBC) remettent en question leur modèle traditionnel dans un contexte de systèmes économiques de plus en plus interconnectés.

Les crises financières des dernières décennies ont soulevé des questions sur le modèle traditionnel de la banque centrale indépendante, centrée exclusivement sur les cibles d'inflation dans le cadre du « trilemme de Mundell ». Désormais, certaines banques centrales sont perçues comme des bras opérationnels de la politique financière de leurs gouvernements, influençant la croissance économique et des objectifs sociaux plus larges, dans une vision de plus en plus polanyienne. Le modèle classique de l'indépendance de la banque centrale, populaire avant la crise financière de 2008, est en réexamen approfondi, alors que l'ouverture économique introduit des priorités concurrentes, parfois en décalage avec les

ABSTRACT
Is there a central banking model in Africa? The idea is to offer a Mundellian trilemma extensive review of African Central Banks, from their very old days, so to shed some light on the debate about monetary policy in the post-global financial crisis era. Using the Narrative Approach with basically IFS archives data and central bank independence analysis, this historical journey exposes the different phases of central banking development in Africa, along with a control for the place of financial stability. Another purpose is to disentangle major differences overtime between francophone and anglophone zones on the continent regarding the monetary policy frameworks, and a control to the convergence question. Important policy implications come out as to the way forward for central banking and monetary-financial integration in Africa.

RÉSUMÉ
Y a-t-il un modèle de banque centrale en Afrique ? L'idée est de proposer un examen approfondi des banques centrales africaines, depuis leurs débuts, afin d'apporter un éclairage sur le débat autour de la politique monétaire dans l'ère post-crise financière mondiale. En utilisant l'approche narrative, essentiellement à partir des données des archives de l'IFS et de l'analyse de l'indépendance des banques centrales, ce voyage historique expose les différentes phases de développement des banques centrales en Afrique, ainsi qu'un contrôle de la place de la stabilité financière. Un autre objectif est de démêler les différences majeures au fil du temps entre les zones francophones et anglophones du continent concernant les cadres de politique monétaire, et un contrôle de la question de la convergence. Des implications politiques importantes en ressortent quant à la voie à suivre pour les banques centrales et l'intégration monétaire et financière en Afrique.

JEL : **E02, E58, F33, F42, F54, F55, N17, N24, P51**
Key words : **African Central Banks, Independence, Mundellian trilemma, Convergence, Financial Stability, Narrative Approach**
Mots clés : **banques centrales africaines, indépendance, Trilemme Mundéllien, convergence, stabilité financière, approche narrative**

mandats traditionnels. Par exemple, le modèle de banque centrale « démocratique », proposé pour la Banque centrale européenne, souligne cette évolution vers une responsabilité institutionnelle accrue.

La mondialisation a également transformé la notion d'indépendance des banques centrales. L'interdépendance mondiale accrue soulève la question de l'autonomie réelle de toute banque centrale, en particulier face à l'hégémonie du dollar américain et à l'influence de la politique monétaire de la Fed sur les cycles financiers internationaux. Alors que Rogoff soutient que la mondialisation permet aux banques centrales de réduire l'inflation sans entraver la croissance, Goodhart et Pradhan avancent un argument contraire sur les effets de la démondialisation. Malgré leurs divergences, les deux perspectives reconnaissent la nécessité croissante d'une coordination des politiques monétaires, où les « institutions monétaires » coopèrent au niveau multilatéral.

Dans les marchés émergents, notamment en Afrique, le débat sur l'indépendance des banques centrales prend une dimension supplémentaire. Bien que seuls deux pays africains figurent stablement parmi les principaux marchés émergents (Afrique du Sud et Égypte), les économies africaines sont considérées comme la prochaine vague de marchés émergents. Pour que les banques centrales africaines puissent naviguer dans l'environnement financier complexe actuel, elles doivent renforcer leurs capacités de supervision et adapter leurs politiques aux dynamiques monétaires internationales. Relever ces défis émergents pourrait situer les banques centrales africaines comme des acteurs significatifs dans un système financier mondialisé, tout en conciliant indépendance et stabilité financière dans un contexte global. Les critiques portant sur l'indépendance des banques centrales se sont surtout concentrées sur les interactions internationales entre « *institutions monétaires* », négligeant d'autres formes de coopération, notamment lorsqu'elles existent, avec les institutions de dettes non domestiques. Cela soulève toute la question des coûts associés à ces catégories de relations.

L'Afrique a une place non négligeable dans le débat mondial sur l'indépendance des banques centrales (IBC), et cet article aborde précisément cette question dans une perspective historique.

## UN CADRE INSTITUTIONNEL

Deux institutions majeures jouent un rôle clé sur le continent africain : l'Association des Banques Centrales Africaines (AACB) et l'Initiative des Marchés Financiers Africains (AFMI), créée par la Banque Africaine de Développement (BAD). L'AFMI, établie en février 2008, a pour mission d'agir comme catalyseur pour le développement et la stabilité des marchés financiers, ainsi que pour l'intégration financière régionale. Son premier objectif est d'encourager la création de marchés obligataires profonds et liquides. De son côté, l'AACB, dont les bases ont été posées lors d'une réunion en février 1965 à Addis-Abeba, vise à centraliser les efforts des banques centrales africaines pour améliorer la stabilité économique et financière sur le continent.

L'AACB a défini cinq objectifs principaux, dont deux concernent directement la stabilisation des prix et des systèmes financiers, ainsi que l'ambition d'établir une monnaie unique et une banque centrale commune pour l'Afrique. L'association regroupe actuellement 41 banques centrales opérant sur le continent et a mis en place un Conseil des Gouverneurs, un Bureau, des Comités sous-régionaux et un Secrétariat, selon les dispositions statutaires adoptées à Alger en 2012, qui ont été remplacées par celles de Malabo en 2015.

Une enquête menée par l'AACB en 2016 a révélé l'existence de plusieurs cadres de politique monétaire au sein des banques centrales membres. À l'échelle institutionnelle, les décisions sont majoritairement prises par un Conseil des Gouverneurs ou un Comité de Politique monétaire, et les législations sont respectées dans 76 % des cas. Sur le plan opérationnel, la majorité des banques centrales adoptent des régimes de ciblage des agrégats monétaires (48 %) et d'inflation (24 %). Pour les objectifs opérationnels, la méthode la plus courante consiste à s'appuyer sur le niveau des réserves internationales ou monétaires (36 %), suivie par le taux interbancaire moyen pondéré (28 %) et les agrégats monétaires (20 %).

Bien que l'un des objectifs majeurs de l'AACB soit d'instaurer une monnaie et une banque centrale communes pour l'Afrique, les premières données indiquent que le continent est encore loin de réaliser cette ambition. Des différences fondamentales émergent dans les approches de la politique monétaire entre les banques centrales, ce qui peut s'expliquer par les divers systèmes structurels existants sur le continent, notamment les différences entre les pays francophones et anglophones.

Face à ces questions, seule une analyse historique peut apporter des éclaircissements sur le processus de formation de ces divergences procédurales entre les banques centrales africaines. Cette contribution cherche à offrir une telle perspective, en se concentrant spécifiquement sur la question de l'indépendance des banques centrales et son impact sur la stabilité et l'efficacité des politiques monétaires en Afrique. En examinant ces problématiques, nous pouvons mieux comprendre comment les banques centrales africaines peuvent naviguer dans un environnement financier mondial complexe tout en poursuivant l'objectif de convergence vers un modèle unique de banque centrale pour le continent.

## LA MÉTRIQUE ET LES DONNÉES

La littérature théorique sur l'indépendance des banques centrales (IBC) présente une diversité de mesures et d'analyses empiriques significatives. Entre 1991 et 2020, 154 articles scientifiques ont été publiés sur ce sujet, avec des pics en 1998, 2008 et 2018. Les mesures de l'IBC se divisent en deux grandes catégories : les indicateurs *de jure*, basés sur les lois statutaires des banques centrales, et les indicateurs *de facto*, qui capturent la pratique réelle, susceptible de diverger des lois.

Le cadre de référence pour la mesure de l'IBC a été établi par Cukierman *et al.*, dont l'indice d'indépendance légale est un standard dans la littérature. Ces auteurs proposent quatre indicateurs, dont l'un, un indice légal agrégé, montre une relation inverse avec l'inflation dans les pays industrialisés, mais non dans les pays en développement. Les trois autres mesures incluent le taux de rotation des gouverneurs de banques centrales (sensible dans les pays en développement), un indice basé sur des questionnaires et un indice combiné.

Les études empiriques basées sur des questionnaires posent des problèmes de comparabilité et de variation, ce qui limite leur fiabilité. En outre, les mesures traditionnelles de l'indépendance ignorent souvent les effets des coopérations internationales, notamment entre les banques centrales du Sud et les institutions occidentales comme la Banque de France dans la zone Franc.

FIGURE 1 **INDICE D'INDÉPENDANCE JURIDIQUE DES CB**

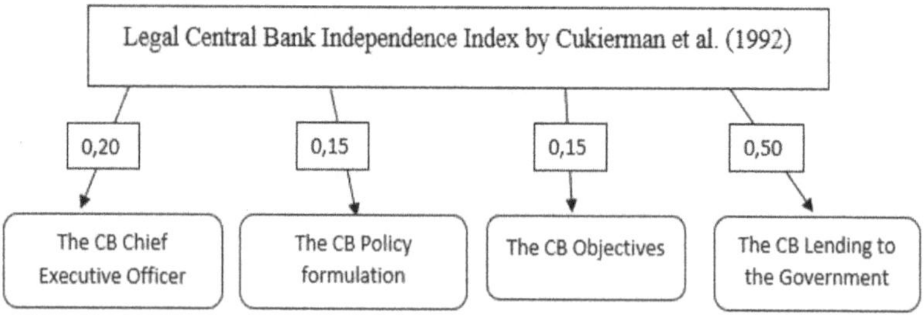


Source : Cukierman et al., 1992

Cette lacune est d'autant plus critique dans un contexte de mondialisation et d'interdépendances croissantes, nécessitant une coordination politique accrue pour répondre aux défis tels que la stabilisation macroéconomique et la gestion des dettes publiques.

En somme, cette littérature signale une nécessité de revoir les cadres théoriques de l'IBC pour intégrer les nouvelles réalités de coopération internationale, faute de quoi des menaces silencieuses à cette indépendance pourraient s'accroître, notamment dans les pays du Sud.

Cet article utilise la version 2019 de la base de données de Garriga, qui constitue un ensemble plus complet sur l'indépendance légale des banques centrales (IBC), couvrant 182 pays entre 1970 et 2012, y compris les 41 membres de l'AACB. Contrairement aux bases plus limitées comme celles de Bodea et Hicks ou de Dincer et Eichengreen, Garriga identifie des réformes affectant la IBC, leur sens, et propose des ajustements du codage CWN de Cukierman *et al.* pour améliorer la représentativité mondiale et corriger des omissions. La corrélation élevée (0,923) entre l'indice Garriga et l'original de Cukierman confirme la fiabilité des ajustements effectués.

## LES DISCUSSIONS ESSENTIELLES

L'analyse des documents sur l'indépendance des banques centrales (IBC) en Afrique révèle un ensemble de caractéristiques spécifiques qui varient selon les pays et les contextes régionaux. Bien que de nombreuses banques centrales africaines bénéficient d'une indépendance statutaire, cette autonomie demeure souvent limitée dans la pratique en raison des pressions politiques internes et des besoins économiques immédiats, ce qui peut compliquer leur mandat de stabilité des prix. Contrairement aux banques centrales des économies développées, qui privilégient principalement la lutte contre l'inflation, les banques centrales africaines sont également tenues de soutenir la croissance économique et le développement. Cela crée une dynamique particulière où la flexibilité est nécessaire pour répondre aux besoins variés des économies en développement. De plus, certaines banques centrales africaines, notamment celles membres de communautés économiques régionales comme l'UEMOA, doivent respecter des directives collectives imposées par ces unions, limitant ainsi leur marge de manœuvre individuelle. L'influence d'acteurs externes, tels que le FMI, est aussi notable, ces derniers conditionnant souvent leur aide financière à la mise en œuvre de réformes spécifiques visant à renforcer l'indépendance de ces institutions. Enfin, bien que des efforts de réformes aient été entrepris pour accroître l'IBC, leur effet reste inégal, les avancées étant plus marquées dans certains pays que dans d'autres en raison de contextes politiques et historiques distincts. L'indépendance des banques centrales africaines donc, résulte un équilibre complexe entre autonomie statutaire, pression politique et objectifs économiques, influencé par des facteurs aussi bien internes qu'externes.

## Une indépendance stable dans la zone franc

La zone franc CFA, représentée par la Banque Centrale des États de l'Afrique de l'Ouest (BCEAO) et la Banque des États de l'Afrique Centrale (BEAC), est considérée comme le modèle le plus stable en matière d'indépendance des banques centrales en Afrique depuis la réorganisation post-indépendance de ces institutions en 1962. C'est la seule région du continent où les banques centrales n'ont pas connu de réformes majeures, qu'elles mènent une politique monétaire restrictive ou expansionniste, depuis 1970.

La BCEAO, qui dessert le bloc de l'Union économique et monétaire ouest-africaine (UEMOA), présente un niveau d'indépendance significativement plus élevé (0,801) comparé à la BEAC (0,501) pour le bloc de la Communauté économique et monétaire de l'Afrique centrale (CEMAC). En 1994, la zone a subi une réforme politique majeure, marquée par une dévaluation de 50 % du franc CFA, le 11 janvier, qui a réduit la valeur de la monnaie à la moitié de celle du franc français. Malgré cette dévaluation, la réforme de la politique de change n'a eu aucun impact sur le degré d'indépendance des banques centrales dans la région.

Une note d'archive du 14 janvier 1994, rédigée par le directeur général du FMI de l'époque, Michel Camdessus, indique que cette dévaluation fut le résultat d'un processus d'ajustement structurel face aux difficultés économiques et budgétaires que rencontrait la zone franc à cette période. Bien que cette réforme ait entraîné une inflation élevée (32,29 % pour le Sénégal et 35,09 % pour le Cameroun en 1994), l'indépendance des banques centrales n'a pas été compromise.

Le modèle de la banque centrale dans la zone franc CFA, historiquement lié à la France et à la Banque de France, montre une indépendance marquée, surtout pour la BCEAO, par rapport à la Banque de France elle-même jusqu'en 1998. Cette tendance se maintient en comparaison avec d'autres pays de l'Union européenne jusqu'à la création de la zone euro et de la Banque centrale européenne (BCE) en 1998, où la situation s'inverse (0,856 pour la BCE depuis 1998). Ce constat soulève un paradoxe important, notamment en lien par exemple avec la dévaluation de 1994, perçue comme un renforcement de l'influence des coopérants français et des institutions internationales dans la gestion monétaire des économies africaines de la zone franc. Ce paradoxe est par ailleurs renforcé la perspectives des critiques pour lesquelles, le franc CFA et le système de la zone franc perpétuent un tant soit peu des liens néocoloniaux et restreint l'autonomie économique des Afriques.

## Une histoire différente dans le reste de l'Afrique

Contrairement à la zone franc, le reste de l'Afrique se caractérise par une dynamique beaucoup plus instable, que ce soit dans les pays anglophones, lusophones, arabes, ou en Afrique du Nord, et selon que les pays sont exportateurs de pétrole et/ou de gaz. Comme le montre la Figure 3, le nombre de réformes ayant eu un impact sur la « direction » et donc sur l'indépendance des banques centrales entre 1970 et 2012 est nettement plus élevé dans ces pays, par rapport à la zone franc, où aucune réforme significative dans le même sens n'a été enregistrée durant cette

FIGURE 2 **INDÉPENDANCE DES BANQUES CENTRALES DANS LA ZONE FRANC CFA ET LE MONDE AVANT LA CRÉATION DE LA ZONE EURO**

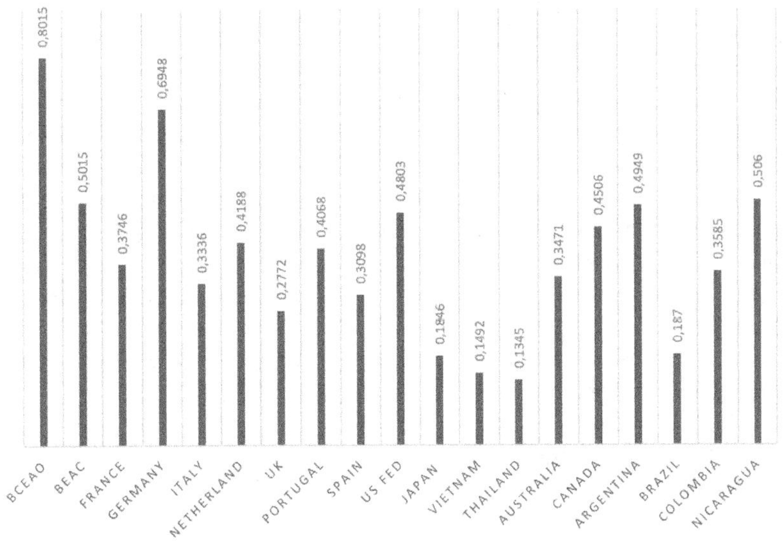


Source : L'auteur

FIGURE 3 **LES RÉFORMES DE 'DIRECTION' IMPORTANTES DES BANQUES CENTRALES EN AFRIQUE DE 1970 À 2012**

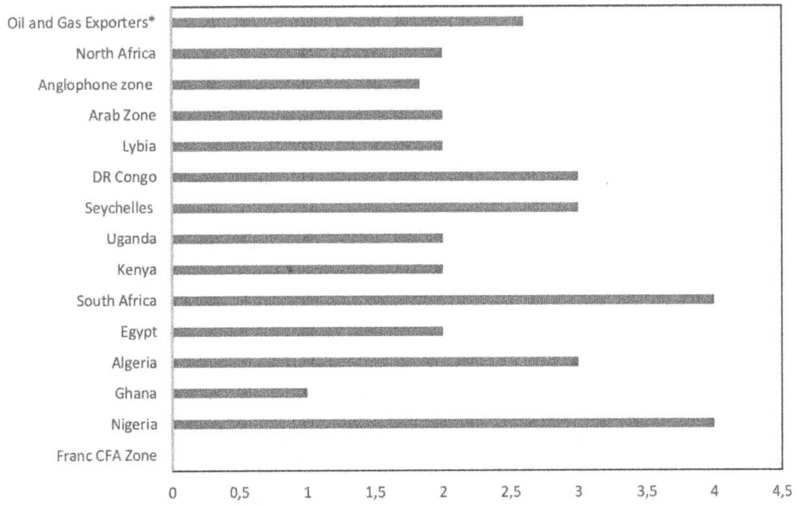


Source : l'Auteur

période. Cette dynamique globale est influencée par un degré d'indépendance des banques centrales généralement plus faible et instable dans le reste de l'Afrique.

La particularité de la zone CFA repose sur le caractère régional de ses banques centrales, associé à la fixité du régime de change (le franc CFA était auparavant lié au franc français avant 1998 et à l'euro depuis 1998). En revanche, le reste de l'Afrique est marqué par des systèmes de banques centrales nationales individuelles avec un régime de change flottant, ce qui suggèrerait une corrélation positive entre le duo « *régime de change - régionalité des banques centrales* » et l'indépendance. Cette observation est soutenue par plusieurs études, qui notent que la stabilité monétaire et l'indépendance des banques centrales sont souvent mieux garanties dans les régions où les institutions monétaires opèrent au sein de systèmes régionaux stables . En outre, d'autres travaux soulignent que l'intégration régionale des politiques monétaires en Europe et en Asie, comme c'est aussi le cas dans la zone CFA, peut offrir un cadre plus solide pour la gestion économique et la prévention des crises financières.

### Cent ans de politique monétaire de la Banque de réserve sud-africaine (Archives SARB)

La South African Reserve Bank (SARB), établie en 1921, est la première banque centrale africaine, née pour stabiliser le système financier après la Première Guerre mondiale marqué par des fluctuations du prix de l'or. À l'époque, les banques commerciales étaient tenues d'échanger leurs billets contre de l'or, une situation devenue intenable avec la hausse des prix de l'or au Royaume-Uni. Ce contexte mena à la Conférence de l'Or de 1919, qui recommanda la création d'une banque centrale pour gérer les billets et l'or. Le Parlement adopta le *Currency and Banking Act* de 1920 et la SARB fut opérationnelle en 1921, assurant le retour à l'étalon-or.

La SARB a évolué en 1932, après l'abandon de l'étalon-or et le rattachement à la livre sterling, puis au *rand* en 1961. Dans les années 1970, elle privilégiait les contrôles directs pour stabiliser l'économie, tandis que le taux de change restait fixé avec des ajustements ponctuels. L'ouverture économique et la libéralisation du capital dans les années 1990 ont entraîné l'adoption d'un cadre de ciblage de l'inflation en 2000, avec des opérations de pension (*repo*) comme principal instrument, garantissant une certaine autonomie. La gestion du taux de change devint secondaire, même si la SARB est intervenue occasionnellement pour renforcer ses réserves.

La SARB a aussi joué un rôle stabilisateur lors des crises, en ajustant les taux d'intérêt lors de la crise financière de 2008 et en déployant des mesures de liquidité et des prêts garantis pour soutenir l'économie pendant la pandémie de COVID-19. Depuis les années 1980, la SARB a progressivement renforcé son indépendance, tout en adaptant ses stratégies aux réalités nationales, avec des débats constants sur le rôle de la politique de change et ses effets sur l'économie.

**Plus de 50 ans de politique monétaire au Kenya – La Banque centrale du Kenya (Archives de la Central Bank of Kenya-CBK)**

La Banque centrale du Kenya (CBK), fondée par un acte du Parlement en 1966, est ancrée dans la Constitution sous l'article 231. Sa mission est de formuler et de mettre en œuvre une politique monétaire favorisant la stabilité des prix, assurant la liquidité, la solvabilité et la stabilité du secteur bancaire, tout en émettant des billets et des pièces de monnaie. Avant la création de la CBK, l'East African Currency Board (EACB) gérait l'émission de monnaie pour la région est-africaine durant la période coloniale. À l'indépendance du Kenya, l'EACB a exercé certaines fonctions de banque centrale en attendant l'établissement d'une institution dédiée, menant finalement à la création des banques centrales des pays est-africains, dont la CBK.

Depuis sa création, la CBK a utilisé un cadre de ciblage monétaire pour atteindre son objectif d'inflation, reposant sur l'idée que la masse monétaire influence significativement l'économie, particulièrement l'inflation. Toutefois, des études ont montré un lien fort entre l'inflation et l'offre monétaire au Kenya. Au cours de ses trente-cinq premières années, la CBK a continuellement affiné ses procédures pour améliorer son efficacité face à un environnement économique changeant. À la fin des années 1980, des échecs persistants dans la gestion de la politique monétaire ont conduit à d'importantes révisions, notamment l'introduction d'instruments indirects comme les opérations de marché ouvert et la libéralisation des taux d'intérêt et du taux de change.

– 1966-1992 : l'ère du taux de change fixe. Les premières années de la CBK ont été caractérisées par une politique monétaire passive, sans pénalités pour non-conformité. Durant cette période, l'économie a connu une croissance stable et une inflation faible. Cependant, la politique monétaire a souffert d'un régime de taux de change fixe qui limitait l'indépendance de la CBK. Des lacunes dans l'application des lignes directrices de crédit ont conduit à une inefficacité des politiques monétaires durant cette période.

– De 1993 à aujourd'hui : l'ère du taux de change flexible. La déréglementation des activités économiques dans les années 1990 a conduit des changements majeurs dans la politique monétaire, avec une inflation atteignant presque 70 % et une croissance de seulement 0,2 % en 1993. La loi sur la Banque centrale a été modifiée en 1996 pour concentrer le mandat de la CBK sur la stabilité des prix et sur le bon fonctionnement d'un système financier de marché. Cela a permis à la CBK d'établir des objectifs d'inflation clairs et de choisir les instruments appropriés pour les atteindre.

Sous la direction de Patrick Njoroge, nommé gouverneur en 2015, la CBK a renforcé sa capacité à répondre aux défis économiques, y compris la crise financière mondiale de 2008. Njoroge a mis l'accent sur l'importance d'une politique monétaire proactive pour naviguer à travers les crises. Plus récemment, la pandémie de COVID-19 a exacerbé les vulnérabilités économiques, incitant la CBK à adopter des mesures monétaires accommodantes pour soutenir l'économie, notamment des réductions de taux d'intérêt et des programmes de liquidité. Ces interventions ont été essentielles pour maintenir la stabilité économique dans un contexte de crise sans précédent, soulignant l'importance d'une politique monétaire flexible et réactive face aux chocs économiques. La CBK continue d'adapter ses politiques pour répondre aux défis économiques contemporains tout en s'assurant que son cadre monétaire reste efficace pour maintenir la stabilité et la croissance au Kenya. La figure 4 ci-dessous fournit une vue d'ensemble de l'évolution de l'indépendance des banques centrales à l'échelle mondiale entre 1995 et 2015.

### Un modèle de Banque centrale en Afrique ?

Les modèles de banques centrales en Afrique, bien que marqués par une grande diversité, se regroupent autour de deux catégories fondamentales, chacune étant intrinsèquement liée à l'héritage colonial, qu'il soit français ou britannique. Cette typologie rejoint le cadre d'analyse proposé par Tucker, qui distingue d'une part les banques centrales (BC) jouissant d'une forte indépendance dans la conduite de leur politique monétaire, comme en témoigne la BCEAO dans la zone franc d'Afrique de l'Ouest, et d'autre part celles qui opèrent principalement comme un bras financier des gouvernements.

FIGURE 4 **INDÉPENDANCE DES BANQUES CENTRALES DE 1995 À 2015**

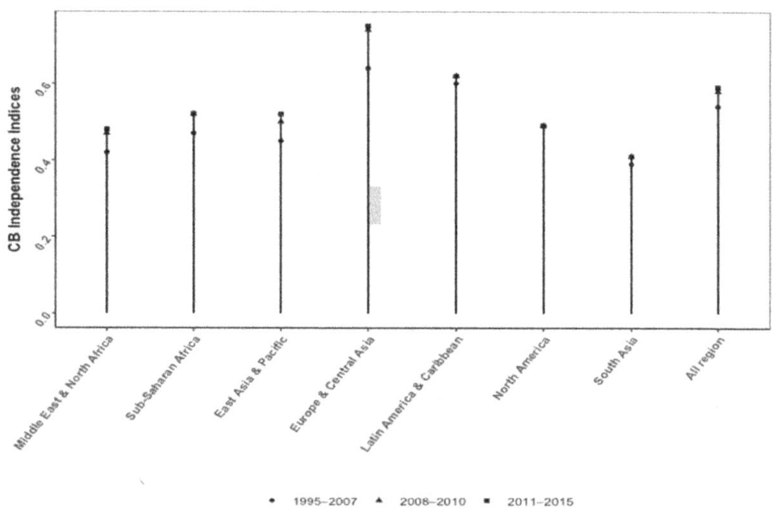


Source : Njoroge et Murinde, 2021[1]

En Afrique, les principales banques centrales en termes de réserves, classées par ordre d'importance, sont celles de l'Algérie (première depuis 2000), suivie de la Libye (première jusqu'en 2000), du Nigéria (dépassé par l'Afrique du Sud

1 Patrick Njoroge, Victor Murinde, *50 Years of Central Banking in Kenya, op. cit.*, p.13.

depuis 2010), de l'Afrique du Sud, de l'Égypte, de l'Angola et de la zone franc CFA (BEAC et BCEAO). La majorité de ces pays, qui possèdent les plus larges réserves, sont également parmi les cinq principaux producteurs de pétrole et de gaz en Afrique. Cette corrélation souligne les effets des richesses en ressources naturelles sur le rôle et l'importance des banques centrales et de leur politique monétaire sur le continent.

FIGURE 5 **DYNAMIQUE HISTORIQUE DES RÉSERVES TOTALES (HORS OR, MILLIONS DE DOLLARS US) DES BANQUES CENTRALES AFRICAINES (1950-2021) – IFS**

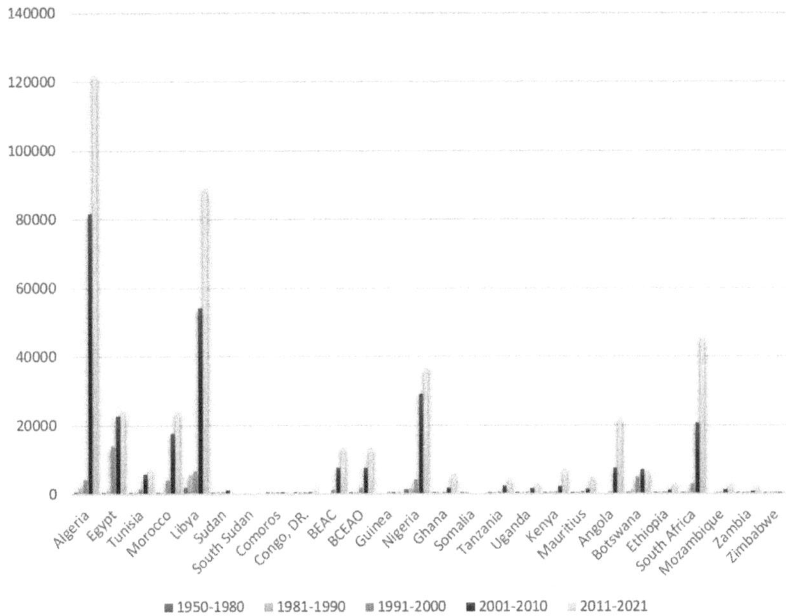


Source : l'Auteur

Un modèle particulier se dégage également parmi les pays exportateurs de pétrole et de gaz, incluant des nations telles que l'Algérie, le Nigeria, l'Égypte et la Libye. Cette tendance se retrouve non seulement dans le nord de l'Afrique et le monde arabe (incluant l'Algérie, l'Égypte, le Maroc, la Tunisie, la Libye et le Soudan), et aussi en Afrique anglophone (comme le Nigeria, le Ghana, la Gambie, l'Ouganda, le Kenya et l'Afrique du Sud) et lusophone (notamment l'Angola, le Cap-Vert, le Mozambique, ainsi que São Tomé et Príncipe).

En tenant compte de ces deux modèles de banques centrales en Afrique autour de la question de l'indépendance, il devient pertinent de s'interroger sur les déterminants potentiels de cette indépendance et sur son rôle crucial en matière de ciblage de l'inflation, de stabilité financière, de croissance économique, de libéralisation, de bien-être économique, de développement financier, de réformes financières, de contrôle du crédit et des capitaux, ainsi que des opérations quasi-fiscales.

TABLE 1 **PRINCIPAUX PRODUCTEURS DE GAZ ET DE PÉTROLE EN AFRIQUE**

| Pays | Gaz (en millions de mètres cubes standard - 2020) | Pétrole (milliards de barils-2021) |
|---|---|---|
| Algérie | 85119 | 12,2 |
| Égypte | 62140 | 3,3 |
| Nigéria | 49947 | 36,9 |
| Lybie | 17714 | 48,4 |
| Angola | 11313 | 7,8 |
| Soudan | - | 5 |

Source: *Statista*, Faria April 21, 2022 & *Business Insider Africa*, May 5, 2022

Une hypothèse intéressante concernant les opérations quasi-fiscales pourrait être que des niveaux d'indépendance des banques centrales plus faibles sont propices à de telles opérations en Afrique, en particulier dans les pays jouant un rôle significatif dans le commerce international, tels que ceux exportateurs de pétrole et de gaz. Ces questions soulèvent un ensemble de questions dont certaines réponses devraient émerger dans le cadre d'analyses et de développements futurs.

FIGURE 6 **RÉSERVES TOTALES DÉTENUES PAR LES BANQUES CENTRALES (HORS OR, MOYENNE ANNUELLE EN MILLIARDS DE DOLLARS US, IFS)**

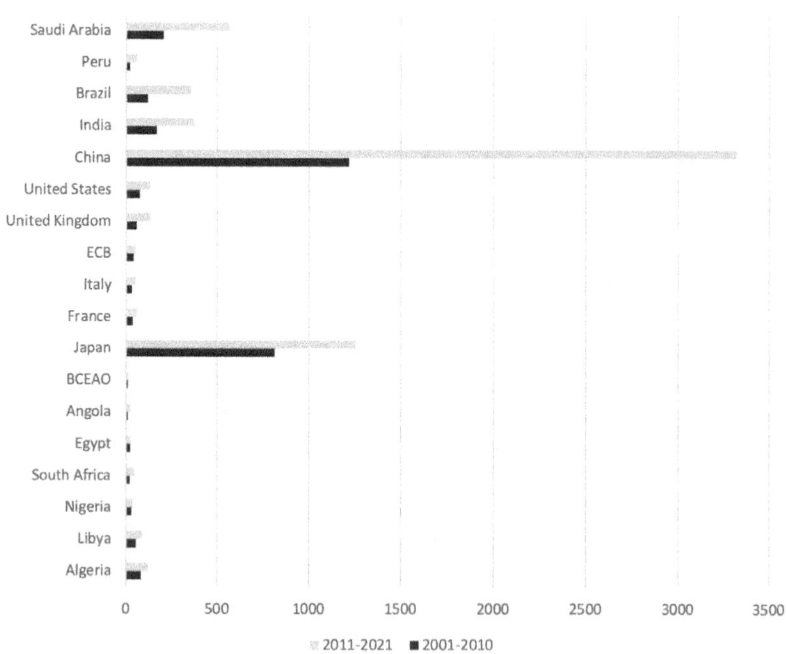


Source : l'Auteur

* * *

L'analyse historique du rôle de l'Afrique dans le débat mondial sur l'Indépendance des Banques Centrales révèle deux enseignements majeurs. Tout d'abord, elle permet d'établir une distinction entre deux modèles de banques centrales sur le continent, profondément enracinés dans leur héritage colonial. Le modèle français se distingue par des taux de change fixes au sein du système de la zone franc, caractérisé par des banques centrales, intégrées dans des unions monétaires, qui jouissent d'un niveau d'indépendance considérablement plus élevé. À l'opposé, le modèle britannique/lusophone se caractérise par des banques centrales dotées d'une indépendance limitée, agissant principalement comme des instruments opérationnels directs de leurs gouvernements et fonctionnant dans un cadre de régime de change flexible.

Le second enseignement fondamental réside dans le constat que les banques centrales régionales du système de la zone franc en Afrique, notamment la BCEAO, ont historiquement affiché un degré d'indépendance supérieur à celui de nombreuses banques centrales des pays développés, telles que la Banque de France, la Banque d'Angleterre, la Banque d'Italie ou même la Réserve fédérale, en particulier avant l'instauration de la zone euro. Ce constat soulève un quasi-paradoxe, car le système de taux de change fixe propre à la zone franc impose, au sens du trilemme de Mundell[2], des contraintes significatives sur l'indépendance de la politique monétaire.

Pour élucider cette question quoique paradoxale, il est crucial d'engager une réflexion plus approfondie, fondée sur une investigation des archives des banques centrales africaines et centrée sur les cadres historiques d'application de la politique monétaire. Cette approche devrait s'accompagner d'une réévaluation des paradigmes macroéconomiques relatifs à la mesure de l'Indépendance des Banques Centrales, afin de saisir les dynamiques intrinsèques qui gouvernent ces institutions et de comprendre leur évolution au sein d'un environnement mondial en constante mutation. Une telle démarche permettra non seulement d'éclairer les particularités de l'IBC en Afrique, mais également de contribuer à la redéfinition des concepts de souveraineté monétaire, intégrant les spécificités des cadres de coopérations internationales.

**2** Robert A. Mundell, "Capital Mobility and Stabilization Policy under Fixed and Flexible Exchange Rates", *Canadian Journal of Economic and Political Science*, Vol. 29, No. 4, 1963, p. 475-485.

TROISIÈME PARTIE

# La nationalisation des politiques de changes et des politiques monétaires dans l'entre-deux-guerres

**Arnaud Manas**
Banque de France
Paris I – Sorbonne (IDHE.S).

La période de l'entre-deux-guerres correspond à la « Grande Transformation » des banques centrales. Comme le notait Karl Polanyi[1], le dix-neuvième siècle reposait sur quatre piliers : l'équilibre des puissances, l'étalon-or, la prévalence des marchés et l'État libéral. La Première Guerre mondiale a remis en cause le fonctionnement quasi-mécanique de l'étalon-or et, comme le soulignait Barry Eichegreen, les décisions des banquiers centraux qui, jusque-là, étaient vues comme techniques et obscures, se sont retrouvées sur le devant de la scène et prirent une dimension politique. Sur le flanc gauche, les autorités monétaires étaient critiquées pour leur passéisme (voire leur insensibilité) et, sur le flanc droit, pour leur complaisance avec les demandes (inflationnistes) des politiques[2].

Dans ce contexte, les banques centrales *nolentes, volentes* rentrèrent dans le jeu politique autrement que pour les renouvellements de leurs privilèges. Par ailleurs, le séisme mondial de la guerre avec ses répliques de la dette et de l'inflation toucha de façon asymétrique les pays. Les années vingt sont marquées par les tentatives de restauration de l'étalon de change or (*Gold Exchange Standard*) après la conférence de Gènes (mai 1922) et les efforts pour le retour aux parités d'avant-guerre. Ces manœuvres qui s'inscrivent dans le cadre conceptuel de l'étalon-or du XIX^e^ siècle deviennent des enjeux politiques entre les banques centrales et les gouvernements.

**STABILISATION DES PRINCIPALES MONNAIES**

| | |
|---|---|
| Royaume-Uni | 1925 - Retour à la convertibilité-or de la livre à la parité d'avant-guerre (jusqu'en 1931) |
| Belgique | 1926 – Stabilisation à 175 francs la livre (85 % de dévaluation par rapport à l'or) |
| Italie | 1927 – Stabilisation à 92 lire par livre (73 % de dévaluation par rapport à l'or) |
| France | 1928 - Stabilisation à 125 francs par livre (80 % de dévaluation par rapport à l'or) |
| États-Unis | 1934 – Dévaluation de 40 % par rapport à l'or (de 20,672$ /oz à 35$ /oz) |
| Suisse | 1936 – Dévaluation de 25 % par rapport à l'or |

Dans les années trente, pendant la Grande dépression et la « dislocation de l'étalon-or[3] », ce sont les banques centrales mêmes qui deviennent des enjeux politiques. Leur nationalisation ou leur prise de contrôle par l'État fait partie des programmes électoraux. De plus, avec la fin du système monétaire de l'étalon-or,

1 Karl Polanyi, *La Grande Transformation, Aux origines politiques et économiques de notre temps*, tr. fr., Paris, Gallimard, 1944, 1983.

2 Barry Eichengreen, *Golden Fetters: The Gold Standard and the Great Depression, 1919-1939*, New York, Oxford University Press, 1996, p. 9.

3 Olivier Feiertag, « Les banques d'émission et la BRI face à la dislocation de l'étalon-or (1931-1933) : l'entrée dans l'âge de la coopération monétaire internationale », *Histoire, économie et société*, 1999, 18^e^ année, n° 4, p. 715-736.

les changes deviennent flottants et administrés. Les accords de *clearing*[4] et les contrôles de changes se multiplient. En outre, les réserves de change et d'or des banques centrales sont nationalisées au profit d'organismes spécifiques, contrôlés par les trésoreries nationales et gérés dans l'opacité par les instituts d'émission. L'*Exchange Equalisation Account* anglais est le premier à être créé en 1932, à la suite la fin de la convertibilité-or de la livre en 1931. Roosevelt et le Front Populaire[5] s'en inspirent pour leurs fonds. Ces instruments visent à mettre en place une politique de change et sont appelés à coopérer dans le cadre de l'accord tripartite de septembre 1936[6]. Un nouveau système interconnecté émerge avec la prééminence du dollar : le programme politique d'achat d'argent de Roosevelt a des répercussions jusqu'en Chine[7].

**CONTRÔLE DES BANQUES CENTRALES ET DES FONDS DE STABILISATION**

| | Création | Contrôle par l'État | Contrôle des Réserves de change et de l'or |
|---|---|---|---|
| **Bank of England** | 1694 | 1946 | 1932 - Exchange Equalization Account[8] |
| **Banque de France** | 1800 | 1936/1945 | 1936 - Fonds de Stabilisation des Changes |
| **Federal Reserve** | 1913 | 1935 | 1934 - Exchange Stabilization Fund[9] |
| **Banca d'Italia** | 1893 | 1936 | 1935 - Istituto Nazionale per i Cambi con l'Estero |
| **Banco de España** | 1856 | 1931/1946 | 1939 - Instituto Español de Moneda Extranjera |

De même, le concept d'intervention sur les marchés et de politique monétaire moderne prend tout son sens. Aux États-Unis, le *Federal Open Market Committee* (FOMC) est formellement créé en 1933 par le *Banking Act* de Roosevelt. Pour la Banque de France, le décret-loi du 28 juin 1938 met en place *l'open market*[10]. La période de reconstruction après la Seconde Guerre mondiale donnera une nouvelle dimension à ces politiques qui s'inscriront dans le cadre des accords de Bretton Woods.

**4** Adrien Faudot, Nikolay Nenovsky, "Edgard Milhaud and the case for establishing an international clearing union *in* the 1930s: a forgotten forerunner of Keynes?", *Journal of the History of Economic Thought*, 2024, Vol. 46, No. 3, p. 401-420.

**5** Marc Chaux, *Le Front populaire et les États-Unis, 1936-1938, Entre parenté politique et communauté d'intérêt, un moment de rapprochement franco-américain*, Paris, Publibook, 2009, 166 p.

**6** Olivier Feiertag, « Les banques d'émission et la BRI face à la dislocation de l'étalon-or (1931-1933) : l'entrée dans l'âge de la coopération monétaire internationale », *op. cit.*

**7** Milton Friedman, "Franklin D. Roosevelt, Silver, and China", *Journal of Political Economy*, Vol. 100, No. 1, 1992, p. 62–83.

**8** N.F. Hall, *The Exchange* Equalisation Account, London, Macmillan and Co, 1935, 115 p.

**9** Anna J. Schwartz, "From Obscurity to Notoriety: A Biography of the Exchange Stabilization Fund", *Journal of Money, Cre*dit, and Banking, Vol. 29, No. 2, May 1997, p. 135-153.

**10** Nicolas Barbaroux, "The Bank of France and the Open-Market Instrument: An Impossible Wedding?", *GATE Working Paper Series*, WP 1423, September 29, 2014.

Chapitre 8

# L'ingérence des banques centrales dans la crise du franc belge (1925-1926)

**Simon Watteyne**
Université libre de Bruxelles

> Actuellement, la panique vient de l'intérieur, mais elle a été préparée par une longue campagne de presse et par une manœuvre de la haute finance. Certains agissent par intérêts. On peut dire, à certains points de vue, que le pays se suicide. La manœuvre de certains financiers réussit en partie parce que les banquiers américains ne tiennent pas leur promesse.[1]

C'est ainsi que s'adresse le ministre des Finances Albert-Édouard Janssen au reste du gouvernement belge, le lundi 15 mars 1926. Il s'agit de l'un des pires jours de la longue crise économique qui accable la Belgique depuis l'occupation allemande. C'est aussi le début de théories concernant un complot des banques contre le gouvernement, où les socialistes forment le premier parti pour la première fois dans l'histoire du pays.

En 1925, le gouvernement des gauches socialiste et démocrate-chrétienne estime qu'il n'a pas d'autre choix que de faire appel à l'aide internationale face à l'emballement de la dette publique et l'effondrement du franc belge. La France étant elle-même plongée dans une crise similaire et refusant par fierté de faire appel à la Société des Nations comme l'ont fait l'Autriche, la Bulgarie et la Hongrie, les Belges se tournent vers la Banque d'Angleterre et la Réserve fédérale de New York (RFNY). Incapable de surmonter la crise, le gouvernement démissionne en mai 1926 et l'hypothèse d'un complot des banquiers belges et étrangers a circulé pendant tout l'entre-deux-guerres.

L'objet de cette contribution est de montrer que ces théories du complot sont avant tout la conséquence de l'ingérence de la Banque d'Angleterre et de la RFNY

1 Archives Générales du Royaume (AGR), Conseil des ministres (CM), 15 mars 1926. Des archives de de la Banque nationale de Belgique, de la Banque d'Angleterre et de la Banque de France ont également été utilisées et sont notées respectivement BNB, BoE et AhBdF.

**ABSTRACT**
**By focusing on the interference of the Bank of England and the New York Federal Reserve in Belgium's monetary and fiscal policy between 1925 and 1926, this article examines the application of two major interwar experiments by the first institutions of the global economic governance that was emerging at that time: the imposition of austerity in exchange for loans and the imposition of an independent central bank. The Belgian case, however, has a special character: Anglo-American finance meddled in a Western European country with a colonial empire, one of the winners of WW2, whose government was under the illusion of fair cooperation between gentlemen.**

**RÉSUMÉ**
**En étudiant l'ingérence de la Banque d'Angleterre et de la Réserve fédérale de New York dans la politique monétaire et fiscale de la Belgique entre 1925 et 1926, cet article s'intéresse à l'application de deux grandes expériences de l'entre-deux-guerres par les institutions de la gouvernance économique mondiale naissante : l'imposition de l'austérité en échange de prêts et l'imposition d'une banque centrale indépendante. Le cas belge possède toutefois un caractère spécial : l'ingérence anglo-américaine s'est appliquée à un pays d'Europe occidentale avec un empire colonial, faisant partie des vainqueurs de la guerre, dont le gouvernement avait l'illusion d'une coopération équitable entre *gentlemen*.**

JEL : **N2-24**
Key words : **Belgian Franc, National Bank of Belgium, Bank of England, Federal Reserve Bank of New York, Montagu Norman, Benjamin Strong, monetary crisis, the 1920s**
Mots-clés : **Franc belge, Banque nationale de Belgique, Banque d'Angleterre, Réserve fédérale de New York, Montagu Norman, Benjamin Strong, crise monétaire, années 1920**

dans la politique fiscale et monétaire belge. L'implication de ces banques centrales fut essentielle pour le gouvernement belge et la Banque nationale de Belgique (BNB), afin de justifier un changement vers des politiques monétaires et fiscales orthodoxes strictes. Mais elle a conduit à l'échec spectaculaire du gouvernement de gauche, à la naissance de plusieurs théories du complot et à la montée de la droite conservatrice dans la seconde moitié des années 1920. Si plusieurs publications plus anciennes se sont déjà intéressées à ces événements à partir des archives belges[2], en croisant les archives belges avec les archives britanniques et américaines, on veut ici contribuer à l'histoire politique des reconstructions monétaires européennes de l'après-guerre et montrer l'ingérence politique des banques centrales dans la souveraineté monétaire et fiscale d'un petit pays de l'Europe de l'Ouest, qui apparaît comme un cas particulier[3].

2 Richard H. Meyer, *Bankers' Diplomacy. Monetary Stabilization in the Twenties*, Columbia, Columbia University Press, 1970, 170 p.; H. Van der Wee, K. Tavernier, *La Banque Nationale de Belgique et l'histoire monétaire entre les deux guerres mondiales*, Banque Nationale de Belgique (BNB), 1975, 542 p.; Guy Vanthemsche, "De val van de regering Poullet-Vandervelde: een 'samenzwering der bankiers' ?", *Journal of Belgian History*, Vol. 9, No. 1-2, 1978, p. 165-214.

3 Charles S. Maier, *Recasting Bourgeois Europe. Stabilization in France, Germany, and Italy in the decade after World War I*, 1975, Princeton, Princeton University Press, 2015, 680 p.; Anne Orde, *British Policy and European Reconstruction after the First World War*, Cambridge, Cambridge University Press, 1990, 357 p.; Barry Eichengreen, *Golden Fetters: The Gold Standard and the Great Depression, 1919-1939*, Oxford, Oxford University Press, 1996, 468 p.; Kenneth Mouré, *The Gold Standard Illusion. France, the Bank of France, and the International Gold Standard, 1914-1939*, Oxford, Oxford University Press, 2002, 297 p.; Marc Flandreau (Ed.), *Money Doctor: The Experience of International Financial Advising 1850-2000*, Abingdon-on-Thames, Taylor & Francis, 2003, 336 p.; Tobias Straumann, *Fixed ideas of money. Small states and exchange rate regimes in twentieth-century Europe*, Cambridge, Cambridge University Press, 2010, 414 p.; Jamie Martin, *The Meddlers. Sovereignty, empire and the birth of global economic governance*, Harvard University Press, 2022, 352 p.

## LE PREMIER PLAN DE STABILISATION

La principale critique formulée par le gouvernement belge à l'encontre de l'ingérence des banquiers étrangers concerne le non-respect d'un accord verbal qui aurait été conclu en octobre 1925. Cette soi-disant « promesse des banquiers » n'ayant pas été tenue, de nombreux témoins contemporains étaient convaincus d'un complot des milieux bancaires contre le gouvernement[4]. Comment l'ingérence des banques anglaises et américaines a-t-elle affecté l'échec du premier plan de stabilisation en Belgique ?

Il convient tout d'abord de définir les trois grands problèmes financiers auxquels la Belgique devait faire face. Premièrement, depuis 1918, les gouvernements successifs ont contracté d'importantes dettes à court terme sur les marchés belge (8 milliards de FB) et américain (484 millions de dollars, soit 9,68 milliards de FB), en pensant que les réparations allemandes seraient mises à disposition pour financer les coûts de la reconstruction. Deuxièmement, depuis l'occupation militaire franco-belge de la Ruhr dès janvier 1923, la valeur du franc belge s'est effondrée comme celle du franc français[5], passant de 25 FB par livre sterling en 1914 à 90 FB en mai 1924 et 109 FB au 1er juillet 1925. Ces fuites massives de capitaux belges compliquent la tâche de l'État belge pour refinancer sa dette flottante à partir de 1925. Troisièmement, le déficit des finances publiques que traîne l'État depuis l'occupation allemande continue de s'accroître avec l'affaiblissement du franc. Après les élections d'avril 1925 qui consacrent la victoire du parti ouvrier belge (POB), le pays traverse deux mois de crise politique avant que se forme une coalition entre socialistes et l'aile gauche du parti catholique. La question monétaire devient la priorité du nouveau ministre des Finances Janssen, un directeur de la BNB qui a joué un rôle important dans les stabilisations monétaires de l'Autriche et de la Hongrie. Son programme vise à équilibrer le budget, refinancer la dette à court terme et revenir à la parité-or, synonyme de monnaie saine, notamment grâce à l'appui de deux emprunts américains contractés par l'intermédiaire de *JP Morgan & Co* en décembre 1924 et août 1925.

Cependant, le franc tombe brusquement à 112,5 FB par livre le 17 septembre 1925, en raison de la crise en France, à la suite de l'échec des négociations américano-françaises sur les dettes de guerre. À la demande du gouvernement, la BNB commence à utiliser sa réserve de dollars pour intervenir sur le marché des changes et fixer le franc à 107 FB par livre[6]. Face au risque imminent de voir disparaître la réserve de change de la BNB, si la confiance dans la monnaie belge n'est pas rétablie, Janssen veut obtenir un troisième prêt à long terme de 150 millions de dollars (5 milliards de FB) sur les marchés internationaux afin de reconstituer une importante réserve d'or pour la BNB et stabiliser le franc à une parité revalorisée, un plan similaire à celui qu'il avait réalisé en Autriche[7].

4 Guy Vanthemsche, "De val van de regering Poullet-Vandervelde: een 'samenzwering der bankiers'?", *op. cit.*, p. 198.

5 Les deux francs étaient liés économiquement et psychologiquement, tout le monde s'attendant à un échange de un pour un depuis la création de l'Union monétaire latine.

6 BNB, Stabilisation, Janssen à Hautain, 17 septembre 1925.

7 AGR, CM, 30 septembre 1925.

C'est ici que commence le malentendu sur un accord de principe. En septembre 1925, Janssen et Fernand Hautain, le gouverneur de la BNB, sollicitent l'aide de Montagu Norman, gouverneur de la Banque d'Angleterre. Alors que de nombreux socialistes craignent que le gouvernement belge ne soit placé « sous le contrôle des banques [étrangères] »[8] comme en Europe centrale et orientale, Norman saisit l'occasion de démontrer comment sa banque centrale peut aider la Belgique à revenir à l'étalon-or, tout en incluant la BNB dans un réseau de banques centrales avec la Banque d'Angleterre en tête[9]. Ayant pris connaissance du plan de Janssen, Norman sollicite l'aide de son ami Benjamin Strong, gouverneur de la RFNY, qui partage son point de vue quant à l'importance du système de l'étalon-or géré par les banques centrales en toute autonomie des gouvernements[10]. Strong n'est toutefois pas favorable à accorder un nouveau prêt à la Belgique, si vite après ceux octroyés en décembre 1924 et août 1925 par *JP Morgan & Co*, dont l'accord est également nécessaire[11]. Les associés de *JP Morgan & Co* craignent également qu'une telle opération soit vouée à l'échec[12]. Le 14 octobre, Janssen et Hautain viennent à Londres pour rencontrer Norman, qui présente les exigences des banquiers anglais et américains : un budget équilibré, une dette flottante éliminée et l'indépendance de la BNB à l'égard de tout contrôle politique[13].

Puisqu'un emprunt à long terme est impossible dans l'immédiat, Janssen demande et obtient des crédits temporaires de trois mois pour 27,5 millions de dollars, mais la réunion du 14 octobre se termine sur un terrible malentendu. Le ministre des Finances assure au gouvernement belge qu'il a obtenu un accord de principe pour un emprunt à long terme dès que les conditions des banquiers seront remplies[14]. Est-ce vrai ? Le procès-verbal de la rencontre n'indique pas quels mots furent prononcés par Norman et le gouverneur ne mentionne aucune promesse faite après la réunion dans sa correspondance avec Strong, auquel il n'a aucun intérêt de masquer une information si cruciale[15]. Pourquoi Janssen assure-t-il le contraire ? L'explication la plus plausible est qu'il a légèrement tordu la vérité pour forcer la main des socialistes, qui sont furieux d'accepter l'interférence des banques étrangères et de devoir appliquer des mesures d'austérité. Janssen et Hautain pensaient avec sincérité qu'un emprunt serait de toute manière octroyé sitôt que les conditions seraient remplies[16]. Le *gentlemen's agreement*, supposément donné par les banquiers centraux anglais et américains, symbolise l'acceptation honorable par la Belgique des conditions imposées à ses politiques fiscale et monétaire en échange d'un emprunt international, sans perte de souveraineté comme pour l'Allemagne, l'Autriche, la Bulgarie et la Hongrie[17]. De son côté, Norman est simplement ravi d'avoir conclu un premier accord de crédits

**8** Institut Émile Vandervelde (IEV), Bureau du POB, 13 octobre 1925.
**9** Bank of England (BoE), OV88/31, Norman to Hautain, 30 September 1925.
**10** BoE, Réunion, 5 octobre 1925.
**11** RFNY, Strong, N° 1116.5, Strong to Norman, 6 October 1925.
**12** AGR, CM, 12 octobre 1925 ; BoE, OV88/38, Norman to Whitney, 13 October 1925.
**13** BoE, OV88/38, Meeting, 14 October 1925.
**14** AGR, CM, 20 octobre 1925.
**15** BoE, OV88/38, Norman to Strong, 14 October 1925.
**16** BNB, Stabilisation, Janssen à Hautain, 28 octobre 1925 ; Hautain à Janssen, 29 octobre 1925.
**17** Martin, *The Meddlers*, *op. cit.*, p. 247-249.

temporaires avec la BNB, la RFNY ainsi qu'avec les banques centrales néerlandaises et suisses, accord qui constitue selon lui l'avenir de la coopération entre banques centrales pour gérer le système monétaire international[18].

Aussitôt les crédits temporaires octroyés en octobre 1925, la situation belge se dégrade. Fin octobre, une nouvelle chute du franc français menace d'emporter le franc belge avec lui[19]. Hautain décide de demander urgemment de nouveaux crédits temporaires à la Banque d'Angleterre et à la RFNY, car toute la réserve de dollars de la BNB est absorbée par la demande sur le marché des changes[20]. Les crédits sont prolongés jusqu'à la fin mars 1926, mais l'opération n'offre qu'un répit aux autorités belges, confrontées début décembre à d'importantes demandes de remboursement de bons d'État dont les détenteurs belges et étrangers se débarrassent. Lorsque Janssen et Hautain demandent à Norman si des bons d'État belge émis en devises étrangères stables (livres et dollars) ne pourraient pas être vendus à la place, Norman et Strong considèrent cette option comme dangereuse et désastreuse, puisqu'elle découragerait encore davantage le reste des détenteurs de bons d'État à les renouveler[21]. En privé, Norman se dit « choqué » par la proposition belge[22]. Leur méfiance à l'égard du ministre des Finances et du gouverneur de la BNB grandit considérablement. Pire encore, ceux-ci décident d'émettre malgré tout début janvier 1926 des bons en devises étrangères sans en informer Norman ou Strong[23].

En Belgique, la colère des milieux bourgeois grandit également contre le gouvernement des gauches lorsque le nouveau budget en équilibre est voté fin décembre. De nombreuses augmentations fiscales sont en effet votées, en particulier celle de la supertaxe à taux progressifs sur les hauts revenus, tout en incluant des exemptions pour les bas revenus de la classe ouvrière, afin d'obtenir le vote des socialistes. Une campagne d'opposition anti-taxe et prônant plutôt des coupes budgétaires est alors lancée par les milieux industriels et financiers dans tout le pays dès janvier 1926, prenant le nom de Ligue de l'Intérêt public. À Londres et New York, les banquiers sont totalement ignorants de ce mouvement d'opposition. En revanche, ceux-ci doutent de plus en plus des chances de succès du plan de stabilisation : ils ont non seulement réalisé que Hautain leur masquait certaines informations, que des bons d'État en devises étrangères ont été émis à hauteur de 35 millions de dollars, mais en outre Russell Leffingwell de *JP Morgan & Co* a passé le budget belge au peigne fin et ne pense pas que l'équilibre budgétaire récemment voté soit réel. Convaincu par Leffingwell et déçu par Janssen et Hautain, Norman informe ceux-ci qu'un emprunt à long terme est impossible sans une amélioration de la situation et propose un sévère compromis : un emprunt de 100 millions de dollars de trois ans si de nouvelles coupes budgétaires sont

**18** BoE, OV88/38, Norman to Hautain, 20 October 1925.

**19** AGR, CM, 27 octobre 1925.

**20** BoE, OV88/38, Hautain to Norman, 29 October 1925; Barings, Belgique, Revelstoke to Ter Meulen, 6 November 1925.

**21** UCLouvain (UCL), Janssen, n° 159, Hautain to Strong, 12 December 1925.

**22** RFNY, Strong, No 1116.5, Strong to Anderson, 18 December 1925; BoE, OV88/39, JP Morgan to Morgan Grenfell, 21 December 1925.

**23** BoE, OV88/38, Norman to Anderson, 23 December 1925.

réalisées, incluant la privatisation des chemins de fer de l'État belge, et si la dette flottante est d'abord refinancée avec l'aide des banques belges[24].

Au sein du gouvernement, les socialistes ne comprennent pas pourquoi ils se laisseraient dicter une telle politique d'austérité par des banquiers étrangers, bien qu'ils n'aient pas de solution alternative à offrir. Si Norman voyait son compromis comme nécessaire pour réussir la stabilisation du franc belge en rétablissant la confiance, Janssen a présenté ce compromis à ses collègues comme de la coercition[25]. Le 10 mars, le ministre des Finances réunit les représentants des vingt plus grandes banques belges pour leur expliquer les conditions de Norman et leur demander de l'aide dans le refinancement de la dette flottante à court terme. Réalisant que l'emprunt international ne serait obtenu que pour trois ans, ce qui va à l'encontre de l'accord de principe que Janssen jurait avoir obtenu en octobre 1925, les banquiers belges, dont certains font partie de la Ligue de l'Intérêt public, refusent d'apporter leur aide[26].

Le 12 mars, Janssen arrive à Londres pour essayer de revenir aux conditions initiales de l'emprunt. Norman et les banquiers présents, qui s'attendaient à signer un accord à leurs conditions, refusent à leur tour. Dans la foulée, un coup de téléphone est reçu de la BNB depuis Bruxelles : la panique s'est emparée du marché des changes et la banque centrale a dépensé l'équivalent de 2,45 million de livres en trois jours pour maintenir le franc belge à 107 FB par livre. Selon Janssen, ce sont les banquiers belges qui ont ébruité les nouvelles conditions de l'emprunt international[27]. Le 15 mars, sans prévenir les banquiers anglais et américains, Janssen autorise la BNB à arrêter le soutien du change belge, qui plonge aussitôt à 121 FB par livre[28].

Au Parlement, le gouvernement rejette la faute sur les banquiers étrangers, qui n'auraient pas tenu leur promesse d'octobre 1925, ainsi que sur la campagne d'opposition des milieux financiers belges[29]. Du côté socialiste, on clame qu'un « coup en bourse » a été tenté pour « renverser le gouvernement démocratique »[30]. Le quotidien socialiste *Le Peuple* accuse « la dictature des puissances d'argent »[31]. Le récit d'un complot des banques est lancé. Les banquiers belges et étrangers étaient-ils de mèche ? Sans parler de complot, Guy Vanthemsche pense que la campagne d'opposition dans le pays entraîna l'inquiétude des banquiers anglais et américains, les poussant à durcir leurs conditions[32]. Ce n'est toutefois pas ce qu'il ressort des archives anglaises et américaines. Norman et Strong, dont la méfiance grandissait depuis octobre 1925, n'avaient jamais eu connaissance de l'existence de la Ligue de l'Intérêt public avant la crise de mars[33].

**24** *Ibid.*, Réunion à Bruxelles, 16-18 février 1925.
**25** AGR, CM, 18 février 1926.
**26** *Ibid.*, 11 mars 1926.
**27** BoE, OV88/41, Meeting, 12 March 1926.
**28** *Ibid.*, Leffingwell to JP Morgan & Co, 15 March 1926; AGR, Conseil des ministres, 15 mars 1926.
**29** Chambre des représentants, *Annales*, 17 mars 1926, p. 1040-1052.
**30** IEV, Conseil du POB, 16 mars 1926.
**31** *Le Peuple*, 16 mars 1926.
**32** Vanthemsche, "De val (...)", *op. cit.*, p. 198-200.
**33** BoE, OV88/41, Leffingwell to JP Morgan & Co, 20 March 1926.

La faute principale de l'échec des négociations en Belgique et à Londres revient probablement à Janssen et Hautain, qui ont gardé pour eux certaines informations qu'ils auraient dû partager avec les banquiers belges et étrangers. Mais avaient-ils le choix ? Il leur fallait maintenir un équilibre précaire au sein du gouvernement pour satisfaire les socialistes sans donner l'impression de trop céder aux exigences anglo-américaines. Cela rendait toutefois difficile de mener une politique d'austérité plus substantielle afin de satisfaire Norman et Strong. Au total, Janssen s'est paralysé lui-même en maintenant l'illusion, dans l'esprit du public belge, de l'existence d'un accord de principe pour un emprunt international à long terme.

## LE DEUXIÈME PLAN DE STABILISATION

Vanthemsche évoque une théorie qui voudrait expliquer la prétendue rupture de l'accord de principe par les banquiers étrangers : en raison de liens obscurs avec les banques belges, et à leur demande, ceux-ci n'auraient pas accordé le prêt au gouvernement de gauche. Mais cette hypothèse relève du domaine de la « politique fiction », comme l'admet l'historien[34]. La question du complot en entraîne une autre : comment l'ingérence des banquiers américains et britanniques dans les affaires belges a-t-elle évolué après l'échec de la première tentative de stabilisation ?

Après la crise du 15 mars, la Banque d'Angleterre et la RFNY renouvellent leurs crédits temporaires à la BNB[35]. Cependant, les négociations pour un emprunt international sont à l'arrêt. Norman estime que des négociations actives ne sont plus possibles tant que Janssen ne dispose pas d'accord avec les banquiers belges pour consolider la dette flottante à court terme. À ses yeux, c'est en effet le refus de Janssen d'informer les financiers belges de l'état des négociations avant mars qui a entraîné l'échec du plan[36]. Les télégrammes échangés entre la Banque d'Angleterre, Baring Frères et la banque Morgan, inconnus de Janssen et Hautain, sont clairs : tous découvrent avec stupeur l'opposition de plusieurs puissants banquiers belges au plan de stabilisation[37]. Il n'y a jamais eu de contacts secrets entre banquiers belges et étrangers pour perturber les négociations.

De leur côté, Strong et les associés de *JP Morgan & Co* sont choqués d'apprendre que la presse française et belge répand la fausse rumeur selon laquelle les banquiers américains veulent prendre le contrôle de la colonie congolaise et sont responsables de l'échec des négociations[38]. Compte tenu de l'opposition généralisée en Europe à l'ingérence étrangère dans les politiques économiques nationales, il n'est pas surprenant de voir la presse défendre l'empire colonial belge

**34** Vanthemsche, "De val (...)", *op. cit.*, p. 201.

**35** BoE, OV88/41, Norman to Hautain, 15 March 1926.

**36** *Ibid.*, Norman to Perkins, 22 March 1926. *Ibid.*, JP Morgan to Leffingwell, 23 March 1926.

**37** Barings, Belgique, Revelstoke to Graham, 26 March 1926; Harvard, Lamont, Série II : Belgique, JP Morgan to Morgan Grenfell, 15 March 1926; BoE, OV88/41, Norman to Strong, 15 March 1926.

**38** BoE, OV88/41, JP Morgan to Morgan Grenfell, 16-17 March 1926. RFNY, Strong, No 1116.6, Strong to Norman, 17 March 1926.

et sa souveraineté contre une prétendue manœuvre des banquiers étrangers[39]. En Belgique, les relations entre le gouvernement et les banques belges sont désormais très froides après la crise de mars. Alors que la valeur du franc belge continue de se déprécier, la Trésorerie belge est confrontée à de plus en plus de demandes de remboursements de bons d'État à court terme, qui dépassent le milliard de FB début mai. Face au refus d'aide des banquiers belges, Janssen force la BNB à couvrir les remboursements par de l'inflation, mais finit par démissionner le 6 mai, bientôt suivi par tout le gouvernement. Ce jour-là, le franc est passé à 162 FB par livre. En huit semaines, la monnaie nationale s'était dépréciée de 50 %[40].

Après deux semaines de crise politique, Henri Jaspar, l'un des chefs du parti catholique, parvient à former une nouvelle coalition d'union nationale entre catholiques, libéraux et socialistes, tandis qu'Émile Francqui, l'influent vice-gouverneur de la Société générale de Belgique, est officiellement nommé ministre d'État tout en recevant carte blanche pour gérer les finances publiques à sa guise. En quelques jours, de nouvelles taxes de consommation sont votées pour lever 1,5 milliard de FB supplémentaires par an, soit trois fois le montant négocié par Janssen en décembre, qui serait entièrement consacré à la réduction de la dette, parallèlement à de nouvelles coupes budgétaires et à des réductions d'impôts sur les revenus financiers. Le 15 juin, une première rencontre entre Francqui et Norman a lieu à Londres. Reprenant le programme de Janssen, Francqui insiste pour stabiliser le franc dès que possible, une fois le budget équilibré et la dette flottante réduite. En attendant, les deux banquiers s'accordent sur le renouvellement des crédits temporaires[41].

Norman est prêt à faire confiance au ministre d'État et l'apprécie bien davantage que Janssen, mais reste loin d'accorder un emprunt à long terme les yeux fermés. En outre, le franc flottant continue de se déprécier, atteignant 217 FB par livre le 13 juillet et causant la panique dans tout le pays face à l'inflation soudaine des prix des biens de consommation, autre indication que les banquiers étaient loin d'être en collusion pour orchestrer la chute du franc. Il n'y a pas de redressement soudain après la démission de la coalition de gauche. Dans ce cas-ci, l'effondrement est principalement dû à la crise politique française, qui ne prend fin qu'avec l'arrivée de Raymond Poincaré au poste de président du Conseil après le 21 juillet 1926. Entre-temps, réagissant à la panique qui s'empare du pays, Francqui obtient d'urgence les pleins pouvoirs pour outrepasser l'avis du Parlement et toute opposition des socialistes aux mesures décidées. Celles-ci sont notamment d'ordre psychologique (fermeture des cabarets après minuit, ou encore interdiction pour les boulangeries de produire du pain blanc), mais impliquent également la semi-privatisation des chemins de fer de l'État belge et la transformation forcée de tous les détenteurs belges de bons d'État à court terme en détenteurs d'actions de 65 ans de la nouvelle Société nationale des Chemins de fer belges (SNCB), émis au taux de 175 FB par livre. D'un seul coup, Francqui règle le problème de la dette flottante intérieure.

**39** Martin, *The Meddlers*, *op. cit.*, p. 79.
**40** AGR, CM, 11 mai 1926.
**41** BoE, OV88/42, Meeting, 15 June 1926.

Malgré l'effort, le ministre d'État reste confronté à trois problèmes, dont Norman et Strong veulent voir la résolution avant de considérer tout emprunt international : la dette extérieure à court terme de plus 50 millions de dollars, le choix de lier ou non la stabilisation belge à celle de la France, et la réforme de la BNB. Norman et Strong veulent en effet s'assurer que l'emprunt ne puisse servir qu'à raccrocher le franc belge à l'or et non à refinancer la dette extérieure[42]. Ils veulent également connaître les intentions de Raymond Poincaré, en particulier si la Belgique lance une stabilisation séparée du franc français sous la direction de la Banque d'Angleterre, ayant retenu la leçon du lien fort entre les deux monnaies belge et française[43]. Leur ingérence dans les affaires belges est presque totale sur le dernier point : ils exigent l'indépendance de la BNB pour que l'État belge ne puisse plus la forcer à recourir à l'inflation, ainsi que le licenciement du gouverneur Hautain dont ils se méfient profondément et qu'ils accusent d'avoir masqué des informations depuis le début des négociations[44]. « Je n'ai pas d'aversion personnelle pour Hautain », écrit Norman au président de la *Reichsbank*, « même si je n'ai jamais pensé qu'il s'était comporté de manière franche et ouverte. Mais Hautain a laissé un sentiment d'incompétence et de manque de confiance, voire de suspicion, dans l'esprit des gens des deux côtés de l'Atlantique. »[45]

Ces trois problèmes causent des sueurs froides à Francqui en août et septembre 1926. Un accord germano-belge pour refinancer la dette extérieure en échange de la rétrocession des territoires d'Eupen et Malmédy aboutit presque, mais échoue face au refus de la France et de l'Angleterre[46]. Francqui n'est sauvé que par la vente d'actions de la SNCB sur les marchés hollandais et suisse, ainsi que par les importantes rentrées fiscales qui lui permettent, à la mi-septembre, de refinancer confortablement la dette extérieure sans l'aide des banques étrangères[47].

Concernant la question française, Francqui craint le risque qu'une stabilisation belge isolée puisse échouer à la moindre crise politique dans la République voisine. Il est en outre persuadé que Poincaré réalisera prochainement la stabilisation du franc français. Mais ce désir d'attendre la France tend à rendre nerveux les banquiers anglais et américains, aux yeux desquels une dégradation de la situation française n'est pas à exclure[48]. Francqui est finalement convaincu de stabiliser le franc belge sans attendre Poincaré après avoir compris que ce dernier, particulièrement marqué par la crise belge de mars 1926, a l'intention d'attendre[49].

Quant au problème de la BNB, il semble longtemps insoluble. Strong et Norman exigent que les statuts de la banque centrale belge soient révisés et que Hautain soit remplacé, avant de poursuivre les négociations pour un emprunt

42 BoE, OV88/43, Meeting, 31 August 1926.
43 *Ibid.*, Meeting, 3 September 1926.
44 *Ibid.*, Meeting at the Bank of England, 14 September 1926.
45 *Ibid.*, Norman to Schacht, 30 August 1926.
46 AGR, CM, 11 août 1926 ; BoE, OV88/43, Gilbert to Norman, 14 August 1926.
47 Barings, Belgique, Réunion, 3 septembre 1926.
48 BoE, OV88/43, Whigham to JP Morgan & Co, 7 September 1926.
49 AhBdF, 1370200004AR8, Réunion entre Francqui et Herbette, 9 septembre 1926 ; Émile Moreau, *Souvenirs d'un Gouverneur de la Banque de France. Histoire de la stabilisation du Franc 1926-1928*, Paris, Génin, 1954, p. 98.

international comprenant des crédits des banques centrales[50]. Mais Francqui estime ne pouvoir réformer la BNB et licencier Hautain que s'il a l'assurance d'avoir un emprunt, puisque les nouveaux statuts énonceront le retour du franc belge dans le système de l'étalon-or. Il refuse de répéter l'erreur de Janssen et de procéder sans avoir de promesse écrite de Norman et Strong. Comme les deux gouverneurs de la Banque d'Angleterre et de la RFNY ne veulent finaliser les négociations qu'avec un nouveau représentant de la BNB, puisqu'il s'agira d'une stricte opération entre banques centrales, Francqui se trouve dans une impasse, qui le pousse au bord du *burnout* fin septembre, après avoir déjà subi une crise cardiaque en juillet[51]. La solution ne vient que lorsque Hautain accepte de démissionner de bonne grâce et est aussitôt remplacé par l'avocat d'affaires, député libéral et ancien ministre des Colonies, Louis Franck[52].

Dans les semaines qui suivent, les décrets belges nécessaires à l'emprunt sont préparés : la BNB maintient sa réserve d'or à 50 % de la circulation monétaire et une nouvelle unité de cinq francs remboursable en or (appelée Belga) constitue la base de toutes les cotations de change, ce qui permet de stabiliser le franc (désormais seulement utilisé en Belgique) à 175 FB par livre, soit la valeur de change des actions de la SNCB. Le 23 octobre, un emprunt international de 100 millions de dollars à échéance de trente ans est signé à Londres, sous l'auspice de la Banque d'Angleterre[53]. À court terme, la stabilisation du franc à une valeur cinq fois inférieure à celle d'avant-guerre est suivie d'un *boom* des exportations et d'une forte croissance économique jusqu'en 1930. Le départ, en 1927, des socialistes de la coalition au pouvoir offre l'occasion aux catholiques et aux libéraux d'aller un cran plus loin dans un retour à l'ordre bourgeois d'avant-guerre, notamment en supprimant totalement la supertaxe à taux progressifs sur les hauts revenus.

* * *

En étudiant l'ingérence des banques centrales dans les affaires belges, cette contribution sert de cas d'étude pour l'application de deux grandes expériences de l'entre-deux-guerres par les institutions de la gouvernance économique mondiale naissante : l'imposition de l'austérité en échange de prêts et l'imposition d'une banque centrale indépendante[54]. Le cas belge possède toutefois un caractère spécial : l'ingérence anglo-américaine s'est appliquée à un pays d'Europe occidentale avec un empire colonial, faisant partie des vainqueurs de la guerre, dont le gouvernement avait l'illusion d'une coopération équitable entre *gentlemen*. Aux yeux de Norman et Strong, leur aide a permis de réaliser pour la première fois leur souhait d'une coopération autonome entre banques centrales pour progresser vers le rétablissement du système monétaire international. Leur intervention en Belgique était toutefois déficiente. Dans un premier temps,

**50** BoE, OV88/43, Meeting, 20 September 1926.
**51** *Ibid.*, Francqui to Norman, 22 September 1926.
**52** AGR, CM, 27 septembre 1926.
**53** BoE, OV88/44, Franck to Norman, 19 October 1926.
**54** Martin, *The Meddlers, op. cit.*, p. 249.

Norman et Strong n'ont tenu compte ni de l'interdépendance entre les monnaies belge et française, ni des réalités politiques belges. Janssen, et Francqui après lui, avaient besoin de l'ingérence étrangère pour justifier des politiques monétaires et fiscales beaucoup plus orthodoxes. À la différence de Francqui, Janssen devait toutefois travailler dans un gouvernement au sein duquel les socialistes avaient la haute main et étaient loin de voir d'un bon œil l'interférence étrangère. C'est là que réside l'explication du manque de confiance des banquiers britanniques et américains. Janssen a commis trois erreurs tragiques dues à l'impossibilité de satisfaire à la fois les banquiers et les socialistes, deux forces antagonistes. En octobre 1925, il vend à l'opinion publique belge l'idée d'un *gentlemen's agreement*, qui n'existe pas, afin d'apaiser l'opposition et les socialistes. En janvier 1926, il prend de mauvaises décisions monétaires dans le dos des banquiers étrangers qui sont convenus très tôt qu'un emprunt à long terme était impossible et ont modifié leurs conditions pour éviter que les Belges ne fassent d'autres opérations sans leur supervision. Enfin, Janssen attend mars 1926 pour informer les banquiers belges, indispensables à la stabilisation mais fortement opposés à sa politique fiscale, des nouvelles conditions d'un prêt étranger. Si Norman et Strong ne sont pas directement responsables de l'échec du plan Janssen, leur méconnaissance des réalités politiques belges les a empêchés de comprendre que ce plan était voué à l'échec à cause de leur intransigeance. Loin de faire leur auto-critique, ils en ont rejeté la faute sur Janssen et Hautain. Ainsi s'exprime Leffingwell, au lendemain de la crise de mars 1926 :

> Janssen m'a raconté que Niemeyer ou Salter ou quelqu'un [à la SDN] lui avait dit que lorsqu'il devint ministre des Finances, il devrait devenir son propre Commissaire général, en référence bien sûr aux Commissaires généraux en Autriche et Hongrie. J'ai peur que cette histoire pointe vers une morale et que Janssen s'y soit pris trop sérieusement en supposant que le ministre des Finances dans un régime parlementaire de l'une des nations victorieuses pouvait effectivement jouer le rôle de Commissaire général imposé par un pouvoir étranger sur un ennemi vaincu[55].

Le succès du deuxième plan de stabilisation est dû à deux ingrédients : une nouvelle coalition comprenant les conservateurs catholiques et les libéraux, dans laquelle Francqui pouvait ignorer toute opposition de la gauche parlementaire, et une situation beaucoup plus stable en France. En conséquence de l'interférence anglo-américaine pour imposer l'orthodoxie fiscale et l'indépendance de la BNB, les conservateurs catholiques et les libéraux retournent au pouvoir, tandis que les socialistes sont considérablement affaiblis. Après 1927, ces derniers mettent huit ans à revenir dans un gouvernement de coalition. Le récit économique d'une conspiration bancaire internationale a profondément influencé leur rhétorique politique au cours de la décennie suivante, en particulier dans les écrits et les discours du principal idéologue du parti, Henri de Man, qui s'est vivement

**55** Harvard, Lamont, Série II : Leffingwell, Leffingwell to Lamont, 16 March 1926.

opposé à l'influence néfaste du capitalisme international et dont les théories sur le planisme ont grandement influencé la social-démocratie d'Europe occidentale[56].

**56** T. Milani, *Hendrik de Man and social democracy: The idea of Planning in Western Europe, 1914-1940*, Palgrave Macmillan, 2020, p. 224.

Chapitre 9

# Fascisme et Banque d'Italie : synergies, compromis et conflits dans le cas du crédit industriel

**Marianna Astore**
Université de l'Insubrie (Italie)
Collège Nuffield (Oxford University)

**Mario Perugini**
Université de Catane (Italie)

## LA BANQUE CENTRALE ET LA POLITIQUE : UNE RELATION EN CONSTANTE ÉVOLUTION

Déjà dans un pamphlet publié en 1824 – *Plan for the Establishment of a National Bank* –, David Ricardo avait mis l'accent sur la subordination de la Banque d'Angleterre au pouvoir exécutif[1]. Près d'un siècle plus tard, en 1921, Montagu Norman publiait un véritable manifeste normatif sur la banque centrale, dans lequel il soulignait que, pour mériter cette appellation, une banque centrale devait notamment posséder une caractéristique essentielle : l'autonomie vis-à-vis de son gouvernement[2]. Toutefois, la réflexion sur ces thèmes s'est principalement développée à partir des années soixante et, plus encore, soixante-dix du XX^e^ siècle, lorsque la stagflation conduisit la théorie économique à remettre en question les politiques monétaires traditionnellement orientées par les exigences des finances publiques (ce que l'on appelle *fiscal dominance*). Dans un texte de 1962, Milton Friedman souligna en effet qu'une banque centrale devait être organisée de manière à poursuivre « (...) un objectif de politique monétaire stable dans le

1 David. Ricardo, *Plan for the Establishment of a National Bank*, London, John Murray, 1824.
2 Le texte de Norman apparaît après la conférence de Bruxelles de 1920, où le banquier central britannique fut l'un des principaux défenseurs de cette position. Sur ce point et les résultats de la conférence, voir Gianni Toniolo dans *Storia della Banca d'Italia*, vol. I. *Formazione ed evoluzione di una banca centrale, 1893-1943*, Bologna, il Mulino, 2022, p. 346 et *sq*.

**ABSTRACT**
Created in 1914, the *Consorzio per Sovvenzioni su Valori Industriali* (CSVI) was initially conceived as a financial instrument to support industrial credit. Closely tied to the Bank of Italy, it gradually evolved into a key tool for aligning industrial intervention with the political priorities of the fascist regime, particularly in sectors such as armament and heavy industry. Despite this transformation during the interwar period, the Bank of Italy sought to preserve its institutional autonomy while directing the CSVI to fulfill its original mission of supporting industrial development. This article examines the evolution of the CSVI from a technical institution to a vehicle for political intervention, situating it within the broader relationship between the Bank of Italy, the fascist government, and the regime's economic policies.

**RÉSUMÉ**
Créé en 1914, le *Consorzio per Sovvenzioni su Valori Industriali* (CSVI) fut initialement conçu comme un instrument financier destiné à soutenir le crédit industriel. Étroitement lié à la Banque d'Italie, il a progressivement évolué pour devenir un outil clé alignant l'intervention industrielle sur les priorités politiques du régime fasciste, notamment dans des secteurs tels que l'armement et l'industrie lourde. Malgré cette transformation durant l'entre-deux-guerres, la Banque d'Italie s'efforça de préserver son autonomie institutionnelle tout en orientant le CSVI vers sa mission initiale de soutien au développement industriel. Cette contribution examine l'évolution du CSVI, d'une institution technique à un vecteur d'intervention politique, en la situant dans le cadre plus large des relations entre la Banque d'Italie, le gouvernement fasciste et les politiques économiques du régime.

JEL: **N14, N24, E58**
Key words: **Fascism, Bank of Italy, central banks, industrial credit, State intervention in industry, Bonaldo Stringher**
Mots-clés: **Fascisme, Banque d'Italie, banques centrales, crédit industriel, intervention publique dans l'industrie, Bonaldo Stringher**

temps et à être à l'abri des manipulations irresponsables du gouvernement »[3]. Quelques années plus tard, cette réflexion théorique s'enrichit grâce aux travaux fondamentaux de Barro, Gordon, Lucas et Sargent, qui mirent en évidence que les décideurs politiques, soumis aux élections, étaient souvent tentés d'exploiter le compromis à court terme entre croissance et inflation, au détriment des coûts à long terme[4].

Pour éviter le risque d'un biais inflationniste (*inflation bias*), la solution fut trouvée dans l'établissement d'une banque centrale indépendante, dont le mandat était principalement axé sur la stabilité des prix. Cette orientation conduisit, au cours des trente à quarante dernières années, à accorder à la plupart des banques centrales des économies avancées une autonomie dans la conduite de leurs politiques monétaires. Cependant, la crise financière de 2008, suivie par la pandémie de Covid-19, a profondément remis en question ce cadre. Dans de nombreux pays, les banques centrales ont été chargées de mettre en œuvre des mesures de politique monétaire « non conventionnelles ». Ces dernières années,

3 Milton Friedman, "Should There Be an Independent Monetary Authority?", in Leland B. Yeager (Ed.), *In Search of a Monetary Constitution*, Harvard University Press, Cambridge, Massachusetts, 1962, p. 224. Dans la version originale, Friedman parle de "(...) an objective of a monetary structure that is both stable and free from irresponsible government tinkering".

4 Pour une brève réflexion sur le thème de l'indépendance des banques centrales dans la théorie et dans l'histoire, voir Salvatore Rossi, *Politica monetaria e indipendenza delle banche centrali: l'esperienza della Banca Centrale Europea nella crisi globale. Intervention du Directeur général de la Banque d'Italie*, Université de Vérone, Complexe universitaire de Vicence, 19 novembre 2014, p. 2-3, disponible en ligne: <https://www.bancaditalia.it/media/notizia/politica-monetaria-e-indipendenza-delle-banche-centrali-intervento-di-salvatore-rossi/>. Voir également, entre autres, Robert J. Barro et David B. Gordon, "Rules, Discretion, and Reputation *in* a Model of Monetary Policy", *Journal of Monetary Economics*, Vol. 12, No. 1, 1983, p. 101–121.

leurs missions se sont considérablement élargies au-delà de la politique monétaire « orthodoxe », avec notamment l'utilisation d'une variété d'outils tels que le *quantitative easing*, les prêts ciblés et les *swaps*, dont plusieurs pratiques ont été redécouvertes à partir d'expériences antérieures. En outre, un rôle de plus en plus stratégique se dessine pour ces institutions dans des domaines tels que la transition écologique ou la création de monnaies numériques émises par les banques centrales (CBDCs ou *Central Bank Digital Currencies*). Tout cela suscite un vaste débat sur les missions, les pouvoirs et les limites des banques centrales, ainsi que sur leur relation avec la démocratie[5]. Bien que ce débat dépasse le cadre de cette contribution, il met en lumière de nouvelles responsabilités institutionnelles spécifiques aux banques centrales et, plus largement, pose la question du lien qui devrait exister entre ces institutions et les gouvernements. Bien qu'aujourd'hui (2025) l'indépendance des banques centrales soit encore associée par la majorité des économistes à la nécessité de leur autonomie pour prévenir les biais inflationnistes liés aux cycles électoraux, le concept même d'indépendance a connu une évolution sous des formes variées au fil du temps. Dans cette perspective, on se propose d'analyser la relation entre la Banque d'Italie et le régime fasciste, en mettant particulièrement en lumière le rôle de la banque centrale dans les interventions industrielles durant l'entre-deux-guerres. L'objectif est d'étudier à la fois la relation avec la politique – en particulier avec le ministère des Finances et le gouvernement – et celle avec les politiques publiques de sauvetage bancaire et industriel, ainsi que la construction d'un système de crédit industriel, en examinant l'implication directe et la contribution de la Banque d'Italie dans ce processus. On s'attelle d'abord à l'institution du *Consorzio per Sovvenzioni su Valori Industriali* (CSVI), un instrument financier utilisé par la Banque d'Italie pour intervenir dans le crédit industriel à moyen terme. Ensuite, on reconstruit certaines des principales opérations du *Consorzio* dans les années vingt, notamment l'intervention du CSVI dans le financement de l'industrie de l'armement et de l'automobile. Puis, on se concentre sur la Section autonome du CSVI, créée lors de la crise bancaire de l'après-guerre, et qui joua un rôle de « guichet » de la Banque d'Italie pour la gestion des sauvetages bancaires et industriels entre 1922 et 1926. Enfin, on explore le rôle du CSVI après la crise de 1929, en mettant particulièrement en lumière sa contribution au financement des politiques autarciques et militaires. L'analyse portera particulièrement sur des cas spécifiques d'interventions impliquant les dirigeants de la banque centrale, le gouvernement et les principaux groupes industriels du pays. L'évolution du rapport entre le CSVI et la politique pendant l'entre-deux-guerres reflète une trajectoire marquée par une implication croissante des priorités étatiques dans les mécanismes de financement industriel. Initialement conçu comme un outil technique pour soutenir l'industrie dans des moments de crise, le CSVI a progressivement vu sa fonction se transformer sous la pression des politiques publiques, notamment celles dictées par le régime fasciste au service de l'autarcie et des préparatifs militaires. Cette évolution a conduit à une perte progressive de l'autonomie technique de la Banque

5 Voir récemment Eric Monnet, *La Banque Providence. Démocratiser les banques centrales et la monnaie*, Paris, Seuil, 2021, 108 p.

d'Italie, les décisions, à la veille et pendant la Seconde Guerre mondiale, étant désormais orientées par des objectifs proprement politiques.

## LE CSVI : UN PILIER DU FINANCEMENT INDUSTRIEL EN ITALIE

La thèse, selon laquelle les économies en retard doivent, pour activer les processus d'industrialisation et de croissance, utiliser des institutions particulières, alternatives et complémentaires à l'initiative privée, trouve un exemple particulièrement efficace dans le cas italien[6].

Entre la fin du XIX<sup>e</sup> siècle et la Première Guerre mondiale, le modèle de banque universelle semblait répondre aux besoins de capitaux et services financiers des entreprises nationales, qui demandaient des investissements élevés et des technologies modernes. Cependant, pour les autorités monétaires engagées dans une action complexe d'ajustement au sein d'un système international dominé par l'étalon-or, la banque mixte tendait à provoquer trop souvent des tensions pour la stabilité du système, nécessitant des interventions de liquidité en contradiction avec l'objectif de rattacher le pays à l'étalon-or. Le manque d'intégration avec le marché financier constituait une autre faiblesse de la variante italienne de la « banque à l'allemande ». Après la crise financière internationale de 1907, qui accentua le contraste entre les besoins de liquidité et d'accès aux marchés internationaux imposés par le modèle de banque universelle et les objectifs de politique monétaire visant la stabilisation de la lire et de la dette publique, la banque mixte commença à être perçue comme un facteur d'instabilité systémique par les dirigeants de la Banque d'Italie. Cette dernière contribua de manière significative à lancer un processus visant à créer un modèle alternatif d'organisation des institutions financières, axé sur le principe de spécialisation des intermédiaires et le développement du marché des obligations[7]. La pierre angulaire de ce nouveau modèle d'intermédiation financière fut posée en 1914 avec la fondation *du Consorzio per Sovvenzioni su Valori Industriali* (CSVI) et, en 1922, avec l'institution de sa section autonome[8].

Cependant, les premières bases d'un modèle de crédit industriel centré sur le rôle des institutions publiques ne sont pas une caractéristique exclusive de la période entre les deux guerres, mais remontent à la période suivant immédiatement la crise de 1907. Jusqu'à cette crise, le système bancaire italien avait toujours abordé la question du crédit à l'industrie de manière fragmentaire et occasionnelle. Dès 1907, la Banque d'Italie avait créé une réserve extraordinaire d'une valeur de dix millions de lires, destinée à faire face à des « événements exceptionnels ». Cette réserve représentait le premier instrument institutionnel conçu pour « (...) répondre aux besoins de l'économie nationale et aux éven-

6 Voir Alexander Gershenkron, *Il problema storico dell'arretratezza economica*, Torino, Einaudi, 1974.

7 Giangiacomo Nardozzi et Giandomenico Piluso, *Il sistema finanziario e la borsa*, Roma-Bari, Laterza, 2010.

8 Voir *infra*, 4<sup>e</sup> partie.

tuelles exigences de l'État »[9]. En 1911, en outre, la Banque d'Italie intervint en soutien à l'industrie sidérurgique avec la naissance du *trust* sidérurgique Ilva[10]. Cette période fut, pour la future banque centrale, une phase d'intense réflexion, d'expérimentation concrète et d'évaluation globale des solutions techniques et institutionnelles adoptées, dans un dialogue étroit avec les gouvernements et l'administration de l'État[11].

La littérature internationale a unanimement souligné que, pour de nombreux pays, la Grande Guerre a représenté un tournant crucial en termes d'intégration entre banques centrales et gouvernements nationaux[12]. Ce fut également le cas pour l'Italie, où les événements de la Grande Guerre agissaient comme un catalyseur pour la création du CSVI, destiné à devenir, grâce au rôle central du principal institut d'émission du pays, un pilier fondamental du financement industriel durant l'entre-deux-guerres. Créé à la fin de 1914, avec un capital de 25 millions de lires auquel participaient la Banque d'Italie, les deux autres banques d'émission (le *Banco di Napoli* et le *Banco di Sicilia*), ainsi que les plus grandes caisses d'épargne et les principaux instituts de crédit privés, le *Consorzio* avait pour objectif de soutenir l'industrie de guerre en accordant des avances sur titres industriels et en escomptant des lettres de change *via* son propre capital et le réescompte auprès des banques d'émission[13]. Le mécanisme de financement prévoyait le réescompte de lettres de change industrielles à un taux inférieur de 1,5% au taux normal, permettant ainsi aux banques d'émission de fournir *de facto* des financements à long terme à l'industrie, en contournant la règle qui les obligeait à n'escompter que des lettres de change à deux signatures[14].

Opérationnellement, le CSVI utilisait le personnel et les infrastructures de la Banque d'Italie, dont le directeur général[15], Bonaldo Stringher, était statutairement le président. En 1926, lorsque la Banque d'Italie devint le seul institut émetteur de monnaie, elle resta le seul membre dans le capital du *Consorzio*. Bien qu'il ait été créé dans le contexte de l'économie de guerre en tant qu'organisme exceptionnel et temporaire destiné à répondre aux besoins en capital des entreprises et industries travaillant pour l'État, le *Consorzio* ne joua qu'un rôle limité durant le conflit. Cependant, son activité s'intensifia considérablement

9 Exposé financier du ministre du Trésor Paolo Carcano, séance du 11 décembre 1908, publié dans Franco Bonelli (dir.), *La Banca d'Italia dal 1894 al 1913. Momenti della formazione di una banca centrale*, Laterza, Roma-Bari, 1991, p. 268.

10 Isabella Cerioni, *La Banca d'Italia e il Consorzio Siderurgico. Fonti per la storia della siderurgia in età giolittiana nelle carte dell'Archivio della Banca d'Italia*, Roma, Quaderni dell'Ufficio Ricerche Storiche, 2001.

11 Sur cette phase, voir Marianna Astore et Mario Perugini, "La Banca d'Italia nell'era del nation-building: alle origini dell'intervento industriale (1907-1913)", *Storia e problemi contemporanei*, No. 94, 2023.

12 Voir, parmi les contributions les plus récentes, Olivier Feiertag et Michel Margairaz (dir.), *Les banques centrales pendant la Grande Guerre*, Paris, Presses de Sciences Po, 2019.

13 Gianni Toniolo, *La Banca d'Italia e l'economia di guerra*, Roma-Bari, Laterza, 1989, p. 29. Le capital initial de 25 millions de lires fut porté à 35 millions en 1915 à 125 millions en 1922 et, enfin, à 200 millions en 1935. Les données proviennent des Archives historiques de la Banque d'Italie (ASBI), Carte Baffi, Servizio Studi, doc., n. 58, dossier 6, p. 14.

14 En pratique, les entreprises industrielles pouvaient escompter leurs lettres de change, garanties par le dépôt d'actions ou d'obligations, auprès du *Consorzio*, qui se refinançait alors auprès les banques d'émission, ajoutant sa propre signature aux lettres de change industrielles, ce qui les rendait officiellement acceptables pour l'escompte. Gianni Toniolo, *Storia della Banca d'Italia. Tomo I. Formazione ed evoluzione di una banca centrale, 1893-1943*, Bologna, il Mulino, 2022, p. 296.

15 Le titre de gouverneur de la Banque d'Italie ne fut institué qu'en 1928.

dans les difficiles années de l'après-guerre, marquées par une forte augmentation des opérations, avant que certaines fonctions ne soient transférées à la nouvelle Section autonome. Initialement conçu comme une « réserve secondaire » de crédit pour pallier les insuffisances des financements des banques mixtes ou soutenir des entreprises industrielles viables mais vulnérables à certaines phases du cycle économique, le CSVI, après l'urgence du soutien au marché des titres privés au début du conflit, concentra ses efforts sur les besoins de reconversion industrielle de l'après-guerre, en mettant l'accent sur le financement à moyen terme des entreprises.

## LES FINANCEMENT DE L'INDUSTRIE AUTOMOBILE ET DE L'ARMEMENT

Un exemple significatif de l'intervention du CSVI pour soutenir une grande entreprise industrielle est celui de Fiat à l'été 1921. La société, confrontée à la crise du marché automobile mondial et aux coûts élevés liés à sa reconversion industrielle post-guerre – notamment le transfert des activités vers la nouvelle usine fordiste du « *Lingotto* » –, avait obtenu du CSVI une ligne de crédit initiale de 25 millions de lires en 1920. Cependant, en 1921, Fiat soumit une demande de financement supplémentaire de 80 millions de lires. Giovanni Agnelli, président de l'entreprise, insista sur l'importance de ce soutien, arguant du fait que les institutions bancaires ordinaires ne pouvaient répondre à ces besoins exceptionnels et que des taux d'intérêt trop élevés nuisaient à la compétitivité des produits[16].

Alberto Beneduce, alors ministre du Travail du gouvernement Bonomi et futur créateur de l'Institut pour la reconstruction industrielle (IRI), fondé en 1933, soutint également cette requête, soulignant l'importance stratégique de maintenir en activité une entreprise essentielle à l'industrie nationale, particulièrement dans un contexte de crise économique[17]. En août 1921, le Comité d'escompte de la succursale de Turin du CSVI approuva, le 16 août 1921, un prêt initial de 18 millions de lires à Fiat, suivi par 40 millions supplémentaires versés progressivement à partir de décembre 1923. Destinés à résoudre une crise de trésorerie, ces financements furent utilisés par Fiat pour restructurer sa dette et réduire les coûts bancaires à court terme. Bien que les passifs financiers de l'entreprise aient diminué de 245 millions à 151 millions entre 1921 et 1923, Fiat obtint en décembre 1923 un refinancement et une ligne de crédit supplémentaire, avec un remboursement final prolongé jusqu'au second semestre 1926[18].

L'exemple de Fiat illustre le rôle crucial du CSVI, non seulement dans le soutien aux grandes entreprises italiennes en difficulté, mais aussi dans la préservation de secteurs stratégiques de l'économie nationale pendant les années tumultueuses de l'entre-deux-guerres. Le secteur de l'armement et de la construction navale – un autre des secteurs industriels à forte intensité de capital gravement touché par

**16** ASBI, CSVI, Sede principale, pratiche, n. 688, dossier 8, p. 21.
**17** *Ibidem*, p. 56.
**18** *Ibid.*, p. 80 et 198.

la fin du *boom* des commandes militaires et par la reprise difficile de la demande du marché civil – sollicita également une intervention directe de la Banque d'Italie à travers le CSVI. Entre 1919 et 1926, le volume des crédits accordés au secteur maritime par le CSVI ne cessa d'augmenter, atteignant 194,7 millions de lires en 1926, soit près d'un tiers des investissements totaux du *Consorzio*[19]. Les priorités gouvernementales en matière de financement se concentraient sur la reconstitution de la flotte détruite pendant la guerre, ainsi que sur son renforcement stratégique. Comme pour Fiat, les armateurs italiens essayèrent à plusieurs reprises de faire pression sur la banque centrale, utilisant toutes les armes de pression « politique » à leur disposition[20]. Parmi celles-ci, l'une des plus couramment employées était la menace de diriger les achats de nouveaux navires vers l'étranger. Par exemple, en 1924, l'Union des constructeurs navals italiens (UCNI) demanda au ministre des Communications, Costanzo Ciano, d'intervenir auprès du CSVI pour garantir des conditions de crédit similaires à celles proposées au Royaume-Uni par le *Trade Facilities Act*, loi promulguée en 1921 et qui offrait des prêts à taux préférentiel d'une durée de dix ans aux entrepreneurs, quelle que soit leur nationalité, commandant des navires dans les chantiers britanniques. En parallèle, la menace d'une hausse significative du chômage fut largement exploitée pour convaincre les autorités. En 1923, la famille Cosulich, originaire de Trieste et propriétaire de l'un des plus puissants groupes de construction navale et d'armement du pays[21], sollicita un financement auprès du CSVI pour le *Cantiere Navale Triestino* (CTN) de Monfalcone, dans la Vénétie Julienne. La position dominante du groupe Cosulich – qui contrôlait à la fois le CTN et la Société *Triestina di Navigazione* (STN), l'une des plus grandes compagnies maritimes italiennes, lui permit d'accéder de manière privilégiée aux financements du CSVI. Confrontés aux réticences de Stringher et des dirigeants de la Banque d'Italie, les Cosulich avancèrent plusieurs arguments pour exercer une pression, insistant notamment sur la préservation d'environ 2 000 emplois à Monfalcone comme condition essentielle à l'obtention du financement sollicité. Les armateurs s'appuyèrent également sur des arguments nationalistes, tels que la nécessité de renforcer l'intégration des nouveaux territoires annexés après la guerre. Dans plusieurs cas, les Cosulich firent appel directement à Mussolini pour débloquer des crédits. Ce fut notamment le cas en 1928, lorsqu'ils sollicitèrent un financement pour la construction de quatre navires à Monfalcone, destinés à des entreprises britanniques. Le Duce intervint alors auprès du ministre des Finances, Giuseppe Volpi – défenseur des intérêts industriels – pour insister sur l'importance stratégique de soutenir cette initiative, jugée cruciale pour les chantiers italiens[22].

**19** Roberto Giulianelli, "Tra legittime richieste e aperti ricatti. Gli imprenditori del mare, Stringher e Beneduce", *Studi storici*, No. 4, 2020, p. 851-872, auquel on renvoie pour l'analyse de l'intervention du CSVI dans le financement de l'industrie de l'armement.

**20** *Ibidem*.

**21** Voir « Mario Barsali, Cosulich, famiglia», *Dizionario Biografico degli Italiani*, Vol. XXX, Roma, Istituto della Enciclopedia Italiana, 1984, à l'entrée correspondante.

**22** Volpi adopta une position ferme en faveur du soutien à l'industrie nationale, insistant sur le fait que l'industrie navale italienne, bien qu'excellente techniquement, était pénalisée par un système de crédit inadéquat, ce qui compromettait sa compétitivité et par conséquent l'économie nationale. Il avertit également des graves conséquences

Comme dans le cas de l'industrie automobile, la Banque d'Italie chercha également à maintenir son autonomie vis-à-vis du régime dans le secteur maritime, tout en engageant le CSVI à poursuivre ses objectifs de soutien à l'industrie, une mission qui représentait sa fonction institutionnelle. Elle exerçait non seulement un rôle central dans la politique du crédit – et, à ce titre, agissait comme un acteur politique – mais était également un acteur public. Banque à actionnariat privé, elle devait rendre des comptes à ses actionnaires tout en s'efforçant de bâtir une réputation crédible auprès du public. Cette double responsabilité expliquait ses préoccupations face au risque d'une exposition financière excessive, perçue comme une menace pour sa crédibilité et son image institutionnelle. Cette préoccupation ressort avec une clarté particulière en 1922, au moment de la création de la Section autonome du CSVI. À cette occasion, Stringher, en mettant en garde contre le risque de transformer la Banque d'Italie en « un dépôt de chiffons », veilla particulièrement à garantir le respect de la politique de crédit du CSVI, en termes de garanties et de durée des crédits accordés, et des procédures techniques encadrant les actions du *Consorzio*. Malgré cela, dans les deux secteurs analysés, celui de l'industrie de l'armement et celui de la construction navale, le CSVI fut contraint d'accorder une grande partie des financements sollicités. Cependant, il réussit à imposer des restrictions significatives en réduisant la durée et les montants des crédits par rapport aux demandes initiales, souvent exagérément élevées. Néanmoins, les besoins financiers liés à la reconversion industrielle de l'après-guerre, ainsi que l'augmentation des sollicitations des grandes entreprises italiennes auprès de la Banque d'Italie, entraînèrent une inévitable expansion du rôle et des activités du CSVI, conduisant à la création de sa Section autonome.

## LES SAUVETAGES DES PREMIÈRES ANNÉES 1920 ET LA CRÉATION DE LA SECTION AUTONOME DU CSVI

Au début des années 1920, la crise économique et les faillites bancaires consécutives à la fin de la guerre imposèrent des interventions significatives dans le domaine du crédit industriel en Italie.

La première banque touchée par la crise fut la *Banca italiana di Sconto* (BIS), créée en 1914 comme une alternative à la *Banca commerciale italiana* (COMIT), alors perçue comme influencée par des intérêts allemands. Contrôlée par le groupe mécanique Ansaldo, la BIS connut une expansion rapide durant la guerre, mais sa croissance désordonnée, marquée par des participations financières excessives et une gestion inefficace, finit par aggraver ses problèmes structurels[23].

sociales, soulignant que les chantiers navals de la Vénétie Julienne avaient déjà procédé à des licenciements massifs, avec la menace de nouvelles suppressions d'emplois si aucune solution de financement n'était trouvée (ASBI, CSVI, Sede principale, Pratiche, No. 319, dossier 1, Giuseppe Volpi à Bonaldo Stringher, Rome, 2 mai 1928). Sur Volpi, voir Luciano Segreto, "Giuseppe Volpi di Misurata al Ministero delle finanze: tecnocrate o politico?", *in* Piero Barucci, Piero Bini et Lucilla Conigliello, *Intellettuali e uomini di regime nell'Italia fascista*, Firenze, Firenze University Press, 2019, p. 13-39.

**23** Antonio Confalonieri, *Banche miste e grande industria in Italia (1914-1933),* Vol. 1, Miano, Banca commerciale italiana, 1994, p. 75.

En novembre 1921, face aux graves difficultés financières d'Ansaldo, fortement exposé à la BIS, la Banque d'Italie réunit un *consortium* incluant les principaux instituts d'émission et banques du pays (la COMIT, le *Credito italiano* e le Banco di Roma) pour gérer les créances liées à Ansaldo[24]. Parallèlement, il fut décidé qu'en raison de la situation de la BIS, ce serait le CSVI qui fournirait, avec les garanties nécessaires, les financements éventuels et temporaires aux entreprises du groupe Ansaldo.

Il devint rapidement évident que des solutions ordinaires ne suffiraient pas à résoudre la crise. En réponse, la Banque d'Italie créa en mars 1922 une Section spéciale autonome au sein du CSVI[25]. L'objectif de la Section était d'intervenir en faveur des banques en difficulté avec les moyens des instituts d'émission – eux-mêmes soutenus par l'État –, sans toutefois qu'une implication directe des instituts ou de l'État ne soit rendue explicite. La Section spéciale autonome fut conçue pour intervenir de manière indirecte, évitant toute implication explicite des instituts d'émission ou de l'État. Elle fonctionnait comme un mécanisme de transmission : d'un côté, elle apparaissait comme créancière directe des entreprises aidées, et de l'autre, comme débitrice envers les instituts d'émission qui avançaient les fonds nécessaires[26]. La Section autonome marqua une étape clé dans la politique économique de l'après-guerre et dans le développement d'un réseau public d'intermédiation financière, renforçant le rôle central des instituts d'émission – et surtout de la Banque d'Italie – dans le financement industriel. Les données montrent que les opérations de la Section passèrent d'environ 5 % de la circulation totale à 17,5 % en 1926, avec un pic de 22,5 % en 1924[27]. Ce volume d'activité illustre l'ampleur des interventions mises en œuvre par la Banque d'Italie pour faire face aux perturbations économiques majeures de cette période. Dans le même temps, la création de la Section autonome reflète l'engagement du gouvernement italien à stabiliser le système bancaire et industriel après la Première Guerre mondiale. Derrière les interventions de la Section, on retrouvait la « *longa manus* » de l'État, un élément qui rassurait les marchés bien plus que l'ajout technique d'un nouvel intermédiaire[28]. Cependant, Stringher s'inquiétait de la responsabilité directe que cette initiative impliquait pour la Banque d'Italie et exigea des garanties telles qu'une comptabilité séparée et une distinction nette entre les fonds de la Section autonome et ceux du CSVI ordinaire[29]. De toute évidence, le mécanisme de financement de la Section autonome reposait sur des moyens non conventionnels, permis par l'abandon de l'étalon-or après la guerre.

**24** Gianni Toniolo, *Storia della Banca d'Italia, op. cit.*, p. 361.

**25** Banca d'Italia, *Adunanza generale ordinaria degli azionisti, tenuta in Roma il giorno 30 marzo 1922*, Roma, Tipografia della Banca d'Italia, 1922.

**26** Pour un approfondissement, voir Alfredo Gigliobianco, « La Sezione speciale autonoma del Consorzio sovvenzioni per valori industriali », *in* Giuseppe Guarino et Gianni Toniolo (dir.), *La Banca d'Italia e il sistema bancario 1919-1936*, Roma-Bari, Laterza, 1993, p. 180-182.

**27** Marianna Astore et Mario Perugini, « La Banca d'Italia nel periodo fascista tra gruppi d'interesse e intervento industriale », *Studi storici*, No. 1, 2024, p. 66.

**28** L'implication de l'État devint cependant évidente avec l'utilisation d'une partie de la taxe de circulation pour couvrir les pertes de la Section. Alfredo Gigliobianco, "La Sezione speciale autonoma del Consorzio sovvenzioni per valori industriali", *op. cit.*, p. 174.

**29** Marianna Astore et Mario Perugini, *La Banca d'Italia nel periodo fascista tra gruppi d'interesse e intervento industriale*, art. cit., p. 68.

Ces interventions étaient toutefois critiquées pour leur caractère inflationniste, notamment par l'économiste Luigi Einaudi, qui dénonça publiquement leur impact sur les fluctuations monétaires et les taux de change[30]. À cela s'ajoutèrent des critiques politiques, en particulier de la part d'Alberto de Stefani, ministre des Finances, qui exprima ses préoccupations face à l'augmentation de la circulation monétaire causée par la Section autonome[31].

L'idée de liquider la Section et de transférer les pertes résiduelles à l'État conduisit à l'adoption, en mars 1925, d'une loi autorisant le ministère des Finances à rembourser les titres détenus par la Section autonome grâce à une émission de bons du Trésor à long terme. Cette mesure (R.D.L. 3 mars 1925, n.198) s'inscrivait dans une série d'actions entreprises par le ministre Stefani pour stabiliser la lire, fortement dépréciée au printemps 1925. Parmi ces actions figurait une hausse significative du taux d'escompte, mais qui provoqua en contrepartie une chute des cours boursiers. La vive opposition des industriels à la politique déflationniste menée par Stefani en qualité de ministre des Finances précipita la fin de son mandat. Il fut remplacé par Giuseppe Volpi, figure proche des milieux industriels, dont la nomination fut saluée par une reprise rapide des marchés financiers. Finalement, sous la pression des engagements internationaux liés au retour au *Gold standard*, la Section autonome fut dissoute en 1926 et remplacée par l'*Istituto di Liquidazioni*[32]. Ce dernier reprit les actifs et passifs de la Section, tout en bénéficiant d'une personnalité juridique propre, marquant une tentative de mettre fin à l'ère des sauvetages étatiques. Toutefois, malgré cette réorganisation, les interventions du CSVI et de *l'Istituto di Liquidazioni* se poursuivirent, en particulier dans des cas complexes comme celui du groupe Ansaldo. Entre 1922 et 1926, les opérations de sauvetage augmentèrent considérablement, et dans les années qui suivirent, les difficultés économiques, exacerbées par la crise de 1929, obligèrent ces institutions à jouer un rôle clé dans la préservation du tissu industriel italien.

## ENTRE L'AUTARCIE ET LA GUERRE : LE CSVI APRÈS LA CRISE DE 1929

Dans le cadre du système financier italien redéfini au début des années 1930, les fonctions des banques commerciales italiennes furent strictement limitées au crédit ordinaire à court terme. Cette restriction s'inscrivait dans une réorganisation plus vaste, qui visait à stabiliser et rationaliser les institutions financières du pays face aux crises bancaires récurrentes provoquées par la Grande Dépression.

**30** Luigi Einaudi, "Il delenda Carthago della politica monetaria italiana", *Corriere della Sera*, 14 juin 1925, repris ensuite dans Luigi Einaudi, *Cronache economiche e politiche di un trentennio (1893-1925)*, Vol. VIII, Torino, Einaudi, 1965, p. 319-324.

**31** En réponse, Stringher plaida pour un amortissement progressif des pertes et une utilisation prudente des liquidités excédentaires, réinvesties dans des bons du Trésor. Lettre de Stringher à De Stefani du 17 novembre 1924, citée dans Marina Comei, *La regolazione indiretta. Fascismo e interventismo economico alla fine degli anni Venti. L'Istituto di liquidazioni (1926-1932)*, Edizioni Scientifiche Italiane, Napoli, 1998, p. 23-24.

**32** Voir Marina Comei, *La regolazione indiretta. Fascismo e interventismo economico alla fine degli anni Venti. L'Istituto di liquidazioni (1926-1932), op. cit.*

Le financement à long terme des entreprises industrielles, auparavant confié aux banques commerciales, fut attribué à une nouvelle institution spécialisée : l'*Istituto Mobiliare Italiano* (IMI). Fondé en 1931, l'IMI joua un rôle clé en accordant des financements destinés principalement à la réorganisation et à l'expansion des infrastructures industrielles, dans le cadre d'une politique économique autarcique et interventionniste[33].

Alors que l'IMI était principalement orienté vers le financement à long terme, le CSVI assumait une double fonction : d'une part, soutenir la production industrielle à des fins civiles et militaires, et d'autre part, masquer les flux de financement public indirect provenant de la Banque d'Italie. Cette transformation institutionnelle atteignit son apogée avec la réforme bancaire de 1936, qui consacra formellement l'intégration du CSVI en tant que section autonome de l'IMI. Bien que juridiquement distinct et administrativement indépendant, le CSVI resta profondément lié à la Banque d'Italie, dont le gouverneur présidait simultanément les deux institutions. Cette double présidence, assurée par le gouverneur qui a succédé à Stringher, Vincenzo Azzolini, garantissait une cohérence stratégique entre les interventions publiques et les objectifs économiques du régime fasciste, notamment dans le contexte de la mobilisation pour la guerre d'Éthiopie et les préparatifs militaires de la seconde moitié des années 1930. Cela étant, la relation entre la Banque d'Italie et le CSVI resta profondément unique, marquée par une interdépendance structurelle. Cette connexion étroite se reflète dans le fait que la quasi-totalité des opérations du *Consorzio* dépendait directement des financements de la Banque d'Italie, qui couvrait environ 98 % de ses activités[34]. Toute séparation entre les deux entités aurait compromis la gestion et la viabilité même du CSVI, contrairement à l'IMI, qui n'était pas lié de manière aussi étroite à la Banque d'Italie. Dans ce cadre, le rôle du CSVI évolua rapidement, et l'institut commença une nouvelle série d'opérations dites « spéciales », destinées à financer des projets stratégiques définis par le régime. Bien que ces opérations fussent tenues comptablement séparées des activités ordinaires du CSVI, elles représentaient déjà 20 % des activités totales du *consortium* en 1936 et, durant le conflit, elles en constituèrent presque la totalité[35]. Cette évolution transforma le CSVI en un pilier du financement industriel sous le régime fasciste, bien au-delà de ses objectifs initiaux. En pratique, les opérations spéciales consistaient à escompter les effets du CSVI auprès de la Banque d'Italie en dehors des limites habituelles d'escompte, créant ainsi des créances « différées » à durée indéterminée vis-à-vis du Trésor, avec un mécanisme comparable à celui des *MEFO bisll* allemands[36].

**33** Sur le rôle de l'IMI pendant l'autarcie, voir Giovanni Farese, *Dare credito all'autarchia. L'IMI di Azzolini e il governo della economia negli anni Trenta,* Napoli, Editoriale Scientifica, 2009.

**34** Mémorandum de Niccolo Introna à Marcello Soleri concernant le CSVI et l'IMI, *in* Alberto Caracciolo, *La Banca d'Itala tra l'autarchia e la guerra 1936-1945*, Roma-Bari, Laterza, 1992, p. 388.

**35** Marianna Astore, Mario Perugini et Valerio Torregiani, "The Bank of Italy goes to war. Financing fascist warfare, 1935–1943", *in* V. Torreggiani, J.L. Cardoso (eds.), *Giving Credit to Dictatorship. Authoritarian Regimes and Financial Capitalism in Europe during the Twentieth Century*, London and New York, Routledge, 2025, p. 84-105.

**36** Dans le cas allemand, une entreprise produisant des armements ou d'autres biens pour l'État émettait une facture qui était envoyée à la Mefo (*Metallurgische Forschungsgesellschaft*), une société fictive gérée par du personnel de la banque centrale allemande et de l'armée allemande. Cette dernière ajoutait une seconde signature en guise de garantie et l'escomptait auprès de la *Reichsbank*. Avec la liquidité ainsi obtenue, la Mefo payait le fournisseur. Armin

Plus précisément, dans la seconde moitié des années 1930, le CSVI élargit ses interventions en incluant des financements pour des projets d'infrastructures publiques et des initiatives agricoles, telles que les bonifications dans le *Tavoliere delle Puglie*, par exemple. Parallèlement, le *consortium* continua de jouer un rôle crucial dans le financement d'industries stratégiques pour le régime, telles que la cinématographie nationale, perçue comme un outil de contrôle idéologique et culturel. Avec l'entrée en guerre, les financements se concentrèrent principalement sur les besoins militaires, et sur les secteurs stratégiques de l'industrie lourde, notamment la mécanique, la chimie et la métallurgie.

* * *

En conclusion, le CSVI, conçu au milieu des années vingt comme un instrument technique destiné à soutenir le financement industriel, a été progressivement intégré dans une logique politique par le régime fasciste, notamment après 1935. La transformation institutionnelle de 1936 et l'interdépendance croissante avec la Banque d'Italie ont fait du *consortium* un levier stratégique pour atteindre les objectifs militaires, autarciques et propagandistes définis par le régime. Dans ce contexte, le CSVI a conservé une place centrale, reflétant l'imbrication croissante entre les sphères économique et politique au sein de la structure financière italienne.

Haas, Friederike Reimer, Andrei Guter-Sandu, et Steffen Murau, "The Mefo Operation. A Macro-Financial Analysis of Camouflaged Sovereign Borrowing through Off-Balance-Sheet Fiscal Agencies, 1933-1945", *OBFA-TRANSFORM Working Paper*, No. 2, August 2024, disponible sur SSRN: <https://ssrn.com/abstract=4929301>.

Chapitre 10

# La Banque de France sous la tutelle allemande (1940-1944)

**Marcel Boldorf**
Université Lumière Lyon 2

Il existe déjà plusieurs études sur la politique de la Banque de France sous l'occupation allemande[1]. Cette contribution élargit la perspective en considérant le champ d'action des trois piliers de l'administration de surveillance allemande : le contrôle financier et bancaire au sein du *Militärbefehlshaber in Frankreich* (MBF), le commissaire auprès de la Banque de France ainsi que les *Reichskreditkassen* (RKK) en tant qu'instituts bancaires en France occupée. En arrière-plan, il convient de noter le rôle de la *Reichsbank*, qui envoie de nombreux délégués en France, et qui influence également certaines décisions importantes pendant l'Occupation. Le département économique du MBF est l'autorité la plus importante dans le territoire occupé. Le *Reichsbanksdirektor* Leopold Scheffler, chef du groupe Wi VIII chargé des banques et des assurances, a supervisé la mise en place des RKK lors de la campagne contre la France, puis la France. Son adjoint, le *Reichsbankdirektor* Paul Hahn, quitte la France à l'automne 1940, à la suite de sa promotion comme commissaire auprès de la banque centrale en Grèce occupée. En mai 1941, trois autres hauts fonctionnaires de la *Reichsbank* font partie du groupe MBF Wi VIII, dont les contacts avec la centrale de la *Reichsbank* à Berlin sont très étroits.

Le 8 juillet 1940, le MBF a nommé Carl Schäfer commissaire de la Banque de France[2]. Il est l'ancien président de la banque centrale de la ville libre de Danzig et a pour adjoint le *Reichsbankdirektor* Helmut Jost. Sa dotation en personnel est relativement faible : il ne dispose que d'un seul autre fonctionnaire spécialisé, le *Reichsbankdirektor* Voigt. Schäfer dirige aussi l'Office de surveillance des banques, dont font partie deux autres spécialistes des finances. Ces deux

1 Claire Andrieu, *La Banque sous l'Occupation. Paradoxes de l'histoire d'une profession 1936-1946*, Paris, Presses de la Fondation Nationale des Sciences Politiques, 1990, 331 p. ; Michel Margairaz (dir.), *Banques, Banque de France et Seconde Guerre mondiale*, Paris, Albin Michel/MHBF, 2002, 208 p. ; Filippo Occhino, Kim Oosterlinck et Eugene N. White, "How Much Can a Victor Force the Vanquished to Pay? France under the Nazi Boot", *Journal of Economic History*, Vol. 68, 2008, p. 1-45.

2 Archives Nationales (AN), AJ 40/822, Nomination du Commissaire auprès de la Banque de France, 8.7.1940.

ABSTRACT
The article gives an interpretation of financial policy in occupied France based on German sources. The military administration set up its own banking system, staffed by delegates form the *Reichsbank*. The central institution in Paris, the *Reichskreditkasse*, managed the exorbitant occupation costs. The German administration left it to the French authorities to reorganize the banking sector. During the first three years, the objectives of French and German monetary policy converged. It was only in the third year of occupation that the differences became apparent, as the German financial exploitation became more and more ruthless.

RÉSUMÉ
L'article donne une interprétation de la politique financière en France occupée, fondée sur des sources allemandes. L'administration militaire met en place son propre système bancaire, doté de délégués de la *Reichsbank*. L'institution centrale à Paris, la *Reichskreditkasse*, gère notamment les frais d'occupation exorbitants. L'administration militaire allemande laisse toutefois aux autorités françaises le soin de réorganiser le secteur bancaire. Au début, les objectifs de la politique monétaire allemande et française sont convergents. Ce n'est qu'après trois ans que les différences apparaissent clairement, car l'exploitation financière allemande devient de plus en plus impitoyable.

JEL: **N24**
Key words: **Treasury bills, monetary circulation, steering committee, control, credit, saving, public finance, occupancy costs, Banking Act(s), *Reichsbank*, *Reichskreditkasse* (RKK), hoarding**
Mots-clés: **bons du Trésor, circulation (monétaire), comité (d'organisation), contrôle, crédit, épargne, finances (publiques), frais d'occupation, loi(s) bancaire(s), *Reichsbank*, *Reichskreditkasse* (RKK), thésaurisation**

organisations sont intégrées dans l'administration militaire, mais ne dépendent pas du département économique du MBF. Le commissaire a insisté pour que ses collaborateurs aient le droit de porter des vêtements civils dans l'exercice de leurs fonctions[3]. Il souhaite que les usages bancaires soient respectés et que son service ne soit pas considéré comme un organe de contrôle militaire.

La *Reichskreditkasse* de Paris est l'institution bancaire centrale allemande en France occupée. Elle a son siège dans le quartier des banques à Paris, où de nombreuses institutions financières d'envergure nationale et internationale ont aussi le leur. Le directeur de la RKK, Werner Zimmer, également délégué par la *Reichsbank*, négocie d'abord avec le Crédit lyonnais afin d'occuper une partie de ses locaux bancaires[4]. Ce projet n'ayant pas abouti, les locaux de la *Lloyds & National Provincial Foreign Bank* (43 boulevard des Capucines), réquisitionnés par le commandant de la ville de Paris, sont occupés dès le 24 juin 1940.

## LES DITES « LOIS » BANCAIRES DE JUIN 1941 : GENÈSE ET CONSÉQUENCES

Sous la Troisième République, l'organisation du secteur bancaire français était libérale, de sorte qu'il n'y avait pas d'institutions de contrôle et de direction de l'État, comme d'autres pays l'avaient fait à la suite de la crise bancaire du début

3 AN, AJ 40/820, Lettre interne, Militärbefehlshaber *in* Frankreich (MBF) groupe Wi VIII au groupe Wi I, 28.11.1940.
4 AN, AJ 40/1132, Directeur de la RKK Paris à Jean Popelat, directeur du Crédit lyonnais, 27.6.1940.

des années 1930[5]. Cependant, de plus en plus de voix se sont élevées pour changer cela et l'occupation allemande a brusquement donné la possibilité d'y parvenir. En septembre 1940, un comité provisoire d'organisation, composé de représentants d'importantes banques privées, est mis en place. Celui-ci se consacre à l'élaboration d'une loi sur la réorganisation du système bancaire. Un changement important intervient alors : l'élaboration de la loi n'incombe pas à l'administration ou à la Banque de France, mais à une représentation professionnelle du secteur bancaire privé. Henri Ardant, président de la Société générale, deuxième banque privée française et ancien inspecteur des Finances, est nommé président. Trois autres grandes banques privées en sont membres : le Crédit lyonnais par son directeur général Édouard Escarra, la Banque de l'union parisienne par son président, Paul Bavière et le Comptoir national d'escompte de Paris également par son président, Alexandre Célier. Les banques plus petites sont représentées par René Varin-Bernier et Jacques de Boissieu, patrons de banques locales, respectivement à Bar-le-Duc (Meuse) et à Saint-Chamond (Loire). Le mode de désignation ne peut pas être clairement reconstitué : dans ses mémoires, le ministre des Finances Bouthillier suppose qu'Ardant a été choisi en raison de « l'étendue de sa culture, sa fermeté dans le concept et son autorité dans la réalisation »[6]. Il n'y a pas de preuve dans les archives d'une participation allemande à la sélection des membres du comité. Ardant avait déjà demandé un renforcement du dirigisme en décembre 1936, après la nationalisation de la Banque de France. Il voulait renforcer la discipline corporative dans le secteur bancaire et ramener les petits et moyens établissements de crédit à leur domaine d'action propre. La séparation des domaines d'activité des banques de dépôt et des banques d'affaires devait être affinée et la profession de banquier clairement délimitée. La concurrence devait être endiguée et les succursales non rentables fermées. Scheffler, en tant que directeur du groupe MBF Wi VIII, apprécie les idées d'Ardant : en août 1941, il déclare rétrospectivement que ce dernier est la « personnalité faisant autorité » dans le domaine bancaire, l'un des esprits les plus compétents du secteur[7].

Lorsque les premiers projets de loi bancaire sont présentés, l'accent est mis sur les pouvoirs du Comité provisoire vis-à-vis de la Banque de France. Ardant souhaite lui confier les principales fonctions de surveillance, notamment la tenue d'un registre des banques, sur la base duquel il serait décidé si une banque peut ou non accepter des dépôts à vue. Le Comité provisoire obtiendrait le droit de contrôler les comptes et les banques devraient lui transmettre les bilans établis selon un formulaire *standard*. Le projet ignore la fonction de surveillance bancaire de la Banque de France, à laquelle ne doit être laissé que le rôle de contrôle des comptes. Celle-ci s'oppose à ce projet, ce qui explique pourquoi son élaboration s'étale sur plusieurs mois. Le concept d'Ardant correspond certes à l'idée de corporatisme, mais les représentants de la banque centrale y voient un « soviet », un comité central qui donne tous les droits aux banques dirigeantes et néglige

5 Peter Lammerskitten, *Das französische Bankwesen. Struktur und Strukturwandlungen*, Wiesbaden, Gabler, 1967, p. 40 ; Yves Bouthillier, *Le drame de Vichy, vol. 2 : Finances sous la contrainte*, Paris, Plon, 1951, p. 298.

6 Yves Bouthillier, *Le drame de Vichy,* vol. 2, *op. cit.*, p. 304.

7 AN, AJ 40/833, fol. 124, Rapport de Scheffler au directoire de la *Reichsbank* Berlin, 11.8.1941.

ceux de la collectivité[8]. Cette forte réaction conduit Ardant à revoir son projet et à proposer une surveillance bancaire avec deux éléments : d'un côté, le comité existant doit poursuivre son travail en tant que Comité permanent d'organisation professionnelle des banques. Il reçoit le droit d'autoriser les banques à faire des affaires et réglemente la profession de banquier. De l'autre côté, une Commission de contrôle des banques est mise en place. Cette commission tripartite est composée du gouverneur de la Banque de France, qui la préside, du directeur du Trésor et du président du Comité permanent d'organisation. Elle ne doit exercer aucune influence sur l'agrément des banques, mais elle est dotée d'une fonction consultative en matière de réglementation des banques et d'un droit de contrôler les bilans. Le transfert de cette dernière fonction est inévitable, car les banquiers du Comité ne peuvent être chargés du contrôle de la comptabilité de leurs concurrents[9]. La Banque de France peut encore exercer partiellement son droit de contrôle bancaire par le biais de la vérification des bilans. Cette répartition des compétences s'impose ensuite dans les dites « lois » bancaires des 13 et 14 juin 1941. La genèse de la législation montre que le côté français a pu y travailler sans être dérangé et que les occupants n'ont pas joué un rôle d'initiateur[10]. Même après avoir examiné la traduction des lois, les services allemands n'ont rien trouvé à redire à leur formulation. Confiant dans la loyauté d'Ardant, Scheffler s'efforce de renforcer la position de celui-ci face aux concurrents d'autres banques. Il cherche à réduire l'influence des grandes banques françaises, qui ne sont pas toujours favorables aux intérêts allemands[11]. En conséquence, la composition du comité est modifiée, sans qu'Ardant ne perde sa présidence. Le ministre des Finances Bouthillier propose quatre nouveaux membres : Justin Bellon, directeur général de la Société lyonnaise de dépôts et de crédit industriel, René Fabry, administrateur de la Compagnie algérienne, Jules Joire, associé de la Banque roubaisienne du même nom, ainsi que – dans le respect de la continuité familiale – Charles-Albert de Boissieu, président de la Banque des pays du Nord[12]. Ce dernier représente aussi l'industrie lourde, puisqu'il est issu du groupe Schneider du Creusot. Certainement pour contenter Ardant, les trois autres grandes banques – le Crédit lyonnais, la Banque de l'union parisienne et le Comptoir national d'escompte de Paris – ne sont plus représentées au Comité. Ni Bouthillier dans ses mémoires, ni la recherche historique ensuite n'ont tenu compte de ce renouvellement.

La promulgation des « lois » bancaires incite les Allemands à réfléchir à la dissolution de l'Office de surveillance des banques. La centrale berlinoise de la *Reichsbank* le décide dès juin 1941[13]. Avant de partir pour d'autres missions en Ukraine, puis en Hongrie, le *Reichsbankdirektor* Scheffler rapporte au directoire

**8** Claire Andrieu, « Genèse de la loi du 13 juin 1941, première loi bancaire française (septembre 1940- septembre 1941 », in *Revue historique*, vol. 269, 1983, p. 390.

**9** *Ibidem*, p. 391 ; Michel Margairaz, *L'État, les finances et l'économie. Histoire d'une conversion 1932–1952*, vol. 1, Paris, Comité pour l'histoire économique et financière de la France, 1991, p. 545.

**10** Claire Andrieu, « Genèse de la loi... », art. cit., p. 392 ; Claire Andrieu, *La Banque sous l'Occupation ...*, *op. cit.*, p. 231.

**11** AN, AJ 40/833, fol. 125, Rapport de Scheffler au directoire de la *Reichsbank* Berlin, 11.8.1941.

**12** AN, AJ 40/833, fol. 132, Nomination des membres du comité par Bouthillier, 25.7.1941, publié dans le *Journal officiel* le même jour, cf. Claire Andrieu, *La Banque sous l'Occupation ...*, *op. cit.*, p. 316 (annexe 7).

**13** AN, AJ 40/833, fol. 141, Lettre de Scheffler au vice-directeur de la *Reichsbank* Puhl, 12.6.1941.

de la *Reichsbank* qu'il a travaillé en bonne entente avec le ministère français des Finances pendant son séjour d'environ un an en France et qu'il a eu de longs entretiens hebdomadaires avec le directeur du Trésor, Jacques Brunet, ou le secrétaire général aux Finances publiques, Henri Deroy[14]. Afin de moins abuser de la position de force, il juge utile de limiter le contrôle allemand au minimum. Après la dissolution de l'Office de surveillance des banques, le contrôle est confié au groupe MBF Wi VIII. Cette décision tient compte du fait que l'intérêt allemand pour une surveillance globale du secteur bancaire français est assez faible.

## LE POIDS FINANCIER DES FRAIS D'OCCUPATION

L'intérêt principal de l'Allemagne n'est pas l'organisation bancaire, mais le financement de la guerre. L'exploitation financière de la France repose sur l'imposition de « frais d'occupation » exorbitants. C'est là qu'intervient la RKK Paris, dont la tâche principale est l'administration financière des recettes. La convention d'armistice du 22 juin 1940 établit les frais à 20 millions de *Reichsmark* (RM) par jour, soit 400 millions de francs français selon le taux de change fixé unilatéralement par l'Occupant. Les paiements réguliers ne commencent que le 20 août 1940 et sont versés par la Banque de France à la RKK Paris. Cette dernière comptabilise les montants reçus tous les dix jours sur le compte B de « frais d'occupation »[15]. Pour les deux mois écoulés depuis le début de l'Occupation, il est convenu d'un versement complémentaire de 1,14 milliard de RM sur le compte A de frais d'occupation. Les premières dépenses hors des besoins d'occupation ont été effectuées à partir de ce compte, à la disposition du ministère des Finances du Reich à Berlin. Jusqu'au milieu de 1941, il s'agit principalement de paiements pour des achats de matières premières par une société appelée *Rohstoffgesellschaft (Roges)*, pour l'acquisition de participations d'entreprises ainsi que pour l'encaissement de *Reichskreditkassenscheine*, les billets de monnaie d'occupation. Par la suite, le compte est légèrement alimenté par des transferts provenant des frais d'occupation courants, de sorte qu'il peut être utilisé pour financer d'autres achats étrangers aux besoins d'occupation.

La majeure partie des paiements français sont versés, à partir de fin août 1940 et pendant quatre ans, sur le compte B. Les recettes sont déclarées par les Allemands comme des recettes du *Reich*, ce qui transfère les droits de disposition – du moins en théorie – au ministère des Finances berlinois. En principe, les « frais d'occupation » sont réglés en *Reichsmark*, mais l'avoir en compte courant est géré en monnaie française. Dans la pratique, le pouvoir de disposition sur le compte B revient à la RKK Paris. Pour la Banque de France, seul ce compte, sur lequel toutes les créances allemandes sont réglées, est visible. La banque centrale française doit tenir des liquidités à disposition dans ses succursales sur l'ensemble du territoire. Toutefois, dès août 1940, la possibilité d'effectuer un trafic de paiement

**14** AN, AJ 40/833, fol. 125, Rapport de Scheffler au directoire de la *Reichsbank* Berlin, 11.8.1941.
**15** Vue d'ensemble du traitement des paiements : Michel Margairaz, « La Banque de France et l'Occupation », *in* Michel Margairaz, *Banques, Banque de France et Seconde Guerre mondiale, op. cit.*, p. 38-41.

sans numéraire est ouverte. En raison du contrôle des « frais d'occupation », une grande partie de la circulation fiduciaire se trouve sous contrôle allemand. Au total, le compte B enregistre 30,453 milliards de RM encaissés entre le 21 août 1940 et le décompte final du 12 août 1944. Pour déterminer la prestation totale française, il faut prendre compte les 1,14 milliard de RM comptabilisés sur le compte A et déduire certains remboursements, ce qui donne un montant total de 31,593 milliards de RM. L'utilisation des frais d'occupation par la Wehrmacht, principale consommatrice des fonds, n'est pas facile à retracer en raison du caractère sommaire de la comptabilité militaire. Les montants transférés servent en premier lieu à payer les soldats d'occupation stationnés, à les nourrir et à financer la consommation de matériel. Mais ils sont de plus en plus utilisés pour le financement général de la guerre. Ce n'est que ponctuellement que le gouvernement français a pu y mettre un terme, par exemple lorsqu'il s'est opposé avec un certain succès à l'utilisation des fonds pour des rachats de titres de participation à des entreprises. Enfin, les autorités allemandes elles-mêmes qualifient certains postes, notamment les achats au marché noir, « hors de besoins d'occupation ». Il ne s'agit pas seulement de financer l'armement et les constructions de fortifications comme le mur de l'Atlantique, mais aussi les dépenses en vins et spiritueux, en meubles et objets usuels pour les victimes des bombardements dans le *Reich* ou – dans la deuxième moitié de la guerre – pour l'équipement des troupes sur le front de l'Est[16]. Les pratiques de la *Roges* et de la *Wehrmacht* d'acheter des matières premières et de l'armement sur le marché noir pèsent considérablement sur la stabilité des prix. Ainsi, la question du comportement des autorités allemandes se pose-t-elle face à l'inflation qui en résulte inévitablement.

## INFLUENCE SUR LA POLITIQUE MONÉTAIRE DE LA BANQUE DE FRANCE

La régulation de la masse monétaire en circulation était déjà importante pour le gouvernement français avant l'Occupation, car sa capacité à financer l'armement et à se préparer à la guerre en dépendait. Avec l'Occupation, le souci est de freiner l'expansion de la masse monétaire afin de réduire l'inflation tout en garantissant les transferts monétaires à l'Occupant. En Allemagne nazie, il existe à cet effet la technique du financement « silencieux ». L'une des conditions préalables de ce mécanisme est que la demande privée de crédits auprès des banques diminue et que le commerce des actions s'assèche[17]. Les établissements de crédit ont ainsi de moins en moins de solutions alternatives pour placer leur argent et leurs capitaux. Ils se voient de plus en plus contraints d'investir les dépôts de leurs clients dans des titres émis par l'État. Les liquidités existantes de l'économie ainsi

16 Marcel Boldorf et Jonas Scherner, "France's Occupation Costs and the War *in* the East: The Contribution to the German War Economy, 1940–1944", *Journal of Contemporary History*, Vol. 47, 2012, p. 291-316.

17 Johannes Bähr, „Modernes Bankrecht und dirigistische Kapitallenkung. Ebenen der Steuerung im Finanzsektor des Dritten Reichs", in Dieter Gosewinkel (Ed.), *Wirtschaftskontrolle und Recht in der nationalsozialistischen Diktatur*, Frankfurt am Main, Klostermann, 2005, p. 204.

que les réserves monétaires et l'épargne croissantes de la population peuvent être dirigées de cette manière vers le financement public. Dans ce mécanisme, les banques jouent le rôle d'organismes collecteurs de capitaux. La vente de bons du Trésor présente un double avantage : d'une part, elle permet d'absorber le pouvoir d'achat excédentaire et, d'autre part, elle évite l'impression de billets de banque pour financer les dépenses publiques[18]. Un autre avantage est d'éviter les hausses d'impôts. C'est dans ce sens que le commissaire auprès de la Banque de France, Schäfer, veut agir en tant que conseiller. Pour être proche des dirigeants monétaires, il s'est installé dans les locaux de la Banque de France.

En France, en 1940, les conditions essentielles étaient réunies pour que le financement public se fasse de manière « silencieuse » : la liquidité de l'économie augmentait au même rythme que la masse monétaire en circulation. Ce qui s'est opposé à l'application de la technique de financement était la volonté « d'aider le trafic des paiements sans numéraire à sortir de son retard et à prendre une plus grande ampleur »[19]. Il est intéressant de noter que ce jugement, formulé en 1957 par une étude de l'Institut de Tübingen pour les questions d'occupation, correspond parfaitement à celui présenté en novembre 1940 par Schäfer à Emil Puhl, vice-président de la *Reichsbank*. Il a identifié alors deux lacunes principales : (a) une grande partie de la population française avait l'habitude de thésauriser l'épargne au lieu de la déposer auprès des banques ; (b) le trafic des paiements sans numéraire n'était pas aussi développé en France que dans les autres pays industrialisés[20]. Pour remédier à l'accumulation de liquidités dans les ménages privés, il faut veiller à ce que les Français apportent aux banques leurs épargnes en billets afin d'élargir la base des transactions non-monétaires à l'intérieur du pays. La formation de monnaie scripturale est la condition pour la vente d'un maximum de bons du Trésor. Pour augmenter l'émission de crédits, il faut encourager la circulation sans numéraire, mais aussi perfectionner les techniques de transfert de fonds entre les banques françaises. Schäfer n'a besoin d'imposer aucun de ces objectifs à ses interlocuteurs français de la Banque de France. On peut supposer que les deux parties sont largement d'accord. Pour l'essentiel, ces objectifs correspondent également à ceux de la Wehrmacht, l'intérêt des militaires portant encore plus sur le transfert des fonds collectés par les « frais d'occupation » ainsi que sur le traitement des paiements par la RKK. Schäfer considère les efforts français avec un regard d'étrangeté culturelle : « C'est un signe de la mentalité française particulière que, pour atteindre ce but, on n'emprunte pas la voie de la propagande éducative, comme le fait l'Allemagne, mais, comme me l'ont assuré ces messieurs de la Banque de France, on n'y parvient que par la voie législative. »[21]

En effet, en France aussi, on a pris conscience de la nécessité de réformer la circulation sans numéraire à l'intérieur du pays. Depuis les années 1930, les observateurs perçoivent la stratégie de mobilisation monétaire du *Reich* allemand

**18** Bundesarchiv Berlin, R 2501/6662, Explication du département économique de la *Reichsbank*, 21.4.1941.
**19** Alfred Munz, *Die Auswirkungen der deutschen Besetzung auf Währung und Finanzen Frankreichs*, Tübingen, Institut für Besatzungsfragen, 1957, p. 83.
**20** AN, AJ 40/822, Lettre de Schäfer au vice-président de la *Reichsbank* Puhl, 12.11.1940.
**21** *Ibidem*.

comme un succès. Parmi les bureaucrates financiers, un processus de réorientation a lieu, en particulier chez Bouthillier, le ministre des Finances sous Vichy en poste entre juin 1940 et avril 1942. L'idée d'orienter les finances publiques vers l'économie globale a pour lui une grande force de conviction. Il reprend le modèle pratiqué en Allemagne dans son projet de « politique du circuit », également soucieux d'un financement « silencieux »[22]. Selon une loi de mars 1940, les paiements des pouvoirs publics ainsi que des entreprises publiques dépassant un montant de 3 000 francs ne peuvent être effectués que par voie de compensation[23]. La promulgation de cette loi avant l'Occupation prouve qu'il n'y avait pas besoin de la présence allemande pour lancer la réforme, mais de la pression considérable exercée sur les finances publiques par les coûts d'armement et de la guerre, ainsi que par l'expérience d'une augmentation disproportionnée de la circulation fiduciaire. Après les débuts de l'Occupation allemande, la loi mentionnée est étendue aux entreprises privées le 22 octobre 1940[24]. Dans la pratique, cela signifie que les entreprises doivent désormais remettre des chèques barrés ou effectuer des virements bancaires ou postaux pour les commandes de plus de 3 000 francs. Tous les traitements, salaires, loyers, transports, services, livraisons et constructions sont concernés. Le commissaire Schäfer fait remarquer que de telles prescriptions sont « totalement étrangères au système allemand »[25]. Après l'adoption de quelques « lois » complémentaires[26], de grandes sommes sont désormais déplacées sans argent liquide, si bien que la circulation fiduciaire diminue. La participation du commissaire Schäfer aux textes législatifs est faible. La promulgation des « lois » et des ordonnances se fait dans le style et la logique française. L'objectif premier des « lois », à savoir la réduction de la thésaurisation des billets de banque et leur dépôt sur des comptes, afin de créer une large base pour le marché monétaire et des capitaux, est atteint en grande partie. C'est ce qu'indique le placement très réussi de bons du Trésor et d'autres titres d'État sur le marché. Il s'élève à environ 80 milliards de francs en 1940 et 1941. En mars 1941, le MBF émet l'hypothèse optimiste que le Trésor français pourrait couvrir le déficit budgétaire courant (hors frais d'occupation), estimé à 5 milliards de francs par mois, ainsi que certaines tranches de paiement des frais d'occupation, en émettant des bons du Trésor à court terme, tout en conservant la même fluidité monétaire[27]. Ces mesures permettent d'activer la production, mais aussi de l'intégrer à des fins allemandes. Au moment où le ministère français des Finances donne son accord, les banques françaises ouvrent des comptes en

22 Stefanie Middendorf, „Ökonomisierung des Regierens? Überlegungen zum Wandel "moderner" Staatsfinanzierung *in* Deutschland und Frankreich (1920-1980)", in *Archiv für Sozialgeschichte*, Vol. 57, 2017, p. 295. Pour la discussion interne de la Banque de France : Michel Margairaz, *Banques, Banque de France et Seconde Guerre mondiale, ..., op. cit.*, p. 41-47.

23 Alfred Munz, *Auswirkungen, op. cit.*, p. 83.

24 Journal officiel 1940 du 8.11.1940, p. 5602, Loi relative aux règlements par chèque ou virements, 22.10.1940 ; cf. Alfred Munz, *Auswirkungen, op. cit.*, p. 84 ; Margairaz, *L'État, les finances et l'économie ..., op. cit.*, p. 546.

25 AN, AJ 40/822, Lettre de Schäfer au vice-président de la *Reichsbank* Puhl, 12.11.1940.

26 Michel Margairaz, *L'État, les finances et l'économie ..., op. cit.*, p. 546, citant les « lois » du 28.2.1941 et du 17.11.1941.

27 AN, AJ 40/443, Rapport du MBF pour mars 1941, 5.4.1941.

*Reichsmark* auprès des RKK[28]. Ainsi, le trafic des paiements sans numéraire est également utilisable à des fins allemandes, comme l'exigeait la *Wehrmacht*. Cela permet d'intégrer sans problème l'industrie française à des projets d'armement ou ainsi à des constructions stratégiques.

Dans l'ensemble, l'année 1941 se termine du côté allemand par un bilan tout à fait positif de l'économie monétaire. On est satisfait du travail du ministre Bouthillier et de la Banque de France, dont les efforts visent à réduire la circulation de la monnaie, à lutter contre la tendance à la fuite vers les valeurs réelles, à encourager la formation de dépôts et l'émission de bons du Trésor pour écrémer le marché monétaire[29] ? La teneur du rapport modérément positif du commissaire Schäfer à Berlin incite le département économique de la *Reichsbank* à faire un pronostic optimiste quant à l'organisation future de la politique monétaire en France : l'objectif doit être que les « frais d'occupation » puissent être payés uniquement par les impôts et par le produit des emprunts publics. La population aurait le devoir de mettre intégralement les liquidités à la disposition du gouvernement[30].

Les recherches de Michel Margairaz vont dans le sens de la conclusion positive pour la politique monétaire et financière en 1941. Il fait référence à la croissance des dépôts bancaires jusqu'à la fin de cette année-là, dans les mêmes proportions que la masse monétaire[31]. Les banques auraient été incitées à investir leurs excédents de liquidités dans des obligations à court terme, qui représentent environ 80 % du portefeuille d'effets des principaux établissements de crédit, et à prendre des mesures pour soutenir les paiements sans numéraire. La politique active visant à augmenter l'émission de bons à court terme conduit à leur souscription accrue, et leur croissance dépasse même celle de la masse monétaire, permettant ainsi de fermer le « circuit » monétaire.

En 1942, on peut constater une augmentation massive des billets en circulation par rapport à l'année précédente : entre le début et la fin de l'année, elle passe de 270 milliards à 373 milliards de francs. La plus grande partie de cette augmentation est liée au nouveau comportement allemand en matière de dépenses. Tant que l'administration allemande d'occupation et que la Wehrmacht n'a pas dépensé l'argent transféré sur le compte B de la RKK, la quantité de monnaie scripturale en possession allemande augmente certes, mais la circulation fiduciaire n'est qu'à peine affectée. Au cours de l'année 1941, le montant des fonds thésaurisés sur les comptes allemands continue à augmenter légèrement. Lorsque la consommation allemande de frais d'occupation commence à augmenter durant cette période, la Banque de France injecte 33,7 milliards de francs supplémentaires dans le circuit monétaire. À partir de 1942, les fonds du compte créditeur « endormi », selon l'expression de Schäfer, sont consommés en grande partie. Dans un premier temps, l'augmentation de l'émission de billets au premier semestre 1942 n'est

**28** AN, AJ 40/443, Rapport du MBF pour novembre 1940, 3.12.1940.

**29** AN, AJ 40/822, Lettre de Schäfer au vice-président de la *Reichsbank* Puhl, 12.11.1940.

**30** Bundesarchiv, R 2501/6662, Remarque du département économique de la *Reichsbank* sur le rapport d'activité de la Banque de France pour 1941, 11.2.1942.

**31** Michel Margairaz, *L'État, les finances et l'économie ..., op. cit.*, p. 546.

que de quatre milliards de francs supérieure à celle du second semestre 1941 (38 milliards contre 33,7 milliards de francs). Ensuite, l'augmentation devient plus forte, ce que Schäfer a mis en lien avec l'augmentation des dépenses allemandes[32]. Son rapport reconnaît déjà en juillet 1942 les signes d'une crise qui s'est annoncée, étant donné que l'efficacité du marché monétaire ouvert a diminué et que la circulation des billets a augmenté à cause de la forte hausse de consommation des frais d'occupation. La poursuite des achats au marché noir par la Wehrmacht et par la *Roges* empêche notamment une réduction décisive de la circulation fiduciaire.

En septembre 1942, on constate un ralentissement des dépôts bancaires, dont la croissance était jusqu'alors parallèle à celle de la circulation monétaire[33]. Ce mois-là, les dépôts augmentent de 1,2 milliard de francs, tandis que la circulation monétaire progresse de 8 milliards de francs. Parallèlement, on assiste à une fuite vers les valeurs réelles, à une multiplication des opérations illégales sur l'or et sur les devises et à d'importants retraits en espèces auprès des clients des banques. En octobre 1942, la monnaie en circulation augmente à nouveau de 14 milliards de francs. La fin du fonctionnement du financement silencieux se profile à l'horizon. Il est désormais de moins en moins possible de se procurer les fonds nécessaires au paiement des frais d'occupation par la voie de la perception d'impôts et de la ponction sur les crédits, ce que le ministère des Finances du *Reich* à Berlin constate également à l'automne 1942[34]. La tactique de la guerre totale empêche d'endiguer efficacement les dépenses indomptées de l'Allemagne. Les effets inflationnistes qui en découlent entraînent des difficultés dans la politique économique, notamment dans la politique des prix. En 1943-1944, la croissance mensuelle de billets en circulation dépasse en moyenne les dix milliards de francs, c'est-à-dire que les valeurs maximales antérieures s'établissent désormais comme valeurs permanentes. Schäfer exige des contre-mesures décisives de la part du gouvernement français et lui reproche de ne pas avoir suffisamment développé le recouvrement d'impôts. En fin de compte, de telles demandes ne sont pas réalisables, de sorte que la politique française d'exécution débouche de plus en plus sur un accroissement de l'argent. L'amélioration de la situation par un financement « silencieux » n'était possible que jusqu'en 1941, tant que prévalait, du côté allemand, une certaine retenue quant à la consommation des frais d'occupation.

* * *

Cet aperçu de la surveillance allemande dans le secteur bancaire montre qu'il existait pendant un certain temps un accord entre les collaborateurs français et les objectifs des services de l'Occupant en ce qui concerne la réduction de la circulation des billets, la diminution de la thésaurisation, la constitution de dépôts et la vente de bons du Trésor. De manière générale, cet accord s'estompe lorsque l'exploitation financière allemande devient de plus en plus impitoyable ; mais,

**32** AN, AJ 40/821A, fol. 55, Rapport de Schäfer, 31.7.1942.

**33** Michel Margairaz, « La Banque de France... », art. cit., p. 45.

**34** Vgl. Jürgen Kilian, *Krieg auf Kosten anderer, Das Reichsministerium der Finanzen und die wirtschaftliche Mobilisierung Europas für Hitlers Krieg*, Berlin et Boston, De Gruyter, 2017, p. 271.

à ce moment-là, il est déjà bien trop tard pour faire marche arrière. La collaboration intense dès le début de l'Occupation a ouvert la voie à la mise en œuvre de l'exploitation financière. C'est pourquoi considérer le Comité d'organisation des banques comme une organisation de protection contre la machine de guerre allemande[35] ne semble pas pertinent.

**35** Claire Andrieu, *La Banque sous l'Occupation ..., op. cit.*, p. 166.

Chapitre 11

# La Banque nationale suisse comme acteur politique. Un survol des années 1907-1947

**Marc Perrenoud**
Commission indépendante d'experts Suisse
Seconde Guerre mondiale

**Sébastien Guex**
Université de Lausanne

Afin d'évoquer la Banque Nationale Suisse (BNS) comme acteur public, il est d'abord utile de rappeler ses débuts ainsi que ceux d'une institution bancaire établie en Suisse, avec laquelle elle entretiendra des rapports assez étroits, la Banque des Règlements Internationaux (BRI). Puis, on survolera les effets entraînés sur la politique de la BNS par la crise des années 1930, la Seconde Guerre mondiale et l'immédiat après-guerre, en accordant une attention particulière aux relations entre la BNS et la *Reichsbank*.

## LES DÉBUTS DE LA BNS ET LA FONDATION DE LA BRI (1907-1930)

Alors que la fondation de la Confédération suisse comme État moderne date de 1848, ce n'est qu'en 1907 que la BNS commence ses activités comme banque centrale. Auparavant, le fédéralisme a contribué à empêcher la création d'une banque des banques. La Suisse se place ainsi parmi les derniers pays industrialisés, avec les États-Unis, à se doter d'une banque centrale. Au début du XXe siècle, un compromis est élaboré : la BNS a deux sièges, Berne et Zurich ; c'est une institution de droit privé, mais sa direction générale est nommée par le gouvernement

**ABSTRACT**
**This article sheds light on some of the key moments in the history of the Swiss National Bank (SNB) between its creation in 1907 and the start of the Cold War in 1947. It shows that the SNB's influence and position as a political player were shaped by some factors that were characteristic of Switzerland: the country's strongly federalist structure, the enormous growth of the Swiss tax haven and financial centre, the influence of the major industrial and banking business organisations, and the fact that Switzerland did not take part, in military terms, in either of the world wars.**

**RÉSUMÉ**
**Cet article présente quelques moments importants de l'activité de la Banque nationale suisse (BNS) entre sa création, en 1907, et le début de la Guerre froide, en 1947. Il s'en dégage que son influence et ses positions en tant qu'acteur politique se trouvent au confluent de plusieurs facteurs qui caractérisent la Suisse: la structure fortement fédéraliste de l'État, l'essor gigantesque du paradis fiscal et de la place financière helvétiques, le poids des organisations du grand patronat industriel et bancaire ainsi que la non-participation militaire aux deux guerres mondiales.**

JEL: **D53, E42, E52, E58, E61, E63, F33, F34, G15, G18, G28, H81, H87, N 24, N44**
Key words: **Swiss National Bank, tax haven, strike, deflation, *Reichsbank*, Bank for International Settlements**
Mots-clés: **Banque nationale suisse, paradis fiscal, grève, déflation, *Reichsbank*, Banque des règlements Internationaux**

fédéral, formée par trois membres[1]. Il s'agit donc d'une institution paraétatique, décentralisée et tricéphale. Adoptée en 1905, la loi fédérale sur la BNS est révisée en 1921, 1953 et 2003. Son indépendance à l'égard du gouvernement y est réitérée.

Dès la fin du XIXe siècle, la Suisse devient un paradis fiscal et, de manière concomitante, une place financière internationale. Ces deux caractéristiques vont se renforcer au cours du XXe siècle, notamment grâce à la Première Guerre mondiale, à la suite de laquelle la monnaie suisse devient l'une des plus fortes au monde. Ce rôle est dû en partie aux interventions de la BNS[2].

Le patronat industriel dispose depuis 1870 d'une très puissante organisation : le *Vorort* de l'Union suisse du commerce et de l'industrie, dont le directeur est réputé comme étant le « huitième conseiller fédéral ». En effet, le gouvernement suisse compte sept membres. Lors des négociations internationales ou de l'élaboration des lois, les dirigeants du *Vorort* participent de très près aux décisions.

Pendant la Première Guerre mondiale, l'inflation et d'autres facteurs provoquent en Suisse une paupérisation de larges couches de la population, d'un côté, et l'enrichissement flagrant d'une étroite strate, de l'autre. Le mécontentement social aboutit à une vague de grèves. À Zurich, par exemple, le personnel des banques cesse le travail le 30 septembre 1918. C'est ainsi qu'Adolf Jöhr (1878-1953), qui vient de quitter son poste de dirigeant (depuis 1907) de la BNS, ne peut entrer dans son nouveau bureau, car un piquet de grève bloque l'entrée du Crédit suisse, la grande banque qui a recruté cette personnalité, appelée à jouer un rôle

1 Sébastien Guex, « La politique de la Banque nationale suisse (1907-1939) : modèles, références et spécificités », *in* Michel Margairaz et Olivier Feiertag (dir.), *Politiques et pratiques des banques d'émission en Europe: (XVIIe-XX[e] siècle): le bicentenaire de la Banque de France dans la perspective de l'identité monétaire européenne*, Paris, Albin Michel, 2003, p. 526-548.

2 Malik Mazbouri, Sébastien Guex et Rodrigo Lopez, « La place financière suisse 1890-2010 », *in Histoire économique de la Suisse au XXe siècle*, Neuchâtel, Éditions Livreo-Alphil, 2021, p. 495-550.

central dans l'essor de la place financière suisse au XX^e siècle[3]. À la suite de Jöhr, les milieux bancaires jugent la situation si grave qu'ils préconisent la mobilisation de l'armée pour briser une grève générale qui bloque la Confédération pendant trois jours en novembre 1918[4]. La BNS contribue au financement des « gardes civiques » et de la Fédération patriotique suisse[5]. Elle joue aussi un rôle central dans la campagne politique de 1922 pour dissuader les électeurs suisses d'accepter une initiative populaire demandant une forte imposition des fortunes[6]. Toute cela témoigne du fait que la crainte d'un retour d'une crise politique et sociale aussi grave que celle de 1918 va hanter l'esprit des dirigeants suisses pendant plusieurs décennies.

En 1929, le projet de créer la Banque des règlements internationaux (BRI) provoque les convoitises de plusieurs pays, qui souhaitent accueillir son siège. La Suisse va multiplier les arguments pour convaincre les fondateurs de choisir Bâle, tandis que d'autres pays interviennent en faveur de Londres, Bruxelles ou Amsterdam. En 1930, les autorités fédérales et cantonales se coordonnent afin d'accorder des privilèges fiscaux et un statut particulier à la BRI. Au Conseil national, le 24 février 1930, le ministre suisse des affaires étrangères Giuseppe Motta (1871-1940) se réjouit du fait que Bâle « (...) recueille ainsi le fruit de son labeur, de son honnêteté et de son esprit d'initiative »[7]. Lors du débat, seuls les parlementaires communistes s'opposent au gouvernement, tandis que le porte-parole socialiste, Robert Grimm (1881-1958), le principal dirigeant de la grève générale de 1918, appuie l'installation de la BRI à Bâle. Dans un deuxième message adressé au Parlement le 6 juin 1930, le Conseil fédéral affirme que la coopération des banques centrales sera ainsi favorisée, ce qui revêt une importance considérable pour l'assainissement de l'économie mondiale. Il souligne que la BNS « (...) y a puisé de précieuses suggestions pour sa politique et en a retiré maints avantages. C'est pourquoi notre banque centrale a un intérêt notable à ce que cette coopération soit poursuivie et favorisée et qu'elle ait la faculté d'y exercer son influence »[8]. Dès les années 1930, les rencontres à Bâle des dirigeants des banques centrales permettent aux directeurs de la BNS de multiplier leurs contacts internationaux. La stabilité politique et monétaire de la Suisse a donc

3 Archives fédérales suisses (AFS), E21#1000/131#10010*, lettre du 22.11.1918 de l'Association des représentants de la Banque en Suisse au Conseil fédéral. Il s'agit de l'organisation fondée en 1912 qui devient en 1919 l'Association suisse des banquiers (ASB). Cf. Sébastien Guex et Malik Mazbouri, « Une grande association patronale dans la sphère publique: l'exemple de l'Association suisse des banquiers (de 1912 à nos jours) », *in* Danièle Fraboulet *et alii* (dir.), *Les organisations patronales et la sphère publique*, Rennes, Presses universitaires de Rennes, 2013, p. 205-235.

4 Marc Perrenoud, « Les banquiers suisses et la phobie de la bolchevisation », *in La valeur du travail. Histoire et histoires des syndicats suisses*, Lausanne, Antipodes, 2006, p. 116-117.

5 Sébastien Guex, « A propos des gardes civiques et de leur financement à l'issue de la Première Guerre mondiale », *in* Jean Batou, Mauro Cerutti, Charles Heimberg *et alii* (dir.), *Pour une histoire des gens sans Histoire: ouvriers, exclues et rebelles en Suisse, 19^e-20^e siècles*, Lausanne, Ed. d'En Bas, 1995, p. 255-269.

6 Sébastien Guex, « L'initiative socialiste pour une imposition extraordinaire sur la fortune en Suisse 1920-1922 », *Regards sociologiques*, n° 8, 1994, p. 101-116.

7 Marc Perrenoud, „Basel als Finanzzentrum", *in* Patrick Moser et Alexandra Heini (dir.), *Grenzfälle: Basel 1933-1945*, Basel, Christoph Merian Verlag, 2020, p. 83-91.

8 « Message du Conseil fédéral à l'Assemblée fédérale concernant la participation de la Banque nationale suisse à la Banque des règlements internationaux », 6 juin 1930, *Feuille fédérale 1930*, vol. 1, p. 706.

contribué à la présence durable de la BRI à Bâle qui, en retour, a favorisé le développement de la place financière helvétique.

## LA BNS ET LA CRISE DES ANNÉES 1930

La très grande majorité des dirigeants suisses, au premier rang desquels figurent ceux de la BNS, suivent obstinément une politique déflationniste et de maintien de l'étalon-or malgré la grande crise économique qui sévit depuis 1930[9]. De 1931 à 1934, la BNS se charge de l'exécution des transactions selon les accords de *clearing* conclus avec de plus en plus d'États, notamment avec l'Allemagne. Le 2 octobre 1934, le Conseil fédéral institue l'Office suisse de compensation (OSC) et en nomme la direction. Cet organisme indépendant de droit public siège à Zurich et fonctionne sous l'autorité de la Commission de *clearing,* où siègent des représentants de la Confédération et des associations économiques. La multiplication des accords bilatéraux de compensation implique que la proportion du commerce extérieur gérée par l'OSC passe de 30 % à 80 % en 1944. Tandis que la BNS emploie environ 400 personnes, le personnel de l'OSC passe de 164 employé-e-s (dont 113 uniquement occupées par le *clearing* avec l'Allemagne) à près de 400 en 1944 et à 820 en 1949. Pendant les années 1940, il est aussi chargé de contrôler et d'inventorier les avoirs étrangers bloqués en Suisse par le Conseil fédéral, notamment les avoirs allemands en février 1945. Il faut donc relever qu'à côté de la BNS, un autre organisme acquiert ainsi des connaissances et des compétences sur les relations commerciales et financières internationales, ce qui n'ira pas sans frottements, qui deviennent parfois publics, entre les deux institutions.

Peu à peu, la politique déflationniste de la BNS suscite des critiques, ce qui la pousse à intervenir dans la sphère publique. Elle lance donc un processus, qui aboutit en 1934 à la fondation de « l'Association pour la monnaie saine », qui va déployer pendant des décennies une large propagande – par exemple des brochures imprimées à des centaines de milliers d'exemplaires – en faveur de la politique qu'elle mène[10]. Au cours de l'année 1936, l'orientation déflationniste se heurte à des résistances croissantes. La dévaluation est de plus en plus préconisée. Le 26 septembre 1936, dans la foulée des décisions françaises allant dans ce sens, le gouvernement décide aussi de dévaluer le franc suisse, contre l'avis de la BNS, en particulier du président de sa direction générale, Gottlieb Bachmann (1874-1947), qui participe à cette séance dramatique du Conseil fédéral.

Dès les semaines suivantes, la situation économique et monétaire de la Suisse s'améliore de manière considérable, ce qui dément les pronostics pessimistes de la BNS exprimés par Bachmann. Néanmoins, son parcours de banquier central et

**9** Philipp Müller, *La Suisse en crise (1929-1936): les politiques monétaire, financière, économique et sociale de la Confédération helvétique*, Lausanne, Éditions Antipodes, 2010, 818 p.

**10** En 1940, par exemple, le bulletin de cette association publie des exposés des directeurs de la BNS et de la BRI, ainsi que de dirigeants de l'économie du Troisième Reich, notamment Walter Funk et Emil Puhl. Cf. AFS, E7396#1987/31#329*.

d'acteur public mérite d'être rappelé tant il résume à lui seul les relations tissées entre les dirigeants de la BNS, ceux de l'État et ceux de l'économie privée en Suisse. Après des études de droit en Suisse et en Allemagne, Bachmann travaille dans des assurances et des banques. En 1916, il devient professeur de sciences commerciales à l'Université de Zurich. Sa leçon inaugurale est consacrée à la fondation de la Banque de France par Bonaparte[11]. Il dirige des thèses, notamment sur les banques centrales[12]. Parmi ses doctorants[13], certains feront de brillantes carrières : l'industriel Walter Eugen Boveri (1894-1972), le banquier et secrétaire du Vorort Otto Hulftegger (1889-1938), Ernst Wetter (1877-1963), qui devient haut fonctionnaire au ministère suisse de l'Économie, dirige le Vorort de 1926 à 1938, puis le ministère suisse des Finances et des douanes de 1939 à 1943. Dès 1912, Gottlieb Bachmann est un élu du parti radical-libéral, le parti dominant depuis la création de la Suisse moderne. Dès 1918, il est directeur de la BNS, dont il préside la direction générale de 1925 à 1939. De 1924 à 1930, il est membre du Conseil général de la *Reichsbank* allemande, puis il siège au *Board of directors* de la BRI de 1931 à 1939. De 1939 à 1947, il préside le Comité de banque de la BNS, qui contrôle étroitement la direction générale. Il est élu au Parlement comme conseiller national radical de 1939 à 1943. Ses activités publiques ne cessent pas à la fin de son mandat parlementaire: il siège par exemple dans le comité de patronage du « Don suisse aux victimes de la guerre », une institution fondée en 1944 afin de redorer le blason de la Confédération et de permettre de briser l'isolement international provoqué par l'étroite collaboration économique avec le IIIe *Reich*. Cette organisation humanitaire est présidée par son ancien doctorant et conseiller fédéral, Ernst Wetter. Bachmann se prononce aussi, sans enthousiasme, pour l'instauration d'une assurance-vieillesse en Suisse, revendication centrale de la grève générale de 1918 et qui se trouve mise en place en 1947[14]. Pour lui comme pour d'autres dirigeants, il s'agit d'éviter une répétition de la grave crise sociale et politique de 1918.

Au cours de l'entre-deux-guerres, alors que Bachmann co-dirige la BNS, l'afflux des capitaux étrangers en Suisse, et leur réexportation par les banques helvétiques, prennent, à plusieurs reprises, des proportions énormes, ce qui inquiète la banque centrale et provoque des critiques dans la population helvétique. Bachmann tente bien de donner à la BNS quelques moyens pour contrôler ces flux financiers, mais doit se contenter de conclure des *Gentlemen' agreements*, guère respectés par les banques[15]. Cette situation conduit Bachmann à intervenir publiquement, notamment lors des « Journées d'études bancaires » organisées en mars 1937 à l'Université de Genève. Dans son exposé du 18 mars 1937, devant

**11** Gottlieb Bachmann, *Die Gründung der Bank von Frankreich durch Napoleon I*, Winterthur, Buchdruckerei von Geschwister Ziegler, 1908.

**12** Walther Allemann, *Deutsche Reichsbank und Schweizerische Nationalbank: Versuch einer Vergleichung auf Grund der darauf bezüglichen Bankgesetze und Bankreglemente*, Zürich, Diss. oeconomiae publicae Zürich, 1917.

**13** Une liste incomplète est consultable en ligne dans la base de données sur les élites suisses : https://www2.unil.ch/elitessuisses/personne.php?id=52097.

**14** Gottlieb Bachmann, *Stellungnahme zu einer eidgenössischen Alters- und Hinterbliebenenversicherung: Bericht*, Winterthur, Sekretariat des Freisinnigen Gemeindevereins, 1944.

**15** Yves Sancey, *Quand les banquiers font la loi: aux sources de l'autorégulation bancaire en Suisse et en Angleterre, de 1914 aux années 1950*, Lausanne, Éditions Antipodes, 2015, 546 p.

de nombreux auditeurs, Bachmann tente de légitimer l'introduction d'une certaine surveillance de la BNS sur les exportations de capitaux. C'est ainsi que, regrettant l'absence de coordination et de collaboration entre les banques et la BNS, il conclut:

> Il en est souvent résulté des décisions malheureuses et même une certaine concurrence allant contre les véritables intérêts des capitalistes suisses. L'exportation des capitaux étant inévitable pour notre pays, il est urgent que les bourses et les banques s'efforcent d'apporter de l'ordre dans ce domaine, en acceptant, pour cette partie de leur activité, un certain contrôle de l'Institut d'émission. (...) Le contrôle que nous envisageons ne constituerait donc, en aucune façon, un élargissement des compétences de la Banque et, d'ailleurs, on ne saurait augmenter celles-ci sans mettre l'Institut d'émission dans une situation très délicate[16].

Mais même ces timides démarches se brisent sur la résistance des milieux financiers et de leurs porte-paroles. Ainsi, le *Journal de Genève* résume la conférence de Bachmann en insistant sur les risques d'étatisme et de contrôle fiscal qu'elle implique[17]. Quant au Groupement des banquiers privés genevois, il se réjouit, en novembre 1937, d'avoir « (...) pu résister énergiquement aux prétentions que la BNS avait formulées »[18]. En janvier 1938, il constate que le danger semble écarté mais qu'il convient de demeurer « l'arme au pied »[19]. Bref, comme l'a montré l'historien Yves Sancey, la BNS, établissement paraétatique disposant d'un statut hybride entre public et privé, se trouve, très souvent, dans une situation de relative impuissance face aux grandes banques et aux banquiers privés.

## LES EFFETS DE LA DEUXIÈME GUERRE MONDIALE

L'éclatement du deuxième conflit mondial ne constitue pas une surprise pour les dirigeants suisses qui s'y préparent depuis plusieurs années, notamment par l'organisation de l'économie de guerre depuis 1936, dont la préparation est confiée en 1937 au professeur Paul Victor Keller (1898-1973)[20]. Les patrons sont associés à la direction des offices fédéraux qui gèrent les différents segments de l'économie de guerre. C'est dans ce contexte que le Conseil fédéral nomme, le 12 septembre 1939, la « délégation permanente » pour les négociations économiques avec l'étranger, composée notamment du directeur de la Division du commerce du ministère de l'Économie publique, Jean Hotz (1890-1969), du directeur du *Vorort,* Heinrich Homberger (1896-1985), du secrétaire de l'Union suisse des

16 *Journées d'études bancaires organisées à l'Université de Genève. Conférences prononcées par MM. G. Bachmann, p. Carry, E. Folliet, V. Gautier, R. Peter, p. Rossy, F. Scheurer, E. Schiess, C. Terrier*, Genève, Impr. E. Delachaux et chez MM. Folliet, avocats, 1937, p. 25.

17 *Journal de Genève* du 30 mars 1937.

18 Marc Perrenoud, Rodrigo López *et alii, La place financière et les banques suisses à l'époque du national-socialisme: les relations des grandes banques avec l'Allemagne (1931-1946)*, Zürich, Chronos, 2002, p. 79. PV du 17 novembre 1937.

19 *Ibidem*, PV du 25 janvier 1938.

20 En 1947, le Conseil fédéral le nomme président de la direction générale de la BNS qu'il dirige jusqu'en 1956.

Paysans, Ernst Laur (1871-1964)[21], et du spécialiste des questions financières au ministère suisse des Affaires étrangères (Département politique fédéral, DPF) Robert Kohli (1896-1977). Peu à peu, Homberger, Hotz et Kohli constituent un « triumvirat » qui dirige les négociations internationales, en mécontentant parfois les responsables de la BNS, de l'ASB ou des finances fédérales. Occupant une position déterminante, la délégation permanente élabore les décisions que le gouvernement entérine le plus souvent[22]. La BNS ne dispose pas d'un représentant direct dans la délégation permanente. Or, les tensions internationales affectent de plus en plus les activités de la place financière suisse. Au début de 1941, alors que les risques de blocage des très volumineux avoirs suisses, ou sous pavillon suisse, aux États-Unis préoccupent les milieux financiers, la BNS relance les débats sur la défense des intérêts privés à l'étranger[23]. Le 12 juin 1941, sept conseillers nationaux adressent une requête au Conseil fédéral. Emmenés par Bachmann, ces parlementaires siègent dans les rangs du parti radical-libéral, de l'Alliance des Indépendants (parti fondé et financé par le propriétaire de la grande chaîne de magasins « Migros »), et, pour l'un d'entre eux, du parti socialiste suisse (PSS) : Paul Meierhans (1895-1976), qui joue souvent le rôle de porte-parole de son parti pour les questions bancaires et financières[24]. Ce large *consensus* politique montre que l'opposition entre la droite et la gauche tend à s'effacer lorsqu'il s'agit de défendre les intérêts de la place financière suisse. Les requérants exposent au Conseil fédéral que les créances financières dans le monde sont une composante durable de la richesse de la Suisse, qu'elles peuvent être évaluées à au moins 8 milliards de francs suisses, dont les revenus annuels sont de l'ordre de 320 à 400 millions. Or, non seulement il est impossible de les rapatrier à cause des mesures étatiques dans les différents pays, mais ce mouvement de retour n'est pas souhaitable. Il convient plutôt de préserver ces richesses, lesquelles constituent, selon les requérants, « notre propriété coloniale »[25]. Il en va de la position actuelle et future de la Suisse dans le monde. C'est dans ce sens qu'est proposée la création d'une section « *ad hoc* » au sein d'un des départements fédéraux, qui devrait travailler en liaison constante avec des organisations comme l'OSC, la BNS ou l'ASB. Cette proposition est acceptée par le Conseil fédéral le 4 novembre 1941. Dans son *Rapport sur l'année 1941*, celui-ci relève, à propos de cette décision, la nécessité de renforcer la protection des avoirs suisses à l'étranger qui « (...) ont une importance primordiale pour la balance suisse des paiements. Ils doivent être défendus avec persévérance et fermeté, afin que la Suisse puisse maintenir après la guerre la position que son travail assidu lui a acquise dans l'économie mondiale »[26].

21 Laur siège aussi au Conseil de banque et au Comité de banque de la BNS. Il y représente les intérêts des gros paysans et ne saurait être considéré comme un représentant de la BNS auprès de l'administration fédérale.

22 Marc Perrenoud, « Milieux d'affaires et politique extérieure de la Suisse (1939-1972). Le cas de la délégation économique permanente », *in Pour une histoire sociale et politique de l'économie. Hommages à Michel Margairaz*, Paris, Éditions de La Sorbonne, 2020, p. 253-266.

23 Archives de la BNS (ABNS), Dossier 2338, 2.9, cf. Notice de la BNS, 24 février 1941.

24 AFS, E6100A-20#1000/1920#7*, Requête adressée au Conseil fédéral le 12 juin 1941. Cf. aussi Archives de l'ASB, PV du Conseil d'administration de l'ASB, 13 août 1941.

25 <https://dodis.ch/47306>.

26 *Rapport du Conseil fédéral à l'Assemblée fédérale sur sa gestion en 1941 (du 21 avril 1942)*, Berne, Chancellerie fédérale, p. 104.

À noter que ce discours public, qui contribue au *consensus* helvétique, met le labeur industriel sur le même pied que l'activité des banques.

En 1940, les victoires militaires de l'Axe entraînent des changements considérables. Dès le 21 juin 1940, lors d'une séance de la délégation financière du Conseil fédéral avec les délégués suisses aux négociations avec le IIIe Reich, le Président de la Confédération, Marcel Pilet-Golaz (1889-1958) donne les instructions :

> Il faut nous rendre compte que nos relations avec l'Allemagne subiront un profond changement. (...) Il s'agit premièrement de donner l'argent réclamé. Il serait inopportun de discuter sur un million de plus ou de moins. (...) Quant au *clearing* il appert que l'Allemagne a besoin de devises et qu'elle ne se gêne pas de s'imposer à nous. C'est cela la traduction en clair des faits qui se sont déroulés les derniers quinze jours[27].

Et quelques jours plus tard, dans son fameux discours radiophonique du 25 juin 1940, il déclare notamment : « Le travail, le Conseil fédéral en fournira au peuple suisse, coûte que coûte »[28]. Les capacités financières de la Suisse sont donc utilisées pour satisfaire les belligérants victorieux, mais aussi pour obtenir des concessions de ces derniers, notamment en matière de ravitaillement et pour maintenir des possibilités de commerce avec l'outre-mer. Afin de répondre aux demandes de l'Axe, le Conseil fédéral accepte de financer de massifs crédits de *clearing*. L'utilisation gouvernementale de l'arme financière s'opère, sans consultation préalable de la BNS.

Dès l'été 1940, le franc suisse renforce son statut de monnaie internationale. Les victoires militaires de l'Axe suscitent une hausse des demandes de la devise helvétique qui proviennent du monde entier. Les dirigeants de la BNS constatent cette évolution et informent les diplomates suisses du fait que le franc suisse tend à remplacer le dollar pour des transactions internationales. En automne 1940, ils envisagent même d'ouvrir un dépôt d'or à Berlin. Le 25 novembre 1940, l'économiste de la BRI, Per Jacobson (1894-1963) écrit au Président de la direction générale de la BNS Ernst Weber (1881-1967) pour lui résumer son entretien avec Emil Puhl (1889-1962), lequel a souligné que la Confédération reste un pays sans contrôle des changes et avec une monnaie librement convertible. Le vice-président de la *Reichsbank* ajoute même que c'est une raison de laisser sa souveraineté à la Suisse[29].

À Bâle, d'innombrables rencontres, dans les locaux de la BRI ou en ville, permettent aux banquiers suisses de maintenir des contacts avec leurs homologues étrangers. À la fin de 1941, l'entrée en guerre des États-Unis pose le problème de

**27** Cf. Marc Perrenoud, *Banquiers et diplomates suisses: (1938-1946)*, Lausanne, Éditions Antipodes, 2011, p. 249.

**28** <www.dodis.ch/47075>.

**29** Voir Marc Perrenoud, *Banquiers et diplomates suisses ..., op. cit.*, p. 271-272. Voir *également* Vincent Crettol et Patrick Halbeisen, *Les motivations monétaires des opérations sur or de la Banque Nationale Suisse pendant la Seconde Guerre mondiale*, Zurich, BNS, 1999, p. 24.

la présidence de la BRI, alors occupée par l'américain Thomas H. McKittrick[30]. Les représentants allemands proposent que Weber devienne président. Celui-ci consulte les autorités fédérales. Il semble que la stratégie helvétique de niche le dissuade d'abord de prendre un poste aussi exposé. Finalement, Weber accepte toutefois de devenir *Chairman of the Board* de décembre 1942 à novembre 1945, ce qui contente les dirigeants allemands[31]. Alors que les Allemands sont très satisfaits des volumineuses prestations financières fournies du côté suisse, la direction générale de la BNS commence à s'inquiéter, en décembre 1941[32], des effets inflationnistes des crédits de *clearing* et décide d'intervenir auprès du *Vorort*. Le problème préoccupe d'ailleurs aussi le Conseiller fédéral Wetter[33]. Les démarches de la BNS butent toutefois sur la très influente association du grand patronat industriel aux yeux de laquelle la montée des prix en Suisse ne constitue pas, ou guère un problème. La *Reichsbank* accorde une si grande importance aux relations avec la BNS que cela se traduit sur le plan politique interne au III^e^ Reich. Par exemple, elle réagit à la publication, dans l'hebdomadaire *Das Reich* du 20 juin 1943, d'un article intitulé « Das Goldland », qui se moque de la Suisse parce qu'elle accumule des dépôts d'or. Elle fait savoir aux responsables de la presse que la Suisse est pratiquement le seul pays qui fournit des devises au Reich en échange d'or : la Confédération a toujours adopté une attitude coopérative et fait tout son possible dans ce domaine. Il faut donc éviter – conclut la *Reichsbank* – que des publications moqueuses puissent servir à la Suisse de prétexte pour commencer à refuser d'acheter de l'or à l'Allemagne, ce qui aurait des conséquences très négatives pour le Reich[34]. C'est par la Suisse que près des quatre cinquièmes de l'or livré à l'étranger par la *Reichsbank* sont passés de 1939 à 1945.

En fonction du déplacement à l'échelle mondiale des rapports de forces sur le plan militaire, les Alliés se font de plus en plus pressants à l'égard de la Suisse. La déclaration alliée du 5 janvier 1943, publiée dans les journaux, met en garde contre les transferts de propriété et annonce que les acquisitions de biens pillés – notamment l'or – par le III^e^ Reich pourront être annulées. Ces pressions alliées vont se multiplier au cours des mois suivants. Elles provoquent des divergences au sein même de la BNS. Tandis que Weber justifie les achats d'or à la *Reichsbank* pour des motifs monétaires, Bachmann insiste, lui, sur les risques politiques[35]. Dès le début de 1945, les négociations avec les Alliés occidentaux impliquent la BNS, laquelle doit justifier publiquement les opérations menées avec la *Reichsbank*. De son côté, le Conseil fédéral est aussi amené à répondre

**30** Gianni Toniolo et Piet Clement, *Central bank cooperation at the Bank for International Settlements, 1930-1973*, Cambridge, Cambridge University Press, 2005.

**31** Bundesarchiv, Berlin, R 58, Bd. 4241, lettre du 24 novembre 1942 de Paul Hechler à Hjalmar Schacht.

**32** ABNS, PV de la direction générale du 17 décembre 1941. En 1942, la BNS et le Vorort échangent de nombreuses lettres à ce sujet, cf. <www.dodis.ch/47389>.

**33** Stefan Frech, *Clearing: der Zahlungsverkehr der Schweiz mit den Achsenmächten*, Zürich, Chronos, 2001, p. 143, 149-150, 164. Avant de siéger au gouvernement, Wetter a travaillé pour l'économie privée. Devenu responsable des finances fédérales, il est aussi agacé par le fait que les entreprises transfèrent aux pouvoirs publics les charges et les risques relatifs au financement de leurs exportations. Il l'écrit dans son journal personnel, mais ne publie pas ses critiques.

**34** AFS, E9500.239/2003/54, 50. Copies des archives allemandes, R 21.01, Bd. 6955, Notice strictement confidentielle de la *Reichsbank* pour les responsables de la presse, 25 juin 1943.

**35** ABNS, PV du Comité de banque du 23 juillet 1943.

aux critiques. Depuis janvier 1944, sa composition a changé: c'est un socialiste, Ernst Nobs (1886-1957), qui est nommé par la majorité bourgeoise du Parlement pour succéder au radical Wetter à la tête du Département fédéral des finances et des douanes. L'ancien gréviste de 1918 est ainsi conduit à défendre les intérêts de la place financière et la politique de la BNS. Celle-ci réussit à convaincre, au nom de la technique monétaire, le gouvernement de financer la « stérilisation » de ses dépôts d'or outre-mer[36]. En ce qui concerne les achats d'or à la *Reichsbank*, quatre types d'arguments sont avancés pour les justifier: les preuves manquent pour attester que la BNS a repris, en connaissance de cause, autant d'or pillé que les Alliés le prétendent ; elle était obligée d'acquérir cet or pour des motifs de politique monétaire, notamment pour lutter contre l'inflation ; ayant aussi acheté beaucoup d'or aux Alliés, elle a respecté la neutralité ; la place financière suisse étant de la plus haute utilité pour le *Reich*, celui-ci n'a pas envahi la Confédération. Dans le cadre de cette contribution, il n'est pas possible de discuter du degré de véracité et de bonne foi de ces arguments[37]. Quoi qu'il en soit, ils permettent à la BNS d'échapper à de sévères critiques lors des débats parlementaires en Suisse au sortir du conflit.

Tout se passe donc comme si un consensus interne se nouait dès 1944 autour de la politique menée par la BNS pendant la guerre mondiale. Si quelques divergences existent à ce propos, en 1946 et 1947, parmi les dirigeants bancaires et gouvernementaux, elles restent de faible ampleur et confidentielles. Néanmoins, elles contribuent au fait que le Conseil fédéral nomme à la succession de Weber une personnalité qui n'avait auparavant pas travaillé pour la BNS : Keller, dont le parcours de professeur d'économie et de haut fonctionnaire actif pour l'organisation de l'économie de guerre et pour les négociations commerciales le prépare aussi mieux aux nouveaux défis internationaux qu'un fonctionnaire ayant gravi les échelons au sein de la banque centrale.

## DE LA SECONDE GUERRE MONDIALE À LA GUERRE FROIDE

Au cours de l'année 1945, certains dangers pèsent sur la BNS et sur la BRI. Les Alliés lancent de sévères critiques contre la banque centrale helvétique. Grâce à des justifications *a posteriori*, de savantes manœuvres dilatoires et la signature, en mai 1946, de l'Accord de Washington, celles-ci s'atténuent, provisoirement tout au moins. Quant à la BRI, plusieurs voix proposent de la démanteler. Mais elle trouve aussi des arguments pour justifier son existence en qualité d'institution neutre et utile pour la coopération internationale. Par la suite, elle peut bénéficier

36 Sur les tensions entre la BNS et le Département fédéral des finances, *cf.* notamment AFS, E6100A-26 #1000/1926#10*.

37 Pour un début de discussion sur cette question, qui mérite d'être étudiée de manière approfondie, voir notamment Commission indépendante d'Experts Suisse-Seconde Guerre mondiale, *La Suisse, le national-socialisme et la Seconde Guerre mondiale. Rapport final*, Zurich, Pendo, 2002, p. 229-231.

de la Guerre froide pour continuer ses activités[38]. En comparaison internationale, la BNS est la banque centrale européenne dont les réserves en or ont le plus augmenté de 1936 à 1945[39]. Comme d'autres composantes de la place financière suisse, elle dispose donc d'une situation extrêmement favorable au sortir d'une guerre qui a ravagé la planète[40].

Les dirigeants bancaires et politiques suisses sont résolus à exploiter pleinement les nombreux atouts dont ils disposent. C'est pourquoi ils décident, en 1946, de ne pas adhérer aux institutions de Bretton Woods, ce qui aurait limité leur marge de manœuvre, tout en se ménageant la possibilité de développer certaines collaborations[41]. Cette orientation est maintenue, pour l'essentiel, jusqu'à la fin du siècle. Ainsi, pour ne prendre que cet exemple, dès 1961, les autorités suisses obtiennent un statut spécial quand Per Jacobsson, devenu entretemps directeur général du Fonds monétaire international, propose aux autorités suisses d'adhérer au Groupe des Dix (G10), constitué pour établir les Accords généraux d'emprunts. La BNS y participera comme membre « observateur ». En d'autres termes, elle en constitue un acteur considérable, mais en restant à l'arrière-plan. L'attitude vis-à-vis du Fonds monétaire international lui-même est semblable : tout en y participant sous de multiples aspects, il faut attendre 1992, par un vote populaire, pour que l'adhésion soit officielle[42].

* * *

Au terme de ce survol, on peut noter que, comme banque centrale d'une place financière en pleine expansion et maîtresse d'un franc consolidé comme devise internationale, la BNS sort renforcée de la Seconde Guerre mondiale. Nul doute que ce statut lui permet d'exercer désormais une influence croissante *également* comme acteur politique.

**38** Archives de la BRI, Fonds Thomas H. McKittrick, Carton 9, Folder 3, *cf.* la notice du 10 décembre1945 de Marcel van Zeeland (1898-1972).

**39** Arnaud Manas, « L'or de Vichy. L'État français et la monnaie », 2013, thèse de doctorat, Université Paris 1 Panthéon Sorbonne, p. 409.

**40** Olivier Longchamp, *La politique financière fédérale (1945-1958)*, Lausanne, Antipodes, 2014.

**41** AFS, E6100A-25#1000/1925#141*, PV de la séance du 13 novembre 1946 avec les autorités fédérales, des représentants des milieux économiques (notamment Jöhr) et de « la science financière ». Frédéric Jenny (1885-1962), qui travaillait avant la guerre pour *Le Temps* à Paris, participe à cette séance en qualité de rédacteur en chef de la *Revue commerciale et financière suisse*.

**42** Marc Perrenoud, « Répartition des pouvoirs entre autorités fédérales et acteurs financiers des relations internationales de la Suisse. Les cas de la Banque des règlements internationaux et du Fonds monétaire international », *Relations internationales*, vol. 193, n° 1, 2023, p. 25-39.

Chapitre 12

# La banque centrale de la République de Chine : banque du gouvernement, banque des banques ? (1928-1935)

**Wenfei Wang**
Université Normale de Shanghai

De manière générale, la banque centrale en Chine doit assumer un double rôle de banque du gouvernement et de « banque des banques ». Elle est responsable devant le gouvernement de la gestion des risques financiers et doit également superviser les banques commerciales, en régulant les flux monétaires et les taux d'intérêt. Cependant, dans le cas étudié ici, la Banque centrale, fondée en 1928 par le gouvernement nationaliste de Nankin[1], était bien moins puissante que les principales banques de l'époque contrôlées par des acteurs privés, comme la Banque de Chine et la Banque des Communications. Par la suite, le processus difficile de transformation de la Banque centrale en « banque des banques » a été interrompu par la guerre contre le Japon et la guerre civile entre le Kuomintang et le parti communiste chinois. On peut dire que la création de la banque centrale sous la République de Chine représentait une tentative de modernisation du système bancaire en Chine et son échec reflétait également le chaos de l'époque.

En Chine, les études sur la Banque centrale de la République de Chine sont nombreuses et peuvent être classées en plusieurs catégories. D'abord, certaines recherches se concentrent sur des personnalités comme Chiang Kai-shek et Tse-ven. Soong, qui ont contribué à la fondation de la banque centrale. Ensuite, certaines études portent sur des événements spécifiques, tels que la réforme de la monnaie fiduciaire, ou la création du Bureau central des quatre banques pendant la guerre sino-japonaise. Enfin, certaines recherches mettent l'accent sur les relations internes et externes du secteur bancaire, en examinant les interactions

1 Dans cet article, les termes « gouvernement de Nankin », « gouvernement nationaliste de Nankin » et « gouvernement de la République de Chine » sont utilisés de manière interchangeable.

ABSTRACT
This article focuses on the Central Bank of the Republic of China from 1928 to 1935, exploring its dual role in state-building and the restructuring of the financial system. Through an analysis of the context of its establishment, its institutional framework, and its early practices, the article argues that the creation of the Central Bank was a key component of the Nationalist government in Nanjing's economic modernization strategy. As the "State Bank", the Central Bank not only undertook the mission of monetary unification and fiscal centralization but also reflected the efforts of an emerging central authority to assert its economic control amid regional divisions. However, the implementation of its functions encountered a dual set of constraints: political obstacles and economic challenges. Furthermore, the article examines how the Central Bank, as the "bank of the banks", sought to guide and regulate China's banking system, particularly through centralized currency issuance and personnel management. Nevertheless, this process exposed significant limitations in its legal status, operational mechanisms and governance capacity.

RÉSUMÉ
Cet article a pour objet d'étude la Banque centrale de la République de Chine entre 1928 et 1935, en explorant son double rôle dans la construction de l'État et la refonte du système financier. À travers une analyse du contexte de sa création, de son cadre institutionnel et de ses premières pratiques, dans cette contribution, on soutient que la création de la banque centrale constituait une composante essentielle de la stratégie de modernisation économique du gouvernement nationaliste de Nankin. En tant que « banque de l'État », elle a non seulement porté la mission d'unification monétaire et de centralisation fiscale, mais elle a également reflété les efforts d'une puissance centrale émergente pour affirmer son autorité économique face aux divisions régionales. Cependant, dans sa mise en œuvre, la banque centrale s'est heurtée à une double contrainte : des blocages politiques et des défis économiques. On examine ensuite comment la banque centrale, en qualité de « banque des banques », a cherché à guider et à réguler le système bancaire chinois, notamment à travers l'émission centralisée et la gestion des ressources humaines. Ce processus a toutefois révélé des limites importantes liées à son statut juridique, à ses mécanismes opérationnels et à ses capacités de gouvernance.

JEL : **N15, N45, E58**
Key Words: **Republic of China, Central Bank, state-building, banking system, fiscal centralization**
Mots-clés : **République de Chine, Banque centrale, construction de l'État, système bancaire, centralisation fiscale**

entre la Banque centrale, la Banque de Chine, la Banque des Communications, les banques étrangères et les banques locales traditionnelle[2]. En revanche, les chercheurs étrangers analysent généralement les questions bancaires et de crédit dans la Chine moderne sous un angle macroéconomique[3]. Ainsi, Ma Debin défend-il l'idée que les troubles politiques en Chine au début du XXe siècle, associés au retrait temporaire d'un pouvoir impérial centralisé, ont favorisé l'émergence d'une structure quasi-politique dominée par les élites commerciales, tant occidentales que chinoises[4]. Ces dernières années, une autre tendance dans les études

**2** Liu Huiyu, « T.V. Soong et la création de la Banque centrale », *Recherche et enseignement de l'histoire du Parti communiste*, n° 4, 1999 ; Li Jikui : « T.V. Soong et la fondation de la Banque centrale », *Sciences sociales du Guangdong*, n° 5, 2015 ; Wu Jingping, « Chiang Kai-shek et la décision ainsi que la mise en œuvre de la politique de la monnaie fiduciaire en 1935 », *Journal de la revue de Jianghai*, n° 2, 2011 ; Qiu Huafei, « La réforme monétaire chinoise de 1935 et les échanges d'or et d'argent entre la Chine et les États-Unis », *Recherche académique*, n° 8, 2004 ; Shi Tao, *Histoire de la Banque centrale dans la Chine moderne*, Pékin, Éditions Commercial Press, 2021.

**3** Jean-Marie Thiveaud, dans son étude intitulée « Monnaie, crédit, finances en Chine de 1840 à 1937 », examine les systèmes financiers chinois, les réformes monétaires ainsi que la création des banques et des institutions de crédit, en analysant différents types de banques depuis la guerre de l'opium jusqu'à l'avant-guerre. Jean-Marie Thiveaud, « Monnaie, crédit, finances en Chine de 1840 à 1937 », *Revue d'économie financière*, vol. 44, 1997, p. 27-51.

**4** En comparant les systèmes bancaires, financiers, la dette publique et la transformation monétaire de la Chine du début du XXe siècle avec le modèle de l'Europe occidentale, on peut affirmer que ce qui s'est passé lors de la révolution financière chinoise du début du XXe siècle était précisément un transfert du modèle de révolution financière des cités-États européennes dans le contexte chinois. Une fois que le régime a commencé à consolider son pouvoir,

étrangères est de clarifier et d'analyser le réseau bancaire pendant la période du gouvernement de Nankin, lorsque le gouvernement nationaliste a tenté de mettre en place un système bancaire moderne, combinant le modèle occidental avec les relations sociales chinoises[5].

Dans l'ensemble, que ce soit pour l'examen de longue durée de l'histoire financière de la Chine moderne ou pour l'étude des relations entre les individus, les groupes financiers et la Banque centrale à un niveau micro-économique, la recherche sur la banque centrale en tant qu'acteur central reste insuffisante. En particulier, les aspects liés à sa nature d'État, ses interactions de concurrence et de coopération avec le système bancaire privé, ainsi que ses implications pour la création et le fonctionnement de la Banque populaire de Chine après 1949, méritent une attention accrue. Cette étude s'appuiera sur les archives de la succursale de Shanghai de la Banque centrale conservées aux Archives municipales de Shanghai, sur des compilations d'archives telles que *L'histoire de la monnaie de la République de Chine*, *Sélection d'archives sur la réglementation financière de la République de Chine*, ainsi que sur des revues et journaux d'avant 1949 tels que *Shenbao*, *La Revue mensuelle des banques*, dans le but d'approfondir l'examen de ces questions.

## CONTEXTE DE LA CRÉATION DE LA BANQUE CENTRALE

À la fin du XIX^e^ et au début du XX^e^ siècle, le système financier et fiscal moderne de la Chine était encore inachevé et l'émission de monnaie était extrêmement chaotique. Les banques manquaient de règles à suivre pour leurs opérations. Bien qu'il existât des banques portant des noms relatifs à l'agriculture, l'industrie, le commerce ou les mines, la plupart d'entre elles fonctionnaient en réalité comme des banques commerciales ordinaires. Leurs activités quotidiennes étaient très limitées et les opérateurs cherchaient à maximiser les profits par une concurrence féroce[6]. Un observateur de l'époque décrivait ainsi la situation monétaire en Chine : « Les systèmes financiers de notre pays diffèrent d'une région à l'autre. Le transfert de capitaux entre deux endroits soulève des problèmes de change domestique. À l'intérieur d'un même pays, c'est comme si l'on avait affaire à des échanges internationaux »[7].

Avant 1928, les banques d'État se limitaient principalement à la Banque du Trésor, créée en 1905 sous la dynastie Qing par le ministère des Finances, et à la Banque des Communications, fondée en 1908 par le ministère des Postes et des Communications. Après l'avènement de la République de Chine, ces deux banques

les effets de réputation ont commencé à s'estomper à mesure que le gouvernement cherchait à contenir le pouvoir autonome des ports ouverts aux traités occidentaux, des banquiers chinois et des Douanes maritimes chinoises dans les années 1930. Voir Ma Debin, "Financial Revolution *in* Republican Chine during 1900-37: A Survey and a new interpretation", *Australian Economic History Review*, Vol. 59, No. 3, 2019.

**5** Maria Kruglova, "Banking, Finance and Reform *in* the Nanjing Decade (1928-1937): A Synthetic Economic Policy", *Theoretical Economics*, Vol. 20, No. 4, 2022.

**6** Yuan Qin, « Sur la nécessité de coordination entre les banques domestiques », *Revue mensuelle des banques*, vol. 7, 1927.

**7** Cui Xiaocen, *Théorie de la Banque centrale*, Pékin, Éditions Commercial Press, 1937, p. 250.

furent renommées Banque de Chine et Banque des Communications. Elles étaient chargées de la gestion du Trésor, de l'émission de certificats d'échange et de la monnaie. Beaucoup considéraient déjà la Banque de Chine et la Banque des Communications comme des banques centrales. Toutefois, leurs fonctions en tant que banques centrales restaient incomplètes. En 1924, Sun Yat-sen fonda une autre banque centrale à Canton. Il estimait que la réussite de la révolution nécessitait non seulement une armée bien formée, mais aussi une organisation financière solide. La création de la banque centrale répondait à cette vision. En 1926, une succursale de la banque centrale fut également ouverte à Hankou. Toutefois, ces deux banques centrales, à Canton et à Hankou, étaient en réalité des institutions temporaires, créées pour soutenir la guerre civile, sans exercer pleinement les fonctions d'une véritable banque centrale. Depuis la fin de la dynastie Qing, le concept de banque centrale s'est rapidement développé et a donné lieu à plusieurs tentatives de mise en pratique.

Si leurs fonctions restent incomplètes, cela est dû principalement aux raisons suivantes. Tout d'abord, depuis la guerre de l'opium, la souveraineté chinoise a été gravement affaiblie, entraînant une perte progressive de sa souveraineté financière. Les dettes extérieures contractées par la Chine ont toutes été obtenues par l'intermédiaire de banques étrangères. Les recettes des douanes et de la taxe sur le sel étaient également largement placées sous le contrôle des banques étrangères. Parallèlement, le système monétaire en Chine était extrêmement complexe. Il comprenait non seulement les monnaies traditionnelles telles que le *taël* d'argent et le *cash* chinois, mais aussi des pièces d'argent frappées et des billets émis par diverses provinces, ainsi que des pièces d'argent étrangères circulant en Chine et des billets de banque émis par des banques étrangères. Ceux-ci, émis notamment par HSBC, la Banque de l'Indochine, circulaient principalement dans les ports de commerce tels que Shanghai, Tianjin et Canton, et constituaient une partie importante de la monnaie en circulation, exacerbant ainsi la confusion du système monétaire chinois.

**BANQUES ÉTRANGÈRES EN CHINE**

| Pays | Nombre de banques | Nombre total de succursales en Chine |
|---|---|---|
| Royaume-Uni | 5 (The Chartered Bank of India, Australia and China, HSBC, Mercantile Bank of India, London and China, British & China Corporation, Sassoon) | 27 |
| États-Unis | 6 (Citibank, Chase Bank, Chinese American Bank of Commerce, American Express Company, ThriftcorBank, The Underwriters Bank) | 18 |
| France | 4 (Banque de l'Indochine, Crédit foncier d'Extrême-Orient, Banque Franco-Chinoise, Banque d'Asie) | 18 |
| Belgique | 1 (Banque Sino-Belge) | 3 |
| Pays-Bas | 2 (ABN AMRO, Netherlands India Commercial Bank) | 6 |
| Allemagne | 1 (Deutsch-Asiatische Bank) | 6 |
| Italie | 1 (Banca Italo-Cinese) | 2 |
| Russie | 1 (Banque d'Extrême-Orient) | 2 |
| Japon | 32 (Yokohama Specie Bank, Mitsui, Mitsubishi, Banque de Taiwan, Banque de Corée, Sumitomo, et autres) | 71 |

Source : Wu Chengxi, *Les banques étrangères en Chine*, Pékin, Éditions Commercial Press, 1935.

Ensuite, la Chine de l'époque souffrait d'une fragmentation politique, les *warlords* (« seigneurs de la guerre ») locaux contrôlaient leurs territoires respectifs, tandis que le gouvernement central restait faible. Sous le gouvernement de Beiyang[8], de nombreuses banques à capitaux chinois ont émergé, comme la Banque des Salines, la Banque industrielle de Chine, la Banque de l'Agriculture et de l'Industrie. En théorie, ces banques étaient créées dans le but de favoriser la prospérité nationale et le bien-être du peuple, chacune ayant des missions spécifiques. Néanmoins, la création des nouvelles banques était le résultat d'un usage excessif d'emprunts irresponsables de la part du gouvernement de Beiyang.

Enfin, la répartition géographique des banques était extrêmement inégale. En tant que centre financier de la Chine, Shanghai comptait 33 banques en 1925, nombre qui augmenta jusqu'à 59 en 1934. À Pékin, en revanche, le nombre de banques diminua fortement, passant d'environ 23 en 1925 à seulement 2 en 1934. À l'exception des provinces côtières, les régions intérieures étaient quasiment dépourvues de banques. Cela s'explique par le faible développement des industries et du commerce dans les régions intérieures, ainsi que par l'influence considérable des anciennes maisons de change, rendant difficile l'implantation des banques. La répartition des banques était encore loin de couvrir l'ensemble du territoire[9].

En bref, avant 1928, la situation financière en Chine était instable, et le pays faisait face à des difficultés tant internes qu'externes. Les banques étrangères contrôlaient les principaux secteurs économiques de la Chine, tandis que le développement des nouvelles banques centrales manquait de conditions nécessaires. Un observateur décrivait cette situation chaotique en ces termes : « Cela ressemble à la situation des États-Unis avant la création du système de Réserve fédérale : les réserves de liquidités sont dispersées, l'émission de billets est fragmentée et rigide, et la politique d'escompte est difficile à appliquer. La Chine répète ainsi les erreurs passées des États-Unis »[10]. Ce n'est qu'en avril 1927, après la victoire du Kuomintang lors de la guerre civile, que le gouvernement parvint à unifier *de facto* le pays. La banque centrale put alors bénéficier d'un environnement intérieur plus stable et de meilleures conditions pour son développement.

## PRÉPARATION ET FONCTIONNEMENT DE LA BANQUE CENTRALE

Après l'établissement du gouvernement national à Nankin en 1927, le ministre des Finances Soong prit conscience de l'urgence de créer une banque centrale. En avril 1927, il se rendit à Shanghai pour entamer les démarches visant à unifier les finances des provinces du Jiangsu et du Zhejiang. Il estima nécessaire d'établir la banque centrale à Shanghai, centre financier national[11]. Le choix de Shanghai

**8** Le gouvernement de Beiyang (ou le gouvernement de Pékin) fait référence au gouvernement qui a dirigé le nord de la Chine de 1912 à 1927.

**9** Wu Chengxi, *Les banques en Chine*, *op. cit.*, p. 13.

**10** Wu Qixiang, *Le Système bancaire chinois*, Shanghai, Éditions Da Dong, 1933, p. 14.

**11** « T.V. Soong prépare la création de la Banque centrale à Shanghai », *Shenbao*, 18 avril 1927.

comme siège de la banque centrale reflète la reconnaissance et le soutien du gouvernement nationaliste envers le rôle de Shanghai en tant que centre financier. Depuis l'ouverture de la ville au commerce international, Shanghai possédait une structure financière complexe, où capitaux étrangers et locaux étaient étroitement mêlés. Établir la banque centrale ici permettait de tirer parti des ressources locales et de s'appuyer sur les réseaux de relations existants. De plus, cette décision illustrait la ferme emprise du nouveau gouvernement sur le cours inférieur et moyen du fleuve Yangtsé, alors que le contrôle dans d'autres régions restait variable[12]. Par ailleurs, le gouvernement de Nankin accordait une grande importance au soutien continu des groupes financiers de Jiangsu et Zhejiang, sur lequel reposait en partie la stabilité du régime[13].

Au début de mai 1927, le gouvernement de Nankin nomma Zhou Peizhen, ancien directeur du Bureau des terres de la province de Guangdong, à la tête de la banque centrale et de son comité de préparation. Zhou précisa que la banque centrale serait entièrement financée par des capitaux d'État et n'accepterait aucun investissement privé. L'émission de billets devrait dépendre de la solidité des réserves et les émissions non garanties seraient strictement proscrites. Quant à la Banque de Chine et à la Banque des Communications, le gouvernement adopterait une politique de non-intervention, car les institutions financières, à la différence des autres institutions, réagissent mal aux interventions qui peuvent susciter une panique financière et déstabiliser l'économie[14]. Le 1er novembre 1927, le *Règlement révisé de la Banque centrale* fut officiellement publié, précisant que « Le capital total de la banque centrale est fixé à 50 millions de yuans, versés par le Trésor public. Une partie de ce capital peut être partagée avec des banques commerciales, sous réserve de l'approbation du gouvernement »[15]. La Conférence économique nationale du 20 juin 1928 joua un rôle décisif dans la création de la banque centrale et dans l'unification de la politique financière et monétaire. Lors des discussions, les participants placèrent la question financière au premier plan, en particulier celle concernant « Comment réorganiser un système financier désordonné et appauvri, harmoniser les différentes monnaies provinciales et réduire l'émission excessive de billets pour renforcer les fondations financières »[16]. La conférence clarifia les grandes orientations de la politique fiscale du gouvernement de Nankin, avec deux priorités. D'abord, la réforme monétaire et des devises : (1) centralisation de l'émission de monnaie : instaurer une gestion centralisée des billets de banque, détruire progressivement les anciennes monnaies et émettre de nouveaux billets sous l'autorité exclusive de la Banque centrale ; (2) adoption d'un étalon de change or : remplacer le *tael* d'argent par le *yuan* d'argent pour établir un étalon argent, puis instaurer progressivement un

**12** Service des conseillers du siège de la Banque populaire de Chine, *Documents sur l'histoire monétaire de la République de Chine (2e série)*, Shanghai, Éditions du Peuple de Shanghai, 1991, p. 57.

**13** Shi Tao, *Étude sur la Banque centrale sous le gouvernement nationaliste de Nankin (1928-1937)*, thèse de doctorat, Université Fudan, 2010, p. 87.

**14** « Zhou Peizhen parle de la Banque centrale », *Shenbao*, 7 juin 1927.

**15** « Règlement de la Banque centrale du gouvernement nationaliste », *Yishi Bao*, Édition de Tianjin, 1er novembre 1927.

**16** Service des conseillers du siège de la Banque populaire de Chine, *Documents sur l'histoire monétaire de la République de Chine*, 2e série, *op.* cit., p. 59.

système de change fondé sur l'or, afin de stabiliser la monnaie. Ensuite, la construction et le développement du système bancaire : (1) organisation de la banque centrale (2) création d'une banque de change (3) création d'une banque agricole et industrielle (4) encouragement de l'épargne[17].

La Résolution de la Conférence économique nationale sur la Banque centrale adoptée lors de la conférence souligna que la réforme monétaire, l'amélioration des méthodes fiscales, l'unification des finances et la coordination de l'ensemble du système financier nécessitaient une banque centrale solide. Le projet cadre pour la création de la banque centrale se présente ainsi :

1. structure du capital : la banque centrale adopte la forme de société par actions, avec une limitation des droits d'actionnariat pour garantir l'intérêt public, afin d'assurer son statut d'institution financière publique ;
2. organisation de l'émission : le pays est divisé en quatre zones d'émission centralisée : Shanghai (zone principale), Tianjin, Hankou et Canton. Dans chaque zone, un comité de supervision, composé du gouvernement, du conseil d'administration et de groupes locaux, surveillera les réserves d'émission, en s'inspirant du modèle américain, sans adopter le système fédéral ;
3. droit d'émission : le droit d'émettre de la monnaie est concentré à la banque centrale, limitant progressivement les émissions d'autres banques. Le conseil d'administration est l'organe de décision suprême, avec un président et un vice-président nommés par le gouvernement ;
4. mécanisme de supervision : un comité central de supervision est établi, avec un président nommé par le pouvoir central, et chaque gouvernement local nomme un membre pour surveiller l'émission de monnaie, en s'inspirant du modèle allemand d'avant-guerre ;
5. domaine d'activité : la banque centrale est responsable de la gestion du Trésor, de l'émission de la monnaie, de la coordination financière, etc., sans interférence dans les affaires bancaires commerciales, afin de maintenir sa fonction unique et stable[18].

Le gouvernement nationaliste de Nankin s'inspira largement des modèles de gestion bancaire des pays occidentaux tels que le Royaume-Uni, les États-Unis et l'Allemagne. En ce qui concerne la structure du capital, le système bancaire britannique servit de référence : la Banque centrale de Chine fonctionnait sous la forme d'une société par actions, mais des restrictions étaient imposées sur la propriété des actions. Quant à l'organisation de l'émission de monnaie, le gouvernement s'inspira du système de la Réserve fédérale des États-Unis en divisant le pays en plusieurs zones d'émission. Bien que chaque zone soit gérée de manière régionale, aucun conseil d'administration indépendant ne fut établi, en conciliant ainsi centralisation et participation locale. Concernant le mécanisme de supervision, le gouvernement s'inspira de l'Allemagne d'avant-guerre, avec un modèle de supervision commune entre le gouvernement central et les autorités locales pour assurer la conformité et la transparence de l'émission des billets.

**17** *Ibidem*, p. 61-62.
**18** *Ibid.*, p. 65-66.

Le 5 octobre 1928, lors de sa 99e réunion, le gouvernement nationaliste de Nankin adopta le Règlement de la Banque centrale et l'Ordonnance sur les obligations financières. Selon l'article 5 du Règlement de la Banque centrale, le capital total de la banque centrale était fixé à 20 millions de *yuans*, somme qui serait versée en une seule fois par le Trésor grâce aux obligations financières à court terme. Ce montant dépasse largement les 5 millions initialement prévus et la totalité du capital provient du gouvernement. En outre, la banque centrale doit maintenir une réserve en espèces à hauteur de 60 % et une réserve de garantie à hauteur de 40 %, composée de monnaie et de métaux précieux pour les réserves en espèces. Les titres émis ou garantis par le gouvernement, ainsi que les effets de commerce à court terme, servaient de réserves de garantie. Ces dispositions consacrent le statut particulier de la banque centrale comme banque de l'État et pas uniquement comme banque centrale. Par rapport aux banques centrales européennes, la Banque centrale de Chine entretenait des liens bien plus étroits avec le gouvernement, reflétant la centralisation du pouvoir dans le domaine financier. Lors de cette réunion, le ministre des Finances Soong proposa une série de nominations importantes. Lui-même fut nommé président de la Banque centrale de Chine, avec Chen Hang comme vice-président. Parmi les membres du conseil, trois devaient représenter respectivement les secteurs bancaire privé, commercial et industriel. En outre, des commissaires aux comptes furent également nommés pour la banque centrale : Li Ming, Bei Zuyi et cinq autres personnes furent sélectionnées pour superviser les opérations de la banque, avec deux représentants du secteur industriel, deux du secteur commercial, deux du secteur bancaire et un représentant de l'organisme de contrôle financier du gouvernement national. Leur rôle consistait à surveiller les opérations de la banque pour garantir leur conformité aux exigences légales et réglementaires. La banque centrale comprenait aussi plusieurs départements, dont le Département des opérations, le Département de l'émission, le Bureau d'audit et le Secrétariat.

Le 1er novembre 1928, la banque centrale ouvrit officiellement ses portes. En qualité de président du gouvernement, Chiang Kai-shek remit le sceau de la banque centrale et prononça un discours : « La Banque centrale est la banque du peuple chinois, c'est-à-dire la banque de l'État ; la solidité des fondements du gouvernement central et le développement de la politique reposent véritablement sur elle »[19]. Soong prit la parole et exposa les objectifs de la création de la banque centrale : tout d'abord, unifier le système monétaire national. Le système monétaire étant depuis longtemps chaotique, avec la coexistence de différentes monnaies. Ensuite, il fallait centraliser les Trésors publics du pays. Enfin, la banque centrale visait à réguler le marché financier national[20].

La fondation de la Banque centrale de Chine marque un tournant majeur dans le système financier chinois et constitue le début de la normalisation progressive du système monétaire et financier moderne de la Chine. Elle symbolise la centralisation et la régulation du pouvoir financier de l'État. Avant cela, le système monétaire en Chine était extrêmement fragmenté, avec la

**19** « Discours de Chiang Kai-shek », *Shenbao*, 2 novembre 1928.
**20** « Allocution de T.V. Soong », *Shenbao*, 2 novembre 1928.

coexistence de différentes monnaies. En outre, la création de la banque centrale signifie l'unification de la gestion du Trésor public et marque l'établissement préliminaire d'un mécanisme de régulation du marché financier chinois. Ainsi, représente-t-elle non seulement une étape cruciale dans la réforme du système financier, mais aussi le symbole de l'avancée de l'État vers une modernisation de sa construction nationale par l'unification et la centralisation des domaines monétaire, fiscal et financier.

## LA BANQUE DE L'ÉTAT PEINE À DEVENIR « LA BANQUE DES BANQUES »

Lors des premières années de fonctionnement de la banque centrale, de nombreuses controverses ont surgi concernant la source de son capital et la composition de son conseil d'administration. Ces débats reflétaient à la fois la fragilité du système financier chinois de l'époque et la complexité du rôle de la banque centrale. Tout d'abord, la question de la source de capital posait problème. Au niveau international, les banques centrales des différents pays se finançaient de manière variée. Par exemple, la Banque d'Angleterre dépendait entièrement des investissements privés pour son capital, et la *ReichsBank* était également financée par des capitaux privés. Ces banques européennes conservaient une certaine indépendance et des caractéristiques de marché dans leur fonctionnement, bien qu'elles fussent soumises à une régulation et à une influence gouvernementales. En revanche, la banque centrale de Chine différait de ce modèle : bien que le règlement stipule qu'elle pouvait lever des fonds privés en fonction des besoins, ceux-ci ne devaient jamais dépasser 49 % du capital total. Cela signifiait que, malgré une participation potentielle de capitaux privés, le contrôle de la banque centrale restait solidement aux mains du gouvernement. Ce choix reflétait d'une part la forte centralisation du pouvoir financier par le gouvernement et, d'autre part, le manque de capitaux sociaux suffisants pour soutenir l'autonomie de la banque.

Ensuite, la composition du conseil d'administration était un autre point de discorde. Dans la structure de gouvernance de la banque centrale, le conseil d'administration représentait l'organe de décision suprême, avec un comité exécutif de cinq membres responsables de la gestion quotidienne. Bien que le Règlement de la Banque centrale stipule que des représentants du secteur commercial, industriel et bancaire devaient siéger au conseil pour assurer une représentation des divers intérêts sociaux, les membres du conseil étaient en pratique principalement nommés directement par le gouvernement. Les postes clés tels que président et vice-président étaient également nommés directement par le gouvernement nationaliste, renforçant davantage le monopole du gouvernement sur la gestion et le fonctionnement de la banque centrale[21]. La Banque centrale de la République de Chine fonctionnait comme une banque d'État. Elle faisait face à des défis en matière d'indépendance financière, de lignes directrices de

**21** Chen Zhongmu, « Comparaison entre la Banque centrale de Chine et les banques centrales étrangères », *Revue culturelle*, n° 8, 1934.

gestion et d'ingérences politiques, autant de facteurs ayant un impact profond sur l'efficacité de ses opérations et sur le développement économique national.

D'abord, comme banque d'État, la banque centrale éprouvait des difficultés à maintenir son indépendance financière. Le gouvernement pouvait souvent recourir aux ressources de la banque centrale pour répondre à des besoins financiers urgents. Or, en l'absence de restrictions strictes, cette relation risquait de pousser le gouvernement à émettre des billets de banque en quantité excessive *via* la banque centrale pour satisfaire des besoins temporaires, sans tenir compte des besoins réels du marché. Ce type d'émission incontrôlée, échappant aux mécanismes de flexibilité de l'offre monétaire, pouvait transformer la monnaie en papier non convertible, compromettant ainsi la stabilité de la monnaie nationale et la crédibilité bancaire.

Ensuite, comme banque d''État, les décisions de la Banque centrale de Chine, telles que l'ajustement des taux d'escompte ou la distribution de fonds, étaient souvent influencées par des facteurs politiques, pouvant ainsi s'éloigner des objectifs de l'économie. La Banque centrale de Chine risquait de dépendre excessivement du soutien gouvernemental, manquant ainsi de sensibilisation aux risques du marché. Même lorsque les fonds de la banque étaient insuffisants, celle-ci pouvait continuer à octroyer des prêts pour combler les besoins du Trésor, brouillant ainsi la frontière entre la banque et les finances publiques et entraînant des désordres dans la gestion des fonds[22].

Ces problèmes expliquent en partie pourquoi la Banque centrale de la République de Chine avait des difficultés à s'imposer comme la « banque des banques ». Si elle devenait le coffre privé du gouvernement, avec une émission excessive de billets, elle risquait de perdre sa crédibilité. En 1933, Soong démissionna de ses fonctions de gouverneur et de ministre des Finances. Le poste de gouverneur fut alors confié à Hsiang-hsi Kung, un proche de Chiang Kai-shek. Chiang, ayant consolidé son pouvoir militaire et politique au sein du gouvernement de Nankin, sollicitait régulièrement des fonds supplémentaires de la banque centrale pour financer sa lutte contre le communisme. Avec l'arrivée de Kung à la tête de la banque centrale, celui-ci répondit aux besoins financiers de Chiang sans réserve, autorisant de nombreux paiements pour soutenir les dépenses militaires du gouvernement[23].

Une autre raison pour laquelle la banque centrale peinait à s'imposer comme la « banque des banques » résidait dans le fait que le gouvernement de Nankin s'appuyait principalement sur le puissant *consortium* financier du Jiangsu et Zhejiang, qui restait influent au début des années 1930. Par ailleurs, les banques traditionnelles demeuraient encore actives. Lors de la création de la banque centrale, le gouvernement n'a pas immédiatement restreint ou supprimé les privilèges d'émission des autres banques. Les billets de la banque centrale n'ont donc ni dominé le marché, ni atteint une circulation comparable à celle de la Banque de Chine. Selon un rapport d'audit de mars 1932, l'émission de la banque

**22** Qian Yi, « Sur la nationalisation de la Banque centrale », *Revue mensuelle de la finance*, vol. 8, n° 2, 1928.
**23** Shi Tao, Étude sur la Banque centrale sous le gouvernement nationaliste de Nankin (1928-1937), *op. cit.*, p. 78. Wu Jingping, *Biographie critique de T.V. Soong*, Fuzhou, Éditions du Peuple du Fujian, 1998, p. 215.

centrale s'élevait à 30 160 439 *yuans*, alors que la Banque de Chine en avait émis pour 121 889 399 *yuans*. L'émission de la banque centrale ne représentait qu'un tiers de celle de la Banque de Chine, et se situait même en dessous des montants émis par la Banque des Communications[24]. Chaque province disposait également de banques provinciales, de maisons de change, de bureaux financiers, ainsi que d'institutions privées contrôlées par les *warlords*, et certaines banques spécialisées jouissaient également du droit d'émission[25].

De plus, après la création de la banque centrale, celle-ci n'a jamais réussi à centraliser les réserves de dépôts, tandis que les établissements financiers régionaux plaçaient souvent de grandes quantités de fonds auprès de banques solides et réputées, telles que la Banque de Chine. Ainsi, « Les réserves des autres banques ne se concentraient pas à la banque centrale, mais plutôt à la Banque de Chine, qui en venait de fait à assumer le rôle de banque centrale »[26]. Cependant, les banques chinoises ne centralisaient pas suffisamment leurs réserves en espèces. À Shanghai, par exemple, les fonds de réserve des banques commerciales ordinaires étaient dispersés : une partie était déposée dans les maisons de change locales, une autre dans les banques étrangères et le reste dans des banques comme la Banque de Chine et la Banque des Communications, tandis que les dépôts auprès de la banque centrale restaient très limités.

Concernant les opérations d'escompte, la banque centrale manquait de ressources suffisantes pour soutenir les besoins de liquidité en période de resserrement monétaire. En conséquence, les banques commerciales ne s'attendaient pas à ce que la banque centrale régule le marché financier. Cette faiblesse s'expliquait par la jeunesse de la banque et par des fonds encore insuffisants pour assurer une telle fonction de régulation.

* * *

L'établissement de la banque centrale par le gouvernement nationaliste de Nankin marque une étape de transition cruciale dans l'histoire bancaire chinoise. Cette initiative répondait aux pressions économiques nationales et internationales de l'époque, tout en incarnant une adaptation des théories modernes des banques centrales occidentales au contexte chinois. Par la centralisation de la gestion monétaire et la mise en place d'un système bancaire national, le gouvernement cherchait à restaurer l'ordre financier à l'échelle nationale et à construire un système financier moderne, stable et efficace. Néanmoins, la Banque centrale de la République de Chine révèle un caractère « hybride » : d'une part, en raison de ses liens étroits avec le gouvernement, la banque centrale servait de banque de l'État, permettant à ce dernier d'accéder rapidement à ses ressources pour financer ses besoins. D'autre part, le manque de réserves de la banque centrale la

**24** Wu Qixiang, *Le Système bancaire chinois*, *op. cit.*, p. 25.

**25** Liang Juwen, *Introduction au système de la Banque centrale*, Shanghai, Éditions Da Dong, 1931, p. 175-176.

**26** Shen Zuhang, « Examen des questions de centralisation des reserves », *Revue hebdomadaire des banques*, vol. 20, n° 23, 16 juin 1936.

contraignait à dépendre des apports en capital des autres banques nationales et le droit exclusif d'émission tardait à se concentrer dans une seule institution, ce qui l'empêchait de devenir la « banque des banques ». Cette situation a perduré jusqu'à la réforme monétaire de 1935 et le déclenchement de la guerre sino-japonaise, avant de se conclure avec la fondation de la République populaire de Chine en 1949, lorsque la nationalisation de la banque centrale fut pleinement réalisée.

QUATRIÈME PARTIE

# À l'heure de la grande croissance

**Michel Margairaz**
Université de Paris I Panthéon Sorbonne
IDHE.S UMR 8533
Mission historique de la Banque de France

Cet ensemble de quatre chapitres[1] aborde la question des banques d'émission et des banques centrales comme acteurs politiques lors de la traversée des trois décennies de la Grande Croissance postérieure à juillet 1944. Cette date, on le sait, coïncide notamment avec celle de la signature de l'Accord international de Bretton Woods fondant un nouveau système monétaire international. Hélène de Largentaye analyse dans un ouvrage récent « les graves défauts de construction » de l'Accord, responsables, selon elle, de son « Échec », perceptible dès ses origines[2]. Mais, par-delà ses multiples imperfections, le système a néanmoins fonctionné au cours de cette longue période, doublement marquée par une croissance des pays industrialisés d'une longévité sans exemple antérieur (... ni postérieur !), ainsi que par une stabilité financière et bancaire relative.

Deux approches, longtemps dominantes mais récemment sujettes à une utile réévaluation, trouvent leur trace dans les quatre études qui suivent et qui, de ce fait, contribuent heureusement à leur mesure, à cette révision bénéfique. D'abord, nombre de travaux publiés des années 1960 jusqu'aux années 1990 minimisent, voire occultent le rôle des banques d'émission dans l'entretien et la pérennité de la forte croissance de la plupart des pays développés, laissant entendre ou affirmant que ce rôle se manifeste principalement lors des crises. En somme, surtout par gros temps plutôt que par temps calme ! Ensuite, et de manière fréquemment corrélée, ces travaux, depuis les dernières études statistiques de la Société des Nations (SDN), publiées peu après sa disparition en 1945, jusqu'à certaines recherches, de nature rétrospective, éditées à la fin du siècle dernier, se fondent *d'abord* sur les aspects institutionnels, particulièrement les vagues de nationalisations *de jure* intervenues dans les années 1930 et 1940, transformant la plupart des banques d'émission en banques à capital public, exclusif ou majoritaire, pour en déduire que celles-ci perdent de leur influence après 1945, du fait d'une subordination accrue à leurs trésoreries respectives, et *in fine* à leurs gouvernements. Ces analyses ont été sans doute encouragées de manière simultanée, à partir de la fin des années 1970, par l'hégémonie croissante des réflexions, des recherches et des travaux menés en termes – pas toujours clairement, ni explicitement définis – d'*indépendance* des banques centrales, conduisant à mettre en évidence le processus institutionnel d'acquisition de cette indépendance, analysé alors comme facteur de leur relèvement à partir des années 1980 et 1990, et particulièrement

1 Une cinquième contribution a été présentée lors du colloque de décembre 2024 et se trouve en voie de publication ailleurs : Cuevas, Joaquim and Pons, Maria A.: " Between State Control and Banking Power: Spanish Banking Supervision Under Franco (1940-1975)", *Enterprise & Society*. Les auteurs y montrent les limites restreintes de l'action de la Banque d'Espagne dans le contrôle des banques, face au Trésor et au gouvernement franquiste.

2 Cf. parmi les publications récentes, l'ouvrage (fondé pour partie sur des sources issues des fonds du FMI et sur des archives privées de Jean de Largentaye – présent dans la délégation française à la Conférence – où on peut constater que celui-ci marque dès l'origine ses réserves à l'égard du système mis en place) d'Hélène de Largentaye (avec la collaboration d'Antoine Jourdan), *L'Échec de Bretton Woods,* Paris, Classiques Garnier, 2025, p. 86.

avec la construction du système européen de banques centrales en 1989 et de la Banque centrale européenne à sa suite, bâtie sur le modèle ouest-allemand [3].

Dans les quatre chapitres qui suivent, on relève au contraire des développements insistant sur un rôle accru, sous des modalités variées, des banques centrales à des niveaux divers, grâce à des *fonctions nouvelles* assurées dans le, la ou les politiques (publiques).

Les deux premiers chapitres portent sur la Banque de France. Tout d'abord, Jean-Luc Mastin propose de mesurer la tension existante et fluctuante entre les caractères respectivement politique et technique de la Banque de France à travers le prisme de l'histoire particulière, analysée sur le temps long – débordant même la période définie ici – du *contrôle des banques*, plus particulièrement dans ses dimensions juridiques et institutionnelles. Sa thèse, largement étayée par ses publications précédentes, récentes et à venir, consiste à fonder l'idée selon laquelle à une période s'étalant de la Libération jusqu'aux années 1970, le contrôle des banques – logé dans et assuré par le personnel de la Banque de France – alors marqué, suivant une formule stimulante, par « des usages politiques de la technique », succède à partir des années 1980 – et plus nettement encore dans les années 1990 et suivantes – une autre configuration, où l'emporterait « une politique de la technique ». Pour ce faire, Jean-Luc Mastin indique à juste raison que la loi majeure du 2 décembre 1945 relative à « la nationalisation de la Banque de France et des grandes banques et à l'organisation du crédit », tout en supprimant les aspects corporatistes des institutions nées des actes dits lois de Vichy des 13 et 14 juin 1941, conduit, on le sait, à en garder certains aspects techniques, notamment ceux relatifs au contrôle du secteur bancaire. Ainsi, la loi de décembre 1945 remplace-t-elle le Comité Permanent d'Organisation Professionnelles des Banques (CPOPB) – organe corporatiste de Vichy, dirigé par les grandes banques commerciales et supprimé comme tous les comités d'organisation – par le Conseil National du Crédit (CNC), mais maintient la Commission de Contrôle des Banques (CCB) créée en 1941 – mais dont est par conséquent éliminé le président du CPOPB – et, parallèlement en 1946, est créée la Centrale des Risques. Jean-Luc Mastin montre alors que la Banque de France bénéficie sur ces anciennes institutions réformées comme sur les nouvelles, en apparence autonomes, d'une « prééminence de fait » plus que de droit, en leur fournissant les moyens financiers, matériels et d'expertise et en les logeant rue de

3 Parmi plusieurs publications, notons certaines de celles qui comportent notamment une approche bibliographique et historiographique précise éclairant cette évolution de longue durée : Olivier Feiertag, « Les banques d'émission et la croissance économique en Europe (1945-1973) », *in* O. Feiertag, M. Margairaz (dir.), *Politiques et pratiques des banques d'émission en Europe (XVII^e-XX^e siècle) ; Le bicentenaire de la Banque de France dans la perspective de l'identité monétaire européenne,* Paris, Albin Michel/Mission historique de la Banque de France, 2003, p. 595-622 ; et, plus récemment, Michel Margairaz, « La période singulière où la Banque de France s'est nationalisée » et Éric Monnet, « *The Diversity in National Monetary and Credit Policies in Western Europe under the Bretton Woods System* », *in* O. Feiertag, M. Margairaz (dir.), *Les banques centrales et l'État-nation. The Central Banks and the Nation-State*, Paris, Sciences Po/Les Presses - Mission historique de la Banque de France, 2016, p. 397-449 et p. 451-487 ; Éric Monnet, *Controlling Credit : Central Banking and the Planned Economy in Postwar France, 1948-1973,* Cambridge, Cambridge University Press, 2018 ; *La Banque-providence. Démocratiser les banques centrales et la monnaie,* Paris, Le Seuil/La République des idées, 2021.

La Vrillière[4]. Cette autonomie seulement relative reflète cependant une certaine « incertitude juridique », qui conforterait, selon lui, cette « prééminence » de la Banque sur le contrôle des banques maintenue sur la durée…

Cette belle démonstration nous conduit toutefois à distinguer trois objets de débat, distincts mais sans doute liés, pour aller plus loin : respectivement sur le contexte politique d'abord, puis sur la chronologie, et enfin sur la concurrence entre la Banque de France et le Trésor. D'abord, il est avéré que la question du contrôle des banques est affectée par le climat socio-politique de la Libération, où la question se mêle à celle de la « nationalisation des banques », non sans la présence, chez certains responsables politiques, d'accents anti-capitalistes éphémères, jusqu'au vote de la loi. Pas autant d'ailleurs chez les communistes (PCF) que chez certains socialistes (SFIO), les deux partis disposant, rappelons-le, de la majorité absolue dans la première Assemblée constituante, élue le 21 octobre 1945, peu avant le vote de la loi. Les dirigeants de la Banque de France dès 1945, quant à eux, placent le contrôle des banques – et bien d'autres mesures, telles que l'« invention » des crédits à moyen terme mobilisables annoncés en 1944, la création de la Centrale des Risques entre 1944 et 1946, leur participation au CNC et aux commissions du Plan … – au service de l'intérêt général et d'une politique du crédit en faveur des investissements de la reconstruction, conformément aux orientations du Plan, annoncées simultanément par Jean Monnet en cette même fin de l'année 1945. Sans doute aussi parce que ces innovations, loin de conduire la banque centrale à s'effacer, la poussent à les compter désormais parmi ses différentes fonctions, qui se trouvent ainsi fortement accrues. Un directeur du Crédit à la Banque justifie rétrospectivement en 1950 ce choix auprès du ministre des Finances, même au prix de l'inflation : « (…) il s'agissait d'encourager par tous les moyens sans exception, fussent-ils de nature inflationniste, les premiers efforts de rééquipement et de production, de manière à réamorcer la vie économique. »[5]

C'est certes le signe d'une *conversion* de la Banque et des financiers publics en général – à la dépense productive et, en ce sens, d'une relative « politisation » du contrôle des banques[6]. Mais politisation, non pas dans le sens d'une remise en cause substantielle, voire radicale du système financier, vite dissipée dès 1946, mais plutôt dans la perspective de la « restauration » de l'économie et de la société françaises, avec les ambigüités que comportent le terme ainsi que les réalités correspondantes[7]. Et plus qu'une marque de la « politisation » de la Banque de France, c'est bien plutôt le signe de sa loyauté à la politique du gouvernement d'union nationale en faveur des objectifs du Plan de Modernisation et d'Équipement ou

4 De surcroît, on sait que, aux termes de la loi du 2 décembre 1945, le gouverneur de la Banque de France préside la CCB et assure la vice-présidence du CNC, où le ministre, président en titre, ne vient quasiment jamais (sauf, une fois, Michel Debré en 1966, pour annoncer les mesures de libéralisation bancaire, préparées par Jean-Yves Haberer, conseiller technique à son cabinet)

5 AhBdF, 1331 2003-01/16, Note de M. de Sèze au ministre, 26 mai 1950, p. 2, cité *in* Michel Margairaz, « La période singulière… », contribution citée, p. 434.

6 Cf. Michel Margairaz, *L'État, les finances et l'économie. Histoire d'une conversion,* Paris, Imprimerie nationale/CHEFF, 1991, 2 vol., 1456 p. : chapitres XVI à XX, <https://books.openedition.org/igpde/2692 et 2786> ; ainsi que « Les politiques économiques *de et sous* Vichy », *Histoire//politique, Politique, culture, société,* n° 9, sept-déc. 2009, en ligne.

7 Suivant en cela le titre et le contenu, ouvertement ambivalents, de l'ouvrage dialogué, François Bloch-Lainé, Jean Bouvier, *La France restaurée. 1944-1954. Dialogue sur les chois d'une modernisation,* Paris, Fayard, 1986.

Plan Monnet, qui d'ailleurs bénéficie alors d'un large *consensus* socio-politique, parallèlement à celui réuni à l'origine du programme du CNR[8]. La nationalisation *de jure* de la Banque en 1945 contribue aussi sans doute – suivant en cela l'une des finalités de la loi – à une certaine *dépolitisation,* en rupture avec son passé proche, en en faisant davantage *un acteur public,* partie prenante de la politique du crédit[9]. La Banque de France renonce par-là à jouer un rôle politique propre, rompant ainsi avec la période où le capital de l'établissement était privé. À ce titre, ses nouveaux dirigeants s'abstiennent *a fortiori* d'adopter une attitude hostile à la politique gouvernementale, comme les responsables et les régents de la Banque l'ont renté, en vain, de manière explicitement politique en 1926 ou en 1936, respectivement contre Joseph Caillaux et le Cartel des Gauches ainsi que contre Léon Blum et le Front populaire. Même si le gouverneur Emmanuel Mönick, nommé en octobre 1944 après la suspension, puis la révocation de son prédécesseur et du premier sous-gouverneur, essaie toutefois, brièvement et vainement, de s'opposer à la nationalisation de son établissement, avant le vote de la loi[10].

Ensuite – deuxième question en débat – à propos de la chronologie, on peut en déduire que dès 1945-1946, et surtout en 1948-1950, lorsque le système politico-financier se stabilise avec l'application effective du Plan, avec la création du Fonds de Modernisation et d'Équipement (FME) pour le financer, et surtout avec les crédits Marshall, avec l'amorce de la Guerre froide à la suite de l'éviction des ministres communistes du gouvernement, ainsi que l'arrimage durable du gouvernement de Troisième Force au centre du spectre politique, le contrôle des banques devient *déjà* une affaire, non plus de politique – les jeux sont faits – mais de « technique de la politique ». Et cela bien avant la fin des années 1970, où il apparaît alors que l'introduction progressive des *ratios* de la surveillance prudentielle coïncide effectivement avec une modernisation, une technicisation, une professionnalisation et une autonomie relative du contrôle des banques au sein de la Banque de France, durable d'ailleurs jusqu'à nos jours.

Enfin – troisième objet de débat – il existe dans les années 1950-1960 des querelles administratives de paternité du contrôle des banques, dont Jean-Luc Mastin détaille divers épisodes, dont la Banque sort victorieuse, à la différence de nombreux pays, telle la République fédérale allemande, où la fonction relève du ministère des Finances. Il s'agit là particulièrement d'épisodes de la lutte multi-décennale entre le Trésor et la Banque de France, conclue depuis 1945 au profit de celle-ci (lutte encore vive en 1993, lors de l'accès de la Banque de France à l'indépendance !) pour s'assurer la direction des activités de contrôle des banques. Toutefois, cela ne résulte pas d'une bataille politique, mais bien davantage d'un *conflit fonctionnel* entre les deux pôles des autorités monétaires. Et cette concurrence sur cette question ne signifie pas nécessairement des désaccords de fond sur la politique financière, à propos de laquelle on a pu montrer ailleurs que, dans

**8** Cf. Claire Andrieu (dir.), *Le Conseil national de la Résistance. Un programme fondateur,* Paris, Gallimard, « Folio/inédit histoire », 2025.

**9** On revient sur cette notion, cf. *infra,* les conclusions du volume.

**10** Michel Margairaz, « Les gouverneurs dans la tourmente (1935-1944) », *in* O. Feiertag, I. Lespinet-Moret, *L'Économie faite homme. Hommage à Alain Plessis,* Genève, Librairie Droz SA, p. 113-133.

l'ensemble, sur le temps long, Trésor et Banque ont pu collaborer dans une sorte de *condominium*[11]sur la politique monétaire, même si la décision jusqu'en 1993 relève *in fine* du ministre.

Dans le deuxième chapitre, Antoine Jourdan examine également le rôle de la Banque de France dans la politique du crédit d'après 1945, vue, selon lui, comme partie prenante de l'« économie concertée », selon les termes de la métaphore musicale (et familiale) employée par Étienne Hirsch, alors adjoint de Jean Monnet au Commissariat du Plan. Mais Antoine Jourdan se situe à partir d'un autre angle de vue, celui de la Centrale des Risques et du jeu des acteurs au sein du CNC, et surtout en examinant les pratiques effectives de la Banque dans la politique menée, à travers notamment la production d'informations sur les principaux risques bancaires. Il établit que la Banque de France institue une véritable concertation dans le réseau bancaire à travers son Service Central des Risques (SCR), accepté des milieux bancaires au prix d'une anonymisation des banques créancières, afin de ne pas enfreindre le secret bancaire. Cela introduit l'institutionnalisation de pratiques coopératives entre la Banque et les banques commerciales, que l'auteur identifie comme l'une des marques des *Coordinated Market Economies*. Cependant, on aurait pu également indiquer que la réussite relative provient aussi (et surtout ?) du fait que la Banque devient une vraie banque centrale en renonçant peu à peu à l'escompte (et à sa clientèle) directe, n'apparaissant plus ainsi comme la concurrente des banques commerciales comme c'était le cas dans l'entre-deux-guerres.

L'information issue de la Centrale des risques ne parvient cependant pas à déborder les frontières du secteur bancaire et, à l'échelle macro-économique, les chiffres produits par le SCR, contrairement aux attentes exprimées, peinent à éclairer la politique économique et financière – sauf dans quelques cas sectoriels limités particulièrement spéculatifs à la fin des années 1940 – car ils ne sont guère repris ni par l'INSEE, ni par le Plan, ni par le Service des Études Économiques et Financières (SEEF), créé par Claude Gruson en 1950 au Trésor, ni *a fortiori* lorsque la Comptabilité nationale se met en place de manière hégémonique dans le domaine de l'information macro-économique et financière des années 1950. À ce moment, même le CNC perd de son rôle. C'est bien le *condominium* Banque de France-Trésor qui domine la politique du crédit, en particulier après 1948, avec l'instauration des plafonds de réescompte et de planchers de bons du Trésor, le tout suivant les orientations du Commissariat au Plan, le dernier mot revenant au Trésor et au gouvernement, comme le rappelle opportunément le gouverneur Wilfrid Baumgartner en 1957[12].

Valentina Vardabasso aborde dans le troisième chapitre l'action politique internationale, monétaire et financière de la *Banca d'Italia,* et partiellement de la Banque de France à ses côtés, aux lendemains de 1945 dans deux domaines,

**11** Michel Margairaz, « Monnaie et finances publiques : conflictualité ou *condominium* du Trésor et de la Banque de France au XX^e^ siècle ? », *in* F. Cardoni, M. Margairaz (dir.), *L'État des finances publiques en France. Comprendre les dynamiques du long XX^e^ siècle,* Paris, IGPDE/CHEFF, 2024, t. 2, p. 7-67.

**12** Antoine Jourdan cite dans sa contribution la remarque formulée par le gouverneur Wilfrid Baumgartner auprès de Gaston Tessier, dirigeant de la Confédération française des travailleurs chrétiens (CFTC), le 27 juin 1957 : « (...) la coordination générale des problèmes appartient au gouvernement » (cf. *infra*).

la réhabilitation financière internationale de l'Italie et particulièrement de la lire italienne en 1946-1947, et, d'autre part, l'accord de change franco-italien et les migrations italiennes en France en mars 1947. La *Banca d'Italia* bénéficie en 1945-1947 de circonstances doublement favorables, pour des raisons conjoncturelles et structurelles. Pour l'Italie, disqualifiée par vingt années de fascisme et par l'alliance dans l'Axe de 1936 jusqu'en septembre 1943, la monnaie apparaît comme l'une des premières scènes pour réintégrer la nouvelle communauté internationale en construction. De manière conjoncturelle, dès juillet 1944, la première conférence internationale des Alliés se tient à Bretton Woods et débouche sur la création du Fonds monétaire international (FMI), dont l'Italie, ancienne ennemie, est provisoirement exclue. De façon plus structurelle, face à un État relativement faible et déconsidéré, la *Banca d'Italia* et ses dirigeants apparaissent, en particulier aux yeux des prêteurs américains, comme l'élément solide de la péninsule. À la suite de Keynes pour le Royaume-Uni en décembre 1945 et après la délégation française, placée sous la direction officielle de Léon Blum mais conduite de fait par Jean Monnet en mai 1946, Alcide de Gasperi vient négocier un prêt à Washington en janvier 1947. Mais c'est bel et bien Donato Menichella, directeur de la banque centrale, en accord avec le gouverneur Einaudi – qui va ensuite dévaluer opportunément la lire – qui mène les négociations et obtient l'assurance de l'engagement américain durable dans le relèvement de l'Italie, car il rassure ses interlocuteurs à Washington quant à « (…) l'existence d'une nouvelle vision politique, une clarté d'idées et une rigueur morale » (Valentina Vardabasso), entendons un nouveau cours politique, marqué peu après par l'éviction des communistes du gouvernement de libération nationale et l'ancrage politique désormais au centre autour de la démocratie chrétienne, évolution qui se traduit par la double intégration de l'Italie au FMI en mars 1947, puis parmi les bénéficiaires du Plan Marshall en 1948. Par ailleurs, ce sont les deux gouverneurs à Rome (Einaudi) et à Paris (Mönick) qui parviennent à établir la double cotation libre du franc et de la lire sur les deux places et à assurer un taux de change préférentiel pour les transferts des immigrés italiens en France.

Dans l'ultime chapitre, Raphaël Orange-Leroy, en appui sur les apports de sa thèse de doctorat, soutenue peu auparavant, élargit l'horizon de recherches à l'échelle mondiale en nous montrant combien certains des banquiers centraux des Suds tentent d'insérer les questions de développement dans les débats sur la réforme du système monétaire international (SMI). Ils agissent à partir de leur soutien de la part de la CNUCED (Conférence des Nations Unies sur le Commerce et le Développement) à Genève, lors de sa première session en 1965 jusqu'aux premiers soubresauts de la crise du système monétaire en 1971-1972, date où ils forment un groupe autonome (le G 24) au sein du FMI. Le point d'appui initial a été marqué par les travaux et le rôle de Raul Prebisch, ancien président de la banque centrale d'Argentine dans l'entre-deux-guerres, secrétaire général de la CEPALC (Commission Économique pour l'Amérique Latine et les Caraïbes) depuis 1950 et surtout premier secrétaire général de la CNUCED en 1962 et un des deux auteurs de la thèse de Singer-Prebisch, relative à la baisse tendancielle des termes de l'échange des pays en développement (PED).

Dans un premier temps, la CNUCED et son secrétariat servent de « plate-forme » à quelques banquiers centraux (de Ceylan, du Chili, de la Colombie...) et certains spécialistes monétaires des PED qui, en constituant un groupe d'experts, veulent ôter au Groupe des 10 (G10, composé de pays développés) et au groupe de travail n° 3 de l'OCDE le monopole de la réforme du SMI et tentent de définir une position commune aux pays du Groupe des 77 (G77) des PED, afin notamment de faire admettre que ceux-ci puissent bénéficier pleinement des droits de tirage spéciaux (DTS), mis effectivement en place en 1969.

Dans un second temps, la CNUCED sert de « tremplin » aux banquiers centraux des PED, qui transmettent le relais aux administrateurs du FMI issus des pays du Sud – qui y représentent plus du quart des quotas – afin notamment d'assouplir les mécanismes de fonds compensatoires (MCF) et de participer à la réforme du SMI mis à mal en août 1971 par la décision unilatérale de Richard Nixon. C'est l'année suivante que le G77 décide, à la suite des pays latino-américains, de constituer le groupe des 24 et, la même année, lors de la troisième session de la CNUCED à Santiago-du-Chili, les pays en développement participent à la réforme monétaire débattue au sein d'un groupe dédié au sein du FMI, le G20.

Ainsi, plusieurs des banquiers centraux des Suds exercent-ils de 1965 à 1972 un rôle *politique* de véritable *diplomatie monétaire internationale* au nom du groupe des 77 en cherchant à introduire les questions de développement dans les débats monétaires afin de peser sur la réforme du SMI. Cette situation est évidemment tributaire d'un contexte particulier et somme toute très temporaire, où l'unité des Suds à travers le G77 et les préoccupations monétaires du secrétariat de la CNUCED, – et sans doute le rôle majeur joué là par Raul Prebisch – offrent aux banquiers centraux les plus déterminés les ressources pour faire avancer les revendications monétaires en faveur des Suds, sans toutefois y parvenir totalement. Mais ceux-ci perdent leur point d'appui avec l'ébranlement du système bâti à Bretton Woods, et (surtout ?) à la suite des divisions progressives au sein des États des Suds, tributaires tout à la fois des chocs pétroliers, de l'expansion des crédits sur fonds privés, de l'effacement de la CNUCED et des velléités de nouvel ordre économique international, ainsi que des putschs dictatoriaux au Chili et en Argentine, qui coïncident aussi avec la contre-offensive néo-libérale dont les premières manifestations, rappelons-le, s'amorcent à Santiago du Chili après le coup d'État du 11 septembre 1973.

Chapitre 13

# Des usages politiques d'une fonction technique : le contrôle des banques en France (1941-1982)

**Jean-Luc Mastin**
Université Paris 8
IDHES UMR 8533

Institué en 1941-1945, le contrôle des banques, est, en France, une des missions de la banque centrale, qu'elle exerce indirectement à travers deux institutions adossées à ses services centraux[1], et directement, au sein de ses deux directions générales surveillant les risques de crédit[2] et au sein de son réseau de succursales, sans oublier l'Inspection des succursales, service intégré à une autre direction générale (Contrôle Général) et placé sous l'autorité directe du Gouverneur. Contrairement aux modèles allemand, suisse, belge et américain, la banque centrale est donc en France au cœur du système de contrôle bancaire – même si, jusqu'à la réforme de 1984, la compétence du ministère des Finances s'exerce sur un important secteur public et semi-public constitué avant 1940, comprenant les réseaux de crédit mutuel, coopératif, agricole, et les caisses d'épargne. Cette position centrale apparait comme la reconnaissance d'une expertise technique séculaire en matière de surveillance des banques, appuyée sur une organisation et un personnel réputés. C'est que le contrôle bancaire est une fonction technique, opérée par deux métiers (contrôle sur pièces et contrôle sur place[3]), ciblant plusieurs objets (conformité, risques, comptabilité, gestion), et visant l'efficience (rapport résultats / coûts). Il n'empêche qu'au niveau macro-économique, le

1 Le Conseil National du Crédit (CNC) et surtout son Comité des Banques et des Établissements Financiers (CBEF), renommé en 1984 Comité des Établissements de Crédit (CEC) ; la Commission de Contrôle des Banques (CCB) devenue en 1984 Commission bancaire.

2 La Direction générale du Crédit (DGC), qui comprend le Service Central des Risques à partir de mars 1946, et la Direction Générale de l'Escompte (DGE), qui comprend la direction du Contrôle du Portefeuille.

3 Cf. le plan d'entreprise de la Banque de France de décembre 1993.

**RÉSUMÉ**
**Mis en place entre 1941 et 1950, d'abord d'esprit corporatiste, le contrôle des banques est, à partir de 1945, au service de la politique du crédit, au nom de l'intérêt supérieur de la Nation. En raison de vides juridiques, et malgré les contestations répétées de la Direction du Trésor dans les années 1950-1960, la banque centrale garde *de facto* une prééminence sur le système de contrôle. Puis, alors que la modernisation technique s'impose tardivement (ratios prudentiels, 1979), le facteur politique ressurgit (nationalisations bancaires, 1982) et menace les efforts récents en matière de solvabilité. À terme, cependant, la technicisation et la dépolitisation du contrôle sont en marche.**

**ABSTRACT**
**Banking supervision was set up between 1941 and 1950. Initially corporatist in spirit, it served the credit policy from 1945 onwards, on behalf of the nation's best interests. Due to legal loopholes, and despite reapeated challenges from the Treasury Department in the 1950s and 1960s, the Central Bank retained *de facto* pre-eminence over the supervisory system. Then, just as technical modernisation was taking hold (prudential ratios, 1979) the political factor reappeared (nationalisation of banks, 1982) and threatened the recent efforts to improve solvency. Ultimately, the technicalisation and de-politicisation of supervision were underway.**

JEL : **E58, G28, N14, N24, N44**
Mots-clés : **contrôle bancaire ; supervision et régulation bancaires ; banque centrale ; Commission bancaire**
Key words : **banking supervision ; banking regulation ; central bank ; Banking commission**

facteur politique joue doublement. D'une part, la diversité et la variabilité historiques des dispositifs institutionnels nationaux résultent d'arbitrages déterminés par les structures politiques, économiques et sociales, et par la conjoncture politique et idéologique. D'autre part, l'efficience du contrôle se mesure à l'aune de ses finalités. Or, historiquement, celles-ci ne se limitent pas à la stabilité du système bancaire et à la sécurité des dépôts, mais changent avec ce qu'on peut appeler « l'esprit » du contrôle, idéologie sous-jacente partagée par les autorités de contrôle, et qui préside plus largement aux mutations du système financier[4]. Dit autrement, aucune technique n'est neutre, et le système de contrôle bancaire apparaît comme la résultante d'une tension constante entre la technique, au cœur des préoccupations des praticiens du contrôle et de la Profession bancaire, et le politique, entendu comme la poursuite d'un intérêt général dont la définition change historiquement selon la communauté auquel il se réfère[5]. C'est cette tension qui explique à la fois la permanence globale de ses structures et les mutations de ses usages.

Faire l'histoire institutionnelle et politique du contrôle bancaire en France amène ainsi à montrer que le système mis en place entre 1941 et 1950 est, après le moment corporatiste de Vichy, marqué par une forte politisation du contrôle des banques, qui, durant quarante ans, est au service du contrôle du crédit, c'est-à-dire de la politique monétaire, au nom de l'intérêt national défini comme

**4** Jean-Luc Mastin, Béatrice Touchelay (dir.), *Des banques sous surveillance ? Pour une histoire du contrôle bancaire depuis le XIXe siècle*, Presses universitaires du Septentrion, 2023, 344 p. ; Jean-Luc Mastin, « Control, did you say control ? (or supervision ?) », *in Varieties of supervision. The surveillance of banks in a long-term perspective, Revue française d'histoire économique*, 2023-II, p. 12-28.

**5** Michel Margairaz, « Les trois figures successives de la monnaie comme bien commun au XXe siècle. La Banque de France et l'encastrement de la monnaie dans la politique du crédit », *in* Christian Bessy et Michel Margairaz (dir.), *Les biens communs en perspectives. Propriété, travail, valeur (XVIIIe-XXIe siècle)*, Paris, Éditions de la Sorbonne, 2021, p. 165-185.

« l'expansion » économique combinée à la maîtrise de l'inflation. Tel est l'objet de la première partie. Ce système subit ensuite deux types de contestations, qui sont étudiées dans une seconde partie. Dans les décennies 1950-1960, les contestations politiques confirment, au fond, la nature de ses usages. En revanche, après les crises bancaires étrangères de 1973-1975, les enjeux techniques priment : la « modernisation » du contrôle sur le modèle prudentiel s'impose, même si les nationalisations bancaires de 1982 font brutalement ressurgir le facteur politique.

## POLITISATION ET USAGES POLITIQUES DU CONTRÔLE BANCAIRE (1941-1950)

On sait qu'en France, ce n'est pas la crise bancaire des années 1930, mais les premières mesures de contrôle des banques imposées par l'occupant allemand en juillet 1940, qui sont l'élément déclencheur de l'institution d'une réglementation professionnelle et d'un contrôle des banques[6]. À l'esprit corporatiste du dispositif institutionnel élaboré en juin 1941, s'oppose, dès avant la Libération, une vigoureuse (re)politisation du contrôle bancaire, désormais moins tourné vers les intérêts de la Profession que vers ceux de la Nation.

### De la Profession à la Nation : la (re)politisation du contrôle bancaire (1941-1945)

Les décrets dits « lois » des 13 juin et 14 juin 1941 posent les fondements durables de la réglementation et du contrôle des banques. D'une part, ils définissent l'activité bancaire, distinguent « banques » et « établissements financiers », et fixent les conditions nécessaires d'accès à la profession (« inscription » des banques, « enregistrement » des établissements financiers). D'autre part, ils créent deux institutions :

– le Comité Permanent d'Organisation Professionnelle (CPOB) composé de six membres, tous banquiers, dont le président (Henri Ardant, président de la Société générale), nommés par le « secrétaire d'État à l'Économie nationale et aux Finances », qui y délègue aussi un commissaire du gouvernement : il réglemente la profession (décisions générales), décide des inscriptions et des radiations, des enregistrements et retraits d'enregistrement (décisions individuelles) ;

– la Commission de Contrôle des Banques (CCB), formée du gouverneur de la BdF, qui la préside, du directeur du Trésor et du président du CPOB : elle contrôle la conformité à la réglementation (contrôles sur pièces et sur place) ; elle a une double fonction juridictionnelle (sanctions disciplinaires ; recours en annulation de décisions individuelles du CPOB) ; son pouvoir réglementaire est théoriquement limité aux formules-types de bilans et de situations périodiques, et à un rôle consultatif.

Enfin, les deux associations professionnelles, celle des banques (APB) et celle des entreprises et établissements financiers (APEEF), auxquelles l'adhésion est

6 Claire Andrieu, *La banque sous l'occupation. Paradoxe de l'histoire d'une profession*, Paris, PFNSP, 1991, 414 p.

obligatoire, sont créées dans la foulée, et jouent un rôle important : toute décision générale du CPOB doit leur être soumise pour avis ; elles sont des intermédiaires obligés entre les établissements et les autorités de contrôle ; elles financent les dépenses de fonctionnement du CPOB et de la CCB.

Au total, cette configuration institutionnelle, qui repose sur une « dyarchie » Profession – BdF, a un caractère nettement corporatiste. Henri Ardant a une position centrale : il est à la fois président du CPOB et de l'APB, et membre de la CCB ; mais, c'est la BdF qui possède l'expertise et l'organisation nécessaires à la surveillance des banques. Et c'est pourquoi en février-mars 1943, puis officiellement en juin 1944 le président du CPOB sollicite du Gouverneur la création d'un « Bureau central des risques », que la BdF accepte bien volontiers de créer au sein de sa DGE : innovation qui lui permet de renforcer sa position dans le système de contrôle, mais aussi service rendu pour le « bien commun de la profession bancaire[7] ».

Même si la nécessité de cette réglementation et de l'« assainissement »[8] de la profession réalisé entre 1941 et 1945 est largement reconnue, l'esprit et l'organisation du dispositif institutionnel font l'objet d'un ensemble foisonnant d'analyses critiques et prospectives, intégrées à des études sur les lacunes de « l'organisation du crédit » et à des projets de réformes structurelles pour l'après-guerre, qui donne à voir l'ardent débat d'idées, bien plus politique que technique, qui a lieu tant à Paris qu'à Marseille ou Alger, dans les années 1943-1945[9]. Le rejet du corporatisme fait consensus, ainsi que l'association du contrôle des banques à une politique du crédit, appelée « direction » ou « orientation » du crédit, qui doit faire primer les « intérêts généraux de la nation ». À travers elle s'opère littéralement la nationalisation du crédit, expression au cœur du programme socialiste depuis 1934-1936 et dont la diffusion n'est pas exempte d'ambiguïtés. Dans ses principes, il faut rationaliser la distribution du crédit et la soumettre à l'intérêt général, c'est-à-dire : l'orienter vers les secteurs, branches et entreprises jugés prioritaires par le futur Plan ; la fonder sur « l'utilité économique » et non plus sur le risque et le profit ; faire baisser son coût par la rationalisation bancaire ; séparer les activités de banque de dépôts et de banque d'affaires afin de garantir la sécurité des dépôts. En outre, la BdF ne sera vraiment une banque centrale, en mesure de superviser les banques commerciales, que si elle renonce aux opérations directes par lesquelles elle leur fait concurrence.

Au-delà de ces principes consensuels, trois divergences donnent à voir des clivages politiques et idéologiques. La première oppose les tenants de la « nationalisation du crédit », qui accordent une place centrale au contrôle des banques, à ceux de la « nationalisation des banques », implicitement conçue comme le moyen

7 Archives économiques et financières SAEF, B 53446, Notes manuscrites de Herrenschmidt, directeur adjoint du Trésor, séance du CPOB du 4 mars 1943 ; Archives historiques de la Banque de France (noté *infra* AhBdF) 1069 2012 31/1, Lettre d'Henri Ardant au Gouverneur De Boisanger, 23 juin 1944 ; Lettre du Gouverneur au Président du CPOB, 29 juin 1944 – Michel Margairaz « La longue marche des chiffres privés aux statistiques publiques. L'invention de la Centrale des risques bancaires à la française (années 1930-années 1940) » *in* Fabien Cardoni *et alii* (dir.), *Chiffres privés, chiffres publics XVII^e-XXI^e siècle*, Presses universitaires de Rennes, 2022, p. 103-139.

8 Élimination des petits établissements fragiles au moyen des refus d'inscription ou d'enregistrement.

9 Études et projets en AhBdF 1201 2004 01/9 et 10.

le plus efficace de les surveiller, réduisant le contrôle des banques à un impensé, ou le rejetant comme l'alibi des libéraux. La deuxième concerne l'équilibre entre les deux pôles de l'autorité monétaire, au sein du condominium État – banque centrale à établir : il relève d'arbitrages conflictuels portant notamment sur le transfert des pouvoirs réglementaires et décisionnels du CPOB. La troisième est le contrôle bancaire – si peu évoqué, en particulier dans ses aspects techniques : faut-il attribuer à un même organe la politique du crédit et le contrôle des banques, ou bien les séparer ? Faut-il supprimer ou rénover la CCB ? Le contrôle permanent à établir dans les grandes banques doit-il être confié à la CCB ou à l'État ? Il en résulte un compromis politique, par nature imparfait et insatisfaisant.

### Un système de contrôle complexe et cloisonné

Mis en place par la loi du 2 décembre 1945, modifiée par la loi du 17 mai 1946 et complétée par les deux décrets du 28 mai 1946, le système de contrôle s'inscrit à la fois dans la continuité et dans la rupture avec la législation de 1941 et la réglementation du CPOB. Loi d'urgence influencée par le poids de la SFIO au sein de la Constituante élue en octobre 1945, la loi du 2 décembre 1945 « relative à la nationalisation de la Banque de France et des grandes banques et à l'organisation du crédit » ne traite qu'accessoirement de la réglementation professionnelle. Ce n'est qu'au détour de deux articles du Titre V sur la « direction du crédit » qu'elle règle le sort des institutions de 1941, supprimant l'une et maintenant l'autre[10]. Les « actes dits lois » des 13 et 14 juin 1941 sont implicitement validés, sauf exception concernant le CPOB. La continuité juridique s'opère donc par et dans le silence de la loi, qui n'est pas exempt d'ambiguïtés et d'incertitudes[11] .

1945 introduit une rupture institutionnelle et deux innovations. D'une part, le CNC, qui hérite de jure des compétences réglementaires du CPOB et *de facto* de ses services techniques, s'en distingue par sa composition (loin de l'organe corporatiste, c'est un petit parlement du crédit de 38 membres choisis dans cinq catégories par le ministre des Finances[12]) et par son rôle consultatif en matière de « direction » et d'« organisation » du crédit ». D'autre part, sont instaurés le classement des banques en trois catégories (banques de dépôts, banques d'affaires, banques de crédit à long et moyen terme) (titre II, art. 4 et 5), et le « contrôle des banques d'affaires » (titre IV, art. 11). Ce dernier est un compromis politique entre les tenants d'une nationalisation large (SFIO) et les tenants d'une nationalisation restreinte[13].

**10** Art. 13, § 12 : « Il [le CNC] exerce par l'intermédiaire de la Banque de France toutes les attributions antérieurement confiées au comité permanent d'organisation bancaire qui est dissout à la date de la promulgation de la présente loi. » – Art. 15, §2 : « Elle [la CCB] exerce tous les pouvoirs d'investigation, de contrôle et de discipline définis par les actes dits lois des 13 et 14 juin 1941. Ses pouvoirs s'étendent aux établissements financiers. »

**11** Jean-Pierre Le Crom, « L'avenir des lois de Vichy », *in* Bernard Durand, Jean-Pierre Le Crom, Alessandro Somma, *L'histoire de l'économie, de la politique et du droit sous Vichy, Das Europa der Diktatur,* 13, Francfort sur le Main, Klostermann, 2006, p. 453-478.

**12** « Forces actives du pays », organisations syndicales représentatives, ministères, banques, secteur public et semi-public.

**13** En réalité seules les plus grandes banques d'affaires (celles qui sont « constituée[s] sous forme de société par actions et dont le total du bilan et des engagements hors bilan est supérieur à 500 millions de francs ») sont concernées par l'introduction d'un commissaire du gouvernement.

Pour la CCB, qui est maintenue dans ses prérogatives, la continuité est plus évidente en fait qu'en droit. Sa composition est élargie (art. 15) : le Gouverneur de la BdF, président, et le directeur du Trésor demeurent ; le président du CPOB disparaît au profit du « directeur chargé des questions de crédit au département des Affaires économiques » et d'un « représentant de la fédération des employés de banque la plus représentative » ; et, surtout, le président de la section des finances au Conseil d'État en est désormais membre. Ses compétences sont aussi élargies (nomination d'administrateur provisoire et de liquidateur ; dans les banques de dépôts nationalisées, elle exerce désormais les pouvoirs des assemblées générales d'actionnaires). Quant aux associations professionnelles, elles ne sont pas évoquées par la loi, ce qui maintient de fait un fonctionnement corporatiste malgré l'esprit anti-corporatiste de la Libération.

Les lacunes de la loi sont béantes. Elle ne règle pas les modalités du contrôle des établissements du secteur public, mais seulement la composition de leurs conseils d'administration (dépourvus de représentant du gouvernement) et la désignation de leurs présidents et directeur généraux, soumise à l'agrément du ministre des Finances (art. 9). Elle reporte à plus tard une loi donnant de nouveaux statuts à la BdF (« avant le 28 février 1946 », art. 3), et des décrets fixant les « règles fondamentales de fonctionnement des établissements nationalisés » et des « établissements du secteur libre » (art. 14). Seuls ces derniers sont pris, le 28 mai 1946. Le premier soumet les quatre banques nationalisées au contrôle permanent d'un censeur qu'elle « délègue en permanence » dans chacune d'elles, qui s'ajoute au contrôle périodique de droit commun. Le deuxième donne à la CCB la capacité de fixer des « règles de gestion » (ratios bilantiels), visant à « garantir [la] solvabilité et de maintenir [la] liquidité » des banques de dépôts. Cinq « rapports » sont ainsi prévus : un ratio de liquidité à court terme ; deux rapports de solvabilité ; un ratio de division des risques ; un ratio d'immobilisation des fonds propres. Mais d'une part, la CCB n'a pas l'obligation d'instaurer ces normes, et d'autre part, tout un travail de définition des termes des numérateurs et des dénominateurs reste à faire[14].

Au total, le système de contrôle mis en place entre 1941 et 1946 juxtapose :

– d'une part, l'ensemble contrôlé par le CNC et la CCB, adossés à la BdF : banques inscrites, y compris les quatre banques nationalisées (sur lesquelles la CCB exerce trois types de contrôle[15]), et établissements financiers. Le CNC ou plutôt son Comité des Banques et des Établissements Financiers (CBEF) prend des décisions générales (réglementation) et individuelles (inscription ou enregistrement ; radiation ou retrait d'enregistrement). La CCB exerce un triple pouvoir administratif (surveillance), juridictionnel et réglementaire (normalisation comptable et ratios prudentiels – mais de facto davantage).

– d'autre part, l'ensemble déjà contrôlé par le ministère des Finances avant 1941 : secteur public (Crédit national, Crédit foncier, Caisse nationale des marchés

**14** « La Commission de contrôle précisera le sens des expressions : *avoirs liquides et mobilisables* ; *engagements à court terme* ; *capitaux propres* ; *entreprises ayant des intérêts communs* ; *immobilisations* » (art. 17).

**15** Contrôle *a posteriori*, de droit commun (contrôle sur pièces et sur place) ; contrôle permanent *a priori* (censeurs) ; pouvoirs autrefois dévolus aux assemblées générales d'actionnaires (approbation des comptes).

de l'État, Comptes chèques postaux, Caisse nationale de Crédit agricole) et établissements à statut légal spécial (Crédit mutuel, Crédit coopératif, Banques populaires, Crédit agricole, Caisses d'épargne). Le contrôle sur place est assuré par l'Inspection générale des Finances, et un contrôle permanent par des commissaires du gouvernement. À ce secteur s'ajoutent les instituts d'émission (BdF et Banque de l'Algérie), où le ministère des Finances délègue des censeurs. Le contrôle permanent constitue un terrain de concurrence entre la BdF et le ministère des Finances, en raison d'une « anomalie » : ce dernier est représenté dans les grandes banques d'affaires (privées), mais pas dans les quatre banques de dépôts nationalisées.

**Vides juridiques et prééminence de fait de la banque centrale**

La BdF exerce sur ce système une prééminence de fait, liée à la fois aux lacunes juridiques du cadre législatif et au fait qu'elle détient une expertise reconnue et une organisation immédiatement opérationnelle. Mais les solutions pragmatiques qui sont mises en place sont porteuses d'une insécurité juridique. L'indétermination juridique des institutions du contrôle apparaît très tôt, à la faveur des questions soulevées par leurs liens fonctionnels très étroits avec la banque centrale. Dans la loi, ceux-ci sont suggérés par l'attribution de la présidence de la CCB et de la vice-présidence du CNC au Gouverneur de la BdF. Mais la loi ne règle pas les modalités pratiques de leur fonctionnement, et confond en un même mot l'organe collégial et l'organe administratif (secrétariat[16]). Pour la CCB, la seule mention concrète concerne les contrôles sur place : « (...) elle peut (...) faire effectuer sur place des contrôles complémentaires par les inspecteurs de la Banque de France » (décret du 13 juin 1941, art. 51) ; mais quid des agents chargés du contrôle sur pièces ? Pour le CNC, l'expression « Il exerce par l'intermédiaire de la Banque de France... » est tout sauf claire, et suscite la perplexité des juristes de sa Commission Juridique Consultative (CJC)[17]. C'est donc de fait, et non de droit, que la BdF fournit les moyens matériels, financiers et humains aux secrétariats du CNC et de la CCB, qui sont de surcroît logés au siège central de la BdF. Celui du CBEF, logé à la DGC, est pris en charge par le Service des banques (puis Direction des Banques et des Établissements Financiers [DBEF]). Celui de la CCB est distinct des services de la BdF, mais il est composé d'agents de la BdF. Il en va de même pour la Centrale des risques instituée en mars 1946 par une réglementation de la BdF, et non par une loi[18]. La centralisation trimestrielle des risques, qui se fait à deux niveaux (au Service central des risques, logé à la DGE, et dans les Bureaux locaux des risques, logés dans les succursales) est caractéristique de la façon dont le système de contrôle se développe en épousant l'organisation de la banque centrale. Même chose pour les censeurs des banques nationalisées : le décret du 28 mai 1946 ne dit pas qu'ils seront choisis parmi les inspecteurs honoraires de

**16** Par exemple : « La CCB se réunit sur convocation de son président » (décret du 13 juin 1941, art. 50) et « La commission exerce son contrôle au vu des bilans et situations périodiques... » (art. 51).

**17** AhBdF 1069 2012 43 / 1, Procès-verbal de la séance de la CJC, 4 janvier 1946.

**18** AhBdF 1069 2012 43/1, Décision du Gouverneur de la BdF, 7 mars 1946. ; AhBdF 1201 2004 01/10, circulaires de l'APB (9 mars 1946) et du DGE (18 mars 1946).

la BdF ; ils auraient pu l'être parmi les fonctionnaires de la direction du Trésor, qui est membre de la CCB.

Au total, les liens fonctionnels entre la BdF et les organes de contrôle sont si étroits qu'ils produisent une confusion apparente, qui va, chez les assujettis, jusqu'à l'identification. Cette situation expose la BdF à un risque judiciaire et financier énorme. En 1948-1949, dans la première affaire où des clients d'un établissement en faillite mettent en cause la responsabilité des autorités de contrôle pour défaut de surveillance, d'Alain d'Eudeville et François Kampmann dirigent leurs requêtes en indemnités, puis leurs recours auprès du Conseil d'État, contre la CCB et le CNC, mais aussi contre la BdF (et, en outre, contre le ministre des Finances). L'hypothèse de la responsabilité de la BdF soulève la question des relations juridiques exactes entre la BdF et les deux organes de contrôle, donc de l'autonomie juridique de ceux-ci. L'hypothèse de leur responsabilité pécuniaire soulève deux autres questions : ont-elles la personnalité juridique ? quelle est leur nature juridique exacte ? Pour les juristes de la BdF, ces « entités » ou « organismes » seraient chargés d'un service public, et dépourvus de patrimoine et de ressources propres, donc de personnalité juridique, et la BdF n'est pas responsable de leurs décisions. Mais dans l'immédiat, ils préconisent de « distendre le plus possible [leurs] liens » avec la BdF (détachement des agents, autonomie budgétaire, locaux distincts[19]). Par ailleurs, la prééminence de la BdF sur le système de contrôle fait l'objet d'attaques du ministère des Finances.

### La question très politique du contrôle des banques de dépôts nationalisées : le bras de fer entre la CCB / Banque de France et la direction du Trésor / ministère des Finances, 1948-1950

Le double statut des banques de dépôts nationalisées, à la fois banques et entreprises publiques, est en effet à la source d'une vive concurrence entre les deux autorités de contrôle légitimes, qui porte sur le contrôle comptable et de gestion et sur le contrôle permanent. Après l'institution d'un contrôle parlementaire sur les entreprises publiques (lois des 21 mars et 3 juillet 1947), un contrôle comptable et de gestion est confié à une nouvelle institution, la CVCEP (Commission de vérification des comptes des entreprises publiques), créée par la loi du 6 janvier 1948. Apparente émanation de la Cour des Comptes, c'est un instrument technique au service du politique, et les deux décrets qui précisent ses conditions de fonctionnement (19 juillet 1948) et celles de sa section Crédit (11 juillet 1949), permettent au ministre des Finances de renforcer sa tutelle, malgré la mise en garde du Gouverneur Emmanuel Monick contre le potentiel conflit de compétences entre CVCEP et CCB, laquelle lui paraît la mieux placée pour opérer le contrôle comptable et de gestion des banques nationalisées[20]. Trois mois plus tard (octobre 1948) le directeur du Trésor, François Bloch-Lainé

**19** AhBdF 1749 2009 13/207, Lettre de Pierre Marcilhacy (avocat au Conseil d'État et à la Cour de Cassation, avocat de la BdF) au directeur du Contentieux de la BdF, et note de celui-ci pour le Gouverneur, 10 et 18 novembre 1949. – Suite à cette consultation juridique, le Secrétariat de la CCB est transféré au 4 place des Victoires (septembre 1950).

**20** AhBdF 1740 1991 09 /1, Lettre du 25 juin 1948.

cherche à retirer à la CCB l'autorité hiérarchique sur les censeurs des banques nationalisées pour les placer sous sa tutelle, au sein d'une « Mission de contrôle des activités financières » (MCAF), finalement créée par le décret du 15 février 1949, et comprenant les commissaires du gouvernement placés dans les grandes banques d'affaires et les établissements à statut légal spécial, et les censeurs des banques d'émission[21]. Face à la résistance de la CCB, il cherche à les doubler par des contrôleurs d'État (novembre-décembre 1948). En vain. En revanche, il impose ses vues pour l'organisation de la section Crédit de la CVCEP dans le décret du 11 juillet 1949. Mais, sur la pression du Gouverneur, l'application de ce décret est reportée au printemps 1950, et, abrogé par la loi du 27 mai 1950, celui-ci n'a jamais été appliqué. Entre-temps, un projet parlementaire, sans doute orienté par le ministère des Finances, propose un commissaire du Gouvernement dans chaque entreprise publique et la création d'un « Conseil supérieur des entreprises publiques » adossé au Conseil d'État, mais il tombe à l'eau[22]. Enfin, entre novembre 1949 et mars 1950 un dernier bras de fer a lieu à l'occasion de la rédaction du décret devant remplacer celui du 11 juillet 1949. C'est le projet de la CCB qui est adopté, dans l'article 34 de la loi du 27 mai 1950 : elle est « (...) chargée d'exercer (...) les attributions dévolues à la section compétente en matière de crédit de la CVCEP ». Ses compétences sont donc étendues au contrôle de gestion des banques nationalisées, au risque d'une bizarrerie : elle contrôle les comptes de la BdF, dont elle dépend[23]. Nécessairement, le chapitre de la CVCEP n'est pas clos.

## LES REMISES EN CAUSE POLITIQUES, PUIS TECHNIQUES DU SYSTÈME DE CONTRÔLE (DES ANNÉES 1950 AU DÉBUT DES ANNÉES 1980)

### L'immixtion croissante du politique (décennies 1950-1960)

Dans les années 1950 et 1960, la CCB doit affronter trois remises en cause, mises à profit par la direction du Trésor. La première vient de la Profession et concerne le financement des dépenses du contrôle. La deuxième vient de clients victimes de faillites d'établissements et arguant d'une « faute lourde » de la CCB, à l'appui de leurs requêtes en indemnités, puis de leurs recours auprès du Conseil d'État[24]. La troisième vient du Parlement, qui veut retirer à la CCB le contrôle comptable et de gestion des banques nationalisées.

Au cours des longues tensions entre la BdF et l'APB au sujet du règlement des dépenses de fonctionnement de la CCB (avril 1947-avril 1954), François Bloch-Lainé propose en décembre 1950 l'ouverture d'un compte spécial au Trésor, qui

21 AhBdF 1740 1991 09 /1, Correspondance d'octobre 1948 ; Laure Quennouëlle-Core, *La Direction du Trésor 1947-1967. L'*État-*banquier et la croissance*, Paris, Comité pour l'Histoire Économique et Financière de la France (CHEFF)/ IGPDE, 2000, 696 p.

22 AhBdF 1740 1991 09 /1, Projet rapporté par le député Maurice Guérin, 3 octobre 1949, et note du SCCB.

23 Elle n'est toutefois pas présidée par le Gouverneur quand elle contrôle les comptes de la BdF en tant que section crédit de la CVCEP.

24 Les trois premières affaires sont liées aux faillites de la banque Fostier (Paris) (1947-1960), du Comptoir financier Samain (Périgueux) (1952-1963) et de l'établissement financier Maljournal (Bourgoin) (1956-1964).

serait crédité des sommes versées par les associations professionnelles et débité des versements faits à la BdF en remboursement de ses frais. Ce qui est présenté à la fois comme une solution au différend et comme un début de réponse à l'indétermination juridique des organes de contrôle, lui donnerait un droit de regard sur les « (...) organismes qui fonctionnent auprès de la Banque de France, sous l'autorité du Gouverneur, sans appartenir à l'organisation propre de la Banque : Secrétariat général du CNC ; CCB ; Comité des Bourses de Valeurs [CBV]. »[25] Créé par la loi du 24 mai 1951, le compte spécial « Frais de fonctionnement des organismes chargés du contrôle des activités financières », ne concerne que la CCB et le CBV (le Secrétariat du CNC demeure donc un service de la BdF). Les contributions annuelles des associations professionnelles sont désormais fixées par un arrêté du ministre (et non plus par la BdF), au vu d'un décompte des dépenses annuelles envoyé par la CCB et le CBV. Ce compte spécial, qui fonctionne à partir de juin 1954, est supprimé en décembre 1970[26].

En 1963-1964, c'est du Parlement que viennent deux attaques contre le rôle de la CCB dans le contrôle des banques nationalisées. Elles se nourrissent d'une triple critique. La première lui impute les obstacles dressés par la direction du Trésor au contrôle parlementaire, au nom du secret professionnel. Les deux autres visent son efficience et sa crédibilité. Elles sont liées, d'une part, aux retards accumulés par elle en tant que section Crédit de la CVCEP, qui sont certes indépendants de sa volonté[27], mais conduisent à renoncer au rythme annuel des rapports (décret du 19 mars 1962), et d'autre part, à un arrêt du Conseil d'État (24 janvier 1964) qui reconnaît pour la première fois la « faute lourde » de la CCB et condamne l'État à indemniser les requérants (affaire Maljournal). Les critiques sévères du député Pierre Bas (questions écrites des 14 janvier 1963 et 1er février 1964) et de l'amendement Paquet-Vallon à la loi de Finances pour 1965 (9 novembre 1964), qui demandent de mettre fin à l'« anomalie » créée par l'article 34 de la loi du 27 mai 1950, offrent au ministre des Finances Giscard d'Estaing l'occasion de l'abroger par décret (3 janvier 1966), opérant ainsi une stricte séparation entre le contrôle de conformité (CCB) et le contrôle comptable et de gestion (CVCEP, puis, après sa suppression en 1976, Cour des Comptes).

Deux ans plus tard (automne 1968), la direction du Trésor s'attaque à nouveau aux censeurs de la CCB. Selon René Larre, directeur du Trésor, l'anomalie est d'autant plus grave que les banques nationalisées ont acquis un poids énorme et une envergure internationale, et que leur comportement est peu vertueux en matière de contrôle du crédit et des changes[28]. Après un projet de décret resté sans suite (janvier 1969), les censeurs sont supprimés en 1971.

**25** AhBdF 1740 2007 01/127, Note de Bloch-Lainé pour le Gouverneur, 6 décembre 1950. « Ces organismes opèrent par délégation des pouvoirs publics. Ils se situent entre l'autorité monétaire et l'autorité gouvernementale. Ils ont un caractère administratif sans faire partie de l'Administration. Il me semble que l'on pourrait considérer qu'il s'agit de services administratifs gérés par la Banque de France pour le compte du gouvernement. »

**26** Loi de finances pour 1971 (art. 94), 21 décembre 1970.

**27** Ils sont liés à une paralysie de la section qui ne siège pas durant plus de trois ans (juillet 1957- novembre 1960), en raison de la longue vacance de la fonction, hautement importante mais très lourde et jusqu'alors non rémunérée, de rapporteur général.

**28** SAEF B 63920/3, Notes du directeur du Trésor pour le ministre, 16 octobre, 3, 18 et 23 décembre 1968.

### Remises en causes techniques : le risque d'obsolescence du système (1974-1984)

Dans la deuxième moitié des années 1970, le risque d'obsolescence du système et des pratiques de contrôle réveille un système quelque peu endormi sur ses routines, avant que le facteur politique – l'alternance de 1981– accentue ce réveil. La continuité prévaut dans les structures et les pratiques du contrôle. Attendue depuis 1946, la loi du 3 janvier 1973 sur le statut et les missions de la BdF consacre le contrôle bancaire comme une de ses missions, associée au contrôle du crédit (art. 1, 4, 5). Dans la pratique, les liens se sont renforcés entre la BdF et les organes de contrôle. La « mise en sommeil[29] » du CNC, qui devient quasiment une chambre d'enregistrement des décisions du ministre des Finances et de la BdF, renforce le rôle de ses comités restreints, notamment le CBEF, dont les décisions sont préparées par la DBEF de la BdF et la direction du Trésor. Quant à la CCB, son secrétariat devient une direction générale de la BdF en 1976.

La stabilité des structures institutionnelles et des pratiques du contrôle bancaire s'explique par le fait que les autorités de contrôle les jugent efficientes et qu'elles ont une excellente réputation à l'étranger[30]. L'efficience est mesurée à l'aune de la stabilité du système bancaire : hormis la faillite de quatre banques locales en 1976-1977, la France ne subit pas de défaillances bancaires graves comme celles qui ont déstabilisé en 1973-1975 les systèmes bancaires américain (Franklin National Bank), britannique (*fringe banks*) et allemand (banque Herstatt). Or, les activités bancaires changent rapidement, sous les effets conjugués des réformes Debré-Haberer de 1966-1967[31], des débuts d'une financiarisation encouragée par la réglementation de l'encadrement du crédit et de l'internationalisation accélérée des activités bancaires, qui accroit les risques et rend difficile le contrôle (dans les filiales étrangères). Certes, la direction du Trésor, avec la BdF et le secrétariat de la CCB, réfléchissent aux moyens de « moderniser » le système, en particulier à des ratios prudentiels. Car la CCB s'est peu saisie du pouvoir que lui donnaient les décrets du 28 mai 1946 : hormis le capital minimum (1941), elle n'a imposé qu'un « rapport minimum de liquidité » (1948), puis trois autres « coefficients de bilan » (« coefficient d'emploi des ressources stables », « coefficient de distribution des crédits à moyen et long terme non réescomptables », « potentiel de crédit-bail »), tous centrés sur la liquidité. Aucune norme de solvabilité ou de division des risques n'existe[32].

La secousse vient en revanche de la faillite de la banque Herstatt en 1974. La France participe alors à la coordination internationale des autorités de régulation et de contrôle (Comité de Bâle, 1974, Comité consultatif bancaire, 1977[33]). Après

**29** SAEF B 52447/1, Lettre du ministre Jacques Delors au syndicaliste CFDT Aymé Roudil, juin-juillet 1983.

**30** AhBdF 1640 2007 01/217, Circulaire du Gouverneur, 3 août 1976. ; AhBdF 1037 1988 01/20, note de Jean-Louis Butsch pour le Gouverneur, 13 janvier 1982.

**31** Laure Quennouelle-Core, « Les réformes bancaires et financières de 1966-1967 », *in* Éric Bussière *et alii* (dir.), *Michel Debré, un réformateur aux Finances, 1966-1968*, Paris, Comité pour l'Histoire Économique et Financière (CHEFF), IGPDE, 2005, p. 85-118.

**32** SAEF, B 71353/1, Notes de Bruno de Maulde et Michel Rougé, 6 janvier 1972 ; SAEF, B 52445/4, « Exercice *loi bancaire* » ; AhBdF 1035 2002 50/56, Rapport du groupe de synthèse de la CMP, décembre 1975.

**33** Alexis Drach, *Liberté surveillée. Supervision bancaire et globalisation financière au Comité de Bâle, 1974-1988*, Rennes, Presses universitaires (PU) de Rennes, 2022, 306 p.

le vote de la loi bancaire allemande du 24 mars 1976, qui impose trois ensembles de ratios prudentiels (solvabilité, liquidité, division des risques), et les faillites de banques locales en 1976-1977, la direction du Trésor prend conscience du retard français. En juillet-septembre 1977, quatre catégories de mesures sont étudiées : relèvement du capital minimum ; création d'un ratio de division des risques et d'un ratio de solvabilité ; assurance des dépôts. Mais ce n'est qu'en 1979 (décret du 5 juillet) que sont créés un « rapport » de couverture des risques et un « rapport » de division des risques, auxquels sont également soumis les établissements à statut légal spécial, contrôlés pour cela par la CCB (c'est l'amorce d'une « banalisation » des banques et du contrôle).

En fait, la réforme est limitée. Les ratios français s'inspirent des ratios allemands, mais les normes sont inférieures. Ils ont « un caractère expérimental » : on laisse aux banques un délai, appelé « période d'observation », pour renforcer leurs fonds propres, la première échéance étant fixée au 30 juin 1982. Or, au premier semestre 1982, l'insuffisance quasi générale de fonds propres est inquiétante, notamment pour les banques nationalisées[34]. Enfin, si la majoration du capital minimum a été imposée (arrêté du 13 novembre 1978), la question de l'institution d'une assurance des dépôts se heurte aux réticences de l'AFB et des trois banques nationales, qui bénéficient de fait de la garantie implicite de l'État. Or, c'est dans ce contexte de rénovation technique du contrôle que ressurgit le facteur politique, avec l'alternance de 1981. Le projet de décloisonnement du système bancaire et donc d'élargissement inédit du champ de compétences de la CCB, implique un renforcement urgent de ses moyens. Le programme de nationalisations bancaires (1982) inquiète : il risque de saper l'action préventive de la CCB et les efforts en matière de solvabilité, et donc de nuire à la crédibilité du système français. Mais à plus long terme, la « modernisation » du contrôle en une « surveillance prudentielle » conduit à sa dépolitisation.

* * *

Ainsi, le contrôle des banques fondé dans les années 1940 est, jusqu'au début des années 1980, au service du contrôle du crédit, c'est-à-dire de la politique monétaire, au nom de l'intérêt de la Nation. Le facteur politique l'emporte, même si l'indétermination juridique des institutions du contrôle donne de fait une place prééminente à la banque centrale en raison de son capital technique. Alors que, sous l'effet des crises bancaires allemande, anglaise et américaine des années 1973-1975, la modernisation technique du système de contrôle s'impose et se traduit par l'adoption des premiers ratios prudentiels en 1979, les nationalisations bancaires de 1982 font à nouveau primer le politique aux dépens des efforts en matière de solvabilité.

Néanmoins, dans les années 1980, l'accroissement inédit des risques, et le développement, la complexification et l'internationalisation de la réglementation dite

34 SAEF B 71353/1, Note du SCCB du 2 février 1982.

« prudentielle », imposent la mutation du contrôle en une « surveillance prudentielle » reposant sur deux piliers : la prévention (des défaillances) et la résolution (des crises). La technicisation du contrôle, consacrée par la loi bancaire de janvier 1984, contribue à le dépolitiser et à le dénationaliser : sa finalité est désormais de préserver la stabilité et la réputation internationale de la place financière de Paris. Elle fait aussi glisser l'autorité de contrôle du collège, organe politique, au secrétariat, organe administratif et technique : évolution consacrée par la loi d'août 1993, et par l'autorité renforcée du secrétaire général de la Commission bancaire, Jean-Louis Butsch (1980-1996). Aux usages politiques de la technique se substitue désormais une politique de la technique.

Chapitre 14

# La Banque de France et l'économie « concertée »

## de 1946 aux années 1960

**Antoine Jourdan**
EHESS, CRH

Parmi les termes qui reviennent comme des *leitmotivs* pour caractériser le régime d'économie politique qui se développe en France au lendemain de la Seconde Guerre mondiale se trouve la notion d'économie « concertée »[1]. Revendiquée par Étienne Hirsch, employée dès 1946 par Jean Monnet et ressuscitée à la fin des années 1950 par François Bloch-Lainé, elle porte en elle l'image d'une troisième voie entre le libéralisme et le dirigisme soviétique, une situation intermédiaire entre l'atomicité des agents de l'économie libérale et l'harmonie supposée de l'économie centralement planifiée. L'économie concertée, telle qu'elle est imaginée par les réformateurs d'après-guerre, institutionnalise les échanges entre les parties prenantes de l'économie nationale de façon à permettre l'émergence des pratiques coopératives. En cherchant à favoriser la communication d'informations à l'intérieur de réseaux construits sur la base de la collaboration et en s'émancipant de la médiation des agents par le simple signal-prix transmis par les marchés, l'économie concertée rappelle ce que certains politistes ont pu appeler les *Coordinated Market Economies* (CME)[2].

En France, la pratique de la concertation a souvent été associée aux réunions des commissions de modernisation du Commissariat Général au Plan (CGP). De fait, du point de vue pratique, l'institutionnalisation de la concertation repose en principe sur l'existence d'organisations situées, au sein desquelles les acteurs peuvent se rencontrer à intervalles réguliers afin de faire émerger des projets communs. S'intéresser sérieusement à la concertation *lato sensu* impose de dépasser ce point de vue strictement procédural. Les études portant sur les

1 Pour leur relecture et leurs commentaires, je suis redevable à Jean-Luc Mastin, Michel Margairaz, Éric Monnet, Raphaël Orange-Leroy et Laure Quennouëlle-Corre. Les erreurs éventuelles restent les miennes.

2 Peter A. Hall et David W. Soskice, *Varieties of capitalism: the institutional foundations of comparative advantage*, New York, Oxford University Press, 2001, 540 p.

ABSTRACT
The article examines the Banque de France's role in the "concerted economy" post-1946. Through the Central Risk Service, it promoted interbank cooperation while preserving business secrecy. The National Credit Council, a forum for consultation and data sharing, highlights the limits of an incomplete institutionalization, with information flows remaining top-down and having limited impact on economic policies.

RÉSUMÉ
L'article analyse le rôle de la Banque de France dans l'économie "concertée" après 1946. À travers le Service central des risques, elle favorise la coopération bancaire tout en préservant le secret des affaires. Le Conseil national du Crédit, lieu de concertation et d'échange de données, illustre cependant les limites d'une institutionnalisation inaboutie, où la circulation d'information reste descendante et peu influente sur les politiques économiques.

JEL : **N00, L52, 021, P11, P41, C71**
Mots-clés : **concertation, planification, coopération, centralisation, coordination**
Key-words : **concertation, planning, cooperation, centralization, coordination**

CME ont souvent interrogé les façons dont celles-ci ont pu structurer la coopération, permettre l'échange ordonné d'informations et sanctionner les comportements non coopératifs[3]. Or, à partir de 1946, la Banque de France est dotée à la fois d'un service produisant de manière systématique des informations sur l'activité bancaire et d'un conseil chargé de la réguler. Dans quelle mesure la Banque de France a-t-elle participé à créer une « économie concertée » au sein du secteur bancaire ? Dans quelle mesure peut-on dire qu'elle a participé à son institutionnalisation dans son périmètre d'action ? Malgré le caractère technique de son objet d'étude, a-t-elle participé à faire émerger une économie politique basée davantage sur la coopération que sur la concurrence ? En s'appuyant sur un travail d'archives, l'ambition de cette contribution est de répondre à ces questions en insistant sur le rôle de la production d'information et sa circulation. Au-delà de l'étude des politiques effectivement mises en place, elle porte sur la façon dont celles-ci ont émergé et aux conditions de leur élaboration. Les contours de la qualité d'« acteur politique » que l'on souhaite définir pour la Banque de France sont ici envisagée non pas comme caractérisant celui qui prend les décisions de politiques publiques, mais celui qui *organise* ou *permet* la prise de décision selon le mode de la « concertation ».

## UNE INSTITUTIONNALISATION RÉUSSIE DE LA CONCERTATION DANS LE RÉSEAU BANCAIRE

Pour le secteur bancaire français, les années 1940 constituent un tournant important. Si une cartellisation existe dès le début du XX$^{e}$ siècle pour les tarifs de location de coffres-forts ou la répartition des commissions de placements de titres, le secteur est plutôt marqué par le laissez-faire en matière de distribution

3 Voir par exemple Torsten Svensson et Perola Öberg, "How are coordinated markets economies coordinated? Evidence from Sweden", *West European Politics* Vol. 28, No. 5, 2005, p. 1075-1100.

du crédit[4]. Bien que le choc des faillites bancaires des années 1930 ait suscité au sein de la profession une appétence pour les règles prudentielles, aucune solution d'ensemble ne parvient à émerger[5]. Mais la rupture qu'a constituée la mise en place d'une instance corporatiste sous Vichy, avec la création d'un comité d'organisation (CO) en septembre 1940 et, plus encore, avec l'organisation et la réglementation du secteur avec les dites lois de 1941 et 1945, puis les décrets de 1946 permet de faire aboutir ce projet[6]. Avec le CO chapeautant l'ensemble de la profession et dirigé par Henri Ardant, portant personnellement la cause de la coordination sectorielle, des propositions d'une centralisation d'ensemble des risques bancaires sont échangées entre la profession et la Banque de France.

Ces projets prennent forme avec la création par décret en mars 1946 d'un service attitré à la direction générale de l'escompte de la Banque de France, le Service Central des Risques (SCR), dont la fonction est double. D'une part, de donner au Conseil National du Crédit (CNC) des photographies à intervalles réguliers des engagements par branche permettant de *guider ses efforts de régulation du crédit*. De l'autre, d'*instaurer une dynamique coopérative* au sein du secteur bancaire en institutionnalisant une diffusion régulière d'information entre ses membres afin de donner à ceux-ci une connaissance précise des risques auxquels sont exposés leurs clients potentiels afin d'éviter de multiplier les prêts hasardeux. Il s'agit de « (…) permettre aux banques de répondre, (…) en connaissance de cause, aux demandes de crédits qui leur sont adressées en les mettant en mesure de connaître le montant et la nature des crédits antérieurement ouverts aux demandeurs »[7]. Il s'agit donc d'organiser la publicisation des chiffres du crédit bancaire afin d'institutionnaliser ce qui doit être compris comme une concertation interbancaire en pérennisant des flux d'informations entre les établissements.

### Protéger le secret des affaires

Cependant, la diffusion d'informations de cette nature se heurte frontalement à la tradition juridique française, et particulièrement à celle du secret des affaires, historiquement entendue comme imposant au secteur bancaire une discrétion absolue sur l'identité de ses clients. Aussi, bien qu'appelé de ses vœux, le projet de centralisation a-t-il été reçu avec une certaine prudence par la profession, craignant de se voir accusée de manquer à ses obligations vis-à-vis de sa clientèle. En juillet 1944, alors que l'assentiment de l'Association Professionnelle des banques (APB) est sollicité, son président fait part de son inquiétude à ce sujet

4 Hubert Bonin, *Les banque françaises de l'entre-deux-guerres : L'apogée de l'économie libérale bancaire française (1919-1935)*, vol. 1, Paris, Plage, 2000, 579 p.; Laure Quennouëlle-Corre, « Les banques françaises dans l'entre-deux-guerres : entre cartellisation et compétition », *in* Partick Fridenson, François Monnier et Albert Rigaudière (dir.), *Concurrence et marchés : Droit et institutions du Moyen Âge à nos jours*, Vincennes, IGPDE, 2023, p. 347-366.

5 Michel Margairaz, « La longue marche des chiffres privés aux statistiques publiques : L'invention de la Centrale des risques bancaires à la française (années 1930-années 1940) », *in* Fabien Cardoni, Anne Conchon, Béatrice Touchelay et Michel Margairaz (dir.), Chiffres privés, chiffres publics XVII$^{e}$-XXI$^{e}$ siècle : Entre hybridations et conflits, Rennes, Presses universitaires de Rennes, 2022, p. 103-120.

6 Claire Andrieu, *La banque sous l'Occupation: paradoxes de l'histoire d'une profession: 1936-1946*, Paris, Presses de la FNSP, 1990, 331 p.

7 Archives historiques de la Banque de France (désormais AhBdF) 1201 2004 01/10, Note *Service central des risques bancaires*, février 1946, n. s., p. 1.

et interroge le professeur spécialiste de droit commercial Jean Percerou pour savoir si la participation à l'organisme de centralisation fait courir aux banques le risque d'engager leur responsabilité vis-à-vis de la clientèle[8].

D'une manière générale, la participation de la profession à cette pratique nouvelle a été conditionnée par la capacité de la Banque de France à répondre aux appréhensions exprimées par ses représentants. En particulier, ceux-ci se sont souciés du préjudice qu'une telle circulation des informations pourrait avoir sur leurs affaires. Aussi la centralisation des risques s'est-elle accompagnée d'un questionnement permanent sur l'étendue de la publicité à apporter aux informations et les frontières de leur circulation. C'est ainsi qu'un certain nombre de mesures sont prises pour anonymiser les données. En particulier, à la demande des banques elles-mêmes et contrairement à ce qui avait été prévu initialement, l'identité des autres institutions créancières n'est pas annoncée lorsque les risques sont diffusés, de façon à ne pas risquer de créer des asymétries d'information au sein du secteur bancaire[9]. Plus encore, dans un premier temps, les chiffres des risques ne furent communiqués que par voie orale, afin d'éviter de laisser des traces, et sous réserve qu'une demande explicite soit formulée par une banque ayant déjà accordé une ligne de crédit à l'entreprise.

Si la systématicité de la communication orale est supprimée en 1948, il faut néanmoins insister sur le fait que la centralisation des risques bancaires a été organisée et modelée pour conserver l'anonymat des créanciers, de façon à susciter la participation active du réseau bancaire. Chaque approfondissement du dispositif est en effet accompagné de son lot d'interrogations formulées par la profession souhaitant s'assurer du maintien du secret des affaires. Ainsi, lorsqu'il est envisagé en 1964 d'étendre la centralisation des données aux dépôts bancaires, la Caisse Nationale du Crédit Agricole (CNCA) insiste sur le fait qu'elle est « (...) toute disposée à (...) faciliter (...) la récolte du maximum de renseignements » (...) sur ses activités, mais souligne qu'elle s'opposerait à ce que les informations de ses Caisses régionales soient diffusées sans réciprocité aux autres banques et propose donc à l'Institut d'émission que les renseignements soient « totalisés avec ceux de toutes les banques » avant d'être communiqués[10]. Le mot d'ordre de la discrétion conduit à ériger l'anonymisation des créanciers comme principe sacro-saint du dispositif, auquel la Banque de France ne déroge jamais.

L'organisation de la coopération interbancaire que représente la centralisation des risques repose donc sur l'existence d'une instance surplombante, suffisamment structurée pour communiquer régulièrement avec toutes les banques et jouissant d'une autorité permettant de garantir aux participants un traitement équitable. La Banque de France, nationalisée en 1945 et disposant d'un large réseau de succursales locales, répond à ces conditions. Le résultat voulu « ne peut être obtenu que par la création d'un service géré par l'Institut d'émission »,

**8** AhBdF 1357 2009 01/43, Lettre de Jean Percerou du 28 juillet 1944, 3 p.

**9** AhBdF 1201 2004 01/10, Note d'ensemble sur la centralisation des risques bancaires, février 1946, p. 3.

**10** Service des archives économiques et financières, B/0081015, Note pour la Direction du Trésor, « Déclarations du Crédit Agricole mutuel à la Banque de France », 31 juillet 1964, 2 p.

souligne ainsi les services de celui-ci dans la décision générale créant le SCR[11]. Contrairement aux commissions de modernisation du CGP, qui institutionnalisent la mise en relation *en personne* des parties prenantes sans leur imposer la publicisation d'informations autrement confidentielles, la concertation au sein du secteur bancaire repose donc sur une mise à distance des participants et l'anonymisation rigoureuse des chiffres afin d'assurer la pérennité du secret des affaires. L'objectif n'en reste pas moins le même : permettre aux agents de jouer un jeu coopératif caractérisé par une vaste circulation de données pour débloquer une situation marquée par les stratégies indépendantes.

**La centralisation des risques en pratique**

De fait, la Banque de France a pris un rôle central dans la mise en place de la centralisation des risques bancaires. À partir de 1946, lorsque les banques ouvrent une ligne de crédit supérieure à un certain seuil à un client, elles remettent systématiquement une « fiche de renseignement » à l'Institut d'émission qui se charge ensuite de communiquer ces informations aux autres créanciers. Il se trouve ainsi récepteur d'un volume sans cesse croissant de données sur les facilités bancaires accordées aux entreprises. Alors que ce sont 44 000 déclarations qui lui sont déposées chaque mois en 1948, le chiffre s'élève à 168 000 en 1958[12]. Cette montée en importance rapide et entretenue du dispositif s'accompagne d'un soutien matériel. Le traitement de ces informations bénéficie ainsi des avancées technologiques : les procédés mécanographiques sont déployés au début des années 1950 et, au milieu des années 1960, le traitement informatique commence grâce à l'acquisition d'un ordinateur IBM-360 par la Banque de France[13]. Le réseau des succursales est également mis à contribution pour assurer une communication directe avec les établissements bancaires du territoire qu'elles administrent. Les premières centrales locales des risques sont ainsi créées dès 1948 et chaque succursale en a une à partir de 1957.

L'efficacité de l'entreprise d'institutionnalisation de cette forme de concertation peut se mesurer à l'aulne de l'adhésion des participants. Certes, des résistances se sont fait sentir. Jean-Luc Mastin a notamment montré que les agences locales de la Société Générale ont parfois eu recours à des stratégies de maquillage de leurs comptes afin de cacher les crédits de certains clients[14]. Si préjudiciables soient-elles à l'efficacité du système dans son ensemble, plusieurs indices permettent cependant de classer ces occurrences comme des stratégies non-coopératives isolées, découlant probablement d'une proximité entre le banquier et son client plutôt que d'une opposition de fond vis-à-vis du système dans son ensemble. En effet, les administrations centrales des banques ont régulièrement et invariablement affiché leur plein soutien à la politique de la centralisation des

**11** *Ibidem Décision générale*, février 1946.

**12** AhBdF 1397 1994 04/25, Note « Rôle de la Banque de France dans la centralisation et l'échange d'informations entre banques, relatives à la distribution du crédit », janvier 1961, p. 12. Le seuil est revu à la hausse en 1960.

**13** AhBdF 1331 2017 02/36.

**14** Jean-Luc Mastin, « La résistance des banques nationales au contrôle du crédit (1950-1970) : L'exemple de la Société générale », *in* Danièle Fraboulet, Philippe Verheyde (dir.), *Pour une histoire sociale et politique de l'économie*, Paris, Éditions de la Sorbonne, 2020, p. 151-166.

risques. De manière implicite, cette adhésion se traduit par exemple par le fait que la Société Générale choisisse souverainement et dès 1946 d'utiliser la nomenclature et temporalité du SCR pour gérer la comptabilité interne de ses risques[15]. Ce choix, qui n'est pas non plus étranger aux considérations pratiques, atteste d'un incontestable pouvoir normatif de l'Institut d'émission pleinement accepté par la banque. De manière plus explicite, l'adhésion du système bancaire se traduit par son consentement et sa participation à l'approfondissement progressif du dispositif de centralisation des risques. La CNCA, qui n'est pourtant pas dans l'obligation de participer au dispositif du fait de son statut d'établissement à caractère spécial, impose aux caisses régionales de se conformer aux pratiques édictées par la Banque de France. Ainsi, en 1948, une circulaire envoyée à tous les directeurs régionaux souligne « (…) l'intérêt que présente la centralisation des risques (…) », tandis qu'une autre de 1958 « (…) insiste pour que les mesures édictées par l'Institut d'émission soient scrupuleusement respectées »[16].

## AU CONSEIL NATIONAL DU CRÉDIT, UNE CONCERTATION FAIBLEMENT INSTITUTIONNALISÉE

Si l'on peut donc parler d'une institutionnalisation réussie de la concertation interbancaire grâce au SCR, la création de celui-ci s'articule avec la volonté d'utiliser ces chiffres pour mener une politique du crédit. Au sein de la Banque de France, le Conseil national du Crédit est l'organe chargé de formuler des propositions en la matière. Sa composition s'inspire de celle des commissions de modernisation du Plan et doit permettre la définition d'une politique du crédit sur la base d'une délibération entre les autorités monétaires et les usagers[17]. S'y trouvent en effet dix représentants de producteurs issus des différentes branches (agriculture, commerce, industrie…), sept représentants syndicaux dont quatre représentants les cadres et employés de banque, sept représentants des ministères et du Plan et, enfin, quatorze représentants du système bancaire dans toute sa diversité[18]. Du point de vue de la communication institutionnalisée d'informations à caractère économique, le CNC s'est avéré être un lieu important. Dès 1946 en effet, les réunions plénières fournirent l'occasion de transmettre aux membres les données fournies par le SCR à un rythme trimestriel. Les rapports de synthèse furent ainsi régulièrement diffusés à travers l'administration, le système bancaire, et les forces vives de l'économie.

### Politique sectorielle de lutte contre l'inflation (1947-1952)

Durant les deux premières années de son existence, au cours desquelles il n'est pas rare qu'il se réunisse plusieurs fois par mois, le Conseil offre à ses membres une tribune à partir de laquelle ils peuvent participer aux débats entourant les

**15** AhBdF 0001 2000 02/58, circulaire n. 29, Société Générale, Centralisation des risques, 1er avril 1946, 4 p.
**16** Archives du Crédit Agricole, 373/AH/8 et 18.
**17** Jean-Luc Mastin parle d'un « petit parlement du crédit ». Voir *supra,* sa contribution dans le présent ouvrage.
**18** Voir l'article 12 de la loi n. 45-12 du 2 décembre 1945.

modalités d'une nouvelle politique monétaire. Les représentants des syndicats en profitent pleinement, particulièrement Pierre Le Brun, spécialiste des questions économiques à la CGT, dont les interventions font preuve d'une véritable profondeur de réflexion sur les enjeux monétaires[19]. En parallèle aux réflexions d'ordre macroéconomiques, le CNC offre également à ses membres un lieu pour participer aux réflexions mésoéconomiques, sur la base des chiffres issus des rapports du SCR. Les représentants de la CGT utilisent ainsi habilement cette tribune pour enrichir leur lutte contre l'inflation d'une dimension monétaire. En juin 1947 par exemple, Le Brun interroge le directeur général de l'escompte sur une augmentation importante du crédit aux sucreries avant de conclure à une nécessaire limitation[20].

Jusqu'au début des années 1950, la circulation des chiffres des risques bancaires instituée par le CNC a permis une certaine pratique de la concertation. Le comité du crédit à court terme en particulier, comité spécialisé dépendant du CNC et présidé par le directeur général de la CNCA, André Cramois, connaît une activité assez importante entre 1948 et 1951[21]. Dans cette période en effet, les chiffres du SCR sont utilisés pour tenter de déceler l'activité spéculative qui sévit dans certains secteurs et élaborer une politique du crédit correspondante. Les comités spécialisés servent alors de lieux permettant d'organiser des échanges entre les autorités économiques et monétaires ainsi que les représentants des secteurs qui peuvent faire valoir leurs besoins. C'est ainsi, par exemple, que la proposition de cessation immédiate des facilités accordées au secteur du cuir, soutenu en décembre 1948 par le directeur des textiles du ministère de l'Industrie et les représentants de l'Économie nationale, est mise en difficulté par les représentants des banques, des Chambres de Commerce et des Coopératives[22]. La controverse débouche sur une solution intermédiaire, permettant notamment de différencier les débiteurs en fonction de leur position dans la chaîne de production. C'est également dans un comité spécialisé du CNC qu'est élaborée la politique de soutien sans garantie d'achat pour le beurre à partir de 1950, laquelle s'étend progressivement aux autres productions laitières dans la deuxième moitié de la décennie[23]. Au total, 18 lettres sont envoyées à l'Association professionnelle des banques entre 1948 et 1951 pour réguler la quantité de crédits accordés à six différents secteurs à la suite de consultations avec leurs représentants[24]. Dans certains cas restreints et sur une période relativement courte, on peut donc venir nuancer certaines des appréciations les plus critiques sur le rôle du Conseil national du crédit et souligner qu'il a permis une confrontation entre les besoins d'une politique monétaire luttant contre l'inflation et ceux des producteurs.

**19** Voir par exemple l'exposé du 26 juin 1946 sur la planification du crédit, ABF/1427 2003 01/1.

**20** AhBdF 1427 2003 01/4, réunion du 30 juin 1947.

**21** La loi du 2 décembre 1945 créée un comité du crédit à court terme, un comité du crédit à moyen et à long terme et un comité du commerce extérieur. Un comité des dépôts est créé par la suite.

**22** AhBdF 1427 2003 01/9.

**23** AhBdF 1427 2003 01/282.

**24** Le coton, la laine, le cuir, le beurre, le vin et la viande par l'entremise des crédits d'embouche.

**Faiblesses macroéconomiques**

Mais la concertation qui s'organise au CNC reste, dans l'ensemble, relativement peu développée. Malgré une tentative en 1948 de la direction des Programmes du ministère de l'Économie nationale de mettre sur pied une politique du crédit utilisant les chiffres et la nomenclature du SCR, aucune politique de cette envergure n'est pérennisée. Dans les faits, loin des ambitions qui avaient justifié la création du SCR, l'échange d'information qui s'est pratiqué au CNC s'est avéré relativement restreint et extrêmement descendant en pratique, donnant peu de rôle à l'expression de leurs besoins par les usagers du crédit. Par un renversement que l'on peut juger d'assez mauvaise foi, le secrétaire général du CNC Pierre Besse écrivait en 1951 que la présence de ces derniers reflétait, non pas l'ambition de s'appuyer sur leurs savoirs pour prendre une décision éclairée, mais « (...) surtout le souci du législateur que tout ce qui concerne le crédit puisse venir à la connaissance de toutes les catégories économiques intéressées à sa bonne administration »[25].

Ce constat est particulièrement vrai pour ce qui est des décisions macroéconomiques. La mise en place progressive d'une politique monétaire anti-inflationniste à partir de 1947 avec un recours à des limites quantitatives à partir de septembre 1948 semble avoir créé un premier point de rupture dans la mesure où une réponse est apportée aux débats entourant la nature des politiques monétaires à mettre en place. Dès lors, le rôle du CNC se stabilise et les débats de fond s'y font plus rares. En mai 1949, Le Brun s'émeut de la perte d'influence qu'il ressent et note que « depuis 1947, le CNC n'est plus, comme l'avait voulu la loi du 2 décembre 1945, l'organisme consultatif du Gouvernement en matière de crédit, mais *un simple organisme d'enregistrement* »[26].

De fait, sur les questions d'envergure macroéconomique, la faible pratique de la concertation au CNC est manifeste, tout comme l'impact limité des chiffres du SCR. L'un des indices qui mettent cela en évidence est l'absence de préparation des séances par les usagers du crédit. Les procès-verbaux des réunions montrent en effet que la parole se trouve monopolisée par les fonctionnaires issus de la Banque et des Finances, tandis que les archives syndicales qui ont été consultées – confédérales comme professionnelles – ne laissent paraître aucun document attestant d'une volonté d'utiliser le Conseil pour peser sur les décisions de politique monétaire. De fait, la recherche du processus décisionnel ayant mené aux grands axes de cette dernière laisse paraître un CNC marginalisé par d'autres administrations. En ce qui concerne la nature sélective de la politique du crédit, notamment ce que l'Institut d'émission acceptait d'inclure dans son bilan par la voie du réescompte du papier à moyen terme, le CNC était inféodé au Plan qui sélectionnait les secteurs qui profiteraient de ce sésame convoité. Ainsi, si la mécanisation de l'agriculture a été amplement soutenue grâce au réescompte de la Banque de France, ce n'est pas à la suite de demandes des représentants du syndicalisme agricole siégeant au CNC, mais plutôt d'une requête formulée en 1949 par Jean Monnet. Le principe semble par ailleurs avoir été accordé au Crédit

**25** Pierre Besse, « Le Conseil National du Crédit », *Revue économique*, 1951, vol. 2, n° 5, p. 580.
**26** AhBdF 1427 2003 01/4, Réunion du 31 mai 1949, p. B-3. Je souligne.

Agricole avant que l'Institut d'émission n'en soit informé[27]. On peut d'ailleurs noter que l'appui qu'a apporté l'Institut d'émission à la politique de planification, a été pensé avec des catégories – machinisme agricole, crédit à l'exportation... – qui ne sont pas celles utilisées par ses services. En ce qui concerne les décisions portant sur la nature quantitative de la politique du crédit, notamment les plafonds de réescompte ou les limites posées à l'augmentation des facilités distribuées, les archives montrent clairement qu'elles ont été dictées au CNC par un tandem composé du ministre des Finances et de gouverneur de la Banque de France, lesquels ne se sont pas encombrés de l'avis des usagers du crédit. Ainsi, lorsqu'une surchauffe se fait sentir en 1957, le Gouverneur réunit le CNC le 27 juin pour lui annoncer son intention de « (...) décider [le] soir même, après [l']avoir entendu, (...) d'effectuer un abaissement sur les plafonds d'escompte de 10 % au début du mois de juillet »[28]. Si des échanges avec les participants s'ensuivent, il apparaît clairement que la décision ne saurait être remise en question.

La sortie progressive de l'économie dirigée et la mise en place de mécanismes de stabilisation des prix agricoles dans la première moitié des années 1950 a donc contribué à affaiblir le CNC. Avec la disparition progressive des considérations mésoéconomiques, les séances plénières deviennent plus espacées et expéditives et les prises de paroles sont de plus en plus monopolisés par les représentants des Finances et de la Banque. La nature de l'information qui y est communiquée reflète cette évolution. Alors que les données sectorialisées des rapports du SCR sont au cœur des débats jusqu'au début des années 1950, elles sont regroupées en vastes branches d'activités à partir de la deuxième moitié des années 1950 et déplacées en annexe, à la faveur de données macroéconomiques de comptabilité nationale[29]. À partir du début des années 1960, les spécificités sectorielles de la distribution du crédit disparaissent des comptes-rendus, rebaptisés « exposés sur l'évolution récente de la situation monétaire et économique » au procès-verbal.

Cette invisibilisation progressive des chiffres produits par les services de la Banque de France atteste en fait de la difficulté avec laquelle elle a pu s'inscrire dans le flux des informations traversant l'appareil planificateur français. Certaines études ont montré que l'Institut d'émission n'était inclus qu'à la marge dans les travaux du CGP et il est intéressant à ce titre de noter que ses travaux ne sont jamais mobilisés comme sources pour les rapports des commissions de modernisation[30]. Mais s'intéresser à la concertation sous le prisme de la circulation d'informations permet d'insister également sur le fait que la Banque n'a été productrice

**27** Caisse nationale du Crédit Agricole, procès-verbal du Comité d'administration, séance du 12 octobre 1949, p. 392-393.

**28** AhBdF 1427 2003 01/334, déclarations du Gouverneur du 27 juin 1957, p. 16. Les plafonds de réescompte sont effectivement baissés de 10 % en juillet 1957 et le sont à nouveau en août et novembre de la même année, sans que l'avis du CNC soit davantage sollicité. Voir Eric Monnet, *Controlling Credit: Central Banking and the Planned Economy in Postwar France (1948-1973)*, Cambridge, Cambridge University Press, 2018, p. 153-155.

**29** À la place des 100 catégories des anciens rapports du SCR, on trouve des branches comme « agriculture », « charbon, énergie, transports » ou « industries et commerces alimentaires ». Le terme des crédits reste indiqué (moyen et court).

**30** Claire Andrieu, « Le financement des investissements entre 1947 et 1974, vu à travers les relations entre le ministère des Finances, l'Institut d'émission et le Plan », *in* Henry Rousso (dir), *De Monnet à Massé : enjeux politiques et objectifs économiques dans le cadre des quatre premiers plans (1946-1965)*, Paris, Éditions du CNRS, 1986, p. 41-58.

que de données d'une envergure limitée. De fait, le SCR ne saisit pas le crédit dans son ensemble, comme cela eut été nécessaire pour penser la planification économique, mais seulement celui dépassant un certain montant et qui est distribué par le réseau bancaire. Ce fait, dont le directeur général de l'escompte s'émeut dès 1947, n'est réglé qu'en 1967, lorsque la Caisse des dépôts et des consignations et le FDES acceptent la centralisation de leurs risques, sous l'impulsion du CNC qui cherche à améliorer les statistiques dont il dispose[31]. L'une des conséquences particulièrement frappantes de l'autarcie dans laquelle évolue la production de chiffres à la Banque de France est l'incompatibilité des nomenclatures utilisées pour classer les entreprises débitrices ; car si elles se dotent toutes d'un « numéro d'activité » de l'INSEE à partir de janvier 1948, les catégories utilisées par les différents pôles de l'administration évoluent de manière indépendante, si bien que des tableaux de correspondances entre les nomenclatures du SEEF, du SCR et de l'institut des statistiques doivent être établis au début des années 1960[32].

* * *

La Banque de France, acteur politique ? Aborder la notion d'économie « concertée » en insistant sur la circulation de l'information permet de répondre à la question d'une façon qui dépasse la seule question du choix des politiques publiques. L'acteur politique est celui qui *rend politique* : celui qui produit l'information en lui donnant une forme intelligible et exploitable pour l'action publique. En se dotant d'un service consacré à la centralisation et la diffusion des risques bancaires, la Banque a permis l'institutionnalisation de pratiques coopératives au sein du secteur bancaire, qui rappellent celles des *Coordinated Market Economies*. Sollicitées par la profession, ces pratiques se sont développées et approfondies sur la période étudiée.

Mais l'exploitabilité et l'utilisation des informations produites restent toutefois sujettes à un certain nombre de contraintes, notamment leur adéquation avec les objectifs des acteurs concernés. Au niveau de l'élaboration des politiques monétaires macroéconomiques, les données produites par le Service central des risques ont peiné à être influentes. Segmentées selon des catégories trop restreintes et ne saisissant pas le crédit dans son ensemble, elles n'ont servi que pendant une période restreinte durant laquelle la lutte contre l'inflation se déclinait sectoriellement. Malgré la création du CNC, une instance offrant aux producteurs et aux syndicalistes un lieu devant permettre leur participation, les grandes décisions furent prises ailleurs et avec des catégories qui n'étaient pas celles de la Banque.

**31** Voir la prise de parole de Raymond Gravière lors de la réunion du 30 juin 1947, ABF/1427 2003 01/4.
**32** AhBdF 1331 2017 02/37.

Chapitre 15

# Un puissant réseau d'influence. La Banque de France et la Banca d'Italia après la Seconde Guerre mondiale

**Valentina Vardabasso**
Université Paris I

Pendant un dîner de Noël, en réponse à des journalistes qui ironisaient sur un ancien Gouverneur devenu d'emblée Président du Conseil, Mario Draghi n'hésite pas à raconter la plaisanterie du malade en attente d'une transplantation cardiaque, qui, devant choisir entre le cœur d'un jeune sain de vingt-cinq ans et celui d'un ancien gouverneur d'une banque centrale de quatre-vingt-six ans, choisit sans hésiter la deuxième option parce que, explique-t-il, le cœur du gouverneur est tout neuf et n'a jamais été utilisé. Un technicien froid et impassible : telle est la perception des gouverneurs des banques centrales dans les imaginaires contemporains. À partir du réseau des technocrates franco-italiens de la Banque de France et de la *Banca d'Italia*, cette contribution veut interroger l'indépendance des banques centrales par rapport à la quotidienneté politique et à leur rôle dans l'après-guerre. Comment la Banque de France et la Banque d'Italie interagissent-elles avec leurs gouvernements respectifs ? Préserver une banque centrale de tout contrôle étatique permet-il de lui assurer une pleine neutralité politique ? Les programmes de coopération internationale auxquels participent des hauts fonctionnaires des banques centrales, transforment-ils ces organismes en acteurs politiques de premier plan, en dépit de l'indépendance garantie dans leur statut ? La neutralité politique est-elle inscrite forcement dans l'ADN des banques centrales ? Finalement, à partir de la perspective franco-italienne, les banques centrales sont–elles de simples acteurs publics ou des véritables acteurs politiques ?

ABSTRACT
This research analyzes the political role of the Bank of France and the *Banca d'Italia* after the Second World War. This study aims at measuring the influence of the network of central banks in Franco-Italian reconciliation. The decisions of the Bank of France and the Bank of Italy in daily political life have shown an interest of central banks in the European integration of monetary markets since 1950. Spotlights have been focused on the agreement for the free quotation of the franc and of the lira (1950) and on the social and diplomatic function of the exchange rate.

RÉSUMÉ
Cette recherche analyse le rôle politique de la Banque de France et de la *Banca d'Italia* après la Seconde Guerre mondiale. Cette étude se propose de mesurer l'influence du réseau des banques centrales dans la réconciliation franco italienne. Les décisions de la Banque de France et de la Banque d'Italie dans la quotidienneté politique montrent un intérêt des banques centrales vers l'intégration européenne des marchés monétaires dès 1950. Les projecteurs sont braqués sur l'accord pour la libre cotation du franc et de la lire (1950) et sur la fonction sociale et diplomatique du taux de change.

KEYWORDS : Luigi Einaudi, Donato Menichella, Emmanuel Monick, Robert Schuman, exchange rate (social and diplomatic function of the), the Bank of France, the Bank of Italy
MOTS CLÉS : Luigi Einaudi, Donato Menichella, Emmanuel Monick, Robert Schuman, taux de change (fonction sociale et diplomatique), la Banque de France, la Banque d'Italie

## L'INDÉPENDANCE DES BANQUES CENTRALES EST-ELLE UNE ILLUSION ?

Dans le respect du Traité de Maastricht, qui a généralisé le modèle allemand de banque centrale indépendante, en 1993 la Banque de France se voit attribuer la maîtrise absolue de la monnaie et des taux d'intérêt. La puissance publique est de ce fait dépouillée de l'un de ses principaux instruments de politique économique. En effet, le Traité de Maastricht de 1992 ne fait qu'élargir une idée ancienne, déjà adoptée par Léon Blum, lequel réforme le statut de la banque d'émission le 24 juillet 1936, ôtant cet organisme de l'emprise des 200 familles et transformant la Banque de France en une autorité administrative. Le Général Charles de Gaulle, sur la même ligne, se fait le promoteur à la Libération de la loi du 2 décembre 1945, selon laquelle la Banque de France est nationalisée « (...) afin qu'aucun monopole, aucune coalition, ne soit en mesure de faire pression sur l'État ». Si par indépendance nous entendons la capacité d'une banque centrale à prendre des décisions sans subir de pression de la part du gouvernement, une étude objective sur l'indépendance de la Banque de France montre que cette dernière bénéfice aujourd'hui d'une indépendance économique accrue, mais qu'elle est davantage bridée par le pouvoir politique, en comparaison avec les deux derniers siècles .

Du côté italien, dans ce même registre, Vincenzo Azzolini, Gouverneur de la Banca d'Italia de 1931 à 1944, laisse le témoignage d'une classe dirigeante capable de garantir la crédibilité dans les moments les plus sombres. Il croit fermement à l'importance de l'indépendance des banques centrales, indifférentes aux pressions du pouvoir politique, et encourage l'approbation de la loi bancaire de 1936, qui place le système bancaire italien sous le contrôle public. Cette physionomie de la banque, esquissée pendant la période du fascisme, demeure indemne lors du passage de l'ancien au nouveau régime constitutionnel, jusqu'à la consolidation de son rôle stratégique avec la création de l'Ufficio Cambi.

Les démocraties contemporaines relient l'indépendance politique au contrôle parlementaire. Il va de soi que l'indépendance des banques centrales est par définition en opposition avec le contrôle parlementaire, selon lequel toute décision politique peut être remise en cause par le Parlement. Le *leader* communiste Palmiro Togliatti se voit refuser sa requête visant à introduire dans l'organe dirigeant de la *Banca d'Italia* des représentants des syndicats, au nom de l'indépendance de l'institut d'émission au cours de la séance de l'Assemblée constituante du 20 juin 1948. À ce moment, la *Banca d'Italia* délimite avec fermeté le périmètre des compétences respectives de la banque d'émission et des institutions politiques .

Or, les indicateurs classiques des démocraties contemporaines, qui mesurent l'indépendance politique, telle que par exemple l'obligation de se référer au Parlement, suffisent-ils pour apprécier l'indépendance et la neutralité d'une banque centrale ? Certes, la Banque de France et la *Banca d'Italia* ne présentent pas de rapport sur leurs activités devant le Parlement et les gouverneurs ne sont pas responsables devant les députés ; mais, ces critères reflètent-ils la réalité des instituts d'émission ? La volonté explicite des gouvernements de déléguer l'exercice de la politique monétaire à des fonctionnaires est-elle démentie dans la pratique ? En raison de la porosité de la politique monétaire avec la stabilité politique, l'indépendance des banques centrales ne risque-t-elle pas de devenir une illusion ?

À partir de deux cas d'espèces de l'après-guerre, la réhabilitation internationale de la lire italienne et l'accord franco-italien sur les migrations en mars 1947, l'autrice veut défricher sur le terrain historique l'action politique des banques centrales italienne et française confrontées aux impératifs de la reconstruction et de la stabilisation monétaire et économique.

## LA RÉHABILITATION INTERNATIONALE DE LA LIRE ITALIENNE : L'INTERACTION D'EINAUDI ET DE MENICHELLA AVEC GASPERI

Si la réhabilitation politique de l'Italie après le fascisme équivaut à la parité des droits avec les autres nations, objectif reconnu en 1955 avec l'admission de l'Italie à l'ONU, la réhabilitation internationale de la lire correspond à une meilleure parité avec le dollar, ou plus généralement à un ancrage nominal crédible et une fiabilité sur les marchés internationaux. Ces deux objectifs sont inséparables, en vue de l'intégration du pays sur l'échiquier géopolitique international. Évidemment, dans ce contexte, Washington constitue une étape obligatoire. Et peu importe que l'invitation n'ait pas été signée par Harry Truman, mais par Henry Luce qui organise en janvier 1947 une conférence autour des attentes du monde vis-à-vis des États-Unis. Les diplomates s'activent : des entretiens sont organisés avec Truman et surtout avec les dirigeants de l'Ex Im Bank. Le voyage, le premier pour Alcide de Gasperi après la guerre, est préparé méticuleusement. Le Gouverneur

Luigi Einaudi, le directeur de la *Banca d'Italia* Donato Menichella et le directeur du bureau de change Guido Carli s'entendent avec Pierre Campilli, ministre du Commerce extérieur, sur des objectifs de crédit très élevé pour jeter les bases de la reconstruction et aligner une nouvelle parité de la lire avec le dollar. La délégation italienne compte les meilleurs experts de cette époque : Menichella et Campilli sont réputés comme de grands connaisseurs de la politique monétaire et cette délégation demeure un exemple d'une relation fructueuse entre politique et technicité managériale. Les résultats obtenus par cette délégation, malgré quelques inévitables sujets de déception, sont un exemple du développement économique assuré par la coopération internationale. Ce type de dynamique étend inévitablement un rôle politique à des acteurs qui par définition et par statut devraient rester enfermés dans leur neutralité. Dans ses mémoires, Maria Romana de Gasperi laisse entendre qu'une relation amicale s'était nouée entre son père et Menichella. Elle se souvient de ce vol balloté par les vents très forts au-dessus de l'Atlantique, avec deux atterrissages d'urgence aux Açores, où Gasperi qui, pour dédramatiser la situation, s'inquiète pour Menichella paniqué et assis à ses côtés, et qui, en raison de sa forte taille, était resté empêtré dans le parachute lors des essais avant le départ. Les historiens et la presse de l'époque se concentrent sur Gasperi, mais Menichella joue en coulisse un rôle essentiel dans cette mission. C'est lui qui convainc James Byrnes, le secrétaire du Département d'État du Président Truman, de prêter cent millions de dollars à l'Italie afin de compenser l'hyperinflation dont l'origine est à chercher dans l'impression des am-lires par l'armée américaine d'occupation et toujours en circulation. C'est également Menichella qui négocie avec les *managers* de la Export / Import Bank. Ces négociations s'avèrent très difficiles. Les Américains, pour chaque dollar qu'ils donnent, demandent des justificatifs et surtout insistent pour que l'Italie démontre l'existence d'une nouvelle vision politique, une clarté d'idées et une rigueur morale. Rappelons qu'en janvier 1947 les communistes font encore partie du gouvernement. Menichella obtient de ce fait, outre les 100 millions de dollars à titre de compensation pour l'hyperinflation, 50 millions de dollars à titre de remboursement pour la collaboration de l'Italie à la fin de la guerre, ainsi qu'une série d'aides matérielles, y compris une promesse pour l'achat de cinquante bateaux et de navires chargés de céréales et de carburants pour coopérer à la reprise de la production et résoudre la crise alimentaire italienne. Mais, surtout, il négocie l'engagement américain dans la reconstruction de l'Italie.

Et c'est encore Menichella qui rend possible la participation de l'Italie au Fonds Monétaire International (FMI). Pour adhérer à cette organisation, elle doit payer l'équivalent de 30 millions de dollars en or, dont la Banque d'Italie ne dispose pas. Menichella, avec beaucoup d'habileté, évite de l'acheter sur le marché intérieur américain, où l'or coûte 53 dollars l'once. Il parvient à l'acheter à la *Federal Reserve Bank* de New York au prix de 35 dollars l'once, économisant ainsi 20 millions de dollars. Gasperi, de son côté, s'engage dans une inévitable révision du traité commercial de 1938 et accorde son soutien à la politique américaine d'abolition progressive des barrières douanières . En 1947, ceux qui parient sur la reprise de l'Italie sont très peu nombreux et les dirigeants de l'Export/Import Bank n'en font certainement pas partie. Carli dans ses mémoires loue les talents diplomatiques de Menichella. Il relate une rencontre organisée quelques mois auparavant, en août 1946 entre le directeur de la *Banca d'Italia* et Byrnes. Ce dernier éprouve une mauvaise conscience à l'égard de l'Italie. Il sait bien que l'attitude américaine superficielle sur les am-lires est la cause principale de la dépréciation de cinquante fois de la monnaie italienne. Menichella sent les regrets de Byrnes et obtient très astucieusement une première promesse d'aide de 100 millions de dollars. Ce voyage, très médiatisé par la presse de l'époque, et par les historiens d'aujourd'hui, représente un échec partiel du point de vue économique : 100 millions obtenus sur les 700 millions de dollars demandés avec insistance par les Italiens, et la parité entre le dollar et la lire, fixée par les Américains, demeure invariable. Toutefois, cette mission en Amérique entame la reprise économique italienne et marque la fin du gouvernement du Comité de Libération nationale et le début du gouvernement au centre, avec l'exclusion des communistes et des socialistes du gouvernement. Le ministre des Affaires étrangères italien (socialiste), Pietro Nenni, le 17 janvier 1947 accueille la délégation italienne à son retour des États Unis. Dans son journal intime, il écrit avoir retrouvé Gasperi fatigué, mais profondément changé. Il a compris qu'une nouvelle saison était en train de s'ouvrir pour Rome avec l'intégration de l'Italie dans le programme du Plan Marshall lancé deux mois après ce voyage.

## LA RÉHABILITATION MONÉTAIRE PAR LA RÉVISION DE LA PARITÉ ENTRE LA LIRE ET LE DOLLAR : LE RÔLE POLITIQUE DE LA *BANCA D'ITALIA*

L'autonomie par rapport aux gouvernements est une aspiration des banques centrales dès leurs origines, mais reste plus conceptuelle que réelle. La stabilité politique d'un pays ne peut pas contourner celle de la monnaie. La stabilité des prix, la stabilité financière et la soutenabilité de la dette sont les conditions essentielles du développement d'une économie sur le long terme et la fragilité entraînée par un seul de ces facteurs compromet la stabilité politique du pays. La porosité entre la politique monétaire et la politique intérieure et extérieure se manifeste en termes d'interactions réciproques. Dans le cas italien, cela apparaît lors des discussions sur une nouvelle parité de la lire par rapport au dollar. En se fondant sur les archives de la *Banca d'Italia*, on constate que la révision du statut international de la lire italienne est une question centrale dans l'agenda de la délégation italienne lors du voyage à Washington . Ce statut international de la lire a été fixé lors de la libération de l'Italie méridionale, car le droit de la guerre permet à l'occupant d'émettre sa propre monnaie. À la suite d'une pénurie de billets de la *Banca d'Italia*, il est nécessaire d'imprimer les billets aux États-Unis et les am-lires de cette façon inondent la péninsule. Au lendemain de la Libération, l'Italie entretient la majeure partie de ses relations extérieures avec les États-Unis et la Grande Bretagne.

La Commission interalliée décide pourtant de fixer de nouvelles parités entre la lire, le dollar et la livre sterling. La parité est fixée autour de cent lires pour un dollar et de quatre cent lires pour une livre sterling. Cette définition légale de la lire italienne n'a aucune valeur du moment que l'Italie, pays vaincu, n'a aucune possibilité de commerce libre. Tout se passe sous le contrôle des Alliés. Cette parité ainsi établie est contestée par la *Banca d'Italia*. Les critiques sont particulièrement dures de la part de Menichella et d'Einaudi. Bretton Woods introduit le dollar comme monnaie de référence. Toutefois, la culture monétaire de l'époque, notamment le milieu de la *Banca d'Italia* continue à considérer le poids de chaque monnaie en or comme la légitimité de chaque transition monétaire. Les Italiens se plaignent d'une parité, fondée sur les contingences politiques du moment, et poussent leur raisonnement jusqu'à comparer l'attitude des Alliés dans le domaine des changes à la politique monétaire du Troisième Reich, qui fondait la parité du mark avec les autres monnaies non sur l'or mais sur des considérations politiques.

Ces considérations anticipent les intentions à la veille du voyage aux États Unis des dirigeants de la *Banca d'Italia* : demander une nouvelle parité lire/dollar, notamment une forte dévaluation de la monnaie italienne pour relancer immédiatement les exportations et soulager la balance des paiements. Pour atteindre cet objectif, les Italiens sont prêts à revoir le système de change multiple et le fonds de péréquation des prix, une sorte de compensation pour indemniser les importateurs italiens qui achètent sur les marchés avec une lire trop faible. Mais, à Washington, les demandes des dirigeants de la Banque d'Italie sont refusées catégoriquement : aucune révision du rapport lire/dollar ne peut être prévue tant que l'économie italienne ne s'améliore pas. La mission à Washington doit être évaluée non seulement à l'aune des avantages immédiats qu'elle a obtenus, mais également à celle des erreurs qu'elle a évitées. La dévaluation est souvent considérée comme le principal remède à une situation de déficit commercial. En effet, en entraînant une hausse du change, la dévaluation réduit les prix en monnaie étrangère des biens exportés, favorisant ainsi les exportations. Toutefois, en contrepartie, la dévaluation augmente le prix des biens importés et surtout la circulation monétaire qui favorise l'inflation.

Trop vieux pour un voyage aux États-Unis, mais trop expert pour ignorer les intentions de ses pairs américains, Einaudi ne se laisse pas leurrer par le mirage des exportations. Il entrevoit dans les aides immédiates, mais surtout dans la garantie d'assistance américaine pour les prochaines quatre années, les prémisses indispensables de celle qui est passé à l'histoire comme la « dévaluation d'Einaudi », une manœuvre monétaire qui a redonné du souffle à l'économie italienne et de la crédibilité à la lire à l'étranger. Pouvant compter sur l'aide américaine, il sauvegarde d'abord le pouvoir de la monnaie par l'épargne, qui finalement réapparaît dans les données du bilan. Ensuite, il soustrait des liquidités au système, augmentant les réserves obligatoires par une manœuvre déflationniste et augmentant en même temps le coût de l'argent. Enfin, il stabilise le taux de change extérieur lire-dollar en dépassant le système de change multiple introduit en 1946, mais graduellement abandonné.

Einaudi en qualité de gouverneur de la *Banca d'Italia* exerce un rôle politique non pas tant pour ses multiples fonctions de ministre du budget et député de l'Assemblée constituante, rôles en principe incompatibles avec le principe d'indépendance de la banque d'émission, mais parce que le grand défi de stabiliser la monnaie, en jugulant l'inflation implique l'expertise du gouverneur, mais aussi la sagesse, la diplomatie et l'astuce du politicien.

La réhabilitation internationale d'un pays s'appuie surtout sur sa crédibilité monétaire : nul doute que la rigueur morale de l'antifasciste que tous lui reconnaissent a certainement facilité la réhabilitation politique de l'Italie dans les chancelleries européennes comme à Washington.

## LE RÔLE DE LA BANQUE DE FRANCE DANS LES RELATIONS FRANCO-ITALIENNES. LA FONCTION SOCIALE DU TAUX DE CHANGE.

Le départ de 55 000 travailleurs allemands oblige le gouvernement français à se tourner vers l'ancien ennemi pour les remplacer dans les mines de charbon. Une série d'avantages pour attirer la main-d'œuvre italienne accompagnent l'accord signé en mars 1947, pour faire parvenir en France 200 000 travailleurs italiens. Ces avantages sont surtout de nature financière, notamment un taux de change favorable, un pourcentage convenable de salaire à envoyer en Italie, et des modalités du transfert d'argent. La gestion des migrations italiennes relève de la compétence du gouvernement, du Quai d'Orsay et du ministère des Finances, car c'est d'abord une question politique. La Banque de France est initialement exclue des négociations. Toutefois, elle se retrouve impliquée quand il s'agit d'établir le taux de change à appliquer dans les transferts d'argent de la France envers l'Italie, ainsi que la garantie de change devant être appliquée au montant des réparations de guerre.

L'évolution du taux de change, de variable de caractère technique à celle d'outil diplomatique et social, est à l'origine d'une évolution du rôle de la Banque de France d'institut d'émission à celui d'un véritable acteur politique. Le montant des réparations, lui, ne fait pas question, Rome et Paris s'accordant sur 14 milliards de lires. C'est plutôt la question de la garantie de change qui est à l'origine d'un véritable bras de fer entre les hauts fonctionnaires de la Banque de France et le gouvernement italien. Certes, Robert Schuman, Gasperi et Georges Bidault donnent les directives, fixent la direction ; mais le contenu des accords relève de la compétence de l'expertise. La question n'est pas simple. Bon connaisseur de l'Italie, surtout de l'économie italienne, le Gouverneur de la Banque de France Emmanuel Monick renonce à 24 millions de lires que l'Italie doit à la France. L'accord signé avec Rome en mars 1948 lie la parité lire/franc au cours réel du dollar effectivement échangé à Rome. Monick sait bien que la hausse des prix intérieurs italiens entre octobre 1946 et octobre 1947 se traduirait par une hausse du dollar, et entraînerait la réévaluation automatique du montant en lires versé à la France. Monick obtient le respect des accords de 1948 selon lesquels la parité entre le franc et la lire est indexée sur le cours réel du dollar. C'est alors que se pose la question du change préférentiel, à appliquer aux transferts monétaires des mineurs italiens vivant en France. Monick, Rinaldo Ossola, Christian Lavarène endossent le rôle d'acteurs politiques, car cela pose la question des migrations. La négociation sur ce taux de change préférentiel est menée surtout par les dirigeants du Trésor français. Dans une note, la direction des Études de la Banque de France regrette de ne pas avoir été associée dès le début aux négociations du fait que la question des migrations est une prérogative gouvernementale. Schuman tire la sonnette d'alarme après un échange avec Monick. D'après le compte spécial ouvert sur les livres de la Banque de France, le montant initialement prévu par les différents accords sur les migrations est épuisé. La conséquence de cette pénurie de numéraire est lourde en raison de la suspension des transferts de salaires des travailleurs italiens vers le pays d'origine. Pietro Quaroni, l'ambassadeur italien, se fait « l'avocat du diable ». Il prévient les décideurs français, notamment Robert Schuman, du risque réel d'une guerre civile en Italie, au cas où les immigrés seraient dans l'impossibilité d'envoyer de l'argent aux familles. Le taux de change, jusque-là prérogative des bureaux de change et des banques centrales, est devenu un facteur qui a d'importantes retombées sur la politique intérieure italienne et sur les relations entre Rome et Paris. Monick comprend le défi et ne recule pas. Il organise diverses réunions avec la direction des Études de la Banque de France. Au début, il prend le temps d'analyser les comptes et il retrouve 220 millions de lires en tant que solde créditeur de l'année 1946. En effet, les exportateurs italiens avaient préféré vendre leurs marchandises dans les pays à monnaie libre, donc à l'exclusion de la France. Monick l'ignorait. Profitant de cette situation passagère de la balance franco-italienne favorable pour Paris, il suggère d'alimenter le compte spécial des immigrés italiens en utilisant ce montant. Cette décision s'attaque au problème immédiat, sans toutefois le résoudre. Le risque d'un rapatriement soudain des mineurs italiens inquiète Schuman, qui, dans la crainte de compromettre les négociations en cours sur l'union douanière franco-italienne, cherche sans succès une solution dans le cadre de l'OECE. Face aux difficultés de transfert d'argent, la question prend de plus en plus d'importance, car il est clair désormais que le taux préférentiel constitue un gage de sécurité pour les immigrés et sa suppression risquerait de tarir la source de l'immigration italienne vers la France. C'est dans ce contexte que prend forme la nécessité de la cotation de la lire sur le marché libre de Paris, allant de pair avec celle du franc sur les places de Rome et de Milan. À ce propos, les dirigeants de la Banque de France insistent sur la réciprocité : la libre cotation de la lire sur le marché de Paris doit être liée à la libre cotation du franc sur le marché des devises–exportation de Rome.

* * *

Dépassant leurs fonctions habituelles, la Banque de France et la Banque d'Italie jouent un rôle politique actif dans la politique internationale. Gasperi apparaît comme un élément de stabilité aux yeux des Américains, mais c'est Menichella, ignoré par la presse de l'époque, qui négocie avec les hautes sphères financières de Washington le prêt pour l'Italie. Monick joue un rôle actif dans la question des migrations italiennes. C'est lui qui propose la libre cotation des deux monnaies, le franc et la lire, pour contrer la pénurie du numéraire. Les archives consultées auprès de la Banque de France et de la Banque d'Italie, concernant l'interaction des banques centrales avec leurs gouvernements respectifs, révèlent une synergie plutôt qu'une concurrence, en dépit de l'indépendance et de la neutralité proclamées dans le statut.

Une curiosité toutefois demeure à l'issue de cette rapide incursion dans les archives des gouverneurs. La libre cotation du franc et de la lire, ainsi que les accords de compensation, les accords autour les transferts des épargnes inspirent l'union européenne des paiements. Emmanuel Monick d'abord, Wilfrid Baumgartner ensuite, et Menichella auraient-ils anticipé l'intérêt des banques centrales pour l'intégration européenne ?

Chapitre 16

# Plateforme ou tremplin ? La CNUCED et les autorités monétaires des Suds dans les négociations internationales (1965-1972)

**Raphaël Orange-Leroy**
Université de Nantes

Les négociations des années 1960-1970 sur la réforme du système monétaire international ont longtemps été considérées comme l'apanage d'un groupe de pays riches, le Groupe des Dix (G10)[1]. Les analyses les plus succinctes ont résumé ces négociations à une opposition entre la France et les États-Unis[2]. Les plus ambitieuses les ont élargies au cadre européen[3]. De ce fait, les pays en déve-

1 Je voudrais remercier vivement Johanna Bockman, Guy Erb, Olivier Feiertag, Philippe Fontaine, Yann Giraud, Thomas Irace, Antoine Jourdan, Mirek Tobiáš Hošman, Michel Margairaz et Robert Yee pour leurs conseils. Je suis reconnaissant envers Aditya Balasubramanian, Béatrice Cherrier, Mariusz Lukasiewicz, Steven Medema, Eric Monnet, Eva-Maria Muschik et Christy Thornton pour leurs commentaires lors de différents colloques. Les erreurs éventuelles sont de mon fait.

2 Michael Bordo, Dominique Simard et Eugène White, « La France et le système monétaire de Bretton Woods », *Revue d'économie financière*, vol. 26, n° 3, 1993, p. 249-286 ; Barry Eichengreen, *Globalizing Capital: A History of the International Monetary System*, Princeton, Princeton University Press, 1996, p. 112-115 ; Arnaud Manas, *L'Or de la guerre froide*, Paris, Les Éditions du Cerf, 2022 ; Eric Monnet, « Une coopération à la française. La France, le dollar et le système de Bretton Woods, 1960-1965 », *Histoire@Politique*, vol. 19, n° 1, 2013, p. 83-100.

3 Michael Bordo, Eric Monnet et Alain Naef, "The Gold Pool (1961–1968) and the Fall of the Bretton Woods System: Lessons for Central Bank Cooperation", *The Journal of Economic History*, Vol. 79, No. 4, 2019, p. 1027-1059 ; Eric Bussière, « La Banque de France et la réforme du système monétaire international : entre impératifs nationaux et solidarité des banques centrales européennes (1963-1968) », *Histoire, économie & société*, 18e année, vol. 4, 1999, p. 797-814 ; Olivier Feiertag, *Wilfrid Baumgartner: un grand commis des finances à la croisée des pouvoirs, 1902-1978*, Paris, Ministère de l'économie, des finances, et de l'industrie, Comité pour l'histoire économique et financière de la France, 2006, chapitre XIV ; Catherine R. Schenk, *The Decline of Sterling: Managing the Retreat of an International Currency, 1945-1992*, Cambridge, Cambridge University Press, 2010 ; Laurent Warlouzet,

**ABSTRACT**
Developed countries of the Group of 10 dominated the 1960s and 1970s international monetary negotiations. From 1965 onwards, however, the United Nations Conference on Trade and Development enabled central bankers from Latin America, Asia and Africa to participate in multilateral discussions. Building on this initiative, the members of the Group of 77 developing countries gradually coordinated autonomously the diplomatic efforts of their monetary authorities, particularly in response to the collapse of the Bretton Woods system.

**RÉSUMÉ**
Les négociations monétaires internationales des années 1960-1970 ont été dominées par les pays développés du Groupe des 10. À partir de 1965, la Conférence des Nations Unies sur le commerce et le développement a cependant permis à des banquiers centraux d'Amérique latine, d'Asie et d'Afrique de participer aux discussions multilatérales. À la suite de cette initiative, les membres du Groupe des 77 pays en développement ont progressivement coordonné les efforts diplomatiques de leurs autorités monétaires de façon autonome, en particulier pour intervenir face à la chute du système de Bretton Woods.

JEL **Classification : E42, E58, F02, F33, F54, F55, N40, N45, N46, N47, O19, P45**
Key words : **Global South, North-South, UNCTAD, Money, Development, Central Banks, Bretton Woods System**
Mots clés : **Sud, Nord-Sud, CNUCED, Monnaie, Développement, Banques centrales, Système de Bretton Woods**

loppement d'Amérique latine, d'Asie et d'Afrique ont été laissés à l'écart de ces lectures. L'émergence sur la scène multilatérale de coalitions visant à réformer l'économie internationale, telles que le mouvement des non-alignés (MNA) et le Groupe des 77 (G77), n'a pas été pris en compte dans le champ monétaire. Alors qu'un renouveau historiographique y dévoile progressivement leur participation, notamment lors de la Conférence de Bretton Woods[4], notre travail doctoral a permis de démontrer et de préciser l'étendue de l'influence des pays en développement (PED) dans les négociations qui accompagnèrent la fin progressive du système de Bretton Woods pendant les années 1960-1970.

L'influence des PED s'appuya sur la Conférence des Nations Unies sur le commerce et le développement (CNUCED), une institution créée en 1964 pour intégrer le développement dans le fonctionnement des organisations économiques internationales. Jusqu'alors, les banquiers centraux d'Amérique latine, d'Asie et d'Afrique s'étaient réunis, avec plus ou moins de régularité afin d'assurer la coopération entre leurs institutions au niveau régional. Mais, en 1964, aucune instance ne permettait aux banquiers des trois continents de se rencontrer pour échanger sur le croisement entre affaires monétaires et développement. Sur l'insistance de Raúl Prebisch, secrétaire général de la CNUCED et dirigeant fondateur de la Banque centrale d'Argentine, la CNUCED intégra les enjeux monétaires dans son programme de travail. Quel rôle cet organe des Nations Unies

« L'Europe monétaire face au dollar : l'offensive Debré (1966-1968) », *Histoire@Politique*, vol. 19, n° 1, 2013, p. 114-127.

4 James Boughton, *Southern Accents. The Voice of Developing Countries in International Financial Governance*, CIGI Papers 141, 2017 ; Eric Helleiner, *Forgotten Foundations of Bretton Woods: International Development and the Making of the Postwar Order*, Ithaca, Cornell University Press, 2014 ; Yasutoshi Noshita, "International Liquidity Problems *in* the 1960s: The Examination of the Minutes of the Executive Board of the International Monetary Fund", *in* Kazuhiko Yago, Yoshio Asai et Masanao Itoh (eds.), *History of the IMF: organization, policy, and market*, Tokyo, Springer, 2015, p. 95-124 ; Christy Thornton, *Revolution in Development: Mexico and the Governance of the Global Economy*, Oakland, California, University of California Press, 2021.

eut-il vis-à-vis des banquiers centraux des pays membres du G77 ? Cet article soutient qu'à partir de 1965, la CNUCED les mit en contact afin de co-construire avec eux des analyses économiques originales permettant au G77 de peser dans les négociations internationales. Progressivement, les autorités monétaires du G77 se coordonnèrent directement au sein du Fonds Monétaire International (FMI), formule qui fut formalisée par la création du Groupe des 24 (G24) en 1972. Du fait de sa marginalisation, la CNUCED passa ainsi de plateforme à tremplin de la coordination des autorités monétaires des Suds. Cet article propose donc d'explorer le riche terrain de la diplomatie des banques centrales depuis l'angle novateur des relations Nord-Sud et Sud-Sud[5].

## LES SUDS : ANGLE MORT DES DÉBATS MONÉTAIRES INTERNATIONAUX

Le 25 mars 1964 devant l'assistance réunie au Palais des Nations, Ernesto « Che » Guevara attaqua lourdement le FMI. Lors de la cérémonie d'ouverture de la première CNUCED, le représentant de Cuba qualifia le Fonds de « chien de garde du dollar »[6]. Depuis le passage à la convertibilité générale des monnaies en 1959, d'importantes sorties de capitaux des États-Unis vers l'Europe perturbaient les marchés de l'or et des changes. Le décalage entre la quantité croissante de dollars détenus dans les réserves des banques centrales et la baisse des stocks d'or des États-Unis fragilisait la confiance vis-à-vis de la valeur du dollar. Pour en maintenir la parité officielle, fixée depuis 1934 à 35 $ l'once d'or, les autorités monétaires américaines passèrent une série d'accords avec leurs principaux partenaires occidentaux. D'une part, la mise en place du « pool de l'or » et d'accords de *swaps* devait permettre de limiter la conversion de dollars et de stabiliser le cours de l'or. D'autre part, les quote-parts du FMI avaient été augmentées de 50 % en 1959 et avaient été complétées en 1962 grâce à la signature des accords généraux d'emprunts (AGE)[7]. Par ces accords, les pays du G10 acceptaient de prêter jusqu'à 6 milliards de dollars au FMI pour le cas où l'un d'entre eux connaîtrait des difficultés de paiements causées par des mouvements de capitaux spéculatifs[8].

Si un tel mécanisme devait permettre de stabiliser le système monétaire international, les pays en développement dénoncèrent la triple entorse que les AGE constituaient. Premièrement, les AGE participaient à soutenir artificiellement la valeur du dollar et à fournir aux États-Unis le privilège unique de pouvoir repousser un ajustement structurel de leur balance des paiements

5 Eric Bussière et Olivier Feiertag, « Méthode, problèmes et premiers résultats d'une histoire des relations monétaires internationales au XX$^{e}$ siècle », *Histoire, économie & société*, vol. 18, n° 4, 1999, p. 675-680.

6 CNUCED, *Proceedings of the United Nations Conference on Trade and Development, Vol. II,* New York, Nations Unies, 1964, p. 165.

7 Michael Bordo, Eric Monnet et Alain Naef, "The Gold Pool (1961-1968)", *art. cit.* ; Olivier Feiertag, *Wilfrid Baumgartner*, *op. cit.*, chap. XIV ; Harold James, *International Monetary Cooperation*, *op. cit.*, p. 158-160.

8 Les pays signataires, qui forment le G10, sont l'Allemagne, la Belgique, le Canada, les États-Unis, la France, l'Italie, le Japon, les Pays-Bas, le Royaume-Uni, la Suède, ainsi que la Suisse. FMI, *Rapport annuel 1962*, Washington D.C., p. 234-245 ; Robert Triffin, *The Evolution of the International Monetary System: Historical Reappraisal ad Future Perspectives*, Princeton University Press, 1964, p. 26.

(BdP). Deuxièmement, les accords assuraient au G10 un accès exclusif à ces crédits au moment même où les PED réclamaient une augmentation des quotes-parts pour accroître leur usage des ressources du Fonds. Ce n'était d'ailleurs que grâce aux protestations des pays latino-américains et asiatiques ainsi que des pays occidentaux non-membres du G10 que le directeur général du Fonds, Per Jacobsson, était parvenu à inclure les AGE comme un mécanisme de l'organisation[9]. Troisièmement, le caractère exclusif des AGE démontrait que la gestion des affaires monétaires internationales échappait au FMI, qui, aussi imparfait soit-il, supposait une gestion multilatérale. Les politiques de stabilisation du système monétaire apparaissaient donc comme un monopole des pays développés. Cette interprétation se trouva confirmée par le fait qu'à partir de 1963 les discussions sur l'avenir du SMI se tinrent dans le huis clos du G10 et du Groupe de travail n° 3 de l'OCDE[10]. Lorsque l'année suivante les diplomates réunis à la CNUCED I débattirent des dimensions monétaires et financières du développement, le FMI se trouva dans la ligne de mire des délégués du G77. Selon un représentant du Fonds à Genève, l'organisation souffrait de voir son image traitée « (...) avec le même pinceau que les pays en développement utilisent pour dépeindre les 10. (...) »[11]

Le poids grandissant des pays en développement dans les activités du FMI n'avait pas entraîné de sensibilisation similaire des services sur les questions de développement. En 1961, l'adhésion d'États nouvellement indépendants permit aux PED de représenter ensemble plus de 25 % des droits de vote. À partir de la fin du *boom* coréen en 1953, les chutes de revenus des producteurs de matières premières firent évoluer leur usage des ressources du Fonds de 69 à 539 millions de dollars entre 1953 et 1963, après un pic à 1 163 millions en 1962[12]. Au début des années 1960, l'immense majorité des tirages effectués l'étaient par les pays non-industriels. À elle-seule, l'Amérique latine concentrait la moitié des tirages de cette catégorie[13]. Le FMI y avait expérimenté, pendant la décennie précédente, l'introduction de « conditionnalités » : des conditions de tirage liant les versements de chaque « tranche de crédit » à la réalisation de politiques monétaires et budgétaires préétablies[14]. Le rôle du Fonds tenait, selon la confidence de l'un de ses fonctionnaires, d'une « combinaison entre le policier et le banquier[15] ».

Parmi les politiques recommandées, le chef du département des recherches, Jacques Polak, établit que le contrôle de l'inflation et des dépenses publiques était nécessaire pour assurer la stabilité et la convertibilité monétaire, de sorte à rendre

9 Olivier Feiertag, *Wilfrid Baumgartner*, *op. cit.*, chap. XIV.

10 Harold James, *International Monetary Cooperation*, *op. cit.*, p. 164-165; Yasutoshi Noshita, "International Liquidity Problems *in* the 1960s", *op. cit.*, p. 99-100 ; Catherine R. Schenk, *The Decline of Sterling*, *op. cit.*, p. 247-251.

11 AFMI, 101759, Williams à Anderson, *Status of United Nations Conference on Trade and Development*, 16 Mai 1964.

12 Harold James, *International Monetary Cooperation*, *op. cit.*, p. 137-138.

13 AFMI, DM/63/57, Jorge Del Canto, *The International Monetary Fund and Latin America*, 27 November 1963.

14 Sarah Babb, « Embeddedness, Inflation, and International Regimes: The IMF *in* the Early Postwar Period », *American Journal of Sociology*, 113-1, 2007, p. 128-164.

15 AFMI, 101759, Williams à Anderson, *Status of United Nations Conference on Trade and Development*, 16 May 1964.

les exportations profitables à la croissance économique[16]. Or les économistes de la Commission économique pour l'Amérique latine (CEPAL) soutinrent que les solutions de stabilisation proposées par le Fonds ne correspondaient pas aux problèmes structurels des économies en développement. Prebisch, secrétaire général de la CEPAL jusqu'en 1962, soutint que les producteurs de matières premières avaient une tendance structurelle aux déficits de balance des paiements, tant du fait du déclin séculaire de leurs termes de l'échange vis-à-vis des pays industriels que du fait de la hausse rapide d'importations liée au processus de développement. L'économiste brésilien Celso Furtado avança également que, dans les économies en développement, une partie de l'inflation était liée au processus d'industrialisation. Freiner trop hardiment la première reviendrait à ralentir brusquement le second[17]. Au début des années 1960, il apparaissait donc que les approches du FMI n'étaient pas propices à encourager le développement[18].

La structure de l'organisation connut bien quelques évolutions. Un département de l'Afrique fut créé en 1961 ainsi que trois départements d'assistance technique en 1964 afin de soutenir les banques centrales et les administrations fiscales des nouveaux pays-membres. En 1963, le FMI introduisit également un nouveau mécanisme de financement compensatoire (MFC) réclamé de longues dates par les pays producteurs de matières premières dans l'enceinte du Conseil Économique et Social des Nations Unies (ECOSOC). Ce mécanisme ouvrait la possibilité pour un membre d'avoir recours à 25 % de sa quote-part en cas de chute subite de revenus d'exportation, moyennant la mise en place de conditionnalités. Pour autant, la création de cette facilité n'avait été adoptée par le Fonds qu'en prévision de la CNUCED I l'année suivante. La réunion de cette conférence destinée à évaluer et réformer les politiques des organisations économiques internationales constituait pour le FMI une menace institutionnelle vis-à-vis de laquelle il était urgent de parer à toute éventualité. Ces évolutions ne relevaient pas de la participation directe du Sud dans les négociations monétaires internationales mais elles traduisaient les doutes du FMI quant aux critiques portées contre ses politiques et contre le fonctionnement du système monétaire international.

### Grâce à la CNUCED, la participation des banquiers centraux d'Amérique latine, d'Asie et d'Afrique dans les négociations monétaires internationales

Alors que le G10 et l'OCDE commençaient leurs travaux sur la « crise des liquidités » internationales, la CNUCED I fournit l'occasion d'insérer les questions de développement dans la discussion. Pour préparer la conférence, Prebisch commanda aux économistes Nicholas Kaldor, Albert Hart et Jan Tinbergen un plan de monnaie-marchandise. En proposant de créer de nouvelles liquidités in-

**16** Harold James, *International Monetary Cooperation*, *op. cit.*, p. 141-142.

**17** Mauro Boianovsky, "Celso Furtado and the Structuralist-Monetarist Debate on Economic Stabilization *in* Latin America", *History of Political Economy*, Vol. 44, No. 2, 2012, p. 277-330 ; John Toye et Richard Toye, *The UN and Global Political Economy: Trade, Finance, and Development*, Bloomington, Indiana University Press, 2004, p. 111-150.

**18** Margarita Fajardo, "CEPAL, the 'International Monetary Fund of the Left'?: The Tale of Two Global Institutions", *The American Historical Review*, Vol. 128, No. 2, 2023, p. 588-615.

ternationales par l'emploi d'une nouvelle unité de compte basée sur une trentaine de matières premières, le « plan Kaldor » fournit une réponse unique à la crise des liquidités et au déclin des termes de l'échange[19]. Si ce plan fort complexe ne reçut qu'une maigre attention de la part des délégués du G77, il fournit à Prebisch l'opportunité de raccrocher les enjeux monétaires à ceux des matières premières et de l'aide au développement qui étaient théoriquement l'objet de la CNUCED. Les pays latino-américains présents à la conférence en profitèrent pour critiquer leur exclusion des débats monétaires internationaux. Une note du ministère de l'Économie argentin diffusé estima « (...) parfaitement évident que les pays en développement seraient les plus intéressés [à la réforme du système], et se trouveront affectés par, les décisions prises [au sein du G10] ; décisions dans la formulation desquelles ils n'ont eu aucun rôle. »[20] Pour éviter cela, le ministre Eugenio Blanco réclama à Genève que les PED aient une « (...) voix décisive dans toutes les études et décisions relatives à de possibles altérations des accords financiers internationaux existants faits par les agences monétaires et financières. »[21] Cet appel fut relayé de manière plus subtile par Gamani Corea, un ami de Prebisch directeur des recherches de la Banque de Ceylan et représentant de son pays à la CNUCED I. Alors que la CNUCED était pérennisée comme organe subsidiaire de l'Assemblée générale des Nations Unies, Corea fit charger la future administration de réunir un groupe d'experts afin de travailler sur les implications des problèmes monétaires internationaux pour les pays en voie de développement.

Réuni en 1965, le premier groupe d'experts monétaires de la CNUCED eut un rôle majeur. Prebisch et le directeur du bureau new-yorkais de la CNUCED, Sidney Dell, initiaient une pratique institutionnelle en réunissant une douzaine d'experts composés d'universitaires occidentaux ainsi de banquiers centraux et de planificateurs des Suds. La présence d'économistes de renommée mondiale, tels que Richard Kahn, Tibor Scitovsky et Trevor Swan, fournit à la CNUCED naissance la légitimité intellectuelle qu'elle recherchait. Mais le groupe eut surtout la qualité de faire émerger les voix de banquiers centraux. Trois d'entre eux devinrent à partir de ce moment des figures clefs dans les discussions monétaires internationales. Corea, qui présida le groupe, et son ancien camarade à Cambridge, Indraprasad Patel, alors conseiller du ministre indien des Finances, se distinguèrent pour leur contribution intellectuelle. Ils avaient de surcroît de larges réseaux dans les instituts nationaux de planification et d'émission ainsi qu'au FMI et à la Banque mondiale. Ils furent particulièrement appuyés du côté latino-américain par Jorge Gonzalez del Valle, administrateur guatémaltèque au FMI et récent fondateur de la Banque Centraméricaine d'intégration régionale. Pour Dell, leur présence était « presque indispensable ». Comme il l'écrivit à Patel, ils avaient « (...) non seulement une connaissance intime du problème du côté des pays en développement, mais aussi l'expérience requise par la situation

**19** Albert G. Hart, Nicholas Kaldor, Jan Tinbergen, "The Case for an International Commodity Reserve Currency", *in* CNUCED, *Proceedings of the UNCTAD, Vol. III : Commodity Trade, op. cit.*, p. 523.
**20** AFMI, 101723, Memorandum confidentiel de Del Canto à Schweitzer et Southard, *Argentine Views on the International Financial Agencies*, 29 April 1964.
**21** CNUCED, *Proceedings of the UNCTAD*, Vol. II, *op. cit.*, p. 103.

(...) »[22] . Ces praticiens des aspects monétaires du développement participaient aux réunions de banquiers centraux ayant lieu dans les commissions économiques régionales des Nations Unies, y compris à la CEPAL, et, parfois, dans le Centre d'études monétaires latino-américain (CEMLA), un petit think tank lancé par Prebisch à Mexico[23]. Patel, Gonzalez del Valle et un autre membre du groupe d'experts, le diplomate ghanéen Amon Nikoi, se croisaient également à Washington au sein des institutions de Bretton Woods. Mais ces experts ne disposaient pas de cadre pour se rencontrer et bâtir des analyses communes. La CNUCED leur fournit l'occasion d'établir une position qui fut alors considérée comme originale et sérieuse même par les détracteurs du groupe au sein de l'OCDE. Ce travail intellectuel nourrit les discours de l'organisation et servit de base pour que le G77 s'insère dans les négociations monétaires internationales.

En 1965, la piste principale en débat au G10 était de procéder à la création d'un nouvel avoir de réserve par une institution multilatérale. Le contrôle du niveau de liquidités internationales parerait ainsi le risque de pénurie de liquidités internationales mis en lumière par Robert Triffin. Le consensus parmi les pays du G10 était cependant que les nouveaux avoirs devraient être distribués exclusivement aux membres du groupe. Cette « approche duale » partait donc du principe que la « crise des liquidités » ne concernait pas les pays en développement. Les experts de la CNUCED démontrèrent que les PED avaient au contraire des besoins aigus de réserves de change. Ils insistèrent également pour que le nouvel avoir de réserves – les futurs droits de tirages spéciaux (DTS) – soit géré par le FMI et alloué à tous ses pays-membres sans discrimination. Enfin, ils réclamèrent une extension aux pays producteurs de matières premières des ressources disponibles au titre du MFC et une levée des conditionnalités. Enfin, ils demandèrent qu'un « lien » soit mis en place entre allocations de DTS et financement du développement[24].

En décembre 1965, le G77 établit ses positions communes sur la réforme du système monétaire international en portant les propositions du groupe d'experts à la CNUCED, à l'ONU et au FMI. Le mois suivant, Polak prit ce tournant en défendant, pour le « bien-être » de tous les pays, la prise en compte de « besoins globaux de réserves », un concept clef dans la réforme du FMI en 1969[25]. À l'été 1966, le G10 dut abandonner son « approche duale » et accepter que le FMI devienne l'autorité d'émission des DTS. De plus, l'organisation élargit les tirages disponibles aux PED et en assouplit les conditions. À Genève, cette évolution ainsi que le « (...) rétablissement de la primauté du FMI dans le domaine monétaire contre le groupe des 10 (...) »[26] furent célébrés comme « (...) l'un des accom-

**22** ONU-NY, S-0552-0032-0002-00006, Dell à Patel, 3 mars 1965.

**23** Eduardo Turrent Díaz, *CEMLA, A Key Institution in Latin America*, Mexico, Centro de Estudios Monetarios Latinoamericanos, 2015.

**24** Raphaël Orange-Leroy, "UNCTAD experts as an intellectual basis for developing countries' involvement *in* the reform of the international monetary system (1965-1967)", 2023, <https://ssrn.com/abstract=4754880>.

**25** James M. Boughton, "Jacques J. Polak and the Evolution of the International Monetary System", *IMF Economic Review* Vol. 59, Issue 2, 2011, p. 379-399.

**26** ONU-NY, S-0552-0044-0002-00003, Malinowski à Dell, *International Monetary System – Issues relating to Development Finance and Trade of Developing Countries*, 11 December 1968.

plissements les plus importants de la CNUCED[27]». Ce succès initial tenait pour beaucoup à la capacité des banquiers centraux des Suds de coordonner leurs vues pour produire un document commun.

## LES BANQUIERS CENTRAUX DES SUDS ET LA CNUCED ENTRE POURSUITE DES EFFORTS ET AUTONOMISATION

Le premier groupe d'experts monétaires fournit à la CNUCED une méthode à suivre pour ses travaux. Trois groupes supplémentaires se réunirent sur les accords de paiements régionaux entre pays en développement (1966), les accords de paiements multilatéraux entre pays en développement et pays socialistes (1969) et sur la réforme monétaire internationale et la coopération en vue du développement (1969). À chaque fois, la CNUCED prit l'initiative de servir de lien entre les autorités monétaires des pays du G77, afin qu'elles produisent des analyses innovantes. Certaines rencontres, liées aux échanges inter-régionaux, furent l'occasion de disséquer les problèmes de paiements propres à chacun, d'échanger sur les expériences respectives des participants et d'examiner comment l'établissement de relations nouvelles pourrait participer à contourner une partie des difficultés existantes. D'autres se focalisèrent sur les enjeux internationaux. La réunion de 1969 permit par exemple à Patel et Corea de travailler aux solutions techniques possibles pour la mise en place d'un « lien » entre allocations de droits de tirage spéciaux et financement du développement. Le vice-président de la Banque centrale du Chili, Carlos Massad, l'ancien gouverneur de la Banque centrale de Colombie, Ignacio Copete-Lizzaralde, purent y croiser l'administrateur burkinabé au FMI, Antoine Yameogo, et le ministre kenyan des Finances, de l'Agriculture et de la Planification économique, Philip Ndegwa. À chaque fois figuraient des banquiers centraux permettant d'assurer au groupe une représentativité des membres du G77 et de porter au niveau politique les résultats de leurs travaux.

La tenue de ces groupes s'inscrivit également dans la volonté de la CNUCED de servir de lien entre différentes initiatives et réseaux de recherche. En 1966, le groupe d'experts de la CNUCED sur les accords de paiements régionaux rassembla des banquiers centraux impliqués dans différents projets. Aux côtés de Gonzalez del Valle pour les institutions centraméricaines et de Pierre Sanner pour la Banque Centrale des États d'Afrique de l'Ouest, le groupe inclut l'ancien gouverneur de la Banque centrale d'Irak, Khair El-Din, et l'administrateur guinéen au FMI, Paul Faber, au moment même où deux accords monétaires étaient en cours de discussion : l'Union arabe des paiements et l'Union du fleuve Mano. L'objectif du secrétariat de la CNUCED était ici de rapprocher les expériences des banquiers centraux des pays en développement pour favoriser la mise en place

**27** ONU-NY, S-0552-0044-0001-00004, Dell à Krishnamurti, *Communiqué of the Group of Ten, 25 and 26 July 1966*, 9 September1966.

d'institutions Sud-Sud[28]. Ces échanges n'eurent que peu de résultats. Néanmoins, ils fournirent un lien avec les travaux poursuivis par Triffin avec les commissions économiques des Nations Unies en Amérique latine et en Afrique, et avec le CEMLA. À la suite de la réunion, Gonzalez del Valle put ainsi se joindre à Triffin pour aider la Commission économique pour l'Asie et l'Extrême-Orient dans son projet monétaire régional[29]. En 1965 comme en 1966, la CNUCED s'assura également que les banquiers centraux du Sud puissent avoir une influence dans les milieux académiques en invitant des membres du groupe de Bellagio tels que Scitovsky, Kahn et Peter Kenen. Le secrétariat de la CNUCED permit donc à la fois de rapprocher des banquiers centraux des pays en développement et d'assurer la diffusion de leurs problématiques et de leurs propositions dans les milieux intellectuels et politiques.

Les efforts ponctuels des banquiers centraux et économistes mobilisés par la CNUCED ne furent cependant pas suffisants pour que les débats monétaires deviennent centraux dans sa principale instance, le Conseil du commerce et du développement. Lorsque le secrétariat portait ces questions à l'ordre du jour, les diplomates du G77 éprouvaient des difficultés à articuler des idées percutantes. En 1967, Dell se désola auprès de Corea sur le fait que :

> Le débat à la CNUCED a souvent tenu à un fil, et la plupart des délégations des pays en développement sont extrêmement réticentes à aller sur cette question car elles ne sont généralement pas bien informées des positions de leur propre banque centrale et ne veulent pas s'en éloigner. Il en résulte des silences embarrassants quand ces questions arrivent, et cela commence à donner l'impression aux pays développés que les pays en développement n'ont aucun intérêt à ce sujet[30].

De fait, ces enjeux sortaient des compétences des diplomates présents à Genève. Ils ne purent réitérer les efforts destinés à établir une position commune au G77 de la même manière qu'ils avaient pu le faire pour les questions commerciales. S'ils apportaient un soutien unanime aux textes préparés par les experts, il était évident qu'une autre dynamique serait nécessaire pour que les PED continuent d'avoir voix au chapitre.

Le retour des négociations monétaires internationales au sein du FMI en fournit l'occasion. À partir de 1966, les administrateurs des pays en développement au FMI commencèrent à coordonner leurs positions, notamment autour des banquiers centraux qui avaient participé au groupe de la CNUCED[31]. Cette unité de vues se manifesta à l'occasion de la réforme du MFC lorsque le « groupe des neuf » présenta un ultimatum aux pays développés qui les força à accepter

**28** Johanna Bockman, "Socialist Globalization against Capitalist Neocolonialism: The Economic Ideas behind the New International Economic Order", *Humanity: An International Journal of Human Rights, Humanitarianism, and Development*, Vol. 6, Issue 1, 2015, p. 109-128.

**29** Ivo Maes et Ilaria Pasotti, "Robert Triffin, Japan and the quest for Asian Monetary Union", *National Bank of Belgium, Working Paper Research*, 405, 2022.

**30** ONU-NY, S-0552-0044-0001-00002, Dell à Corea, 29 juin 1967.

**31** Margaret Garritsen de Vries, *The International Monetary Fund: 1966-1971. The system under stress, Vol. II*, Washington, D.C., IMF, 1976, p. 977.

le principe d'une facilité sans conditionnalités[32]. Ils formèrent ainsi le second *caucus* du Conseil d'administration après celui des membres de la CEE. Ce collectif se trouva renforcé à l'occasion de la crise monétaire de 1971. Les Accords du Smithsonian ayant à nouveau été négociés par les seuls pays développés, le G77 décida, suivant l'initiative des pays latino-américains, de constituer un sous-groupe spécialisé dans les questions monétaires, le groupe des 24. De plus, le G77 obtint, lors de la CNUCED III de Santiago-du-Chili (1972), que les pays en développement participent à la réforme monétaire débattue au sein d'un groupe dédié au sein du FMI, le C20[33]. Une fois l'exemple donné par la CNUCED, les banquiers centraux des Suds trouvaient donc avec ces différentes instances les cadres de concertation qui leur manquaient jusqu'alors pour jouer un rôle politique et diplomatique au sein d'une coalition internationale, d'une façon comparable aux banquiers centraux européens.

* * *

Alors que les pays du G10 et de l'OCDE avaient monopolisé les discussions sur la réforme du système monétaire international pendant les années 1960, l'implication des banquiers centraux des Suds dans les groupes d'experts de la CNUCED fournit aux membres du G77 une base intellectuelle sur laquelle négocier leur participation et défendre leurs intérêts. Le secrétariat de la CNUCED servit de plateforme pour réunir des banquiers centraux n'ayant pas de cadre pour établir une position commune malgré la proximité de leurs idées. Cela leur permit de gagner en influence dans les négociations et au FMI. Dans un premier temps, cette approche fut réutilisée par la CNUCED sur plusieurs thèmes ayant trait aux politiques monétaires internationales. Dans un second temps, les pays du G77 s'organisèrent pour que leurs autorités monétaires coordonnent d'elles-mêmes leurs positions afin d'accroître leur poids dans les institutions de Bretton Woods. De la CNUCED au G24, les banquiers centraux des Suds acquirent donc un rôle politique pour construire et porter les positions du G77.

**32** Raphaël Orange-Leroy, *L'Autre côté de la pièce. Les pays en développement, la CNUCED et le FMI dans les renégociations du système de Bretton Woods*, thèse de doctorat en histoire, CY Cergy Paris Université, 2024, p. 329-337.
**33** Getsiva Cayo Durand de Geist et Raphaël Orange-Leroy, « Les traces du Pérou et du Chili sur la scène multilatérale : du groupe andin au nouvel ordre économique international », *Revue d'histoire diplomatique*, 1, 2022, p. 524, <https://hal.science/hal-03683795>.

CINQUIÈME PARTIE

# les banques centrales du dernier XXe siècle

Laure Quennouëlle-Corre

Les contributions qui suivent s'inscrivent dans un nouveau contexte politique et économique, qui va conduire à amplifier le rôle des instituts d'émission. L'évolution du système monétaire international et l'influence de nouvelles théories économiques vont contribuer à leur donner une place essentielle dans les dispositifs monétaires et budgétaires nationaux. Rappelons cette bascule à la fois théorique et empirique pour aborder la question des banques centrales comme acteurs politiques en cette fin de siècle.

La stagflation qui s'installe dans les années 1970 entraîne une remise en question de la courbe de Phillips et des relations inflation/chômage. En réaction aux politiques keynésiennes, jugées inefficaces pour combattre l'inflation et le chômage, émergent des politiques néo-libérales fondées sur une réduction de la fiscalité, une baisse des dépenses publiques et la libéralisation financière (fin du contrôle des changes, liberté de circulation des capitaux, déréglementation bancaire, *etc.*). Ces politiques sont inspirées de la théorie monétariste portée par Milton Friedman et l'école de Chicago, qui certes naît dans les années 1960 aux États-Unis, mais se diffuse plus tardivement dans le reste du monde. Ce renouveau de la théorie quantitative de la monnaie devient majoritaire chez la plupart des gouvernants comme parmi les autorités monétaires des pays industrialisés.

Alors que Milton Friedman recommande en premier lieu de lutter contre l'inflation en réduisant la masse monétaire et en augmentant les taux d'intérêt, la priorité est donnée à la stabilité des prix plutôt qu'à la lutte contre le chômage. En tant qu'outil de politique conjoncturelle, la politique monétaire est préférée à la politique budgétaire pour contrôler l'offre de monnaie et, par-là, l'inflation d'origine monétaire. Sur les dangers de l'inflation et sur les moyens de lutter contre elle, émerge ainsi une convergence de vues entre les banques centrales à l'échelle de la BRI, du G7, ou encore du comité des gouverneurs des banques centrales de la CEE comme dans le WP3 de l'OCDE, consacré à la politique monétaire. Leurs positions s'inspirent du triangle d'incompatibilité de Mundell (1961), l'économiste ayant été lui-même un expert monétaire pour le comité Werner : l'indépendance de la politique monétaire et la liberté de circulation des capitaux sont rendues possibles grâce au flottement des changes en vigueur depuis 1971. Toutefois, l'instabilité monétaire issue du flottement généralisé des monnaies pousse à la création du SME en 1979, prodrome de l'UEM et de la création de la BCE. Avec la réévaluation du poids des politiques monétaires dans les politiques conjoncturelles, le rôle des banques centrales en qualité d'acteurs politiques en sort renforcé.

Chacun des cinq chapitres de cette partie présente la question de manière complémentaire, en faisant appel aux méthodes d'analyse issues de l'histoire, de l'économie et de la science politique.

Ainsi la place croissante de la politique monétaire dans les politiques économiques, analysée par Kazuhigo Yago, s'appuie-t-elle sur un déroulé chronologique depuis les années 1960 jusqu'au tournant néo-libéral pour étudier l'évolution du *policy mix* à travers la position de la Banque du Japon, mais aussi à l'échelle internationale. Yago replace la politique monétaire dans l'ensemble des '*policy mix*' introduites après la stagflation des années 1970 : politique fiscale, monétaire et politique des revenus. Les objectifs de la politique monétaire sont alors élargis, les cibles monétaires apparaissent comme de nouveaux concepts utilisés par les autorités monétaires. Pour répondre indirectement à la problématique du colloque, l'analyse fine met au jour le changement de nature du *policy mix* liée au tournant néolibéral et le nouveau statut attribué à la politique monétaire qui monte en puissance à la faveur du nouveau contexte, ainsi que les débats qui s'ensuivent. La place prépondérante prise par la politique monétaire accroît ainsi l'influence des banques centrales dans la définition des politiques publiques.

Pour sa part, en plaçant la focale sur les auditions de trois présidents de la *Fed* par le Sénat, lors de leur nomination par le président des États-Unis, Yves-Marie Péréon s'interroge au travers de ce processus sur la place de la banque centrale dans la vie politique américaine entre 1979 et 2009. Les auditions par le Sénat des présidents successifs de la *Fed* tous les quatre ans, au cours desquelles chacun développe sa vision de la politique monétaire et de la régulation bancaire, font de longue date partie de la démocratie aux États-Unis. L'intérêt de ces auditions est double : elles bénéficient d'un fort retentissement médiatique et ancrent la banque centrale dans le processus démocratique états-unien, en permettant aux sénateurs de poser des questions de fond et au candidat d'y répondre. En sus, si le Sénat ne s'oppose guère à la nomination d'un président de la *Fed* mais l'oblige à s'exprimer, l'auteur répond à la question de l'indépendance des banquiers centraux vis-à-vis du président et propose une facette moins connue de la *Fed* comme acteur politique.

Les deux chapitres qui suivent s'attachent à analyser la position et l'influence des banquiers centraux comme acteurs de la marche vers l'euro à la fin des années 1980. Est abordée directement la problématique du colloque : comment les banquiers centraux et plus largement les experts, nommés en raison de leur compétence technique, peuvent-ils influencer le politique, faire passer leurs idées sous couvert de recommandations techniques ? La contribution de Michel Margairaz, écrite à partir de sources diversifiées, françaises et européennes, place Jacques Delors au centre du processus de décision au sein du Comité Delors (1988-1989)[1]. L'une des explications avancées par l'auteur est celle de son habile méthode et son pragmatisme pour trouver un *consensus*, qui finit par donner, partiellement, raison au gouverneur de la *Bundesbank* Pöhl sur nombre de points, tout en ménageant la position du gouverneur français, Jacques de Larosière. L'autre chapitre, consacré à la marche vers l'Union économique et monétaire entre 1988 et 1992, est présenté par Alain Coën, qui se place résolument du point de vue allemand. Il y souligne le rôle du gouverneur de la *Buba*, Karl Otto Pöhl, comme

1 Voir aussi sur ce sujet Olivier Feiertag, « La Banque de France et le Comité Delors », *in* Olivier Feiertag et Michel Margairaz (dir.), *Les banques centrales à l'échelle du monde*, Paris, Presses de Sciences Po, 2012, p. 221-250.

acteur politique majeur, qui oriente le rapport Delors vers l'indépendance de la future banque centrale européenne, si redoutée des Français pour de multiples raisons. Au-delà de la complémentarité des deux analyses, ces chapitres offrent au lecteur une vision renouvelée du poids décisif des banquiers centraux dans la création de l'UEM, en qualité de personnalités, mais aussi comme membres d'un groupe d'experts, une communauté de banquiers centraux, qui collectivement a joué un rôle déterminant.

Le dernier chapitre s'attache précisément au poids des discours de la Banque centrale européenne dans la mise en œuvre de la politique monétaire à partir de 1998 jusqu'en 2023. On le sait, le poids des mots de la banque centrale pèse[2] autant que les décisions elles-mêmes. En analysant les discours des membres du directoire de la BCE, les auteurs Aurélien Goutsmedt et Clément Fontan décortiquent leur évolution à travers différents 'items' par une méthode récente de traitement statistique de données qualitatives : l'analyse des correspondances multiples. Cette méthode aboutit à identifier trois grandes scansions chronologiques, dans lesquelles les objectifs de la BCE évoluent en fonction de nouvelles priorités. Là encore, les doctrines sous-jacentes des banquiers centraux rendent manifeste leur influence dans la détermination des priorités en matière de politique monétaire.

Loin d'être un *puzzle* éclaté entre des contributions aux démarches méthodologiques diverses, cette pénultième partie a le mérite de proposer un arc de lecture très large de la place des banques centrales dans la vie publique des États, depuis leurs discussions confidentielles jusqu'aux débats médiatiques, en passant par les discours publics qu'elles délivrent.

**2** Benjamin Friedman, "The Use of meaning of Words *In* Central Banking: Inflation Targeting Credibility and Transparency," dans Paul Mizan (Ed.), *Central Banking, Monetary Theory and Practice. Essays in Honor of Charles Goodhart*, Cheltenham, Edward Elgar, 2014.

Chapitre 17

# Policy Mix: the Neoliberal Turn and the Experience of the Bank of Japan

**Kazuhiko Yago**
Waseda University, Japan

During the period known as the "neoliberal turn", i.e. from the late 1970s to the early 1980s, the role of central banks changed significantly. Instead of interest rate policy, the adjustment of the money supply became an essential tool of monetary policy. This change, however, had started gradually by the beginning of the 1970s. An OECD Report in 1979 described this change as follows: "Between the mid-1960s and the mid-1970s there was thus a gradual decline in preoccupation with interest rates in policy formulation and implementation that coincided with an increased attention to the behavior of monetary and credit aggregates as an intermediate policy guide".[1] Monetary target was thus a product of a gradual change, well before the "neoliberal turn".

Along with this procedure, another alteration was taking place concurrently at the central bank: policy mix. A policy mix is a strategy that seeks to achieve policy objectives, including price stability, economic growth, and employment, by combining monetary policy, fiscal policy, and incomes policy. Incomes policy involves negotiating wage increases through discussions between the government, labor, and management. There were instances where the 'mix' was aligned, such as a tightening of interest rates in monetary policy and a suppression of wage increases in incomes policy. There were also instances where the 'mix' complemented each other in different directions, such as an expansion of public finance while tightening monetary policy. The policy mix was, as we shall view in this paper, also a product of historical circumstances dating back to the 1960s.

1 OECD, "Monetary Targets and Inflation Control", *OECD Monetary Studies Series,* Paris, 1979.

ABSTRACT
During the period known as the "neoliberal turn", i.e. from the late 1970s to the early 1980s, a policy mix was introduced in government and central bank policy. A *policy mix* is a strategy that seeks to achieve policy objectives, including price stability, economic growth and employment, through a combination of monetary, fiscal and incomes policies. The aim of this paper is to clarify the international context in which this *policy mix* has emerged, namely the development of the discourse in fora such as central banks, fiscal authorities and international organisations. Discussions in the OECD, the Economic Policy Committee (EPC) and its subordinate working groups are examined in detail. The historical context in which the policy mix emerged and evolved is highlighted, using the Japanese experience as a case study. The evolution of the policy mix has revealed several important insights into the historical role of central banks. One important lesson is the status of monetary policy, i.e. the fluctuating "burden" of monetary policy for central banks. Another lesson is the international context of central bank policy, referring to the end of the Bretton Woods system and the liberalisation of capital movements. In the context of the evolution of the policy mix, central banks actually experienced a decline in their independence during this period and took on the role of promoting the policy mix together with the government.

RÉSUMÉ
Au cours de la période connue sous le nom de « tournant néolibéral », c'est-à-dire de la fin des années 1970 au début des années 1980, un *policy mix* a été introduit dans la politique du gouvernement et de la banque centrale. Un *policy mix* est une stratégie qui cherche à atteindre des objectifs politiques, notamment la stabilité des prix, la croissance économique et l'emploi, en combinant des politiques monétaires, fiscales et de revenus. L'objectif de cet article est de clarifier le contexte international dans lequel ce *policy mix* a émergé, à savoir le développement du discours dans des forums tels que les banques centrales, les autorités fiscales et les organisations internationales. Les discussions au sein de l'OCDE, du Comité de politique économique (CPE) et de ses groupes de travail subordonnés sont examinées en détail. Le contexte historique dans lequel le *policy mix* a émergé et évolué est mis en lumière, en utilisant l'expérience japonaise comme étude de cas. L'évolution de ces politiques a révélé plusieurs aspects importants du rôle historique des banques centrales. L'un des principaux enseignements est le statut de la politique monétaire, c'est-à-dire le « fardeau » fluctuant de la politique monétaire pour les banques centrales. Un autre enseignement concerne le contexte international de la politique des banques centrales, en référence à la fin du système de Bretton Woods et à la libéralisation des mouvements de capitaux. Dans le contexte de l'évolution du *policy mix*, les banques centrales ont en fait connu un déclin de leur indépendance au cours de cette période et ont assumé le rôle de promoteur du mélange des politiques en collaboration avec le gouvernement.

JEL: **B26, E58, F33, F53, N20**
Keywords: **policy mix, central bank, OECD, incomes policy, stagflation**
Mot clés: ***policy mix*, banque centrale, OCDE, politique du revenu, stagflation**

Today, the policy mix is still an internationally discussed subject in theory,[2] and is adopted as an important policy tool, especially in developing and emerging economies.[3] The time-series empirical studies on the effects of policy mixes worth our attention.[4] However, the policy mix we know today is different from the original: the circumstances in which policy mix emerged, and the relationship between central banks and governments have changed significantly today. Policy

**2** Liviu Voinea, *Defensive Expectations, Reinventing the Phillips Curve as a Policy Mix,* Palgrave Macmillan, 2021, 224 p.

**3** Herrera Santiago, "Policy mix, public debt management, and fiscal rules: lessons from the 2002 Brazilian crisis", *Policy Research Working Paper,* No. 3512; Perry Warjiyo and Juhro Solikin, *Central Bank Policy Mix: Issues, Challenges, and Policy Responses* (Handbook of Central Banking Studies), Singapore, Springer, 2022, 280 p.

**4** Takayuki Sakamoto, *Economic policy and performance in industrial democracies: party governments, central banks, and the fiscal-monetary policy mix,* London, Routledge, 2008, 700 p.

mix is a tool that has changed historically, and it is for that reason that we are to study this policy tool from historical perspectives. This paper seeks to clarify the international context in which this policy mix emerged, namely, the development of discourse in forums such as central banks, fiscal authorities, and international organizations. As a forum in which this kind of international context has been formed, this paper will focus on the discussions at the OECD, at the Economic Policy Committee (EPC) and its subordinate working parties.[5] More precisely, the paper will focus on the following points:

First, we will examine the historical background in which the policy mix emerged. The involvement of fiscal authorities, the central bank, and the parties to labor-management relations in a collaborative process reflects the necessity for these entities to work together. Concurrently, the principal actors involved in the 'mixing' each possess their own distinct authority and resources. The historical fact of the independence of the central bank is pertinent to the issue of policy mix.

Second focus is put on how this policy mix faded out. Mismatching of monetary policy with fiscal and incomes policy lead to the early end of policy mix at the beginning of the 1980s, but that was not the only cause. The international conflict between the United States and the European developed countries, over the strategy to attract the global liquidity by higher interest rate to evaluate the dollar, has brought about a new combination of policy mix under the Reagan administration.

Third, the above rise and fall of policy mix is surveyed from Japanese perspective, with a focus on the Bank of Japan's approach. Japan experienced significantly higher inflation than other OECD member countries during the 1970s yet maintained a high economic growth rate even after the oil shock. Japan's acceptance and rejection of the policy mix has important implications that extend beyond the case study of a single country, as we will discuss later.

This paper constitutes a part of a study project to view the discourses and contexts on monetary and financial policy in international forum during the neo-liberal turn, represented by the discussions which took place at the OCED Committees and Working Parties. Our aim is to measure the power of words and discussions over the policy decisions, either of the governments or the central banks. Our attention paid to discourses and international context leads to explore a new dimension of central banking history, e.g. a variety of "stability culture" among the central banks[6] and a wider perspective on "growth paradigm" in the capitalist world.[7] The archival sources of the OECD, mainly the agendas and records of the Working Parties (from WP1 to WP4) under the umbrella of the EPC, as well as of the Bank of Japan, are referred to. While there is little historical research

5 Kazuhiko Yago, "A Crisis Manager for the International Monetary and Financial System? The Rise and Fall of the OECD Working Party 3,1961-1980", *in* Matthieu Leimgruber and Matthias Schmelzer (eds.), *The OECD and the International Political Economy Since 1948,* Palgrave Macmillan, 2017, p.185-208.

6 Carlo Tognato, *Central bank independence: cultural codes and symbolic performance,* New York, Palgrave Macmillan, 2012, 204 p.

7 Mathiu Leimgruber and Matthias Schmelzer (eds.), *The OECD and the International Political Economy since 1948,* London, Palgrave Macmillan, 2017, 380 p. Matthias Schmelzer, *The Hegemony of Growth: The OECD and the Making of the Economic Growth Paradigm,* Cambridge, Cambridge University Press, 2017, 396 p.

on policy mix, the only exception is the testimony of Kumiharu Shigehara, who served as Deputy Secretary-General of the OECD, regarding the discussion at the OECD during the 1980s.[8] Our aim is to provide a historical picture of policy mix by going back further than the period covered by Shigehara, to the 1960s.

## "APPROPRIATE MIX": THE BEGINNING OF THE POLICY MIX

When discussing the idea that fiscal and monetary policy share the same policy goals, it is assumed that the central bank, which is responsible for monetary policy, is independent of the central government, which is responsible for fiscal policy.[9] In this sense, even if policy goals were being shared, it was exceptional for this to be captured in the discourse of policy mix in the 1960s, when the independence of the central bank was still limited. In this respect, it is no surprise that the first person to systematically use the term policy mix was Otmar Emminger, a German national who came from a country with a strong central bank independence.

### Otmar Emminger's skepticism

As an international-minded member of the German Bundesbank's board of directors, Emminger distinguished himself at international organizations from the 1950s, and after serving as IMF representative director for Germany, he became vice Governor of the Bundesbank (in office 1970-77) and then Governor (in office 1977-79).[10] Emminger was also appointed as the chairman of the WP3 of EPC, in charge of the balance of payment adjustment, in 1969 succeeding Emile Van Lennep. In a paper published in 1967, Emminger discussed the "policy mix" as follows: "Free World Economic Cooperation," published by the Joint Economic Committee of the U.S. House of Representatives, advocates "an appropriate mix of domestic fiscal and monetary policies." This is the right direction, but "the burden of restraining demand has been placed entirely on the shoulders of monetary policy". In order to reduce the burden on the central bank, a policy mix should be considered, and "it goes without saying that politics is the biggest barrier to applying the right policy mix".[11] Emminger's argument shows that, in the 1960s, when central bank independence was not yet common, central banks were asserting *de facto* independence by questioning the policy mix.

After the publication of Emminger's paper, the concept of policy mix was first discussed at the WP3 of the EPC in 1969. At the February 1969 WP3 meeting, the chair, Van Lennep, argued in the context of criticism of the United States as follows: "growth without inflation" and "control of capital outflows" might be

**8** Kumiharu Shigehara, "The evolution of British incomes policy and its effects", *Bank of Japan Monthly Bulletin,* September 1967.

**9** IMF, "Central Bank Independence: Issues and Experience", *IMF Working Paper,* WP/91/58, June 1991.

**10** Otmar Emminger, *The D-Mark in the conflict between internal and external equilibrium, 1948-75,* Princeton, Princeton University Press, 1977, 58 p.

**11** Otmar Emminger, "Practical Aspects of the Problem of Balance-of-Payments Adjustment", *Journal of Political Economy,* Part 2: Issues *in* Monetary Research, Vol. 75, No. 4, 1967.

possible if the US authorities implemented high interest rates and investment stimulus measures at the same time. However, the question is whether this policy mix is "sustainable".[12] The WP3 chairman Van Lennep would become the General Secretary of the OECD in the same year and stay in office until 1984.[13] Here, we can see that the discourse of policy mix was popular among the international arena and, as with Emminger's argument, we can also read that there is a recognition that policy mix was considered difficult.

### New debate in the WP3: March 1971

In the 1970s, the international context surrounding the policy mix changed significantly from the previous period. The background to this was the international balance of payments crisis in the United States.[14] As we saw in the prehistory above, in the 1960s the dominant tone was that the policy mix was in fact difficult to implement, and there was criticism of the US from Europe. In response to this, in the 1970s, when inflation was increasing, a new debate took place within the WP3 about the need to implement a policy mix, and there was also a move from the US to encourage Europe to adopt a policy mix, to ease monetary policy and tighten fiscal policy.

As early as the WP3 meeting in March 1971, the US representative made the following proposal. The flow of capital from the US to Europe is not only due to the US current account deficit but is also the result of the high interest rate policy adopted by European countries as a measure against inflation. In this context, it is recommended that European countries take measures to combat inflation through monetary policy by *lowering* interest rates and through fiscal policy by raising taxes and curbing government spending.[15] This involved comparing the choice of raising interest rates to combat domestic inflation with the choice of lowering interest rates to combat 'foreign' inflation. Furthermore, the policy mix proposed was to neutralise the side-effects of lowering interest rates to fight 'foreign' inflation by tightening fiscal policy. This policy mix that the US demanded of European countries was a mixture of policies that went in opposite directions in terms of finance and fiscal policy. The expectation for such a policy mix was also shared by WP3 Chair Van Lennep. Immediately after the WP3 meeting mentioned above, at the OECD EPC meeting held in May 1971, Van Lennep pointed out the importance of "demand management policies" as a measure against inflation, but also argued that "a policy mix of fiscal and monetary policies is effective".[16] Van Lennep, who had expressed his scepticism about the

**12** OECD-HA, Record of the 55th Meeting held on 11th and 12th February, at the Château de la Muette, Paris, 1969.

**13** Emile Van Lennep with Evert Schoorl, *Working for the World Economy, A Personal History,* Amsterdam, Nederlands Instituut voor het Bank- en Effectenbedrijf, 1998, 317 p.

**14** Simone Selva, *Before the Neoliberal Turn, The Rise of Energy Finance and the Limits to US Foreign Economic Policy,* London, Palgrave Macmillan, 2017, 423 p.

**15** Bank of Japan Archives, 30088, "Exchange Rate Policy, OECD, G-10 1/6", Foreign Affairs Division No. 208, "Report on the 3rd OECD Working Party Meeting and the Meeting of the Finance Ministers and Governors of the 10 Countries", London Resident Counsellor, March 29, 1971 [in Japanese].

**16** Bank of Japan Archives, 30088, "Exchange Rate Policy OECD G-10 1/6", Foreign Affairs Division No. 322, "Report on the 27th OECD Economic Policy Committee Meeting", Foreign Affairs Counsellor, May 18, 1971 [in Japanese].

policy mix at the 1969 meeting, came to this 1971 meeting to argue in favour of its effectiveness.

The above acceptance of the policy mix in the international forum was echoed in an influential article by Robert Mundell, entitled "The Dollar and the Policy Mix: 1971". In this article, Mundell defined: "The correct policy mix is based on *fiscal ease* to get more production out of the economy, in combination with *monetary restraint* to stop inflation" (italics in original). Mundell also linked fiscal policy to output targets and monetary policy to price level targets.[17] The division of labour between fiscal easing and monetary tightening, proposed by Mundell, was similar to the contemporary policy mix theory in Europe, in a context to fight against "international" inflation.

According to a Bank of Japan official who investigated European monetary policy in February 1975, it was reported that in these countries, "both monetary and fiscal policies are used in combination, without bias towards either monetary or fiscal policy, according to their respective functions", and that "interest rate policy is central" in monetary policy, and "tax reduction is central" in fiscal policy.[18] Emminger, who had previously expressed his skepticism about the "policy mix", also referred to "coordination between monetary and fiscal policy" in a speech at the World Banking Conference held in London in December 1975 (translated in Japanese and published in the Bank of Japan Monthly Report), and described the relationship between the two as "a system of antagonistic cooperation".[19] Policy mix, coupling the interest rate control and taxation, thus gained momentum during the first half of the 1970s.

## COPING WITH STAGFLATION: POLICY MIX DISCOURSES DURING THE 1970S

By the mid-1970s, there was a growing sense of crisis about the so-called stagflation, in which inflation and economic recession occur simultaneously.[20] In this situation, the policy mix encountered a considerable transformation.

### Mid-1970s: a new mixture with "incomes policy"

In 1976, the debate surrounding the policy mix deepened and expanded. The debate did not come from the OECD, but from the Bank for International Settlements (BIS). At the BIS's May 1976 monthly meeting, it was recognized that, as inflation became considerably serious "the main concern of policy was no longer economic recovery, but the suppression of inflation" and it was agreed that in order to suppress inflation, "incomes policies" to ensure moderate wage

**17** Robert Mundell, "The Dollar and the Policy Mix: 1971", *Essays in International Finance,* No. 85, May 1971.
**18** Bank of Japan Archives, 30963, "Executive Circular, 1975", Europe and America, No. 6, February 12, 1975, Research Bureau Director "Recent Policy Measures and Their Background *in* Europe and America (Part 2): The Nature of Policy Mixes" [in Japanese].
**19** Otmar Emminger, "Emminger Bundesbank Fuku-Sousai no Kouen" (Conference by the Bundesbank Vice Governor Emminger), *Chousa Geppou [Monthly Report],* Bank of Japan, March 1976, p. 64-69.
**20** Alan Blinder, *Economic Policy and the Great Stagflation,* New York and London, Academic Press 1979.

increases should be implemented alongside "monetary policies to control the money supply" and "fiscal policies to avoid excess liquidity through increased spending and budget deficits".[21]

What is the incomes policy, and how it was recognized in the international forum? A contemporary IMF Staff stated that the term incomes policy was "commonly employed to cover specific measures aimed at restraining the rate at which money incomes tend to rise, by curbing the exploitation of market power by business and labor, professional, or other groups", referring to the policy mix as follows: "Incomes policy is thus an adjunct to fiscal and monetary policy". According to the author of this staff paper Anne Braun, the incomes policy had been widely adopted in three different periods, namely just after World War II, during the early 1960s, and "during the last few years".[22] The practices of the incomes policy varied: in Germany, "informative incomes policy" have been coupled with "moral suasion" in the 1950s, "social dialogue" in early 1960s, and "concerted action" up to 1978; in Japan, informal negotiation took place between government and company-based trade unions, leading to deflated real wages set after the Spring Labor Offensive (*Shuntô*).[23] The UK's incomes policy, reviewed by Shigehara several decades before these studies, was a policy error due to a mismatch with monetary policy.[24]

The reappraisal of the incomes policy during the 1970s was echoed in the OECD arguments: "In a number of countries there has recently been a resurgence of interest in incomes policies as a less costly way to reduce inflation than sole reliance on overall demand management". However, the effectiveness of income policies has also been questioned empirically: "At the same time, some observers have maintained that the simple expectations-augmented Phillips curve analysis tends to bias the evidence against demand management policies and that the poor record of short-term incomes policy measures in generating a permanent reduction in inflationary pressures is evidence against the utility of such policies".[25]

The above proposal for an incomes policy in 1976 meant that wage increases were to be seen as a structural factor, and that they would be set as a policy goal independent of fiscal and monetary policy, through a policy of cooperation between the government, labor, and management. The incomes policy for wage suppression has gained strength in the international context as an extension of the policy mix of fiscal policy for economic recovery and monetary policy for controlling inflation.

**21** Bank of Japan Archives 30286, "Exchange Rate Policy and BIS 2/3", "Memo-randum on the BIS Monthly Meeting of Governors *in* May (May 10, 1976)" (Research Officer Furuya)[in Japanese].

**22** Anne Braun, "The Role of Incomes Policy *in* the Industrial Countries since World War II", *IMF Staff Papers,* Vol. 22, 1975, p. 1-36

**23** Helmut Wagner, "Alternatives of Disinflation and Stability Policy – Costs, Efficiency and Implementability: a Comparison between Japan and West Germany", *Bank of Japan Monetary and Economic Studies,* Vol. 7, No.1, April 1989, p. 41-94.

**24** Kumiharu Shigehara, "The evolution of British incomes policy and its effects", *Bank of Japan Monthly Bulletin,* September 1967 [in Japanese].

**25** OECD-HA, CPE(79)5, Economic Policy Committee, Meeting of Working Party No.4 on 23rd-24th April, 1979, "The Current Inflation Problem" (Report of the Chairman of the Working Party), Paris, 8th May 1979.

### Transition to Monetary Targets: a discord in Policy Mix

Whether incomes policy was effective to tame the inflation or not, raised a delicate question about the policy mix. Concurrently with the reinvigoration of incomes policy, the objective of monetary policy underwent a transformation, shifting its focus to the money supply. OECD report indicates that Italy (March 1974) was the first country to modify its monetary policy target, setting it at total domestic credit. West Germany (end of 1974) followed, setting the target at the central bank money stock. Subsequently, other countries, including the United States (March 1975) and France (December 1976), set targets for indicators such as M2. Japan also set targets for such indicators from the third quarter of 1979.[26] The key issue at the time was to determine which of these new monetary policy targets and the above-mentioned incomes policy was more effective in dealing with inflation. The OECD created graphs for each country that compared money supply and wage indices, unemployment rates, etc. to analyze the quantitative relationships between these indices. However, from the perspective of this paper, it is more important to understand how these situations were perceived by the parties involved. Let us view the Japanese experience as a case.

The change of the monetary target took place in Japan in the following context: Until the end of the 1970s, Japan's monetary policy was accompanied by restrictions on capital movements and administrative guidance for private banks.[27] However, the OECD Report in 1979 stated as follows: "In part to avert unnecessary depreciation of the yen, and its inflation consequences, exchange controls on capital inflows were rapidly removed. In addition, major commercial banks were advised to reduce credit expansion to the private sector sharply in both the first and second quarters of 1979 relative to last year".[28] The background of this shift was that "Precautionary holdings of liquid assets made the company sector less dependent on bank borrowing during periods of monetary tightness. Moreover, the accumulation of external assets through the banking sector and bank borrowing by the public sector began to claim significant shares among the broad money supply determinants in the early 1970s". "At the same time, changes in the broadly defined money stock (M2) have exhibited a significant statistical relationship with variations in output and domestic prices", therefore, the Bank of Japan, from early 1973 to the spring of 1975, "gradually moved away from the traditional combination of the call money market rate and changes in city bank lending as intermediate policy-indicators, while increasing emphasis was placed on movements in the broadly defined money stock"[29].

**26** OECD-HA, CPE(79)4, Economic Policy Committee, Monetary Objectives and Inflation Control, Recommendation to Publish a Secretariat Report *in* the Monetary Studies Series (Note by the Secretariat), Paris, 15th May 1979.

**27** Helmut Wagner, "Alternatives of Disinflation and Stability Policy – Costs, Efficiency and Implementability: a Comparison between Japan and West Germany", *Bank of Japan Monetary and Economic Studies,* Vol. 7, No. 1, April 1989, p. 94.

**28** 28 OECD-HA, CPE(79)1, Economic Policy Committee, General Prospects (Note by the Secretariat), Paris, 7th May 1979.

**29** OECD-HA, CPE(79)4, Economic Policy Committee, Monetary Objectives and Inflation Control, Recommendation to Publish a Secretariat Report *in* the Monetary Studies Series (Note by the Secretariat), Paris, 15th May 1979.

The conclusion of the OECD report mentioned above was generally positive regarding the new monetary policy objectives: "A roughly predictable or at least understandable relationship between money or credit and nominal GNP, persistent indications of growth of such aggregates above targets can be seen as a warning signal of rising inflation (or excess demand pressure)", "publicized money or credit aggregates objectives can be seen as increasing the efficiency of monetary policy by stabilizing public expectations about inflation", "the setting of upper limits on monetary growth may be seen to communicate the authorities' willingness to subordinate short-term output objectives to the fight against inflation". On the other hand, there were important reservations regarding the velocity of money. "Money velocity is likely to be rather predictable over the medium term, but significantly less so in the short run". "The behaviour of monetary aggregates is only one source of information, and not necessarily the best".[30] These points will also have an impact on the nature of the policy mix going forward.

### Japanese response to the Policy Mix debate in the late 1970s

It was Japan's response that brought about one major economic outcome that settled the debate between the income policy and the monetary policy. By the end of the 1970s, the United States, Japan and West Germany were the main drivers of economic growth in OECD countries. If we adjust the GDP (or GNP in some cases) for exchange rates in 1977, the United States accounts for 38.7% of the total for OECD countries, Japan 14.1% and West Germany 10.6%. This demonstrates that these three countries are responsible for over 50% of the OECD economy. In terms of economic growth rates, Japan recorded the highest figures among the OECD countries for both long-term (growth rate from the average for 1965-66 to the average for 1975-76) and short-term indicators (year-on-year and half-yearly growth rates) (8.2% for the long-term indicator mentioned above, 4.9% for the year-on-year rate in 1979 and 6.0% for the half-yearly growth rate in the first quarter of 1980).[31]

How did the Japanese representative respond to the international context of the policy mix that has been shaped to include incomes policy? A report that is worth paying attention to is being prepared for the BIS. At the BIS monthly meeting of governors mentioned earlier, the Japanese representative brought a report entitled "The Current State of the Japanese Economy and Issues". In this report, the Japanese representative referred to the nature of incomes policy and the "spring offensive" labor negotiation as follows. "In our country, the standard wage for workers in general is greatly affected by the results of the 'spring offensive' carried out by the labor unions of large companies", but after the spring offensive wage increase rate showed a sharp rise of 32% compared to the previous year in 1974, it fell to 13% in 1975, and in 1976 it is expected to fall

**30** OECD-HA, CPE(79)4, Economic Policy Committee, Monetary Objectives and Inflation Control, Recommendation to Publish a Secretariat Report *in* the Monetary Studies Series (Note by the Secretariat), Paris, 15th May 1979.

**31** OECD-HA, CPE(79)1, Economic Policy Committee, General Prospects (Note by the Secretariat), Paris, 7th May 1979.

further to around 8-9%". On the other hand, after manufacturing labor productivity rose by 20% in 1973, it stagnated, but in 1976 it "is expected to increase in line with the economic recovery, and if we assume the government's economic outlook (real growth rate of 5.6%), it is estimated to be 8-9%." While the "spring offensive" wage negotiations were showing signs of calming down, the fact that labor productivity was increasing meant that "there was a possibility that labor costs would actually decrease slightly". As such, in Japan during this period, there was a sense of wage stability and an improvement in labor productivity, and as for the question of whether or not to introduce an income policy, "debate was also high in our country, but a consensus was not reached between labor and management", and "even for us, we did not think that it was absolutely necessary to introduce incomes policy in order to maintain price stability". This report made a strong impression on the representatives of the various countries present. The representative from the Netherlands said of the Japanese report: "We thought that wages were downward rigid, but we realized that this might not be the case".[32]

In fact, the Japanese wage demonstrated a considerable flexibility compared to other developed economies: "In Japan, a stronger expansion of bonus payments (reflecting a rise in profits in 1978) will be primarily responsible for a modestly faster rise in total labour costs, but contractual wage-increases – due to a sharp decline in the rate of inflation in 1973 and continued concern by trade unions about the employment situation – are likely to fall. Even allowing for lower productivity gains, the prospective rise in unit labour costs in manufacturing at 1-3/4 per cent will be small compared to earlier years and well below that of other major countries".[33] The Bank of Japan Director Yoshio Suzuki, summing up the above development, described in 1985, that "the Japanese economy behaves quite like the Classical model of a labor market implies" and that "expectations of inflation held by the participants of the labor market have not deviated by a great deal or for a long time from the actual inflation path". Suzuki proudly concluded that "the policy attitude of the Bank of Japan over the past ten years" was "neither that of post-Keynesian 'discretionary fine tuning' nor that of a 'x% rule', but that of 'eclectic gradualism'", which successfully supported the growth with relatively low inflation.[34]

The above arguments on the policy mix lead us to the following questions with regard to the independence of the central bank. First, the addition of an income policy to the policy mix implies a reduction in the importance of monetary policy. The fact that the representative of Japan, who rejected the income policy, made his remarks at the BIS, a club for central banks, can be understood in this context. Second, the development of the policy mix excluding income policy took place at a time when the target of monetary policy was changed to money supply.

**32** Bank of Japan Archives, 30286, "Exchange Rate Policy, BIS 2/3", "Current State and Issues of the Japanese Economy (Tour d'horizon) (Material carried by the Deputy Governor to the BIS)", (General Affairs Department, June 1976)[in Japanese]

**33** OECD-HA, CPE(79)1, Economic Policy Committee, General Prospects (Note by the Secretariat), Paris, 7th May 1979.

**34** Yoshio Suzuki, "Japan's Monetary Policy over the Past 10 years", *Bank of Japan Monetary and Economic Studies,* Vol. 3, No. 2, September 1985, p. 1-9.

## "MUNDELL-REAGAN MIX": RENEWAL OF POLICY MIX WITH THE NEOLIBERAL TURN

The policy mix of the 1970s previously outlined, prioritized dealing with inflation above all else. This was achieved through a combination of monetary policy tightening and fiscal policy expansion, with the goal of fostering economic growth without inflation. The incomes policy that was in place for a period was also an attempt to control inflation by regulating wages. However, from the end of the 1970s, when inflation in major countries began to subside and the era of disinflation began, the situation and debate surrounding the policy mix changed considerably.

### Sense of urgency for the economic downturn and the challenges to the classical theories

In response to the new situation that has emerged since the early 1980s, the OECD expressed the following sense of urgency. "A difficult outlook is foreseen for most countries, with a protracted transition from recession to renewed growth, and marked increases in unemployment, particularly in Europe". The OECD was also acutely aware that the situation could not be dealt with by conventional policy measures. "There is now a widespread belief that the succession of policy actions taken over the past two decades either with a view to the conjunctural situation or to the achievement of ambitious social goals has led to some congealing of the productive structure and decreased responsiveness in labour and product markets, making OECD economies more inflation-prone".[35] Contrary to the above Bank of Japan Executive Director Suzuki's proud summary on Japan, the European countries in particular faced serious structural economic rigidities.

This sense of crisis was accompanied by a change in the thinking of central banks around the world and a shift in academic theory. The above Bank of Japan Executive Director Suzuki visited central banks around the world between April and May 1980 to conduct a "survey of the state of basic theoretical research". The records of this survey are valuable as a behind-the-scenes observation of the changes in central banking theory and discourse during this period. In the United States, which Suzuki visited, three schools of economics (the eclectic post-Keynesian school, the monetarist school, and the rational expectations school) and three regional Federal Reserve Banks (Boston, San Francisco, and Minneapolis) were in conflict, and the think tanks were divided between the Brookings Institution (affiliated with the Democratic Party) and the A.E.I. (affiliated with the Republican Party). In the context of this rivalry, new goals of financial policies were discussed. In other words, first, there was a growing tendency to criticize and relativize the Phillips curve and the idea that the trade-off between prices and employment was only temporary. Second, there was a growing momentum to re-examine the relationship between exchange rates and fundamentals from the perspective that

35 OECD-HA, CPE(81)3, Economic Policy Committee, Summary and Main Issues for Discussion (Note by the Secretariat), Paris, 13th May 1981.

"external targets are a condition or indicator of domestic price stability".[36] The classical Phillips curve theory, which argues for a trade-off between unemployment and inflation, has been challenged and, in addition to domestic inflation and growth, external targets have been recognized as a problem.

The above review of academic theories and ideas also prompted significant changes in the way policy mixes should be implemented, with OECD countries expressing differing views on these changes. At the OECD-EPC meeting held in June 1981, the following four points were agreed upon as common ground. (1) The fundamental approach should be to prioritize price stability as a means of achieving economic recovery and addressing the unemployment issue. (2) The central policy in this context should be the appropriate control of the money supply. (3) Concurrently, it is imperative to pursue fiscal austerity. It is crucial to reduce the budget deficit in the medium term to ensure that private-sector capital is not crowded out from investments in energy conservation, oil independence, and productivity improvement. (4) To facilitate a swift economic recovery through price stability, it is essential to implement structural and microeconomic policies that will break down wage rigidity and enhance productivity. However, when the EPC discussion proceeded to the next stage and the details were examined, it became evident that there were two distinct positions. The United States, West Germany, Japan and Australia all expressed complete agreement with (1) to (3) above and offered some constructive criticism regarding (4). In contrast, other European countries expressed reservations regarding the following points:

(1) The process of achieving price stability, facilitating a private-sector-led recovery and resolving the unemployment problem is likely to be too lengthy. In addition to (1) to (3), there is a consensus that (4) should be reinforced, including through direct intervention in the labour market (Belgium, Finland).

(2) In the meantime, there is a risk that the unemployment problem will worsen, protectionism will increase and there will be a shortage of private investment (Sweden, Denmark, Belgium).

(3) There are historical examples of democracy being threatened by unemployment, but there are no examples of this happening due to inflation (Austria).

(4) To what extent do we need to bring inflation under control before we can switch to expansionary policies? (UK, France)[37]

The conflict mentioned above was between the United States and other follower countries on one hand, which were in favor of a new policy mix that would tighten monetary policy and stimulate private sector growth, and the European countries on the other, which were in favor of growth through monetary easing. At the same time, the United States was also pursuing external objectives through its high interest rates, namely capital inflows and a strong dollar.

36 Bank of Japan Archives, 32579, "Research Trip Report, May 20, 1980", (Yoshio Suzuki) [in Japanese].
37 Bank of Japan Archives, 32580, "Summary of Discussion at the OECD-EPC" June 23, 1981, (Yoshio Suzuki) [in Japanese].

### Strong Dollar and Policy Mix: pros and cons

At the OECD-EPC meeting mentioned above, a number of European countries criticized the high interest rates resulting from the new policy mix in the United States. The high interest rates in the United States led to a strong dollar and weak European currencies, and it was thought that the United States was "exporting" inflation to Europe. In Europe, to combat this inflation, monetary policy had to be tightened further, and this led to an increase in unemployment. On this issue, Japan, Canada and the OECD secretariat also joined in the criticism of the US by European countries. "The burden of current inflationary measures is too much for monetary policy. The inappropriate policy mix and the resulting crowding out are the root causes of the excessively high US interest rates." The United States should be more considerate of the situation where the high interest rates in the United States are spreading internationally and making the unemployment problem in OECD countries more serious". West Germany only did not join the above criticisms toward the United States.

The US response to this criticism clearly symbolized the neoliberal turn. "Exchange rates are affected by interest rate differentials, but in the long run they depend on fundamentals. The international impact of US interest rates has also been exaggerated", "Now the strong dollar is being criticized, but who was it in the past that criticized the weak dollar and demanded that inflation be overcome by suppressing the money supply and raising interest rates?", "Since the Reagan administration, fiscal policy has also begun to move in the direction of discretionary austerity, and it does not place an excessive burden on monetary policy". The United States representative also lectured their theoretical stance. "The four pillars of US economic policy are: (1) controlling the money supply (monetarism), (2) tax reduction (supply-side economics), (3) spending cuts (traditional conservatism), and (4) deregulation (general price theory)".[38] An impressive article by Jeffrey Saches entitled "The Dollar and the Policy Mix: 1985" called the above US policy mix "Mundell-Reagan Mix". The key point in Sachs's interpretation of Mundell's paper was that "expansionary fiscal policy can strengthen a currency". and that Mundell foresaw the related point that "in a world where capital is highly mobile, expansionary fiscal policy will raise domestic interest rates".[39] It goes without saying that the title of Sachs's paper is a tribute to Mundell's paper, "The Dollar and the Policy Mix: 1971".[40]

How did Japan respond to the Mundell-Reagan mix? Compared to the smart response to the policy mix of the 1970s, Japan's and the Bank of Japan's response to the neoliberal turn was ambiguous. Although Japan had criticized the high interest rates in the US, it was concerned that a fall in US interest rates would cause the difference between US and Japanese interest rates to narrow, leading to a stronger yen. In fact, at the November 1981 EPC meeting, the European coun-

**38** Bank of Japan Archives, 32580, "Summary of Discussion at the OECD-EPC" June 23, 1981, (Yoshio Suzuki) [in Japanese].

**39** Jeffrey Sachs, "The Dollar and the Policy Mix: 1985", *Brookings Papers on Economic Activity,* Vol. 1985, No. 1, p. 117-197.

**40** Robert Mundell, "The Dollar and the Policy Mix: 1971", *Essays in International Finance,* No. 85, May 1971, 34 p.

tries asked whether Japan might ease its monetary policy because of concerns about the rising value of the yen against the background of a slight decline in US interest rates at that time. The Japanese representative responded as follows: "We welcome the decline in US interest rates to the extent that it leads to a stronger yen", "the scope for flexible management of monetary policy will also increase to that extent", "but whether the yen will strengthen or not will depend on the nature of the decline in US interest rates".[41] The fear of a strong yen expressed in this ambiguous response would continue to constrain Japanese policy, and as is well known, would lead to the bubble economy and its collapse after the Plaza and Louvre agreements.[42]

* * *

The evolution of the policy mix has highlighted several key insights into the historical role of central banks. One key lesson is the status of monetary policy. In the 1960s, Otmar Emminger discussed the policy mix and used the term "burden" to describe the role of monetary policy as part of the mix. Subsequently, when the policy mix became the norm, there was a conflict between incomes policy and monetary policy. In the mid-1970s, central banks began to reject incomes policy and assume the "burden" of monetary policy. Eventually, as the era of the 'Mundell-Reagan Mix' arrived, there was criticism from European countries towards the United States over the "burden" of monetary policy. In this way, the policy mix has incarnated the fluctuating "burden" of monetary policy for central banks. Today, the issue of the "burden" on central banks is being discussed again in the context of the zero-interest rate policy and quantitative easing policy. This point of contention can be seen as an extension of the discourse surrounding the policy mix.

Another lesson is the international context of central bank policy. The policy mix of the 1960s and 1970s was based on the fixed exchange rate system of the Bretton Woods system, and the policy mix debate of the 1970s was about how to deal with inflation and stagflation in a floating exchange rate system. The policy mix debate before and after the neoliberal turn focused on the high interest rate policy of the United States, but the background was the liberalization of capital movements. The debate in the OECD, as seen in this paper, expressed the process by which international fora learned about these international conditions and deepened their experience.

Japan and the Bank of Japan played a unique role in the development of the policy mix described above. In the initial development of the policy mix, Japan was in a follower's position, and it lagged behind OECD member countries in setting targets for the money supply. On the other hand, Japan was quick to advocate

**41** Bank of Japan Archives, 32581, "Summary of Discussion at the OECD-EPC, held *in* Paris 19-20 November" December 1, 1981. (Yoshio Suzuki) [in Japanese].

**42** Shinji Takagi, *Conquering the Fear of Freedom: Japanese Exchange Rate Policy since 1945,* Oxford, Oxford University Press, 2015, 334 p.

the primacy of monetary policy in relation to income policy. In response to the 'Mundell-Reagan Mix' and the US's high interest rate policy, Japan, along with European countries, took a critical stance towards the US, but in the subsequent debate over exchange rates, Japan's response was vague, trying to prevent the appreciation of the yen. The background to this was changes in Japan's financial system and industrial relations.

Central banks changed significantly before and after the neoliberal turn. The policy mix was one of the most important changes, along with central bank independence and the setting of monetary targets. In this regard, Charles Goodhart divides the history of central bank independence into three periods: "the Victorian era, 1840s-1914; the decades of government control, 1930s-60s; and the triumph of markets, 1980s-2007".[43] Following this division, the 1970s, which is the subject of this paper, is seen as a period in which central banks gained "operational independence" from government control. However, when viewed in the context of the evolution of the policy mix, central banks actually experienced a decline in their independence during this period and took on the role of promoting the policy mix together with the government.

**43** Charles Goodhart, "The changing role of central banks", *Financial History Review,* Vol. 18, Issue 2, August 2011, p. 135-154.

Chapitre 18

# The chairman and the senator

## Senate Confirmation Hearings in the Age of Volcker, Greenspan and Bernanke (1979-2009)[1]

**Yves-Marie Péréon**

Université Paris Panthéon-Assas

Since the *Federal Reserve Act* (FRA) was signed into law by President Woodrow Wilson in 1913, sixteen individuals – fifteen men and one woman – have chaired the Board of Governors of the Federal Reserve System. Meanwhile, the position of Secretary of the Treasury has been held by thirty-three different people–thirty-two men and one woman, Janet Yellen being, in both cases, the only female holder of the job[2]. Yet it is not until late in the second half of the 20th century that the Chair of the Fed achieved prominence in the national media and Washington politics—in the 1980s, most Americans were familiar with the public personae of "towering Paul Volcker"; later they became acquainted with Alan Greenspan "the Maestro" and Ben Bernanke "the soft-spoken academic."

Meanwhile, monetary policy came to be recognized by the general public as a key instrument in the economic toolbox of the federal government. Along with the President of the United States and the President's economic team (the Secretary of the Treasury, the Chair of the Council of Economic Advisers, etc.), the Chair of the Fed is now held accountable for the good stewardship of the American economy. However, while the Secretary of the Treasury and the Chair of the Fed are both appointed by the President with advice and consent of the Senate, it is generally understood that the Secretary of the Treasury can be fired at will by the President while the Chair of the Fed is irremovable for the whole duration of his or her four-year term—this being considered one of the preconditions of the Fed's independence.

1 In the introduction, *in* section 1 and *in* the conclusion, the generic phrase "Fed Chair" is used *in* order to reflect the recent history of the institution; it is also consistent with the wording on the official website of the Fed. Thereafter, however, Volcker, Greenspan and Bernanke shall be referred to as "the Fed chairmen". The unspecified word "chairman" shall designate the chairman of the Senate Committee on Banking, Housing, and Urban Affairs. The word "President" shall apply to the President of the United States exclusively.

2 Yellen's tenure at the Treasury Department ended on January 20, 2025.

ABSTRACT
Centered on the three consecutive chairmanships of Paul Volcker, Alan Greenspan and Ben Bernanke, this paper investigates the politics of Fed Chair Senate confirmation hearings. Based on an examination of the transcripts of nine such hearings, it aims, successively, (1) to delineate the scope of the "advice and consent" procedure when applied to the selection of the Fed Chair, (2) to analyze senators' rhetoric on behalf of the American people, and (3) to assess their perception of that most elusive—and most politically charged—of notions, "central bank independence."

RÉSUMÉ
Centré sur les mandats successifs de trois présidents de la Réserve Fédérale (Paul Volcker, Alan Greenspan et Ben Bernanke), cet article examine les dynamiques politiques à l'œuvre lors de leurs auditions de confirmation au Sénat. S'appuyant sur les transcriptions de neuf de ces auditions, il se propose (1) de présenter la procédure "d'avis et de consentement" dans le cas du président de la Fed, (2) d'analyser la rhétorique des sénateurs parlant au nom du peuple américain et (3) d'évaluer leur perception de l'indépendance de la banque centrale, une notion insaisissable et éminemment politique.

JEL : **N22, N42, G28**
Key words : **Chair of the Federal Reserve, US Senate, Nomination, Congressional Oversight, Legislative Branch**
Mots clés : **Président de la Réserve Fédérale, Sénat des États-Unis, Nomination, Surveillance par le Congrès, Pouvoir législatif**

The irremovability of the Fed Chair gives additional luster to the confirmation hearings held by the Senate. At least once every four years, members of the Senate Committee on Banking, Housing, and Urban Affairs are given the opportunity to grill a nominee on his vision of monetary policy and banking supervision. In theory, a disappointing performance at the hearings could cost him his job; conversely, a good show on Capitol Hill might enhance his profile and even fortify the independence of the institution.

This paper investigates the politics of Fed Chair confirmation hearings. Based on an examination of the transcripts of nine such hearings, from 1979 to 2009, it aims, successively, (1) to delineate the scope of the "advice and consent" procedure when applied to the selection of the Fed Chair, (2) to analyze senators' rhetoric on behalf of the American people, and (3) to assess their perception of that most elusive—and most politically charged—of notions, "central bank independence." This focused, and arguably narrow, approach will not address a number of more technical topics that were discussed during the hearings (monetary targets, growth projections, policy adjustments, etc.); it does not either discuss the day-to-day legislative oversight of what Paul Tucker characterized as "the epitome of unelected power."[3]

The paper is centered on three successive Fed chairmen: Paul Volcker (1979-1987), Alan Greenspan (1987-2006) and Ben Bernanke (2006-2014), under whose tenures the Fed had to weather the stagflation crisis of the late 1970s – early 1980s, the Wall Street crash of 1987, the savings-and-loan debacle, the bursting of the dot-com bubble, the aftermath of the 9-11 attacks, and of course the financial crisis of 2007-2008 and its long-term macroeconomic consequences.

3 Paul Tucker, *Unelected Power. The Quest for Legitimacy in Central Banking and the Regulatory State*, Princeton and Oxford, Princeton University Press, 2018, p. 287.

## ADVISING AND CONSENTING TO FED CHAIR NOMINATIONS

Article II, section 2 of the Constitution of the United States provides that the President "shall nominate, and by and with the Advice and Consent of the Senate, shall appoint Ambassadors, other public Ministers and Consuls, Judges of the Supreme Court, and all other Officers of the United States (...)." The Fed did not exist when the constitution was drafted by the Founding Fathers in 1787 and its Chair, therefore, could not have been part of the "Officers of the United States." Besides, the very existence of a central bank was and remained a matter of intense and bitter political debate – an intensity illustrated by the demise of the Second Bank of the United States (1816-1836), in which President Andrew Jackson played a central part. The final and successful attempt at creating a central bank was the FRA of 1913.

Section 10 of the FRA outlined the composition of the then Federal Reserve Board. In addition to two ex-officio members (the Secretary of the Treasury and the Comptroller of the Currency), it was to include "five members appointed by the President of the United States, by and with the advice and consent of the Senate."[4] During the New Deal, the 1935 *Banking Act* changed the name of the "Federal Reserve Board" to the "Board of Governors of the Federal Reserve System". The *Banking Act* also eliminated the ex-officio members, thus strengthening the Fed's independence from the executive branch. The "advice and consent" procedure, however, was left unchanged for all seven members of the board (the "governors").

The fourteen-year terms and staggered appointments of the governors are intended to protect them from political pressures. "In addition to serving as members of the Board, the Chair, Vice Chair, and Vice Chair for Supervision of the Board serve terms of four years (...)."[5] Once confirmed, the Fed Chair may not be removed from office for his or her policy decisions. Yet the Fed Chair is also accountable to the Congress – and ultimately the American people. From time to time, the Fed Chair might testify on Capitol Hill; minutes of Federal Open Market Committee (FOMC) meetings, detailed reports and financial statements must also be submitted by the institution.

The Senate Committee on Banking, Housing, and Urban Affairs is responsible for vetting the presidential nominee. Senators operate within narrow constitutional and political boundaries. They have only the options of accepting or rejecting the President's nominee for Fed Chair. As expressed eloquently by Alexander Hamilton in *The Federalist N° 66*: "There will, of course, be no exertion of CHOICE on the part of the Senate. They may defeat one choice of the Executive,

4 *Federal Reserve Act* of 1913, p. 12, <https://fraser.stlouisfed.org/title/federal-reserve-act-966?page=3>, (accessed October 21, 2024).

5 "FAQs: Who are the members of the Federal Reserve Board, and how are they selected?", <https://www.federalreserve.gov/faqs/about_12591.htm>, (accessed November 1, 2023). Greenspan, first nominated to the chairmanship *in* 1987, was reappointed for a fifth four-year term by President George W. Bush *in* 2004. He left the Fed *in* January 2006, when his separate fourteen-year term as Fed governor expired.

and oblige him to make another; but they cannot themselves CHOOSE, they can only ratify or reject the choice of the President."[6]

While very conscious of these limitations, senators do not shy away from their duties derived from the "advice and consent" clause of the constitution. However, certain nominations generate more passion than others. In his 1996 statement on the second renomination of Greenspan, witness Ralph Nader declared that he was "struck by the time that the Senate gives to analyzing the record and performance of nominees to the Supreme Court compared to the time given to analyzing the record and views of Members of the Board of Governors of the Federal Reserve."[7]

Supreme Court confirmation proceedings are not only longer, they might also produce unexpected results. In 1987, Reagan's nomination of Robert Bork to the Supreme Court was rejected by the Senate; in the years that followed, other nominees were forced to withdraw their names from consideration – Douglas Ginsburg in 1987 – or were confirmed only after highly contentious hearings – Clarence Thomas in 1991. Fed Chair nominations appear to be much less controversial – in their opening statements, senators frequently imply that they expect a prompt confirmation of the nominee. In contrast to Supreme Court appointees, no presidential pick for the Fed chairmanship was ever either rejected or led to withdraw during the period under review[8]. And with the exception of Janet Yellen in 2017, all recent Fed chairpersons were renominated for a second term – or even, in the case if Greenspan –, a third, a fourth and a fifth term.

Out of nine nominations, only two were – somewhat – seriously challenged (please see Appendix). In the early 1980s, the Fed's tight monetary policy attracted much criticism from senators. On July 21, 1983, two members of the Committee voted against Volcker's renomination; on July 27, the full Senate voted 84 to 16 to confirm Volcker for a second term.[9] Senator Sasser explained his negative vote: "(...) my vote will not be based on personal reasons. The issue is much larger than that. The vote should be based on your record in conducting monetary policy (...). In that regard, Mr. Chairman, I judge the Federal Reserve Board's policies over the past few years to have been seriously flawed."[10] His colleague Cranston went as far as to call Volcker "the architect and symbol of a cold, cruel, and callous economic policy."[11]

6 Alexander Hamilton, *The Federalist,* No. 66, May 11, 1788, <https://avalon.law.yale.edu/18th_century/fed66.asp> [accessed October 19, 2024].

7 Nader in: Renomination of Alan Greenspan. Hearing before the Committee on Banking, Housing, and Urban Affairs, United States Senate, One Hundred Fourth Congress, March 26, 1996, <https://fraser.stlouisfed.org/series/nomination-hearings-federal-reserve-chair-3759 - Federal Reserve Bank of St. Louis>, p. 45, [accessed September 22, 2024].

8 The nomination of other board members might be more contentious, as happened, more recently, in 2020 when Trump nominee Judy Shelton failed to win confirmation from the Senate.

9 Wiliam L. Silber, *Volcker. The Triumph of Persistence,* New York, Bloomsbury Press, 2012, p. 235-237. See also Appendix.

10 Senator Sasser in: Renomination of Paul Volcker. Hearing before the Committee on Banking, Housing, and Urban Affairs, United States Senate, Ninety-eighth Congress, July 14, 1983, <https://fraser.stlouisfed.org/series/nomination-hearings-federal-reserve-chair-3759>, Federal Reserve Bank of St. Louis, [accessed September 22, 2024], p. 11.

11 Senator Cranston in: Renomination of Paul Volcker. Hearing before the Committee on Banking, Housing, and Urban Affairs, United States Senate, Ninety-eighth Congress, July 14, 1983, <https://fraser.stlouisfed.org/series/

In 2009, twenty-six years and another major recession later, Committee support for Bernanke's renomination was given with much qualification. Chairman Dodd stated that Bernanke and the Fed deserved "praise for [their] acumen and gratitude for [their] role in preventing a far worse outcome that we might have otherwise seen."[12] Yet Dodd also shared his concerns about "the weaknesses in the overall financial regulatory system that allowed the financial collapse to occur in the very first place."[13] The Committee voted 16 to 7 to approve Bernanke's renomination while the full Senate confirmed it by a 70-30 vote – in his memoirs, Bernanke reminisced bitterly about the "grueling hearing on [his] nomination that ran from 10:00 a.m. until past 3:00 p.m."[14]

## ON BEHALF OF THE AMERICAN PEOPLE

Members of the Committee were always cognizant of the importance of the nomination they had to confirm. By 1983, they had come to believe the Fed Chair's position "[stood] only second in importance behind the job held by the President [of the United States] himself"[15]; it then became commonplace to refer to the Fed chairman as the holder of "the second most powerful [job] in Washington."[16] As a matter of fact, the stakes are tremendous: any Fed chairman "could become a Herbert Hoover of monetary policy"[17] – a testimony to the painful emotional scars left by the Great Depression in the US national psyche.

At the time of his first nomination in 1979, Volcker snarled that "almost anything [the Fed does] will be criticized."[18] Roasting the Federal Reserve is

nomination-hearings-federal-reserve-chair-3759>, Federal Reserve Bank of St. Louis, [accessed September 22, 2024], p. 13.

**12** Chairman Dodd in: Renomination of Ben Bernanke. Hearing before the Committee on Banking, Housing, and Urban Affairs, United States Senate, One Hundred Ninth Congress, December 3, 2009, <https://fraser.stlouisfed.org/series/nomination-hearings-federal-reserve-chair-3759>, Federal Reserve Bank of St. Louis, [accessed September 22, 2024], p. 2.

**13** Chairman Dodd in: Renomination of Ben Bernanke. Hearing before the Committee on Banking, Housing, and Urban Affairs, United States Senate, One Hundred Ninth Congress, December 3, 2009, <https://fraser.stlouisfed.org/series/nomination-hearings-federal-reserve-chair-3759>, Federal Reserve Bank of St. Louis, [accessed September 22, 2024], p. 2.

**14** Ben Bernanke, *The Courage to Act. A Memoir of Crisis and Its Aftermath*, New York, W.W. Norton & Company, 2015, p. 430.

**15** Senator Riegle in: Renomination of Paul Volcker. Hearing before the Committee on Banking, Housing, and Urban Affairs, United States Senate, Ninety-eighth Congress, July 14, 1983, <https://fraser.stlouisfed.org/series/nomination-hearings-federal-reserve-chair-3759>, Federal Reserve Bank of St. Louis, [accessed September 22, 2024], p. 7.

**16** Senator Dixon in: Renomination of Alan Greenspan. Hearing before the Committee on Banking, Housing, and Urban Affairs, United States Senate, One Hundred Second Congress, January 29, 1992, <https://fraser.stlouisfed.org/series/nomination-hearings-federal-reserve-chair-3759>, Federal Reserve Bank of St. Louis, [accessed September 22, 2024], p. 6.

**17** Senator Proxmire in: Renomination of Paul Volcker. Hearing before the Committee on Banking, Housing, and Urban Affairs, United States Senate, Ninety-eighth Congress, July 14, 1983, <https://fraser.stlouisfed.org/series/nomination-hearings-federal-reserve-chair-3759>, Federal Reserve Bank of St. Louis, [accessed September 22, 2024], p. 3.

**18** Volcker in: Nomination of Paul Volcker. Hearing before the Committee on Banking, Housing, and Urban Affairs, United States Senate, Ninety-sixth Congress, July 30, 1979, <https://fraser.stlouisfed.org/series/nomination-hearings-federal-reserve-chair-3759>, Federal Reserve Bank of St. Louis, [accessed September 22, 2024], p. 39.

indeed "one of the all-time great Washington sports."[19] Four years later, at a time when the Fed's disinflation policy was still highly unpopular, Senator Heinz quipped that the position of Fed chairman was "the third most second-guessed position in America"[20] – after those of the President of the United States and of professional baseball managers. Yet those senators who oppose the renomination of a sitting Fed chairman usually make it clear that they do not do so on personal grounds. They often take pains to acknowledge the incumbent's integrity, professionalism, and intellect in order to underscore their principled opposition to his policy – another difference with the nomination of Supreme Court Justices, whose personal character is often questioned during the hearings.

The publicity of hearings is essential to the accountability of the institution and its leadership. During his 1992 confirmation, Greenspan asked rhetorically: What is the role of a central bank in a democratic society? His answer emphasized the importance of the "advice and consent" clause: "Our legitimacy comes from the statutes, the *Federal Reserve Act* of 1913 passed by the Congress in which certain very specific authorities are granted and the process that we're going through today is part of that action"[21] (emphasis added).

Senators concur that Committee hearings offer them an opportunity to voice the concerns of the American people: "If there's meaning and purpose in this process of holding these hearings, it is in part to give the country – the people who aren't in this room today – a chance to comment on appointments." [22] A few senators might engage in political posturing during the proceedings. Always eager to remind their constituents that they care for their interests, they might explicitly refer to their home state in their questions to the nominee. In 1983, Illinois Senator Dixon claimed that "ordinary people in my state are hurting" and opposed a further tightening of the money supply, pleading instead for "a strong, vigorous, sustained recovery, a recovery that has yet to reach Illinois."[23]

**19** Senator Heinz in: Renomination of Paul Volcker. Hearing before the Committee on Banking, Housing, and Urban Affairs, United States Senate, Ninety-eighth Congress, July 14, 1983, <https://fraser.stlouisfed.org/series/nomination-hearings-federal-reserve-chair-3759>, Federal Reserve Bank of St. Louis, [accessed September 22, 2024], p. 6.

**20** Senator Heinz in: Renomination of Paul Volcker. Hearing before the Committee on Banking, Housing, and Urban Affairs, United States Senate, Ninety-eighth Congress, July 14, 1983, <https://fraser.stlouisfed.org/series/nomination-hearings-federal-reserve-chair-3759>, Federal Reserve Bank of St. Louis, [accessed September 22, 2024], p. 6.

**21** Greenspan in: Renomination of Alan Greenspan. Hearing before the Committee on Banking, Housing, and Urban Affairs, United States Senate, One Hundred Second Congress, January 29, 1992, <https://fraser.stlouisfed.org/series/nomination-hearings-federal-reserve-chair-3759>, Federal Reserve Bank of St. Louis, [accessed September 22, 2024], p. 64.

**22** Senator Armstrong in: Nomination of Paul Volcker. Hearing before the Committee on Banking, Housing, and Urban Affairs, United States Senate, Ninety-sixth Congress, July 30, 1979, <https://fraser.stlouisfed.org/series/nomination-hearings-federal-reserve-chair-3759>, Federal Reserve Bank of St. Louis, [accessed September 22, 2024], p. 11.

**23** Senator Dixon in: Renomination of Paul Volcker. Hearing before the Committee on Banking, Housing, and Urban Affairs, United States Senate, Ninety-eighth Congress, July 14, 1983, <https://fraser.stlouisfed.org/series/nomination-hearings-federal-reserve-chair-3759>, Federal Reserve Bank of St. Louis, [accessed September 22, 2024], p. 10.

In 2005, Senator Stabenow lamented the struggling manufacturing economy in her "home State, the great State of Michigan."[24] Other such examples are not rare.

Confirmation hearings are a forum where Fed chairmen, who also view their role as that of being the public spokesman for the Federal Reserve, are offered an opportunity to outline their priorities. Senators, who might themselves not be familiar the intricacies of monetary policy, may wish that the nominee explain his future decisions "in a way that the press and the public can understand [him] as opposed to a sort of a Delphic utterance."[25] On that front, senators' desires were often to be frustrated: Volcker was perceived as "an artist of innuendo"[26] and Greenspan, true to his reputation of deliberate obscurity, soon became a master of the "nonanswer."[27] By contrast Bernanke, who prior to his nomination prided himself on speaking bluntly, committed to clarity and transparency.[28]

## IN SEARCH OF INDEPENDENCE

Blunt was also the question asked by chairman Proxmire to Greenspan, recently nominated by Reagan to succeed Volcker in 1987: "Are you the man who can say no to the administration and to the Congress?"[29] Proxmire's not too subtle definition of independence – the ability to say "no" to both President and lawmakers – is reflective of his and his colleagues' perception of the inherently conflictual nature of the relationship between politics and monetary policymaking. In his memoirs, Greenspan gave a powerful, if rather simplistic, depiction of that predicament:

> No wonder politicians often find the Fed a hindrance. Their better selves may want to focus on America's long-term prosperity, but they are far more subject to constituents' immediate demands. That's inevitably reflected in their economic policy preferences. If the economy is expanding, they want it to expand faster; if they see an interest rate, they want it to be lower—and the Fed's monetary discipline

**24** Senator Stabenow: *in* Nomination of Ben Bernanke. Hearing before the Committee on Banking, Housing, and Urban Affairs, United States Senate, One Hundred Ninth Congress, November 15, 2005, <https://fraser.stlouisfed.org/series/nomination-hearings-federal-reserve-chair-3759>, Federal Reserve Bank of St. Louis, [accessed September 22, 2024], p. 12.

**25** Sarbanes in: Nomination of Paul Volcker. Hearing before the Committee on Banking, Housing, and Urban Affairs, United States Senate, Ninety-sixth Congress, July 30, 1979, <https://fraser.stlouisfed.org/series/nomination-hearings-federal-reserve-chair-3759>, Federal Reserve Bank of St. Louis, [accessed September 22, 2024], p. 21.

**26** "The Volcker Show Plays Room SD 538," *The New York Times*, February 17, 1983.

**27** Greenspan in: Nomination of Alan Greenspan. Hearing before the Committee on Banking, Housing, and Urban Affairs, United States Senate, One Hundredth Congress, July 21, 1987, <https://fraser.stlouisfed.org/series/nomination-hearings-federal-reserve-chair-3759>, Federal Reserve Bank of St. Louis, [accessed September 22, 2024], p. 49.

**28** Bernanke in: Nomination of Ben Bernanke. Hearing before the Committee on Banking, Housing, and Urban Affairs, United States Senate, One Hundred Ninth Congress, November 15, 2005, <https://fraser.stlouisfed.org/series/nomination-hearings-federal-reserve-chair-3759>, Federal Reserve Bank of St. Louis, [accessed September 22, 2024], p. 34.

**29** Chairman Proxmire in: Nomination of Alan Greenspan. Hearing before the Committee on Banking, Housing, and Urban Affairs, United States Senate, One Hundredth Congress, July 21, 1987, <https://fraser.stlouisfed.org/series/nomination-hearings-federal-reserve-chair-3759>, Federal Reserve Bank of St. Louis, [accessed September 22, 2024], p. 4.

interferes. As William McChesney Martin Jr., a legendary chairman in the 1950s and 1960s, is alleged to have put it, the Fed's role is to order "the punch bowl removed just when the party was really warming up."[30]

Senators do not ignore the conflict outlined by Greenspan – they know very well that economic cycles do not coincide with electoral cycles. In 1983, as high interest rates were triggering a recession, chairman Garn confessed that he was "amazed at how well Congress [had] been able to get away with placing a majority of the blame on the Federal Reserve Board."[31] In 1987, chairman Proxmire commended former Fed chairmen for their ability to "[resist] the pleading of Congress for a more expansive, stimulative monetary policy"[32]; his colleague senator Sasser mused that while everybody in the committee agreed that outgoing Fed chairman Volcker had to be praised for his leadership and independence, "there weren't many of us around this dais in 1981 and 1982 who were praising [him]."[33]

Such admissions of humility, however, are not frequent. Senators would more likely proclaim their unflinching commitment to the Fed's independence. A member of the Committee might volunteer that "it is highly critical and important that the Fed have the independence to make its own decisions away from undue influence by this committee or the Congress or the administration"[34] – a very telling order of priority. Nominees are treated to such pieties as the senators' "sincere hope that [they] will rise above partisan politics."[35] A lone dissenting voice was that of Ralph Nader who, when asked to testify in 1996, deplored that it had become "an article of faith to be intoned rather than a proposition to be examined."[36] According to Nader – himself not a senator – the claim of independence should not be directed toward the Congress or the President, but toward large banks.

**30** Alan Greenspan, *The Age of Turbulence. Adventures in a New World*, New York, The Penguin Press, 2007, 2008, p. 110-111.

**31** Chairman Garn in: Renomination of Paul Volcker. Hearing before the Committee on Banking, Housing, and Urban Affairs, United States Senate, Ninety-eighth Congress, July 14, 1983, <https://fraser.stlouisfed.org/series/nomination-hearings-federal-reserve-chair-3759>, Federal Reserve Bank of St. Louis, [accessed September 22, 2024], p. 1.

**32** Chairman Proxmire in: Nomination of Alan Greenspan. Hearing before the Committee on Banking, Housing, and Urban Affairs, United States Senate, One Hundredth Congress, July 21, 1987, (https://fraser.stlouisfed.org/series/nomination-hearings-federal-reserve-chair-3759 - Federal Reserve Bank of St. Louis, [accessed September 22, 2024]), p. 3.

**33** Senator Sasser in: Nomination of Alan Greenspan. Hearing before the Committee on Banking, Housing, and Urban Affairs, United States Senate, One Hundredth Congress, July 21, 1987, (https://fraser.stlouisfed.org/series/nomination-hearings-federal-reserve-chair-3759 - Federal Reserve Bank of St. Louis, [accessed September 22, 2024]), p. 35.

**34** Senator Garn in: Nomination of Paul Volcker. Hearing before the Committee on Banking, Housing, and Urban Affairs, United States Senate, Ninety-sixth Congress, July 30, 1979, (https://fraser.stlouisfed.org/series/nomination-hearings-federal-reserve-chair-3759 - Federal Reserve Bank of St. Louis, [accessed September 22, 2024]), p. 5.

**35** Senator Shelby in: Nomination of Alan Greenspan. Hearing before the Committee on Banking, Housing, and Urban Affairs, United States Senate, One Hundredth Congress, July 21, 1987, (https://fraser.stlouisfed.org/series/nomination-hearings-federal-reserve-chair-3759 - Federal Reserve Bank of St. Louis, [accessed September 22, 2024]), p. 13.

**36** Nader in : Renomination of Alan Greenspan. Hearing before the Committee on Banking, Housing, and Urban Affairs, United States Senate, One Hundred Fourth Congress, March 26, 1996, (https://fraser.stlouisfed.org/series/nomination-hearings-federal-reserve-chair-3759 - Federal Reserve Bank of St. Louis, [accessed September 22, 2024]), p. 47.

It is generally assumed, however, that the main threat to the Fed's independence does not come from Wall Street or Capitol Hill but from the President and the executive branch. What most senators had in mind was the 1972 precedent when Fed chairman Arthur Burns's accommodative monetary policy had been widely perceived as an attempt to help President Nixon's reelection. Seven years later, senator Armstrong, referring to Volcker's conversations with President Carter, asked Volcker whether anything had been asked of him[37] – presumably in exchange for his nomination.

In their memoirs, Volcker, Greenspan and Bernanke implied that they did not seek their appointment – even though, in Greenspan's words, once offered, "the challenge [is] too great to turn down[38]." Whatever truth there might be in these narratives, their purpose is obvious: to emphasize the integrity of the author and the independence of the institution.[39] Interestingly, former Fed chairmen seem to have more to say about their renomination for another term. By then, it is likely that they would have had plenty of occasions to displease the President – even when the President happened to be of the same political persuasion. Senators, in such a case, might be suspicious of the incumbent's independence. In 1983, referring to the policies of the Reagan administration, senator Sarbanes interjected rather brutally: "If you haven't followed such policies, why were you reappointed?"[40] Senator Proxmire also inquired: "Can you give this committee an unqualified pledge that your economic policies as Chairman will be governed solely by the needs of the economy regardless of how those policies affect the fortunes of either political party?"[41] Volcker's answer was an emphatic "Yes."

A year later, a spectacular incident was to take place at the White House. It is documented in Volcker's memoirs:

> (The Fed's independence) was challenged only once in my direct experience, in the summer of 1984. I was summoned to a meeting with President Reagan at the White House. (...) As I arrived, the President, sitting there with Chief of Staff Jim Baker, seemed a bit uncomfortable. He didn't say a word. Instead, Baker delivered a message: "The President is ordering you not to raise interest rates before the election." I was stunned. Not only was the President clearly overstepping his authority by giving an order to the Fed, but also it was disconcerting because I wasn't

**37** Senator Armstrong in: Nomination of Paul Volcker. Hearing before the Committee on Banking, Housing, and Urban Affairs, United States Senate, Ninety-sixth Congress, July 30, 1979, <https://fraser.stlouisfed.org/series/nomination-hearings-federal-reserve-chair-3759>, Federal Reserve Bank of St. Louis, [accessed September 22, 2024], p. 14.

**38** Alan Greenspan, *op. cit.*, p. 99.

**39** Paul A. Volcker (with Christine Harper), *Keeping at It. The Quest for Sound Money and Good Government*, New York, PublicAffairs, 2018, p. 103-104.

**40** Senator Sarbanes in: Renomination of Paul Volcker. Hearing before the Committee on Banking, Housing, and Urban Affairs, United States Senate, Ninety-eighth Congress, July 14, 1983, <https://fraser.stlouisfed.org/series/nomination-hearings-federal-reserve-chair-3759>, Federal Reserve Bank of St. Louis, [accessed September 22, 2024], p. 47.

**41** Senator Proxmire in: Renomination of Paul Volcker. Hearing before the Committee on Banking, Housing, and Urban Affairs, United States Senate, Ninety-eighth Congress, July 14, 1983, <https://fraser.stlouisfed.org/series/nomination-hearings-federal-reserve-chair-3759>, Federal Reserve Bank of St. Louis, [accessed September 22, 2024], p. 19.

planning tighter monetary policy at the time. (...) What to say? What to do? I walked out without saying a word.[42]

At the time, which was a few weeks before the 1984 presidential election, Baker was running Reagan's campaign. His priority was "to keep the good time rolling at any cost."[43] Yet in ordering a Fed chairman what to do, he was "clearly overstepping a President's authority."[44] Neither Sarbanes, Proxmire nor any of their fellow senators were present in the White House when the incident happened. Volcker's reaction, however, was consistent with the determination he had expressed when they had put him to the test on Capitol Hill.

* * *

The Volcker-Reagan episode illustrates the politically awkward situation Fed Chairs find themselves in. Their legitimacy originates in their appointment by the President and subsequent confirmation by the Senate. Once in office, their authority derives not only from their ability to make shrewd policy decisions, but also from their willingness to resist the President who nominated them. Reading from the transcripts of their confirmation hearings, we can infer that Volcker, Greenspan and Bernanke agreed with their tormentors in the Senate Banking Committee that this combination of intellect and backbone is required to best serve the interests of the American people.

Monetary policymaking in the years of Yellen and Powell has not become any easier – suffice it to say that with the covid pandemic, climate change, the war in Ukraine and the Middle East, etc., the risk of financial instability has in no way abated. Political pressure from the Executive is also likely to increase. In November 2017, President Trump broke with precedent when he decided to replace sitting Fed Chair Janet Yellen with Jerome Powell – as detailed above, the previous three Fed Chairs had been reappointed for at least a second term. Powell's affiliation with the Republican Party did not prevent him from being criticized publicly by the President – as in August 2019, when Trump labelled him an "enemy" for having hinted that US trade policy was "stoking uncertainty and posing risks to the economic outlook."[45]The relationship between Powell and the Biden administration turned out to be much calmer. Yet in August 2024, running for a second, non-consecutive term, former President Trump declared that he should, if reelected, have "at least a say" in setting interest rates.[46] Trump's unprecedented, if veiled, threat to the independence of the Fed might signal the end of

**42** Paul A. Volcker (with Christine Harper), *op. cit.*, p. 118-119.

**43** Peter Baker and Susan Glasser, *The Man Who Ran Washington. The Life and Times of James A. Baker III*, New York, Anchor Books, 2020, p. 236.

**44** *Ibid*, p. 236.

**45** Jeanna Smialek, "Powell Highlights Fed's Limits. Trump Labels Him an 'Enemy'," *The New York Times*, August 23, 2019.

**46** Jeff Cox,"Trump says he should get a say on Federal Reserve interest rate decisions", CNBC, August 8, 2024, <https://www.cnbc.com/2024/08/08/trump-says-he-should-get-a-say-on-federal-reserve-interest-rate-decisions.html>, [accessed August 13, 2024].

a decades-long consensus. The analysis of the transcripts of future confirmation hearings will offer a clue as to the magnitude and significance of that potential shift in political attitudes toward central banking in the US.

## Appendix

**SENATE CONFIRMATION HEARINGS – VOTE COUNT**

| Nominee | President | Nomination | Reappointment | Hearings (*) | Senate Banking Committee | Full Senate |
|---|---|---|---|---|---|---|
| Paul Volcker | Jimmy Carter (D) | x | | July 30, 1979 | No dissenting vote | 98-0 |
| Paul Volcker | Ronald Reagan (R) | | x | July 14, 1983 | 16-2 | 84-16 |
| Alan Greenspan | Ronald Reagan (R) | x | | July 21, 1987 | No dissenting vote | 91-2 |
| Alan Greenspan | George H. W. Bush (R) | | x | January 29, 1992 | 20-1 | NA |
| Alan Greenspan | Bill Clinton (D) | | x | March 26, 1996 | No dissenting vote | 91-7 |
| Alan Greenspan | Bill Clinton (D) | | x | January 26, 2000 | No dissenting vote | 89-4 |
| Alan Greenspan | George W. Bush (R) | | x | June 15, 2004 | 1 dissenting vote | NA |
| Ben Bernanke | George W. Bush (R) | x | | November 15, 2005 | 1 dissenting vote | NA |
| Ben Bernanke | Barack Obama (D) | | x | December 3, 2009 | 16-7 | 70-30 |

NA: Nomination confirmed, detail not available (in a voice vote, the tally of votes is not recorded).
(*): As indicated on the transcription printed by the U.S. Government Printing Office. The actual votes took place at a later date.

D: Democrat / R: Republican

Source: Congressional Record / *The New York Times* / *The Washington Post*

**Sources:**

Minutes of hearings before the Committee on Banking, Housing, and Urban Affairs, United States Senate <https://fraser.stlouisfed.org/series/nomination-hearings-federal-reserve-chair-3759>, Federal Reserve Bank of St. Louis).

Renomination of Paul Volcker. Hearing before the Committee on Banking, Housing, and Urban Affairs, United States Senate, Ninety-eighth Congress, July 14, 1983 (141 p.).

Nomination of Paul Volcker. Hearing before the Committee on Banking, Housing, and Urban Affairs, United States Senate, Ninety-sixth Congress, July 30, 1979 (71 p.).

Nomination of Alan Greenspan. Hearing before the Committee on Banking, Housing, and Urban Affairs, United States Senate, One Hundredth Congress, July 21, 1987 (89 p.).

Renomination of Alan Greenspan. Hearing before the Committee on Banking, Housing, and Urban Affairs, United States Senate, One Hundred Second Congress, January 29, 1992 (430 p.).

Renomination of Alan Greenspan. Hearing before the Committee on Banking, Housing, and Urban Affairs, United States Senate, One Hundred Fourth Congress, March 26, 1996 (185 p.).

Renomination of Alan Greenspan. Hearing before the Committee on Banking, Housing, and Urban Affairs, United States Senate, One Hundred Sixth Congress, January 26, 2000 (59 p.).

Renomination of Alan Greenspan. Hearing before the Committee on Banking, Housing, and Urban Affairs, United States Senate, One Hundred Eighth Congress, June 15, 2004 (55 p.).

Nomination of Ben Bernanke. Hearing before the Committee on Banking, Housing, and Urban Affairs, United States Senate, One Hundred Ninth Congress, November 15, 2005 (76 p.).

Renomination of Ben Bernanke. Hearing before the Committee on Banking, Housing, and Urban Affairs, United States Senate, One Hundred Ninth Congress, December 3, 2009 (161 p.).

Chapitre 19

# Jacques Delors, les banquiers centraux, la Banque de France et le Comité Delors : enserrer le politique dans du technique

**Michel Margairaz**
Université Paris I Panthéon Sorbonne
IDHE.S UMR 8533
Mission historique de la Banque de France

Les étapes de la création de l'Union Économique et Monétaire (UEM) ont été largement étudiées[1]. Notre propos ici, plus spécifique, consiste à apprécier, au cœur des neuf séances du Comité Delors réunies entre septembre 1988 et avril 1989, grâce à l'exploitation de sources peu explorées, la teneur des débats, vus plus précisément dans leur relation au politique[2].

1 Cf. parmi d'autres références nombreuses, Kenneth Dyson, Kevin Featherstone, *The Road to Maastricht: Negociating Economic and Monetary Union,* Oxford, Oxford University Press, 1999, 884 p. ; Harold James, *Making the European Monetary Union,* Cambridge, The Belknap Press of Harvard University Press, 2012, 567 p. ; Jean-Pierre Patat, *Histoire de l'Europe monétaire,* Paris, La Découverte, « Repères », 1998 (1ère éd. 1990), 128 p.; Olivier Feiertag, « La Banque de France et le Comité Delors », *in* Olivier Feiertag et Michel Margairaz (dir*), Les banques centrales à l'échelle du monde,* Paris, Presses de Sciences Po, 2012, p. 221-250.

2 On s'appuie sur le dépouillement des archives de la Banque de France (notamment les Papiers Jacques de Larosière, les archives de la Direction générale des services étrangers), des Papiers de Tommaso Padoa Schioppa aux Archives historiques de l'Union européenne à Florence, en partie exploitées dans le mémoire de master 2 de Marco Vianelli, « Le Comité Delors et la théorisation de l'union économique et monétaire européenne », Paris I Panthéon Sorbonne, dir. Michel Margairaz, 2019, 208 p.

ABSTRACT
During the nine meetings of the Delors Committee from September 1988 to April 1989, the governors of the twelve central banks of the Economic European Commission and Jacques Delors, president of the European Commission, expressed a particular relation to politics and to policies, specially monetary policy, while working out the future Delors Report.

RÉSUMÉ
Lors des neuf séances du Comité Delors, réunies entre septembre 1988 et avril 1989, les gouverneurs des douze banques centrales de la Commission économique européenne et Jacques Delors, président de la Commission européenne, en élaborant le futur Rapport Delors, manifestent un certain rapport au politique et aux politiques publiques, particulièrement la politique monétaire.

JEL: **B10, B15, B25, B26, B27, B30, E58, F33, F54, G28, N10, N20, N40, P10**
Keywords: **Bank of France, Bundesbank, Economic and Monetary Union, Delors Committee, Delors Report, BIS, Maastricht Treaty, Karl-Otto Pöhl, European Union, Jacques Delors, Jacques de Larosière**
Mots clés : **Banque de France, Bundesbank, Union économique et monétaire, Comité Delors, Rapport Delors, BRI, Traité de Maastricht, Karl-Otto Pöhl, Union européenne, Jacques Delors, Jacques de Larosière**

## LE COMITÉ DELORS, CONTEXTE ET MÉTHODE

### La symbiose entre Jacques Delors et les banquiers centraux

L'initiative majeure revient, on le sait, à Jacques Delors, alors président de la Commission européenne depuis janvier 1985, qui obtient lors du Conseil européen de Hanovre des 27 et 28 juin 1988 la présidence d'un Comité, composé sur sa demande des douze banquiers centraux des États membres – auxquels sont adjoints trois experts et deux rapporteurs[3], avec « (...) la mission d'étudier et de proposer les étapes concrètes devant mener à cette union [économique et monétaire, *(nda)*].»[4] Jacques Delors bénéficie d'un contexte favorable à la relance de la construction européenne à travers l'acheminement vers l'UEM. D'abord, il peut s'appuyer sur la consolidation du système monétaire européen (SME), grâce aux accords de Bâle-Nyborg de septembre 1987. Ensuite, l'année 1988 – dont le premier semestre se déroule sous présidence allemande – voit la publication le 8 janvier du *memorandum* Balladur et, le 22 février de celui d'Amato, ministre du Trésor italien. Le Premier ministre français y critique l'« asymétrie » du fonctionnement du SME, qui favorise le *Deutschemark,* et propose l'institution d'une banque centrale européenne et d'une monnaie commune, proposition relayée par le *memorandum* de Hans-Dietrich Genscher. Par ailleurs, l'adoption en février 1988 du « Paquet Delors I » comporte notamment la rubrique intitulée « Réussir l'Acte unique », ainsi que la double décision majeure d'achever le marché unique à la fin de l'année 1992 et d'envisager la libération des mouvements de capitaux en juillet 1990. On sait que c'est Helmut Kohl – en accord avec François Mitterrand – qui propose alors à Jacques Delors de présider un « comité de sages », chargé de définir le contenu et les voies et moyens d'atteindre l'UEM, et que celui-ci propose qu'il se compose des gouverneurs des banques centrales.

3 Pour la liste de tous les membres. Voir Annexe 1.

4 Comité pour l'étude de l'union économique et monétaire, *Rapport sur l'union économique et monétaire dans la Communauté européenne,* trad. fr. 1989, p. 3.

Pourquoi un tel choix ? Quinze années plus tard, Jacques Delors rapporte ses propos tenus alors au chancelier pour justifier le recours aux banquiers centraux : « S'ils sont dans le coup, lui dis-je, nous avons de meilleures chances d'aboutir, sinon à un consensus, tout au moins à un accord très large, ce qui nous mettait à l'abri de critiques sur les défauts techniques de notre proposition. »[5] Mais ce choix va sans doute au-delà du besoin de s'assurer une compétence technique. Jacques Delors fréquente assidûment les banquiers centraux lors de leurs réunions mensuelles de la Banque des Règlements Internationaux (BRI) à Bâle depuis qu'il préside la Commission européenne. Par ailleurs, il s'est attribué au sein de l'administration de la Commission la direction directe des affaires monétaires, sans parler de ses responsabilités ministérielles antérieures rue de Rivoli de 1981 à 1984, ni de son expérience professionnelle à la Banque de France depuis la fin des années 1940. Au total, Jacques Delors, on va le constater, partage de nombreux éléments de culture commune avec les banquiers centraux, dont la relation au politique[6].

## LA MÉTHODE DELORS ET LES TROIS « E » : ESQUIVE, ENGRENAGE, ÉQUILIBRE

La méthode de Jacques Delors dans les années 1980 résulte au moins d'une double influence. Tout d'abord, elle s'apparente pour partie à celle de Jean Monnet qui, dès les années d'après-guerre au Commissariat au Plan – où Jacques Delors a également travaillé – ou à la Commission Européenne du Charbon et de l'Acier (CECA), manifeste une double préoccupation : *esquiver* le débat politique de fond pour ce qu'il nomme une « voie pragmatique », afin de dériver vers des questions apparemment techniques et sectorielles, où un accord entre experts est alors possible. Accord permettant d'amorcer lui-même un *engrenage*, qui peut aboutir à des décisions de caractère plus politique, mais non explicitées à l'origine. Jean Monnet donne l'exemple où, en avril 1949, il tente de séduire le responsable britannique de la planification afin que le Royaume-Uni rejoigne l'amorce de construction européenne. Pour ce faire, il semble se limiter à la question des prix agricoles britanniques pour l'entraîner au-delà, mais sans succès. Il reconnaît, trois décennies plus tard : « Je ne peux m'empêcher de penser que les Anglais avaient mieux compris qu'ils ne le disaient le risque de l'*engrenage* (nda) que j'avais voulu mettre en mouvement.»[7] La méthode de Jacques Delors est similaire, d'autant plus qu'il va se heurter quarante ans plus tard à une méfiance équivalente de la part du gouverneur de la Banque d'Angleterre, Robert Leigh-Pemberton, qui s'oppose à l'« engrenage » élaboré par Delors dans le Comité qu'il préside pour conduire à l'UEM en renforçant bel et bien ainsi « la méthode communautaire »

5 Jacques Delors, avec Jean-Louis Arnaud, *Mémoires,* Paris, Plon, 2004, p. 333.

6 Jacques Delors ajoute : « (...) j'ai peu parlé dans ces réunions car je connaissais la mentalité des gouverneurs et je savais que nous aboutirions à un résultat » (*Mémoires...*, *op. cit.,* p. 340). Et lors de la cérémonie en hommage à Jacques Delors, peu après sa disparition, organisée à la Banque de France, le lundi 16 septembre 2024, Jean-Claude Trichet a même déclaré à son propos : « C'est un banquier central ».

7 Jean Monnet, *Mémoires,* Paris, Librairie Arthème Fayard, 1976, p. 332.

et affaiblir « la méthode intergouvernementale », chère à Margareth Thatcher et au gouverneur. De surcroît, Delors évoque *a posteriori* également sa méthode en ces termes, qui traduisent bien l'un des aspects de ses rapports au politique : « Proposer et non posséder. Faire en sorte que les chefs de gouvernement puissent s'attribuer le mérite des progrès réalisés.»[8] Ce sont les mêmes mots employés par Jean Monnet tout au long de ses mémoires afin de justifier son rôle avant tout d'« inspirateur », selon le terme utilisé par le général de Gaulle. Jean Monnet ne procédait pas autrement en soufflant nombre de plans à des hommes politiques qui leur ont laissé leur nom, qu'il s'agisse de Robert Schuman ou de René Pleven.

Outre l'exemple du Plan (et de la CECA), une deuxième expérience professionnelle a dû exercer ses effets sur Jacques Delors. Il est possible que sa familiarité avec la Banque de France l'ait conforté dans ses modes d'action lors de négociations, particulièrement celles au sein du Comité Delors. En effet, on sait que la Banque de France, aux termes de la loi du 31 décembre 1973, joue un rôle majeur dans *l'élaboration* et dans l'*application* de la politique monétaire, dont la décision dépend du ministre des Finances. Ce type de répartition du travail, où la banque centrale exerce son pouvoir en *amont* et en *aval* de la décision politique – qui, elle, relève des autorités gouvernementales – coïncide avec le souci de Delors de « proposer et non posséder ». Manière somme toute d'enserrer dans des avis techniques d'experts la décision, qui certes continue d'appartenir au politique. On va constater ce même processus à l'œuvre au sein du Comité Delors.

Delors reconnaît, à propos de la tâche du Comité qu'il préside en 1988-1989 : « L'union économique et monétaire peut être considérée comme le départ d'un nouvel *engrenage* après les trois étapes de l'Objectif 92, de l'Acte unique et du paquet Delors.»[9] Il va appliquer aux débats du Comité Delors ses deux principes de l'*esquive* et de l'*engrenage*. Mais il y ajoute un troisième élément de méthode : la recherche de l'« équilibre ». En effet, au sein du Comité sur l'UEM, il se garde bien de poser en termes politiques et idéologiques le débat entre ce qu'il appelle « la méthode intergouvernementale » face à « la méthode communautaire », dont il se réclame aux côtés des fédéralistes, cela afin d'éviter « (...) les grandes déclarations non suivies d'effet.»[10] Peu après la première réunion du Comité le 13 septembre 1988, Jacques Delors envoie à ses membres un document intitulé *Union économique et monétaire et relance de la construction européenne,* dans lequel il défend les réussites du SME, qui a enrayé l'essoufflement de la construction communautaire. Il ajoute que les limites de la construction européenne depuis les années 1960 résultent de la prééminence de la « méthode intergouvernementale » : « Au gradualisme de la méthode communautaire d'intégration s'est substituée *de facto* une coopération intergouvernementale fondée sur la recherche du consensus même pour les décisions les plus minimes (sic). »[11]

**8** Jacques Delors, *Mémoires ..., op. cit.,* p. 224.

**9** *Ibidem,* p. 331. Souligné par nous.

**10** *Ibid.,* p. 332.

**11** Florence, Archives historiques de l'Union européenne, Fonds Tommaso Padoa Schioppa (noté *infra* Fonds TPS), Carton 184, Comité Delors, Bâle, 27 septembre 1988, CSEMU/3/1988.

Son souci – et c'est sa troisième préoccupation – est bien d'instituer un « équilibre », et cela à deux échelles d'intervention différentes. D'abord, il vise un premier équilibre, d'ordre institutionnel : « (...) un compromis positif entre la méthode communautaire et la méthode gouvernementale. »[12] Et ce compromis doit reposer sur un second équilibre, plus large, de nature économique et politique : ainsi, l'un des mérites, à ses yeux, de l'Acte unique consiste-t-il à avoir favorisé des « (...) politiques communes qui supposaient un équilibre entre le marché, les interventions publiques et la volonté politique.»[13] C'est bien le même type d'objectif visé à travers la construction de la future UEM.

### Jacques Delors, ingénieur du *consensus*

Neuf séances du Comité Delors, représentant soixante-cinq heures de discussion, se déroulent entre le 13 septembre 1988 et les 11 et 12 avril 1989, le plus souvent à Bâle – ville délibérément retenue par Jacques Delors pour mieux assurer la confiance des banquiers centraux en choisissant le siège de la BRI et la capitale des gouverneurs – mais aussi une fois à Bruxelles et à Luxembourg. On ne peut, dans les limites de cette contribution, en aborder tous les aspects en détail, d'autant plus que ces réunions s'accompagnent de rencontres partielles et de transmission d'études diverses parmi les membres du Comité, parallèlement aux séances. Nous nous limiterons aux épisodes majeurs des relations au politique. Les trois premières séances consistent à faire l'inventaire des questions et à présenter les positions respectives afin de mesurer la part relative des convergences et des désaccords.

*Septembre-novembre 1988 : les positions et oppositions respectives*

La première réunion, qui se tient à Bâle le 13 septembre 1988, est l'occasion pour Jacques Delors de prendre connaissance de l'état d'esprit des membres du groupe et d'organiser le débat autour du contenu de deux documents rédigés au préalable et transmis le 1er septembre par les deux rapporteurs, Tommaso Padoa Schioppa et Gunther Baer, auteurs respectifs de *The Main Issues Papers* et de *The Werner Report revisited,* afin de préciser la portée, les limites et l'échec du Rapport Werner de 1969 qui envisageait – en vain – un calendrier pour une future UEM. Les principales questions de la définition de l'UEM et de sa mise en œuvre technique sont présentées et débattues sans qu'il soit encore question du futur rapport. La deuxième séance, les 10 et 11 octobre à Luxembourg, est consacrée au « parallélisme » entre union économique et union monétaire sous trois angles de vues. D'abord, la fixation irréversible des parités monétaires – terme admis par tous du cheminement vers l'UEM – est vue, en éliminant l'important signal d'alarme des taux de change, comme rendant plus difficiles la coordination des politiques et la convergence des performances. Il en résulte un *consensus* pour affirmer que la coordination accrue des politiques monétaires nationales ne peut suffire à créer « une zone monétaire unique » et « une politique monétaire unique », d'où la nécessité d'une union économique parallèle. C'était, au fond,

**12** Jacques Delors, *Mémoires ..., op. cit.*, p. 209.
**13** *Ibidem*, p. 221.

s'inscrire dans la perspective de l'équilibre selon Jacques Delors. Mais cette question va susciter des controverses à quasiment toutes les séances du Comité. Dès ce moment, Karl Otto Pöhl, puissant gouverneur de la *Bundesbank*, affirme un double principe préalable et intangible à ses yeux, à savoir une politique monétaire orientée prioritairement vers la stabilité des prix et la nécessité de politiques complémentaires en faveur des forces du marché.

Ensuite, les membres du Comité conviennent qu'une politique de « transfert des ressources financières » s'avère indispensable, marquant par là que le processus de convergence économique, s'il était fondé sur les seules forces du marché, pourrait avoir des coûts excessifs en termes d'emploi et de production pour les pays les moins compétitifs de l'Union[14]. Mais les membres ne s'accordent pas sur l'ampleur de ces politiques. C'est le cas notamment des gouverneurs des « pays « périphériques » (Irlande, Espagne, Portugal, Grèce) et particulièrement de Maurice F. Doyle, gouverneur de la Banque d'Irlande, qui va insister à plusieurs reprises ensuite sur l'importance des « fonds structurels » et des « politiques régionales », alors que d'autres minimisent les effets économiques et sociaux du processus, y compris Jacques Delors. En revanche, il existe un large *consensus* sur un « certain degré de coordination » des politiques budgétaires.

Enfin, le débat s'ouvre sur les « mécanismes institutionnels nouveaux » à envisager. La question d'un nouveau traité européen est suggérée sans être tranchée et va constituer ensuite un autre des principaux sujets de discorde. En revanche, la perspective de la nécessité d'une « autorité monétaire autonome », articulée à « une coordination de la politique budgétaire » est acceptée à la fois par Jacques de Larosière – qui semble annoncer là un revirement majeur de la position française quant au statut de la future banque européenne, et partant de la Banque de France – d'un côté, et Karl Otto Pöhl et Willem F. Duisenberg (Pays Bas) de l'autre, qui, on va le constater, vont cependant s'opposer dans les séances suivantes. Par ailleurs, Pöhl énonce l'ébauche des trois chapitres composant le futur rapport, objet des débats suivants – l'objectif final, l'état présent du SME, les étapes concrètes pour l'atteindre – en insistant déjà sur l'accroissement souhaitable du rôle prééminent à ses yeux du Comité des gouverneurs sans innovation institutionnelle[15].

La troisième rencontre se déroule à Bâle, le 8 novembre 1988. Trois documents préparatoires y sont discutés. Celui de Jean Godeaux (Belgique) sur l'expérience historique du SME, jugée positive, mais insuffisante quant à la convergence vers la stabilité monétaire et à la convergence économique. Ensuite, celui de Niels Thygesen sur le futur Système Européen de Banques Centrales (SEBC) qui, en se référant au triangle des incompatibilités de Mundell, montre qu'au terme de la formation de l'UEM, la fixation irrévocable des taux de change et la mobilité complète des capitaux, qui doit être assurée à partir de juillet 1990, impliquent une politique monétaire unique succédant à des politiques communes dans une

14 Florence, Archives historiques de l'Union européenne, Fonds TPS, Carton 195, Comité Delors, Luxembourg, deuxième réunion des 10/11 octobre 1988.

15 Même si ce n'est pas l'ordre exact du futur Rapport Delors, c'en est bien l'architecture d'ensemble, avec les trois chapitres organisés ainsi : 1. L'état actuel ; 2. L'étape finale ; 3. Les étapes vers l'UEM

première étape et un statut intermédiaire pour le SEBC, associant de nouvelles institutions et les banques centrales nationales. Enfin, Jacques de Larosière transmet à la fin octobre une étude sur le projet de créer dès la première étape un Fonds de Réserve Européen (FRE), principale proposition française. Embryon de la future banque centrale, le fonds est présenté comme une sorte de laboratoire institutionnel de la coopération monétaire renforcée, apte à susciter des réflexions et des approches communes des questions monétaires et à amorcer un « processus didactique » permettant une meilleure coordination des politiques monétaires et la gestion d'une partie des réserves de change[16].

En séance, tous s'accordent pour reconnaître la nécessité de décrire l'objectif final de l'UEM. En revanche, ils divergent sur les trois autres sujets. Tout d'abord, la proposition de Larosière de révision du Traité de Rome et de négociation immédiate d'un nouveau traité est diversement reçue. Le compte-rendu des services de la Banque de France indique que la question ouvre un débat où s'affrontent « (...) deux conceptions de la construction européenne.»[17] D'un côté « l'approche pragmatique ». Celle-ci est défendue par Leigh-Pemberton, partisan du *statu quo* fondé sur les accords Bâle-Nyborg et le maintien dans le Traité existant, ce qui dans les faits équivaut à un ajournement (temporaire ou définitif ?) de l'UEM[18]. Cette approche est également défendue par les gouverneurs Pöhl et Duisenberg, ainsi que par Hofmeyer (Danemark), qui pensent que la première étape n'implique pas de changement institutionnel et que la convergence des économies n'est pas assez avancée pour accélérer l'intégration monétaire, qui doit être le « couronnement » du processus, manière, somme toute implicite, d'engager un retardement définitif. Pöhl répète à l'envi que l'élément central de la première étape soit le renforcement du Comité des gouverneurs, à travers un simple amendement de la décision le créant en 1964, et la seule révision de la coordination économique établie par celle de 1974, ainsi que la participation préalable de tous les États membres au mécanisme de changes du SME.

Second groupe, celui de l'« approche institutionnelle », autour de Jacques de Larosière, de Carlo Azeglio Ciampi, de Mariano Rubio, de Miguel Boyer et d'Alexandre Lamfalussy, qui souhaitent une révision immédiate du Traité, permettant ainsi de « bénéficier d'un engagement politique au niveau européen ». Rubio « estime qu'il faut mettre les chefs de gouvernement devant leur responsabilité » et Boyer que le rapport doit indiquer que « l'amélioration des techniques existantes ne suffit pas.»[19] C'est Jacques de Larosière qui présente l'argumentation la plus élaborée. Il redoute que « d'autres que le Comité fassent des propositions », et pense que la révision immédiate du traité présente un double avantage : éviter que des conflits politiques ultérieurs n'interfèrent avec les aspects techniques,

**16** Florence, Archives historiques de l'Union européenne, Fonds TPS, Carton 195, Comité Delors, Bâle, troisième réunion, 8 novembre 1988, CSEMU/4, Jacques de Larosière, *Premières étapes vers la création d'une Banque de Réserve européenne.* Ce document se trouve également dans les archives de la Banque de France.

**17** Archives historiques de la Banque de France (AhBdF), 1035 2001-03/5, DGSE, Direction des changes, B 88 n° 84, JPR (il s'agit de Jean-Paul Redouin)/DJ, « Confidentiel », Principaux points évoqués à la réunion du 8 novembre. Comité pour l'UEM, 14 novembre 1988, 6 p.

**18** *Ibidem,* doc cité.

**19** *Ibid.,* doc. cité.

mais « (…) garantir aussi que des avancées parallèles soient effectuées sur le plan économique »[20].

Deuxième désaccord, le FRE proposé par Larosière n'est guère soutenu et se trouve critiqué par Pöhl, qui y voit à la fois une source de complications avec les autorités monétaires nationales, qui pense de surcroît qu'il serait difficilement acceptable juridiquement par les dix-huit membres du Conseil de la *Bundesbank* et qu'enfin une telle institution ne pourrait engager des interventions de change où il faut faire vite. Pour faciliter un accord, Larosière se dit alors prêt, au titre d'un premier compromis, à proposer une profonde modification des relations entre la Banque de France et le ministère des Finances en adoptant l'indépendance pour la banque centrale française, et en s'approchant du modèle allemand, même au prix d'un bouleversement (« *upheaval* ») des relations avec le Trésor[21].

À ce stade, il n'y a pas encore de tentative de rapprocher les points de vue. Delors a réussi à maintenir la présence du gouverneur britannique en présentant le futur rapport comme une étude technique, traitant du « comment ? » de l'UEM, mais ni du « si », ni du « pourquoi ? ».

*Décembre 1988-avril 1989 : les trois compromis décisifs opérés par les deux Jacques (Larosière et Delors).*

Pendant le mois de novembre 1988, les deux rapporteurs élaborent, à la suite de multiples rencontres, le *Skeleton Report,* soit l'ébauche du rapport final. Ils y envisagent un projet en trois étapes et retiennent l'approche « institutionnelle » de négociation d'un nouveau traité mis en place en fin de première étape. Ils suggèrent pour la deuxième étape l'institution d'un Système Européen de Banques Centrales (SEBC), chargé de la politique monétaire commune et doublement formé par une nouvelle institution communautaire, l'Institut monétaire fédéral européen (IMFE) et par les banques centrales nationales. Ils y ajoutent la proposition de Jacques Delors, afin de respecter le « parallélisme » entre Europe monétaire et économique, de créer un Centre pour la Décision de Politiques Économiques (CDPE), issu seulement du renforcement des accords existants. Pour la troisième phase, le texte évoque l'adoption d'une « monnaie unique » (*a new single currency*), à travers plusieurs voies possibles incluant une évolution éventuelle de l'ECU. Le document mentionne enfin deux parcours possibles, dont l'un intégrerait la proposition de Larosière de création d'un fonds de réserve dès la première étape. Le contenu du *Skeleton Report* est discuté lors de la quatrième séance du Comité, le 13 décembre. La plupart des membres ne sont pas totalement convaincus ni par la monnaie unique, ni par le CDPE.

Malgré ces divergences, le débat autour du *Skeleton Report* constitue désormais la base d'une dynamique de discussion en vue du rapport final. Entre le 10 janvier et le 14 mars 1989 les trois réunions du Comité conduisent à une dizaine de révisions du texte. La cinquième séance, le 10 janvier, voit l'élaboration de trois

**20** *Ibid.*, document cité.

**21** Citation de J. de Larosière *in* Florence, Archives historiques de l'Union européenne, Fonds TPS, Carton 195, Comité Delors, Bâle, 8 novembre 1988, CSEMU/4 TPS, Troisième réunion. Larosière ajoute notamment : « Don't you think Europe would be much stronger with central banks that would be more independent, autonomous (…) ? ».

compromis décisifs pour la suite. D'abord, face à l'opposition entre l'« approche institutionnelle » et maximaliste, défendue en séance par Larosière, Ciampi, Rubio, Lamfalussy, et l'approche « pragmatique » et minimaliste, soutenue par Pöhl, Hofmeyer, Jaans (Luxembourg) et Leigh-Pemberton, Jacques Delors, soucieux de bâtir un *consensus,* peut s'appuyer sur le rapprochement et le premier compromis opéré par Jacques de Larosière en novembre en faveur de la double thèse allemande de la stabilité monétaire comme objectif primordial et de l'indépendance de la future banque centrale comme de celle des banques centrales nationales. Le gouverneur de la Banque de France pense que l'indépendance d'une banque centrale œuvrant pour toute la Communauté européenne est préférable à l'illusion d'autonomie de la France résultant de l' « asymétrie » favorable au *Deuschemark* au sein du SME. Il a en outre pris soin de consulter François Mitterrand le 1er décembre au sujet de l'indépendance de la future banque centrale européenne, condition indispensable, ajoute-t-il dans ses *Mémoires,* de l'accord « du côté allemand et du Benelux »[22]. Il précise à ce propos qu'il a « (...) reçu un feu orange, à défaut de feu vert. Mais certainement pas un feu rouge.»[23]

D'ailleurs, Jacques Delors a obtenu le même signal de François Mitterrand près de deux mois auparavant. Delors propose alors le deuxième compromis, qui va s'avérer décisif pour l'élaboration du rapport : il reprend la thèse de Pöhl de l'absence de changement institutionnel dans la première phase, avec le Comité des gouverneurs comme noyau du nouveau système, mais assortie d'une demande aux chefs d'État et de gouvernement de commencer immédiatement, dès la première étape, la négociation d'un nouveau traité, suivant en cela l'exigence de Jacques de Larosière. Celui accepte en retour de ne pas maintenir sa proposition de fonds de réserve, en maintenant toutefois la demande que celle-ci apparaisse en annexe du futur rapport [24].

Un troisième compromis intervient également. Face aux fortes critiques, en particulier de Pöhl, Delors renonce à faire figurer l'institution du CDPE, déjà contestée lors de la séance précédente. Alors qu'il envisageait jusque-là la coordination de plusieurs politiques publiques à l'échelle communautaire, et notamment une intégration fiscale, il admet désormais le fait que créer deux institutions supranationales nouvelles, monétaire (le SEBC) et économique (le CPDE) « (...) devient totalement irréaliste (*become totally irrealistic*).»[25] À la sixième séance du 14 février, les membres du Comité abordent la question de la deuxième étape. Une controverse technique se développe au sujet de l'éventualité de faire évoluer l'écu comme « monnaie parallèle », ainsi que sur le contenu de l'union économique. Toutefois, il se confirme un accord sur la structure et les attributions du futur SEBC. Cela n'empêche pas un fort affrontement lors de la septième réunion, le

22 Jacques de Larosière, *50 ans de crises financières,* Paris, Odile Jacob, 2016, p. 151.

23 *Ibidem.*

24 Jacques Delors obtient, à la fin de janvier 1989, le soutien d'Helmut Kohl en faveur de la future banque centrale européenne indépendante et attachée d'abord à la stabilité monétaire, ainsi qu'en faveur de la convocation rapide – après la réunion du Conseil européen de Madrid prévue en juin 1989 – d'une conférence intergouvernementale en vue de l'élaboration d'un nouveau traité.

25 Florence, Archives historiques de l'Union européenne, Fonds TPS, Carton 196, Comité Delors, Bâle, 5e réunion, 10 janvier 1989, T. Padoa Schioppa, *Fifth meeting of the Committee in Basle,* 10th January 1989, citation de Jacques Delors.

14 mars 1989, tributaire d'une « remise en cause assez radicale par M. Pöhl.»[26] Pöhl conteste tout à la fois

> (...) l'optimisme trop manifeste du premier chapitre sur l'historique du SME, l'insuffisante mention de «*préconditions*» à la mise en œuvre de l'UEM : la participation préalable de tous les pays au mécanisme de change du SME et la reconnaissance de « la priorité donnée à la *stabilité des prix* [et] à la *discipline budgétaire.* [27]

Il ajoute une vive attaque contre l'ECU, dont un trop grand développement de l'usage pourrait mettre en péril les monnaies nationales, et maintient ses propositions sans élaboration d'un nouveau traité. Cela conduit les membres du Comité à abandonner l'ECU comme monnaie parallèle, tout en le conservant comme l'éventuelle monnaie unique, afin de ne pas porter préjudice à l'ECU existant. Les critiques de Pöhl suscitent les réactions négatives de la plupart des membres du Comité (Larosière, Ciampi, Rubio, Godeaux, Boyer, Andriessen), qui maintiennent l'idée d'un « (...) *signal politique* qui donnerait crédibilité à la phase un et enclencherait le processus », en élaborant un nouveau traité, auquel Duisenberg se rallie en proposant pour ce faire de confier la négociation à une conférence intergouvernementale[28].

Désormais, le rapport des forces est créé en faveur de l'approche maximaliste et « institutionnelle » du rôle de pression du Comité sur le politique, face à l'approche minimaliste, qui le limite à son rôle d'expert technique ! Lucide sur le poids des opinions respectives, Delors propose alors des aménagements de forme dans le rapport final, afin de satisfaire les appréhensions de Pöhl et des « pragmatiques », mais sans renoncer aux compromis antérieurs. Il en vient même à répondre à Pöhl – *a contrario* des nominations qui se sont décidées *intuitu personae* – que les membres du Comité agissent en qualité de représentants de leur gouvernement[29]. Ainsi, lors de la double et ultime séance, à Bâle, les 11 et 12 avril 1989, le gouverneur de la *Bundesbank* trouve-t-il acceptable la dernière version du texte, faisant, il est vrai, une large place aux thèses allemandes, et déclare-t-il souhaiter l'accord final. Cependant, celui-ci semble rejeter l'« indivisibilité » du processus de création de l'UEM, vue comme une dynamique unique depuis la convocation rapide d'une conférence intergouvernementale, puis l'enchainement des trois étapes jusqu'à la réalisation de l'UEM : « l'engrenage », cher à Jacques Delors ! Rappelant les termes du compromis qu'il a accepté en décembre, Jacques de Larosière enferme Pöhl dans l'alternative suivante : où la première phase est significative – il pense qu'elle aurait pu l'être grâce à l'adoption de sa proposition de Fonds de réserves, qui de fait est rejetée – où elle ne l'est pas, (ce qui est le

26 AhBdF, 1035 2001 03/5, Direction des changes, B 89 n° 34, JPR/CC, Compte-rendu de la réunion du 14 mars du Comité Delors, 7 pages.

27 *Ibidem*, Compte-rendu cité. Souligné dans le texte.

28 *Ibid.*, Compte-rendu cité. Souligné dans le texte.

29 Florence, Archives historiques de l'Union européenne, Fonds TPS, Carton 222, Comité Delors, Bâle, 7e réunion, 14 mars 1989, T. Padoa Schioppa, *Seventh meeting of the Committee in Basle,* 14th march 1989, citation de Jacques Delors: " *Before drawing conclusions, may I remind you of the fact that you are not mere central bank governors, but you are personal representatives of your governments and it is in the light of this that your performance will be measured*".

cas, puisqu'il y a renoncé en contrepartie de la négociation d'un nouveau traité), « (...) et il faut alors un ferme engagement politique de négocier un Traité qui embrasse l'ensemble de la construction (...) c'est le traité qui constitue l'ossature du processus.»[30] Une fois encore, Delors accepte quelques retouches formelles sans modifier l'esprit du Rapport qui, *in fine*, recueille l'unanimité des signatures, même celle de Leigh-Pemberton, qui, persistant à ne voir dans le Rapport qu'un avis technique d'expert laissant la décision finale aux autorités gouvernementales, refuse de se soumettre à la pression de Margareth Thatcher l'incitant, elle, à ne pas signer.

## LE RAPPORT DELORS ET SES RELATIONS AU POLITIQUE : UN BILAN DIFFÉRENCIÉ

À la suite d'un accord Kohl-Mitterrand, les chefs d'État et de gouvernement soutiennent le Rapport Delors au Conseil européen de Madrid des 27 et 28 juin 1989. On sait que c'est là l'amorce du processus continu, qui va conduire au début de la première étape, prévue pour le 1^er^ juillet 1990, avec la libération des mouvements de capitaux, puis à la conférence intergouvernementale de Rome réunie en décembre 1990, qui elle-même mène un an plus tard au traité de Maastricht.

### Le Rapport Delors et les trois « E »

Reprenons la question de la portée du Rapport Delors du point de vue des trois éléments de la méthode Delors présentés plus haut.

D'abord, l'*esquive.* Jacques Delors a habilement évité le débat politique de fond en polarisant le débat des premières séances du Comité sur les multiples aspects techniques. Mais *in fine,* le Rapport indique bien que le Comité ne s'est pas contenté de s'attacher à étudier le « comment », car il « (...) a pris position en faveur de l'UEM »[31], dépassant ainsi la position stricte d'expertise réclamée par les gouverneurs allemand et britannique. Pour ce faire, Jacques Delors a bien mis en œuvre *l'engrenage,* sa deuxième exigence. On a vu l'insistance de Delors, soutenu *in fine* par la plupart des gouverneurs, à souligner l'« indivisibilité » du processus qui, en amont, part de l'Acte unique et doit conduire à terme à l'UEM et à la monnaie unique. La réussite de ce point de vue se traduit par l'unanimité recueillie à la fin sur le texte, même parmi les membres les plus sceptiques à l'origine, en particulier le gouverneur britannique, bien que désavoué immédiatement par Margareth Thatcher, et malgré l'abandon ultérieur du processus par le Royaume-Uni.

Cependant, la démarche de Jacques Delors n'est pas allée entièrement au terme souhaité. À propos de la deuxième partie du Rapport Delors sur l'état

**30** AhBdF, 1035 2001 03/5, Direction des changes, Compte-rendu de la réunion des 11 et 12 avril 1989 du Comité Delors, 13 avril 1989, 6 pages.
**31** *Ibidem*, Compte-rendu cité.

final, une note du Trésor résume : « C'est de la littérature Pöhl »[32], indiquant par là le poids hégémonique des conceptions du gouverneur ouest-allemand dans le contenu de l'étape finale de l'UEM, en particulier la prééminence du Comité des gouverneurs. On a bien vu l'élaboration des trois compromis élaborés par Delors et Larosière afin d'obtenir l'adhésion du gouverneur de la *Bundesbank*, jugée par eux indispensable pour atteindre l'Union économique et monétaire[33].

Troisième aspect, l'équilibre. L'appréciation de Jacques Delors est positive sur le moment à propos de l'équilibre et du dosage entre « méthode communautaire » et « méthode intergouvernementale ». Dans son exposé à l'ECOFI informel réuni à Antibes en septembre 1989, il évoque l'apport récent du Rapport Delors dans la perspective de « (...) réfléchir sur une pondération entre la coopération volontaire, d'une part, et l'acceptation de règles et de politiques communes, d'autre part. » [34] Le résultat est moins satisfaisant dans l'équilibre ou le « parallélisme », comme le nomment alors les gouverneurs, entre union monétaire et union économique. Jacques Delors a dû sacrifier nombre de politiques communautaires publiques correctrices – malgré le doublement de leur financement en février 1988 –, abandonner sa proposition de CDPE et limiter de fait les politiques publiques complémentaires aux *ratios de discipline financière sur le déficit budgétaire et la dette*. Quinze années plus tard, il témoigne :

> (...) nous avons consacré plus de développements à l'Union économique qu'à l'Union monétaire. D'où ma critique actuelle d'un système qui ne marche que d'une seule jambe, l'Union monétaire, l'Union économique laissant à désirer.[35] Analyse rétrospective proche et plus récente de Jacques de Larosière : « (...) la suite de l'histoire a montré abondamment combien le Pacte de stabilité et de croissance qui avait résulté de la négociation était insuffisant. Il avait une vue réductrice des objectifs d'harmonisation économique (centrée sur les déficits nominaux et la dette publique...).»[36]

De même, à propos de l'équilibre entre Europe politique et Europe monétaire, Jacques Delors, à la fin de sa présidence européenne, avertit : « S'il n'y a pas une Europe politique adoptant un ensemble de finalités économiques et sociales, obligeant la banque centrale à en tenir compte, alors le système sera déséquilibré.»[37] C'est d'ailleurs la réserve formulée dès le 27 avril 1989 par Pierre Bérégovoy recevant Larosière au ministère des Finances peu après la remise du Rapport Delors, et l'invitant à « mettre en place un gouvernement européen qui

**32** AhBdF, 1035 2001 03/5, Direction du Trésor, chef de service des relations internationales, Note pour le directeur, 9 mars 1989 [en marge : « transmis par M. Trichet à Jacques de Larosière le 9 mars].

**33** « L'indépendance était la condition de l'accord ». Voir Jacques de Larosière, *50 ans..., op. cit.,* p. 152.

**34** AhBdF, 1489 2007-04/AR 13, Schéma de l'exposé introductif de Jacques Delors à Antibes 9-10 septembre 1989, 11 p.

**35** Jacques Delors, *Mémoires, op. cit.,* p. 337.

**36** Jacques de Larosière, *50 ans..., op. cit.,* p. 153.

**37** Jacques Delors, *L'unité d'un homme. Entretiens avec Dominique Wolton,* Paris, Éditions Odile Jacob, 1994, p. 242.

puisse faire contrepoids à la Banque centrale (…). »[38] De surcroît, la réaction du Trésor est radicalement et fonctionnellement opposée à l'équilibre assuré par des « politiques structurelles », à propos desquelles la note indique : « (…) c'est très dangereux car c'est un levier fabuleux pour M. Delors et le développement des instruments structurels et interventionnistes de la Commission (…) » et la même note déplore aussi la présence dans le futur Rapport de « (…) la fixation bruxelloise de contraintes très fortes sur les politiques budgétaires nationales. »[39]

### Le Rapport Delors, la « littérature Pöhl » et la démocratie : « un fort degré d'anesthésie économique et sociale »

Plus largement, la note du Trésor signale, à propos des aspects institutionnels, que « (…) la légitimation démocratique du SEBC est très faible.»[40]

Certes, le Trésor, par fonction pourrait-on dire, est-il soucieux de défendre son périmètre de politique publique et, en l'espèce, sa part dans ce qu'on appelle les autorités monétaires, face aux banquiers centraux. Quoiqu'il en soit, en confortant l'élaboration de la politique monétaire au sein de nouvelles institutions confiées essentiellement aux banques centrales, le comité Delors s'est trouvé en position délicate avec la démocratie, et ceci pour une double raison.

D'abord, parce que les banques centrales européennes ont ainsi gagné à terme la capacité de décider de la politique monétaire, qui elle-même pèse sur la situation économique et financière et, dans les faits, sur un grand nombre de politiques publiques. Sans doute, ne se substituent-elles pas aux acteurs politiques institutionnels, mais, comme Delors l'a bien perçu, elles sont conduites à *les enserrer, en amont et en aval de la décision, dans des considérations techniques* qui, *in fine*, ont bel et bien des retombées politiques.

Mais aussi et surtout – deuxième facteur, dominant – parce que le Rapport Delors vient renforcer la politique monétaire, qui, *en elle-même et par elle-même*, entretient des rapports incertains avec la démocratie. Un ancien directeur du Trésor la présentait plaisamment ainsi à ses étudiants au début des années 1970 :

> La politique monétaire est faite de mesures discrètes prises sous une forme un peu ésotérique, lisibles pour les initiés et destinées aux initiés. La politique monétaire permet de ne pas avoir à affronter le Parlement (ce qu'impose, au contraire, toute politique budgétaire) ; de ne pas affronter les syndicats (ce que fait, naturellement, toute politique des salaires) ou les catégories socio-professionnelles sensibles (ce qu'impose la politique des prix). La politique monétaire s'accompagne donc d'un assez fort degré d'anesthésie politique et sociale.[41]

**38** Jacques de Larosière, *50 ans… op. cit.,* p. 152. De la même manière, la note citée du Trésor regrette, pour la deuxième phase, que les liens entre le SEBC et le Conseil des ministres [soient] « très faibles ».
**39** AhBdF, 1035 2001 03/5, note citée.
**40** *Ibidem*, note citée.
**41** Jean-Yves Haberer, *Monnaie et politique monétaire,* Paris, Les Cours de droit, 1972, p. 281-282. Cité dans Alain Kaspereit, *La mutation du système financier français (1978-1992). De la réforme à la rupture,* Paris, IGPDE/Comité pour l'histoire financière de la France, 2025. Souligné dans le texte.

**ANNEXE 1. Liste des membres du Comité Delors**

**Jacques Delors, président**
Frans Andriessen (Commission européenne)

**Douze gouverneurs de banque centrale :**
Demetrius J. Chalikias (Grèce)
Carlo Azeglio Ciampi (Italie)
Maurice F. Doyle (Irlande)
Willem Duisenberg (Pays-Bas)
Jean Godeaux (Belgique)
Erik Hofmayer (Danemark)
Pierre Jaans (Luxembourg)
Jacques de Larosière (France)
Robert Leigh-Pemberton (Royaume-Uni)
Karl Otto Pöhl (République fédérale d'Allemagne)
Mariano Rubio (Espagne)
José A. V. Tavares Moreira (Portugal)

**Trois experts nommés par Jacques Delors :**
Miguel Boyer, président de la *Banco Exterior de Espa*ña
André Lamfallussy, directeur général de la BRI, professeur d'économie à Louvain-la-Neuve
Niels Thygesen, professeur d'économie à Copenhague

**Deux rapporteurs**
Tommaso Padoa Schioppa, directeur à la Banque d'Italie
Gunther Baer, BRI.

Chapitre 20

# La Bundesbank, acteur politique majeur de l'Union économique et monétaire : du sommet de Hanovre (juin 1988) à la signature du Traité de Maastricht[1]

**Alain Coën**
Université du Québec à Montréal

Le 28 juin 1988, à l'issue du Conseil européen de Hanovre, mandat est donné à un comité d'experts présidé par le président de la Commission, Jacques Delors, de proposer les étapes menant à une Union Économique et Monétaire (UEM) L'initiative de la relance de la construction européenne est à porter au crédit du chancelier Helmut Kohl, répondant au mémorandum de son ministre des Affaires étrangères, Hans-Dietrich Genscher. Cette apparente concession va à l'encontre des positions défendues depuis la rédaction du plan Werner par le ministère des Finances et la *Bundesbank*. Le président de la *Bundesbank*, Karl Otto Pöhl, met l'accent sur la nécessité d'une convergence économique préalable à toute modification du Système monétaire européen (SME) : « L'amélioration de la coordination des politiques monétaires est nécessaire, ne serait-ce que parce qu'il y aura à terme la liberté totale des mouvements de capitaux. »[2] Mis devant le fait

**1** Cet article s'appuie notamment sur les résultats d'une étude récente menée par l'auteur : Alain Coën, *Les relations monétaires franco-allemandes et l'UEM (1969-1992) : des ambitions aux réalités*, Bruxelles, Peter Lang, 2023, 414 p.

**2** AhBdF 1489 2002 05 /86-87, PV du 223e CGBC 8/31988. Commentaire de Pöhl. Cette position est l'illustration du « triangle d'incompatibilité » de Mundell (1961), défendue plus tard par Padoa-Schioppa (1982) : il n'est pas possible de mener une politique monétaire domestique autonome (1) dans un système de changes fixes (2) tout en cherchant à libéraliser les flux internationaux de capitaux (3).

ABSTRACT
As a key economic actor and guarantor of Germany's economic stability since 1949, the *Bundesbank* has also been a major political player in the long process of Economic and Monetary Union (EMU). Its political role can be compared to that of the chancelleries and European presidencies. From the drafting of the Delors Report (July 1988) to the signing of the Maastricht Treaty, which established the European Union, the Bundesbank took on its economic responsibilities and asserted its role as a political actor in the EMU process, making the Deutschmark the anchor currency.

RÉSUMÉ
Acteur économique incontournable, garant de la stabilité économique allemande depuis 1949, la *Bundesbank* a également été un acteur politique majeur du long processus d'Union Économique et Monétaire (UEM). Son rôle politique peut être comparé à celui des chancelleries et des présidences européennes. De la constitution du rapport Delors (juillet 1988) à la signature du Traité de Maastricht, fondateur de l'Union européenne, la *Bundesbank* assume ses responsabilités économiques et affirme son rôle d'acteur politique dans le processus d'UEM, en faisant du mark la monnaie d'ancrage.

JEL : **B25, B26, B27**
Keywords : **Bundesbank, Economic and Monetary Union, Delors Report, Maastricht Treaty, Karl-Otto Pöhl, European Union**
Mots clés : ***Bundesbank*, Union économique et monétaire, Rapport Delors, Traité de Maastricht, Karl-Otto Pöhl, Union européenne**

accompli, il est conscient des risques de dérive institutionnaliste qui émanent de la France et de la Commission. La *Bundesbank* doit marquer le pas.

La libéralisation des mouvements de capitaux, l'indépendance de la future banque centrale européenne sur le modèle de la *Bundesbank* et la défense de la stabilité monétaire pour garantir la croissance économique sont des prérequis défendus par Genscher et Kohl. Toutefois, Pöhl ne se résout pas à voir dans les conclusions du Conseil de Hanovre la victoire d'une alliance Kohl-Genscher potentiellement contraire aux intérêts de l'orthodoxie ordo-libérale. En vertu de la Constitution, la *Bundesbank* se doit d'être la gardienne des intérêts de l'économie allemande. C'est ce rôle que va jouer son président jusqu'à sa démission en mai 1991. Son action volontariste va très fortement imprégner la mise en place de l'UEM, à commencer par la rédaction du rapport Delors. Si celui-ci est une commande de la Commission, sa structure en trois parties est davantage l'œuvre de Pöhl, qui va veiller à sa rédaction et à son application.

Avant la Conférence Intergouvernementale (CIG) qui débute en décembre 1990, à l'issue du Conseil Européen de Rome (CE), l'UEM est établie dans ses grandes lignes par l'Allemagne. Malgré les pressions politiques extérieures exercées par la chancellerie et plus encore par les partenaires européens (la France notamment), la *Bundesbank* apparaît comme l'architecte de l'UEM et la gardienne de la stabilité monétaire et de l'ordo-libéralisme.

## LA *BUNDESBANK*, ARCHITECTE DE L'UEM

L'Allemagne a conscience que la France et les pays méditerranéens de la CEE cherchent à contrôler la puissance du mark. Comme l'attestent les archives du Comité des Gouverneurs des Banques Centrales (CGBC), la dynamique du groupe accorde une place centrale à la *Bundesbank*, bénéficiant de l'indépendance constitutionnelle à l'égard des pouvoirs politiques. Seule l'Allemagne dispose du pouvoir nécessaire pour imposer les orientations.

Après le dépôt du rapport Delors lors du CE de Madrid, la *Bundesbank* doit affronter les demandes d'aménagement des pays partenaires et défendre l'indépendance monétaire de la future BCE.

**Véritable rédacteur du rapport Delors**

S'appuyant sur le soutien de Willem Duisenberg, et d'Erik Hoffmeyer, ses homologues néerlandais et danois, jouant de l'opposition éclairée à l'ensemble du projet exprimée par Robert Leigh-Pemberton, gouverneur de la Banque d'Angleterre, esquivant ou affrontant les initiatives du gouverneur de la Banque de France, Jacques de Larosière, Pöhl est le véritable architecte du rapport Delors. Grâce à son indépendance politique et à la puissance économique de la RFA, lui seul dispose du pouvoir décisionnel. Il va l'utiliser et donner une leçon de réalisme politique.

La première séance du Comité est révélatrice des enjeux et du pouvoir des parties[3]. Bien que Pöhl soit le premier à prendre la parole, Leigh-Pemberton est le premier à exprimer sa position en dénonçant le caractère prématuré d'une UEM et en préconisant un parallélisme préalable des progrès à réaliser sur les plans monétaire et économique. Après la présentation du gouverneur de la Banque d'Italie, Carlo Azeglio Ciampi, qui demande une consolidation du SME, Pöhl adhère au parallélisme et insiste sur la coordination monétaire. Il prône une convergence des politiques fiscales, managériales et macroéconomiques. La CEE affichant de grandes disparités économiques [4], il précise qu'« (...) il faut des progrès à tous les niveaux de coordinations »[5], impliquant des politiques régionales et donc des transferts de ressources financières. Les politiciens doivent en avoir clairement conscience. Il faut savoir « (...) clairement quel est le but final »[6] avant d'aller plus loin dans le processus d'UEM. Et Pöhl de rappeler que la définition d'une union monétaire reste toujours valide : « (...) libre circulation du capital, complète et totale convertibilité des monnaies et parités des changes irréversibles »[7].

Face aux positions de Larosière, Hoffmeyer, concis, soutient Pöhl et insiste sur la définition économique d'une UEM[8]. Pöhl prend la parole et défend d'autorité la position de la *Bundesbank*, en précisant qu'une union monétaire est un point de non-retour. La coopération monétaire ne suffit pas, une politique fiscale commune s'impose. La mise en place d'une politique salariale flexible est nécessaire pour tenir compte des disparités au sein de la CEE. Quant à la définition d'une union monétaire, il suggère d'adopter comme fondement celle établie par le rapport Werner. Une UEM implique une monnaie unique et l'abolition des taux de change. Un retour à une situation d'équilibre par le mécanisme ajusteur des taux

3 ECB DR Delors 880916, Committee for the study of economic and monetary union, Meeting on 13 September 1988.
4 *Ibidem*, p. 8.
5 *Ibid.*
6 *Ibid.*
7 *Ibid.*
8 *Ibid.*, p. 12.

de change ne sera plus possible. Si les déséquilibres ne sont pas résorbés avant le passage irréversible à une fixité des parités, ils vont s'accroître. Pöhl précise qu'il est possible d'envisager « une union *soft* qui est une union monétaire avec la possibilité de flexibilité des taux de change »[9]. Une « union hard »[10] au sens du rapport Werner ne serait pas réaliste. Il faudrait en informer les chefs d'État et de gouvernement. Et Pöhl de conclure son exposé : « Si nous sommes tous d'accord sur ce point, il s'agirait d'une position forte, à laquelle je souscrirais immédiatement. »[11]

En choisissant une UEM irréversible pour contraindre l'Allemagne à respecter ses engagements communautaires, la Commission, sous l'impulsion de Delors, et la France, sous la présidence de François Mitterrand, vont faire le choix délibéré d'une « hard union ».

Lors de la seconde rencontre, Pöhl défend une structure du rapport en trois parties. La première partie définit les objectifs à atteindre, la seconde dresse un état des lieux du processus d'intégration économique et monétaire au sein de la Communauté, en soulignant, à la demande de Pöhl, la contribution significative du mécanisme instauré par le SME. Enfin, la troisième partie décrit les étapes menant à l'UEM. Pöhl estime qu'il est essentiel de renforcer le pouvoir des gouverneurs des banques centrales en garantissant leur indépendance. Il propose d'amender la décision du Conseil de 1964 définissant le mandat du CGBC et souligne l'importance d'une politique monétaire stable, accompagnée de politiques complémentaires atténuant les déséquilibres structurels. Alexandre Lamfalussy et Larosière partagent son avis.

Face à ce constat, Duisenberg, pose déjà la question « d'une Europe à deux vitesses », d'autant plus que Pöhl et Hoffmeyer confirment que les transferts de fonds souhaités par Delors ne devront pas être établis à l'encontre du mécanisme régulateur du marché. Larosière demande à cet effet la création d'un Fonds de réserve européen mieux doté auquel Duisenberg et Pöhl s'opposent. Lamfalussy, soutenu par Delors, insiste sur le caractère irrévocable du processus d'UEM. Face à cet enjeu politique, Pöhl met en garde contre la fixation prématurée des parités[12]. Il rappelle que le rapport doit clairement établir qu'une union monétaire requiert une augmentation substantielle des ressources allouées aux transferts de fonds. Il donne par la suite les orientations des étapes 2 et 3, assurant la stabilité politique monétaire et l'indépendance de la future BCE.

Fidèle aux enseignements de l'ordo-libéralisme et s'opposant tacitement à l'interventionnisme français, Pöhl défend le rôle régulateur du marché. Point de consensus, l'ECU peut être considéré comme numéraire, afin de promouvoir l'intégration et instrument de la politique monétaire dans les phases 2 et 3. Il partage l'avis de Lamfalussy et de Larosière sur la nécessité d'un signal politique fort pour le lancement de l'UEM. Il revient aux politiciens d'émettre ce signal en prenant des décisions concrètes en adéquation avec les exigences économiques.

**9** *Ibid.*, p. 16.
**10** *Ibid.*
**11** *Ibid.*
**12** *Ibid.*

Il rejette l'idée que cette initiative émane du comité dont le mandat se limite aux questions économiques. Les différences de perspectives et de motivations entre la France et l'Allemagne refont surface.

Les réunions du CGBC mettent en lumière le rôle central de la *Bundesbank*[13], qui impose sa politique monétaire et le pouvoir limité de ses partenaires[14].

Duisenberg soutenant la *Bundesbank* rappelle l'importance de la politique budgétaire et insiste sur la nécessité d'établir une politique de concurrence communautaire plus rigoureuse[15].

Vigilante, la *Bundesbank* critique l'interventionnisme de la Commission, à la publication du rapport « Le SME : dix ans d'existence », commandé par Delors. Pöhl dénonce à nouveau l'ingérence du président de la Commission. « Le SME repose sur un accord entre les banques centrales, et la Commission n'a pas de compétence dans sa gestion ; il est donc surprenant qu'elle présente aux ministres un compte-rendu marquant des dix premières années d'existence du système sans consulter au préalable les gouverneurs et leur demander leur avis »[16]. Avec une pointe d'ironie, il critique la présentation unilatérale de l'ECU et des institutions alors que « (...) le rôle de la convergence n'est pas suffisamment mis en relief. »[17]

Répondant aux attentes de ses homologues, Pöhl explique la nécessité de défendre le mark face au dollar et incite à la réalisation d'investissements remédiant aux déséquilibres structurels. Il précise le rôle d'une UEM efficace :

> L'idéal serait d'avoir des mouvements de capitaux en termes réels des régions riches vers les plus pauvres afin d'égaliser les degrés de développement. Il ne faut pas arriver en Europe à la situation absurde des États-Unis, pays le plus riche du monde, qui est devenu depuis des années importateur net de capitaux en provenance même de pays en développement.[18]

À ceux qui reprochent à l'Allemagne de ne pas utiliser son épargne, il répond sans ambiguïté : « (...) si l'Allemagne utilisait son épargne importante pour accroître l'investissement, la consommation et la croissance économique, l'écart entre les pays ou régions dans la CEE se creuserait. »[19]

Souvent sur la défensive, le gouverneur Larosière défend la position française[20]. À la suite de la hausse des taux d'intérêt de la *Bundesbank* en avril 1989, il précise que le « vrai problème » du SME « (...) est celui d'une meilleure gestion concertée de la macro-économie européenne et internationale. »[21]

Le rapport Delors est soumis aux chefs d'État et de gouvernement le 13 avril 1989. Il est composé de trois chapitres : (1) les motivations de la mise en place de l'UEM, (2) les caractéristiques économiques et institutionnelles d'une UEM et

**13** ECB DR CGM, PV 229e CGBC, 8/11 1988.
**14** *Ibidem.*
**15** *Ibid.* Commentaire de Duisenberg.
**16** ECB DR CGM, PV 233e CGBC, 14/3 1989. Commentaire de Pöhl.
**17** *Ibidem.*
**18** ECB DR CGM, PV 234e CGBC, 11/41989. Commentaire de Pöhl.
**19** *Ibidem.*
**20** *Ibid.*
**21** ECB DR CGM, PV 235e CGBC, 9/5 1989. Commentaire de J. de Larosière.

(3) les étapes pour y parvenir[22]. Son dépôt fait ressurgir les débats plus anciens entre les « monétaristes » et les « économistes ». La France, soutenue par les pays méditerranéens, refuse l'idée d'une indépendance politique de la future BCE. L'Allemagne, reste attachée à la « théorie du couronnement » : la *Bundesbank* va défendre ses intérêts.

**Défenseur lucide de l'indépendance de la politique monétaire.** Le rapport Delors consacre le mark comme « monnaie d'ancrage » du SME[23]. Pöhl souligne le risque de précipitation pour la stabilité économique et monétaire introduit par le transfert de pouvoir à une institution indépendante du pouvoir politique si les conditions économiques et financières ne sont pas respectées[24]. Ses préoccupations, partagées par les ministres des Finances, Theodor Waigel, et de l'Économie, Helmut Haussmann[25], illustrent une compréhension aiguë des enjeux économiques, face à la volonté de Mitterrand qui veut accélérer le processus d'UEM et mettre en place dès juin 1989 la CIG. Comme le chancelier Kohl[26], ils savent tous que la France cherche à récupérer « l'or du Rhin » pour endiguer la puissance de l'Allemagne. Wilhelm Nolling, membre du directoire de la *Bundesbank,* plus tard renchérira sur ce point : « Il ne faut pas nous faire d'illusions : l'actuel débat sur le nouveau système monétaire porte en réalité sur le pouvoir, l'influence et la poursuite d'intérêts nationaux » [27].

La France cherche à contourner l'indépendance de la future BCE. La lettre du ministre de l'Économie et des Finances, Pierre Bérégovoy, adressée, en présence du président de la Commission, au CGBC pour l'associer aux Conseil Ecofin et établir les fondements d'un gouvernement économique européen[28], constitue un *casus belli* aux yeux des banques centrales indépendantes. La première salve est à attribuer à Duisenberg qui, « (...) rappelle que le principe de base dans le rapport de l'UEM est qu'un futur système européen de banques centrales doit être autonome et indépendant »[29]. Pöhl explique que « La lettre de M. Bérégovoy n'est pas une approche appropriée et [qu'elle] est en opposition avec les propositions du rapport pour un Comité des Gouverneurs plus indépendant dans le processus vers l'union économique et monétaire »[30]. L'indépendance de la Banque centrale est un fondement non négociable, eu égard au droit constitutionnel allemand : le Président de la Deutsche *Bundesbank* ne peut pas accepter que la politique monétaire menée en Allemagne soit soumise à une surveillance soit de la Commission,

**22** Europe Documents, Agence internationale d'information pour la presse, dir. de publ. Riccardi, Lodovico. ; Rédé Chef Gazzo, Emanuele. 20.04.1989, n. 1550/1551, Bruxelles, « Rapport sur l'Union économique et monétaire dans la Communauté européenne », p. 1-21, <http://www.cvce.eu/obj/rapport_sur_l_union_economique_et_monétaire_dans_la_communauté_européenne_12_avril_1989_fr>

**23** *Ibidem.*

**24** Angelika Volle, „Die EG *in* einer Phase des Umbruchs", *in* Marion Gräfin Dönhoff, Karl Kaiser, Hans W. Maull et Wolfgang Wagner (eds.), *Die Internationale Politik 1989/1990*, Munich, Oldenbourg Verlag, 1992, p. 123.

**25** Interview de Theo Waigel dans *Le Figaro,* 18 avril 1989.

**26** Déclaration de Pöhl, 26 mai 1989, à David Marsh. David Marsh, *La Bundesbank aux commandes de l'Europe*, Paris, Belin, 1993, p. 274.

**27** Hans Stark, *Kohl, l'Allemagne et l'Europe*, Paris, L'Harmattan, 2004, p. 92.

**28** ECB DR CGM, PV 237e CGBC, 11 juillet 1989.

**29** *Ibidem,* Commentaire de Duisenberg.

**30** *Ibid.*, Commentaire de Pöhl.

soit des ministres des Finances ; une telle procédure n'est conforme ni avec la loi en République fédérale ni avec l'indépendance de la *Bundesbank*.[31]

Cet incident illustre les tensions entre les deux grands partenaires de l'UEM. Lors du Conseil Ecofin du 27 juillet 1989 le directeur du Trésor, Jean-Claude Trichet, critique la *Bundesbank* pour son insuffisante intervention sur le marché des changes face au dollar : « Les interventions sont essentielles pour donner de bons signaux (...). L'absence d'intervention de la Bundesbank au printemps était mal venue » [32]. Réponse d'Helmut Schlesinger, vice-président de la *Bundesbank* : « Les parités doivent reposer d'abord sur les marchés (...) »[33]. Hans Tietmeyer abonde dans ce sens : « Contre le marché les interventions sont inefficaces ; avec le marché, elles agissent (...). La concertation est très utile ; elle ne peut cependant être l'engagement de n'agir qu'avec l'autorisation des partenaires. »[34]

Alors que la chute du mur de Berlin du 9 novembre 1989, constitue une menace pour la dynamique de l'UEM, une initiative de Mitterrand, lors du Conseil européen de Strasbourg du 8 décembre 1989, valide la première phase de l'UEM au 1er juillet 1990 et relance la CIG[35]. Kohl fait une concession importante à l'Europe, face à la réticence de la *Bundesbank* pour garantir la réunification allemande [36]. Pöhl accepte des aménagements mineurs[37].

## LA *BUNDESBANK*, GARDIENNE DE LA STABILITÉ MONÉTAIRE ET DE L'ORDO-LIBÉRALISME

Bien que l'UEM ait réalisé des progrès après la présentation du rapport Delors[38] et le compromis de Strasbourg[39], des divergences majeures subsistent entre les pays de la CEE. La France n'accepte pas l'idée d'une BCE indépendante du pouvoir politique, critiquant son absence de fondements démocratiques. L'Allemagne, prête à renoncer au mark, redoute le laxisme budgétaire de ses partenaires et refuse toute concession sur l'indépendance de la politique monétaire. Les positions de Pöhl, alignées sur celles de la chancellerie, sont non négociables.

Le succès de l'UEM n'est envisageable que dans la perspective d'une Europe fédérale voulue par l'Allemagne, et proposée par le chancelier, mais à laquelle la France n'est pas prête. Cette constatation avait déjà été établie au début de la CEE (1963) par le Président de la *Bundesbank*, Karl Blessing :

**31** *Ibid.*

**32** AhBdF DGSE 1489 2002 01 B7, Conseil économique et financier franco-allemand, CR Suppléants 27 juillet 1989, note adressée à Christian Noyer, ministère de l'Économie et des Finances, 2 août 1989.

**33** *Ibidem.*

**34** *Ibid.*

**35** Le compromis de Strasbourg : le 9 décembre 1989 un accord sur l'unité allemande est validé en réponse à l'accélération de l'UEM.

**36** Hans-Jürgen Küsters et Daniel Hofmann, *Deutsche Einheit. Sonderedition aus den Akten des Bundeskanzleramtes 1989/1990,* Munich, Oldenbourg Verlag, 1998, „Gespräch des Bundeskanzlers Kohl mit Aussenminister Baker. Berlin (West), 12. Dezember 1989", p. 638.

**37** ECB DR CGM, PV 240e CGBC, 12 décembre1989.

**38** Conclusions des sessions du CE, CE Madrid, 26-27 juin 1989.

**39** Conclusions des sessions du CE, CE Strasbourg, 8-9 décembre 1989.

L'objectif final de la Commission est l'union monétaire européenne... Une monnaie et une banque centrale fédérale exigeront, pour être faisables, non seulement une politique commerciale commune, mais aussi une politique financière et budgétaire commune, une politique économique commune, une politique sociale et salariale commune, bref une politique complètement commune. Ce qui veut dire qu'il faudrait une Europe fédérale avec un parlement européen exerçant son pouvoir sur tous les États membres.[40]

Les relations monétaires franco-allemandes à l'issue du sommet de Dublin et jusqu'au sommet de Maastricht relèvent d'un engrenage irréversible où les différences sont prégnantes. La *Bundesbank* opte pour une conversion pragmatique à l'Union européenne et donne une leçon de réalisme politique.

### Une conversion pragmatique à l'Union européenne

La *Bundesbank* maintient la stabilité tout en procédant à l'intégration monétaire de la RDA. Elle souligne la nécessité d'une structure fédérale, alors que la France et les pays méditerranéens veulent hâter le passage à la deuxième étape de l'UEM en proposant la date du 1er janvier 1993 et partager la politique monétaire. La réponse de Waigel aux demandes de Bérégovoy est claire : « (...) les interventions doivent revenir au SEBC. »[41] Et le ministre allemand de préciser le cadre d'application : « Il faut raisonner avec une structure fédérale, mais la politique monétaire doit être centrale ». Pöhl est explicite : « Il faut se méfier des contraintes de calendrier qu'on ne pourrait respecter. Annoncer la fin de la première étape pour le 1er janvier 1993 paraît difficile. »[42] Il considère que « (...) les contours de la deuxième phase ne sont pour l'instant pas clairs et on ne peut envisager d'entrer dans la deuxième phase sans que l'on ait une idée précise de ce que sera la troisième. »[43]

Face à l'insistance de Bérégovoy, il précise les enjeux :

La Conférence intergouvernementale devra fixer des transferts de compétences en matière de politique ; et le traité sur lequel elle doit déboucher est nécessaire avant que l'on puisse parler d'entrer dans la deuxième étape (faute de quoi les statuts de la Banque Fédérale ne le permettraient pas) »[44]

et de poursuivre sa démonstration : « La vraie difficulté est que pour entrer dans la phase deux, il faut que la phase trois soit clairement définie... et la Grande-Bretagne ne paraît pas prête pour l'instant de l'accepter. »[45]

Les problèmes de déséquilibres économiques ne sont pas perçus à leur juste valeur par la France et les pays méditerranéens. Lors de la session du Comité monétaire en juillet 1990, Tietmeyer souligne que l'UEM soulève des enjeux de cohésion économique et sociale pouvant entraîner des difficultés liées aux trans-

**40** Commentaire sur la radio Nord Deutsche Rundfunkt, 27/1 1963. Repris dans David Marsh, *La Bundesbank aux commandes de l'Europe*, *op. cit.*, p. 282.
**41** AhBdF DGSE 1489 2000 201 B8, Conseil économique et financier franco-allemand, 31/8 1990.
**42** *Ibidem.*
**43** *Ibid.*
**44** *Ibid.*
**45** *Ibid.*

ferts publics. Il indique sans ambiguïté qu' « (...) une véritable Union économique et monétaire implique la constitution d'un État fédéral européen »[46], avant de rappeler la relative incohérence de certaines revendications politiques nationales.

Il doute que « (...) beaucoup de pays représentés autour de la table y soient prêts. »[47] Proche de Kohl, Tietmeyer précise également que la future monnaie européenne ne pourrait s'appeler ECU comme l'ont baptisée les Français : « L'ECU est synonyme de monnaie faible en Allemagne »[48]. Au premier sous-gouverneur de la Banque de France, Philippe Lagayette, qui souhaite une phase 2 courte, il répond sur un ton professoral que « (...) le passage à la deuxième étape ne se ferait qu'au moment où les taux d'intérêt à court terme et à long terme seraient identiques dans tous les pays de la Communauté. »[49] Pragmatiques, le ministère des Finances allemand et la *Bundesbank* donnent une leçon d'économie.

Finalement, répondant au calendrier établi par Waigel et Pöhl, Kohl fixe la date de la mise en œuvre de la deuxième étape de l'UEM au 1er Janvier 1994[50].

La *Bundesbank* opère une conversion réaliste à l'Union européenne. Sous la présidence de Pöhl, le CGBC dépose un rapport auprès du Conseil européen qui en prend acte à la veille des CIG sur l'Union politique et sur l'UEM (Rome, 14-15 décembre 1990). En accord avec ses homologues européens, Pöhl présente, le 27 novembre 1990 à Bâle, les statuts de la future BCE qui, à l'instar de son modèle de Francfort, devra être indépendante et assurer la stabilité monétaire. Pöhl, soutenu par Duisenberg, suggère d'envisager une Europe monétaire à deux vitesses : un noyau dur regroupant les pays proches de la zone mark (Benelux, Danemark et France) et les autres pays. Pour la *Bundesbank*, la viabilité d'une UEM repose sur une union politique. Jusqu'à la signature du Traité de Maastricht, elle s'efforce à convaincre ses partenaires au réalisme politique qu'exige la stabilité monétaire.

### Une leçon de réalisme politique

Au premier trimestre 1991, alors que l'économie américaine est entrée en récession, la situation économique en Europe se dégrade. Bérégovoy cherche à encadrer les actions de la future BCE en prônant un gouvernement économique européen : « (...) l'Union doit avoir les moyens de mener une politique de change active vis-à-vis de l'extérieur. Le Conseil Ecofin en fixe les orientations après consultation de la Banque centrale, et celle-ci est chargée de l'exécution des interventions. »[51] Plus tard, il reproche à la *Bundesbank* sa politique de contrôle de l'évolution de la masse monétaire[52]. Pöhl lui répond que la *Bundesbank* a vocation à mener des politiques à moyen terme pour stabiliser l'économie : « Nous ne faisons pas de politique conjoncturelle, mais nous avons une politique de quantité de monnaie

**46** AhBdF DGSE 14892 2000 201 B8, CR370e Comité monétaire, 16/7/1990, p. 2.

**47** *Ibidem.*

**48** *Ibid.*

**49** *Ibid.*, p. 3.

**50** Luc Rosenzweig, « Le chancelier Kohl se prononce pour la mise en œuvre de la deuxième étape de l'UEM au 1er janvier 1994 », *Le Monde*, 19 octobre 1990.

**51** AhBdF DGSE 1489 2000 201 B8, Intervention de M. Pierre Bérégovoy, ministre d'État, ministre de l'Économie, des Finances et du Budget pour la présentation du projet français sur l'UEM (CIG, 28/1/1991).

**52** ABF DGSE 1489 2000 201 B9, Conseil économique et financier franco-allemand, 5/3/1991.

à moyen terme. »[53] Les taux d'intérêt allemands sont d'ailleurs les plus faibles de la CEE. Et Pöhl de conclure : « Ce n'est ni du cynisme ni du chauvinisme que d'affirmer qu'avec moins de stabilité des prix en RFA, le SME serait plus difficile à gérer et les tensions seraient plus fortes ; c'est la conclusion indiscutable d'une réflexion économique. »[54] Bérégovoy se rend à l'évidence « Nous sommes liés au DM : si la *Bundesbank* est indépendante, nous, nous sommes dépendants. » [55] Sans doute, faut-il attribuer à Waigel, la conclusion de cette joute : « En RFA, la politique monétaire s'impose à la politique budgétaire et l'expérience nous a montré que c'est sain. » [56]

Pour l'Allemagne, le Danemark et les Pays-Bas, la troisième étape doit être soumise à des critères quantitatifs. Un rapport sur les statuts du SEBC et de la BCE, élaboré par le CGBC sous la présidence de Pöhl, précise le cadre de la future BCE, inspiré des modèles et pratiques de la *Bundesbank* (i.e. articles 2[57], 4.3[58] et 7 : stabilité des prix et l'indépendance de la politique monétaire[59]).

Lors de la réunion bilatérale franco-allemande du 5 juin 1991, toute tentative d'immixtion des pouvoirs politiques extérieurs (Commission, Conseil européen) est écartée par la *Bundesbank* et le ministère des Finances allemand [60].

Lors de la CIG du 10 juin 1991, la France souhaite que la future BCE commence ses activités dès la deuxième phase. L'Allemagne et les Pays-Bas s'y opposent. La France propose également que tous les pays intègrent le SME ; la Grande-Bretagne refuse. Tietmeyer, nouveau président de la *Bundesbank* après la démission de Pöhl, rappelle l'exigence d'indépendance des banques centrales pour assurer la stabilité économique. La *Bundesbank* est prête à envisager « (…) la possibilité d'une politique monétaire commune (non unique) en phase 2 résultant de recommandations adoptées à la majorité des gouverneurs à condition que ceux-ci aient été au préalable, rendus pleinement indépendants. »[61] S'il accepte une monnaie unique, Tietmeyer refuse que la future BCE fasse la promotion de l'ECU, monnaie-panier scripturale, comme le souhaite la France.[62] Quant à la phase 3, il suggère l'observation de la règle du consensus.[63]

L'action de l'Allemagne dans les dernières négociations conduisant au Conseil européen de Maastricht répond à la vision historique du chancelier Kohl et aux exigences de la *Bundesbank*. Kohl est explicite « Personne n'est prêt à abandonner la stabilité du deutsche mark pour une autre monnaie qui serait instable. C'est l'évidence même. » [64]

**53** *Ibidem.*
**54** *Ibid.*
**55** *Ibid.*
**56** *Ibid.*
**57** AhBdF DGSE 1489 2000 201 B9, CGCB, Draft Statute of the European System of Central Banks and of the European Central Bank, 26/4/1991, p. 1
**58** *Ibidem*, p. 2.
**59** *Ibid.*, p. 3.
**60** AhBdF DGSE 1489 2000 201 B9, Réunion bilatérale, UEME, 5/6/1991, Bonn, Compte-rendu.
**61** AhBdF DGSE 1489 2000 201 B9, Réunion bilatérale, UEME, 25/6/1991, Paris, CR.
**62** *Ibidem.*
**63** *Ibid.*
**64** Helmut Kohl, Conférence de presse à Bonn, 1er juillet 1991.

Lors de la réunion bilatérale entre la France et l'Allemagne sur l'UEM, les grandes orientations de l'Institut Monétaire Européen (IME), précurseur de la future BCE, ont été définies. La délégation allemande, menée par Köhler, souligne l'importance de créer un groupe de pays qui formeraient le noyau dur de cet institut[65].

Les débats autour de l'IME mettent en lumière les hésitations françaises et la détermination allemande. Trichet adopte la position officielle du gouvernement français, stipulant que la BCE sera établie lors de la phase 2, alors que Lagayette s'interroge sur la possibilité d'inclure tous les pays dans le SEBC. La position allemande est exprimée en trois points par Tietmeyer. Tout d'abord, « (...) Il est totalement inacceptable de créer une banque centrale européenne qui contienne des éléments de supranationalité tant que les politiques monétaires relèvent des politiques nationales. »[66] L'IME représente simplement une continuité de la coopération monétaire internationale. D'autre part, pour être perçue comme crédible par les marchés internationaux, la BCE doit disposer de l'ensemble des responsabilités et des pouvoirs liés à la politique monétaire. Enfin, il serait inacceptable qu'un pays qui ne respecte pas des règles de change strictes puisse faire partie d'une institution de nature supranationale.

Et Tietmeyer de préciser sa position sur la politique monétaire qui, dans la phase 2, relève des nations : « (...) internationale veut dire consensus et absence de décision, supranationale veut dire majorité et décision »[67]. Sa dernière intervention résonne comme un avertissement : « Il y a une différence profonde entre la coopération internationale et le fonctionnement dans le cadre supranational. L'essentiel est de ne pas commencer le supranational avant d'être décidé et prêt à passer à la phase 3. »[68]

Horst Köhler refuse la création d'une BCE en phase 2 et rappelle les responsabilités de chacun[69] avant de définir les enjeux. Le risque de séparation n'apparaît pas en phase 2, mais en phase 3. Tietmeyer rappelle deux éléments cruciaux : « Le passage des politiques monétaires nationales à la politique monétaire européenne doit se faire en un saut, sans gradualisme »[70]. Par ailleurs « (...) en phase 2, la responsabilité de la politique monétaire doit rester nationale, sans atténuation. »[71] Quant au passage à la phase 3, marquant la création de la BCE, la position du ministère des Finances allemand, est sans équivoque :

> La décision du passage en phase 3 qui est une décision politique suppose que puisse être constaté le succès de la convergence à partir des résultats clairs et des critères précis (finances publiques, taux d'intérêt, taux d'inflation). Tout ceci doit être minutieusement prévu dans le traité. Il faut à tout prix se mettre en mesure de résister aux pressions politiques qui ne manqueront pas de se manifester le moment venu.[72]

**65** AhBdF DGSE 1489 2000 201 B9, Réunion bilatérale, UEME, 13-14/9/1991, Berlin, CR.
**66** *Ibidem.*
**67** *Ibid.*
**68** *Ibid.*
**69** *Ibid.*, Position Köhler.
**70** *Ibid.*, p. 15.
**71** *Ibid.*
**72** *Ibid.*, Position Köhler, p. 16.

Après le Conseil EcoFin d'Apeldoorn, seuls quatre problèmes restent à résoudre : 1) le statut des pays qui ne feraient pas partie de l'UEM ; 2) la politique de change ; 3) la définition des critères de convergence ; 4) la structure et la mission de l'IME. Deux points sont décidés à Maastricht : la politique de change et les critères de convergence: 1) Inflation basse ; 2) Finances publiques saines (déficit maximum de 3 % du PIB et dette publique n'excédant pas 60 %) ; 3) taux de change stable ; 4) taux d'intérêt bas. [73]

Lors du Conseil européen de Maastricht (9-10 décembre 1991), les CIG sur l'Union politique et sur l'UEM parviennent à un accord permettant la signature du Traité sur l'Union européenne le 7 février 1992.

* * *

Proche de Kohl, et quittant la réserve de rigueur sur le processus d'intégration européenne, Tietmeyer, s'inscrit dans les pas de Pöhl et Schlesinger, en faisant cette déclaration peu avant les négociations du sommet de Maastricht :

> L'unité allemande ne doit pas ralentir la marche vers l'union monétaire européenne. Mais elle ne doit pas non plus accélérer le tempo de cette intégration monétaire. Le grand problème, c'est que l'Allemagne est soumise à une pression politique. L'Allemagne unie a beaucoup à perdre à cette future réorganisation des monnaies européennes : un des systèmes monétaires les meilleurs et les plus efficaces du monde.[74]

Comme le souligne David Marsh, « La Bundesbank est bien trop puissante pour être contrôlée par d'autres, mais elle dispose de trop de pouvoirs pour les utiliser toute seule. »[75]

Pour Delors « La coopération monétaire était la clé d'une future intégration politique »[76] en « (...) ôtant au mark son pouvoir, elle permettrait de redistribuer le pouvoir économique »[77]. L'Allemagne par sa pugnacité affichée a fait montre de réalisme. Le SME voulait que l'ECU soit au centre du système. Comme le constate avec satisfaction, Pöhl : « La Bundesbank a renversé le système voulu à l'origine en faisant de la monnaie la plus forte la vraie valeur de référence. »[78]

**73** Traité de Maastricht, 7 février 1992, <https://www.cvce.eu/content/publication/2002/4/9/2c2f2b85-14bb-4488-9ded-13f3cd04de05/publishable_fr.pdf>.

**74** Déclaration de Hans Tietmeyer effectuée à Francfort, le 11 juin 1991 *in* David Marsh, *La Bundesbank aux commandes de l'Europe, op. cit.*, p. 275.

**75** David Marsh, *La Bundesbank aux commandes de l'Europe, op. cit.*, p. 310.

**76** *Ibidem*, p. 273.

**77** *Ibid.*

**78** Karl-Otto Pöhl, allocution prononcée à l'église Saint-Paul à Francfort le 27 août 1991, *in* David Marsh, *La Bundesbank, aux commandes de l'Europe, op. cit.*, p.271.

Chapitre 21

# La BCE face à ses monstres : les transformations du cadrage de la stabilité des prix (1998-2023)

**Aurélien Goutsmedt**
F.R.S.-FNRS, ISPOLE, UCLouvain

**Clément Fontan**
ISPOLE & IEE, UCLouvain

En juin 2010, dans un dessin animé publié par la Banque Centrale Européenne (BCE), deux adolescents rêveurs remontent le temps à une époque ressemblant à celle de la République de Weimar. Ils y font la rencontre d'un monstre bleu qui, en faisant tomber du ciel des billets de banque, enclenche une spirale inflationniste dévastatrice. Les adolescents se réveillent de ce cauchemar pour effectuer une visite scolaire à la BCE, où ils retrouvent le monstre de l'inflation qui a été maîtrisé et mis en bouteille, au sens propre du terme, par des banquiers centraux indépendants dont la principale mission est d'assurer la stabilité des prix. Treize ans plus tard, Christine Lagarde, présidente de la BCE, déclare dans une interview que la BCE doit faire davantage pour s'attaquer au « monstre de l'inflation »[1]. Depuis la mi-2021, plusieurs facteurs, dont les perturbations des chaînes d'approvisionnement mondiales depuis le Covid-19 et l'invasion russe en Ukraine, ont conduit l'inflation annuelle à dépasser les 10 %. En réaction, la BCE a augmenté ses taux d'intérêt directeurs pour la première fois depuis 2011 et a annoncé la fin de ses programmes d'achat d'actifs qui avaient été mis en œuvre pour répondre aux conséquences déflationnistes de la crise financière de 2007-2009. Dans cette contribution, nous montrons comment cette séquence de crises a mené la BCE à modifier son cadrage de l'inflation et la réponse qui

1 Martin Arnold, "ECB must do more to tackle inflation 'monster', says Christine Lagarde", *Financial Times*, 05/03/2023.

RÉSUMÉ
Cet article analyse les transformations du cadrage de la stabilité des prix par la Banque Centrale Européenne (BCE) depuis sa création en 1998 jusqu'à aujourd'hui. En s'appuyant sur une méthode de *topic modeling*, nous examinons 817 discours des membres du directoire de la BCE, en nous concentrant sur leurs discussions autour de l'« inflation » et de la « stabilité des prix » à travers trois périodes clés : l'ère de la banque centrale indépendante (BCI, 1998-2011), la période de stagnation séculaire (2011-2021) et le retour de l'inflation (2021-2023). Nos résultats montrent qu'à ses débuts, la BCE a construit sa légitimité autour d'un cadrage centré sur le contrôle de l'inflation, en mobilisant les principes du modèle de la BCI : crédibilité anti-inflationniste et priorité absolue à la stabilité des prix. Cependant, la crise financière de 2007-2009 et ses répercussions, combinées à de nouveaux défis tels que l'instabilité financière et les risques climatiques, ont conduit la BCE à élargir son cadre d'action. En 2021, elle a institutionnalisé son nouveau cadrage de l'inflation en intégrant les enjeux climatiques et une cible d'inflation symétrique à sa stratégie monétaire. Toutefois, la résurgence de l'inflation depuis 2021 a mis ce nouveau cadrage à l'épreuve, forçant la BCE à jongler entre les principes fondamentaux du modèle CBI et les changements qui y ont été apportés depuis la crise. Cette stratégie révèle les tensions qui sous-tendent la légitimation de sa politique monétaire face aux défis écologiques et géopolitiques actuels.

ABSTRACT
This article examines the evolution of the European Central Bank's (ECB) framing of price stability from its establishment in 1998 to the present day. We analyze the communication of the members of the ECB's Executive Board, focusing specifically on discussions of 'inflation' and 'price stability' across three key periods: the era of Central Bank Independence (1998-2011), the period of secular stagnation (2011-2021), and the resurgence of inflation (2021-2023). Our results indicate that, during its early years, the ECB built its legitimacy on a framework that prioritized inflation control, drawing on the principles of the CBI model: anti-inflationary credibility and the absolute prioritization of price stability. However, the financial crisis of 2007-2009 and its aftermath, alongside emerging challenges such as financial instability and climate risks, necessitated a broadening of the ECB's policy framework. In 2021, the ECB institutionalized a new inflation framework by integrating climate considerations and adopting a symmetrical inflation target within its monetary strategy. However, the resurgence of inflation since 2021 has tested this new framework, requiring the ECB to balance the core principles of the CBI model with the adjustments made since the financial crisis. This strategy underscores the tensions inherent in the legitimacy of its monetary policy as it grapples with contemporary ecological and geopolitical challenges.

JEL : **E52, E 58**
Keywords : **monetary policy, ECB, inflation, central banking**
Mots-clés : **banques centrales, BCE, inflation, politique monétaire**

doit y être apportée. Par-là, la BCE procède à une reconstruction de sa légitimité, principalement fondée sur le modèle de la banque centrale indépendante (BCI), face à un contexte macro-économique changeant.

Les partisans du modèle de la BCI soutiennent que le fait d'accorder aux banques centrales un niveau élevé d'indépendance tout en limitant leurs objectifs à la stabilité des prix constitue un arrangement institutionnel optimal[2]. En effet, l'une des explications dominantes de l'inflation, qui subsiste aujourd'hui, est qu'accorder d'autres objectifs économiques aux banques centrales est intrinsèquement inflationniste : s'attaquer à des problèmes tels que le chômage ou la stabilité financière mettraient en péril la stabilité des prix. Néanmoins, depuis la crise financière de 2007-2009, la BCE a été confrontée à de nombreux défis dont la portée dépasse le périmètre de la légitimité associée au modèle BCI et de son objectif principal de stabilité des prix : la gestion de l'instabilité financière, les

2 Otmar Issing *et alii*, *Monetary Policy in the Euro Area: Strategy and Decision-Making European Central Bank*, Cambridge, Cambridge University Press, 2001, 210 p.

risques de stagnation économique durable et, plus récemment, les conséquences économiques potentielles de la crise climatique.

En réponse, la BCE a modifié son cadrage de l'inflation. Par exemple, nous montrons que la stagnation économique prolongée dans la zone euro l'a poussée à redéfinir ses cibles d'inflation et sa stratégie de politique monétaire ainsi qu'à établir des liens entre changement climatique et stabilité des prix pour justifier sa nouvelle sensibilité à ces questions.

Toutefois, avec la résurgence de l'inflation depuis l'été 2021, la BCE est-elle revenue au modèle BCI originel ou bien a-t-elle intégré les changements intervenus depuis la crise financière de 2007-2009? En d'autres termes, la BCE cadre-elle aujourd'hui son objectif de stabilité des prix de la même manière que lors de sa lutte contre le monstre bleu de l'inflation dans son dessin animé de 2010 ? Cette question est sous tendue par un postulat central : en tant qu'acteur politique, la BCE cherche à se légitimer *via* un cadrage stratégique des enjeux économiques[3]. Ainsi, si la responsabilité légale de la BCE consiste à contrôler l'inflation, elle dispose aussi d'un intérêt stratégique à diffuser une « culture de la stabilité des prix » auprès de l'ensemble des acteurs économiques et à cadrer les phénomènes inflationnistes en lien avec les théories économiques qui sous-tendent son indépendance.

Afin d'explorer ces stratégies de légitimation, nous étudions l'évolution du cadrage de l'inflation dans les discours des membres du directoire de la BCE au cours de trois périodes : celle de la BCI (1998-2011), de la stagnation séculaire (2011-2021) et du retour de l'inflation (2021-2023).

## MÉTHODOLOGIE

Le *topic modelling* est une méthode d'apprentissage automatique non supervisée permettant de découvrir des sujets (les *topics*) dans un vaste corpus de textes. Notre corpus est constitué de l'ensemble des discours des membres du directoire de la BCE entre juin 1998 et janvier 2023, et qui mentionne les termes « inflation » ou « stabilité des prix »[4]. Le modèle mesure la cooccurrence de chaque mot ou expression dans un paragraphe et identifie, à partir de ces cooccurrences, *k topics* dans le corpus. Chaque *topic* est représenté par un ensemble de mots qui le caractérise et chaque paragraphe a un degré de correspondance avec chaque *topic*.

Notre modèle identifie 120 *topics* dans les paragraphes de 817 discours des membres du directoire. Parmi ces topics, 14 concernent l'« inflation » et la « stabilité des prix » ; il s'agit de nos « *topics* centraux ». Les résultats de ce modèle nous permettent d'analyser les effets de cadrage de la BCE sur l'inflation de deux manières. Premièrement, l'évolution de la prévalence des *topics* centraux

3 Clément Fontan, « L'art du grand écart : La Banque centrale européenne face aux dilemmes provoqués par la crise de la zone euro », *Gouvernement et action publique*, vol. 2, n° 2, 2014, p. 103-123.

4 Ces discours sont en anglais et notre *topic model* produit des *topics* en anglais. Nous nous appuyons sur Aurélien Goutsmedt et Clément Fontan, "The ECB and the inflation monsters: strategic framing and the responsibility imperative (1998-2023)", *Journal of European Public Policy*, Vol. 31, No. 4, 2024, p. 999-1025.

révèle la terminologie des décideurs de la BCE pour discuter des questions liées à l'inflation : « anticipations », « risque inflationniste », « crédibilité », « chocs d'offre », etc. Deuxièmement, nous calculons des mesures de similarité entre nos 14 *topics* centraux d'un côté, et chacun des 106 autres *topics,* révélant les sujets qui sont associés à la question de l'inflation, tels que la politique budgétaire ou la stabilité financière.

## LA PÉRIODE DE LA BANQUE CENTRALE INDÉPENDANTE

Entre le début de cette période en juin 1998, date de la création de la BCE, et novembre 2011, qui marque la fin de la hausse des taux d'intérêt face aux risques d'implosion financière et de déflation, la principale priorité réputationnelle de la BCE était de renforcer sa crédibilité anti-inflationniste[5]. Cette priorité découle du modèle de la BCI dont les racines idéelles remontent à la fin des années 1970. La politique monétaire est présentée comme faisant face à un problème d'incohérence temporelle : si les responsables politiques peuvent revenir sur leurs engagements antérieurs, les agents économiques anticipent des surprises en matière d'inflation et poussent les prix à la hausse, par exemple lors des négociations salariales[6]. Face à ce problème, les banques centrales peuvent assurer la crédibilité de leurs engagements anti-inflationnistes de deux manières. Premièrement, les banques centrales doivent adhérer à des règles institutionnelles strictes qui limitent les arbitrages avec d'autres objectifs que la stabilité des prix et restreignent ainsi le caractère discrétionnaire des décisions monétaires. Deuxièmement, les banques centrales doivent se forger une réputation anti-inflationniste pour « ancrer » les anticipations d'inflation future[7]. Ces théories macroéconomiques ont gagné en notoriété en Europe au début des années 1990[8], lorsque les décideurs européens tentaient de trouver un accord sur l'architecture institutionnelle de la BCE[9]. Un autre facteur crucial dans la conception de la BCE a été l'influence de la *Bundesbank*[10]. Bien que la *Bundesbank* se coordonnait fortement avec les partenaires sociaux et les gouvernements, elle a été perçue comme la banque centrale la plus indépendante d'Europe, lui procurant les meilleurs résultats en termes de contrôle de l'inflation[11]. Ce « mythe » de l'indépendance de la

5 Benjamin Braun *et alii*, "Planning laissez-faire: Supranational central banking and structural reforms", *Zeitschrift für Politikwissenschaft*, Vol. 32, No. 3, 2022, p. 707-716.

6 Finn E. Kydland et Edward C. Prescott, "Rules Rather than Discretion: The Inconsistency of Optimal Plans", *Journal of Political Economy*, Vol. 85, No. 3, 1977, p. 473-491.

7 Allan Drazen, *Political Economy in Macroeconomics*, Princeton, Princeton University Press, 2002, 792 p.

8 Aurélien Goutsmedt et Alexandre Truc, "An Independent European Macroeconomics? A History of European Macroeconomics through the Lens of the European Economic Review", *European Economic Review*, Vol. 158, 2023, 104-559.

9 Amy Verdun, "The role of the Delors Committee *in* the creation of EMU: an epistemic community?", *Journal of European Public Policy*, Vol. 6, No. 2, 1999, p. 308-328.

10 David Marsh, *The Bundesbank: The Bank That Rules Europe*, London, Heineman, 1992, 359 p.

11 Peter A. Hall et Robert J. Franzese, "Mixed Signals: Central Bank Independence, Coordinated Wage Bargaining, and European Monetary Union", *International Organization*, Vol. 52, No. 03, 1998, p. 505-535.

*Bundesbank* comme cause de la faible inflation allemande[12] a été activement promu par Otmar Issing, ancien haut responsable politique de la *Bundesbank* et premier économiste en chef de la BCE. Selon lui, la BCE devait suivre l'exemple de la *Bundesbank* en établissant une réputation anti-inflationniste qui devait « être construite au fil du temps »[13].

L'analyse des discours nous permet d'analyser plus en détail les stratégies de légitimation de la BCE pendant cette période : un cadrage de l'inflation centré autour du concept de « stabilité des prix », en lien avec les théories soutenant le modèle BCI (Figure 1) et une attribution de la responsabilité de la stabilité des prix à d'autres acteurs (Figure 2).

FIGURE 1 **THÈMES SUR LA STABILITÉ DES PRIX**

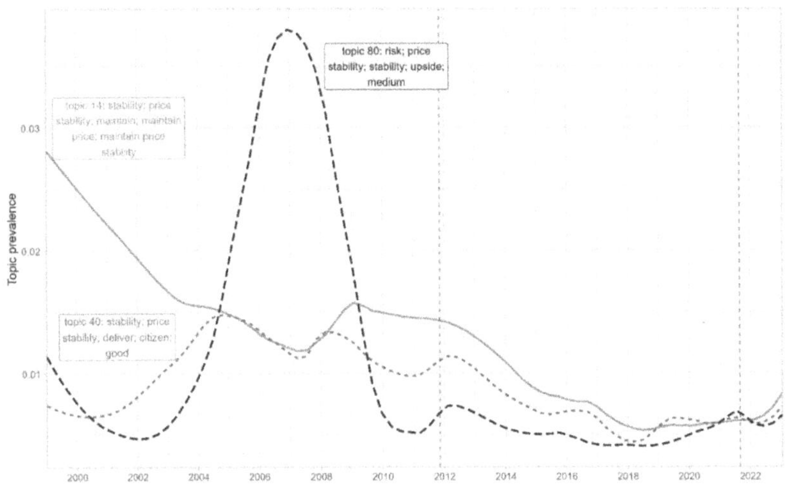


Source : Calcul des auteurs.

Jean-Claude Trichet, le second président de la BCE, résume bien la priorité absolue accordée à la stabilité des prix : « *Price stability, and Economic Growth and Employment, rather than being substitutes, are complements in a relationship which makes price stability a necessary condition for sustainable growth and job creation.* »[14]

De la même manière, au cœur de la pire crise financière depuis 1929, Jürgen Stark, économiste en chef de la BCE de 2006 à 2011, se montrait catégorique sur le fait que « (…) la stabilité des prix est la meilleure contribution que nous puissions apporter à la stabilité financière »[15]. Il citait Kydland et Prescott pour

**12** Roland Sturm, "How independent is the Bundesbank?", *German Politics*, Vol. 4, No. 1, Routledge, 1995, p. 27-41.

**13** Otmar Issing *et alii*, *Monetary Policy in the Euro Area*, *op. cit.*, p. 38.

**14** Jean-Claude Trichet, "Testimony before the Committee on Economic and Monetary Affairs of the European Parliament", 21/06/2006, p. 2.

**15** Les citations de discours sont traduites en français par les auteurs. Jürgen Stark, "The economic crisis and the response of fiscal and monetary policy", *Austrian Industrial Organisation*, Linz, 08/06/2009, p. 10.

souligner que « (…) Tout brouillage des responsabilités peut potentiellement conduire à une perte de crédibilité de la banque centrale (…) »[16]. En d'autres mots, bien que l'objectif de stabilisation financière soit devenu en 2011 le principal enjeu économique pour les banques centrales des économies avancées, Stark continuait à mobiliser le modèle BCI, qui montrait pourtant un décalage évident avec cette priorité, pour justifier la hausse des taux d'intérêt opérée par la BCE à cette époque.

FIGURE 2 **SUJETS SUR LES QUESTIONS FISCALES ET LES RÉFORMES STRUCTURELLES**

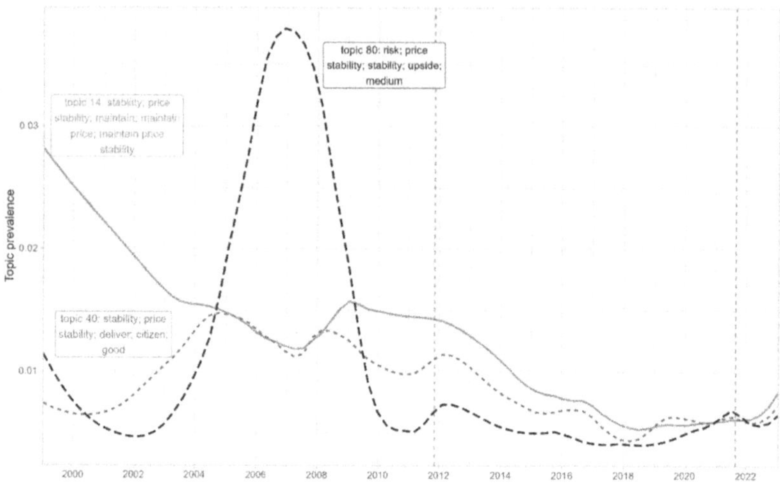


Source : Calcul des auteurs.

Ainsi, dans sa stratégie de légitimation, la priorité pour la BCE est d'assurer « un ancrage pour la confiance »[17]. Lorsque l'inflation s'élève en 2007, les banquiers centraux renforcent leurs efforts pour établir leur réputation anti-inflationniste. Ils déclarent surveiller les facteurs inflationnistes potentiels, tels que la flambée des prix des denrées alimentaires et du pétrole, tout en soulignant la présence de facteurs « plus fondamentaux » en jeu, telle qu'une « (…) évolution des salaires plus forte que prévu [qui] ferait peser des risques significatifs à la hausse sur la stabilité des prix »[18]. Cette insistance sur les salaires résonne avec les critiques formulées par les théories des années 1980 qui défendaient le modèle de la BCI. Ces théories ont assurément constitué une motivation majeure dans

**16** Jürgen Stark, "The global financial crisis and the role of monetary policy", *13th Annual Emerging Markets Conference 2011*, Washington DC, 24/09/2011, p. 23.

**17** Jean-Claude Trichet, "European economy - current state and prospects", *Keynote speech Annual Dinner 2004 of Financial Services Ireland*, Dublin, 23/09/2004, p. 4.

**18** Jean-Claude Trichet et Lucas Papademos, "European Central Bank: Press conference – introductory statement", *ECB*, 05/07/2007, p. 2.

la montée des taux d'intérêt en 2011 par la BCE, aujourd'hui (2025) considérée comme une erreur d'appréciation fondamentale de politique monétaire[19].

Les banquiers centraux tendent également à attribuer la responsabilité de cette poussée inflationniste à d'autres acteurs. Trichet et Lucas Papademos, vice-président de la BCE, appelaient ainsi « (...) les parties concernées [à] assumer leurs responsabilités » et soulignaient « (...) l'importance d'éviter des évolutions salariales qui conduiraient finalement à des pressions inflationnistes et nuiraient au pouvoir d'achat de tous les citoyens de la zone euro »[20]. Ils critiquaient aussi les systèmes d'indexation des salaires et les risques de « spirale prix-salaires » (*ibid.*). Ce résultat corrobore d'autres recherches qui montrent que la BCE plaidait en faveur de la flexibilisation des marchés du travail[21], présentée comme la principale solution aux problèmes de faible croissance et de chômage dans la zone euro. De même, l'insistance des membres du directoire sur la « soutenabilité » budgétaire reflétait le désir des banquiers centraux d'être perçus comme les gardiens de la discipline de marché. En effet, la BCE était une fervente défenseuse du Pacte de Stabilité et de Croissance (PSC), qui vise à garantir la discipline budgétaire entre les États membres, et elle est restée fermement opposée aux écarts éventuels aux règles budgétaires[22], qui créent des risques de « dominance budgétaire » et, par conséquent, des pressions inflationnistes. Suivant ce cadrage de l'inflation, Willem Duisenberg, le premier président de la BCE, résume cette division du travail entre banques centrales et gouvernements nationaux :

> Although monetary policy cannot lift the euro area's growth potential, the benefits of price stability for growth are evident, as stable prices provide the proper environment for structural reforms to work. While the ECB will maintain its commitment to the maintenance of price stability, other policy-makers should assume responsibility for increasing the growth potential of the euro area. This (...) is the best allocation of responsibilities to contributing to sustainable non-inflationary growth.[23]

## LA PÉRIODE DE LA STAGNATION SÉCULAIRE

En novembre 2011, la BCE modifie sa politique monétaire en raison des menaces pesant sur la stabilité financière et la croissance. Elle a ainsi réduit ses taux d'intérêt directeurs, qui restèrent ensuite proches de zéro pendant plus d'une décennie. En outre, elle lança d'importants programmes d'achat d'actifs, destinés

**19** Daniela Gabor, "Learning from Japan: The European Central Bank and the European Sovereign Debt Crisis", *Review of Political Economy*, Vol. 26, No. 2, 2014, p. 190-209 ; Jens Van't Klooster, "The politics of the ECB's market-based approach to government debt", *Socio-Economic Review*, Vol. 21, No. 2, 2023, p. 1103-1123.

**20** Jean-Claude Trichet et Lucas Papademos, "European Central Bank: Press conference – introductory statement", *ECB*, 05/06/2008, p. 3.

**21** Gerald A. Epstein, *Financialization and the World Economy*, Cheltenham, Edward Elgar Publishing, 2005 ; Clément Fontan, "Frankfurt's double standard: the politics of the European Central Bank during the Eurozone crisis", *Cambridge Review of International Affairs*, Vol. 31, No. 2, 2018, p. 162-182.

**22** Martin Heipertz et Amy Verdun, *Ruling Europe: The Politics of the Stability and Growth Pact*, Cambridge, New York, Cambridge University Press, 2010, 334 p.

**23** Willem F. Duisenberg, "What exactly is the responsibility of central banks of large economic areas *in* the current slowdown of the world economy?", *International Monetary Conference, Singapore*, 04/06/2001, p. 2.

à stabiliser des segments spécifiques du marché et à stimuler la croissance dans la zone euro [24]. La BCE s'est également vue assignée de nouveaux objectifs macro et microprudentiels. Cette nouvelle configuration fait émerger deux tensions pour la légitimation de la BCE. D'une part, ces nouvelles responsabilités suscitent des inquiétudes quant aux arbitrages potentiels avec la stabilité des prix. D'autre part, la faiblesse des taux d'inflation et de croissance dans la zone euro, malgré l'expansion sans précédent du bilan de la BCE, fragilise des piliers théoriques centraux du modèle IBC. Le débat consistait alors à savoir si la zone euro était entrée dans une période de « stagnation séculaire », caractérisée par des forces structurelles entravant de manière permanente le retour à une croissance substantielle et à une inflation à 2 % [25].

Comment réagissent les banquiers centraux à ces nouveaux défis envers leur légitimité ? Tout d'abord, la prévalence des *topics* les plus étroitement alignés sur le modèle du IBC diminue fortement (Figure 1). À l'inverse, l'émergence de nouveaux *topics* présentant une forte corrélation avec les *topics* centraux indique les nouveaux défis de la période de stagnation séculaire (figures 3 et 4).

FIGURE 3 **SUJETS LIÉS AUX NOUVEAUX INSTRUMENTS MONÉTAIRES**

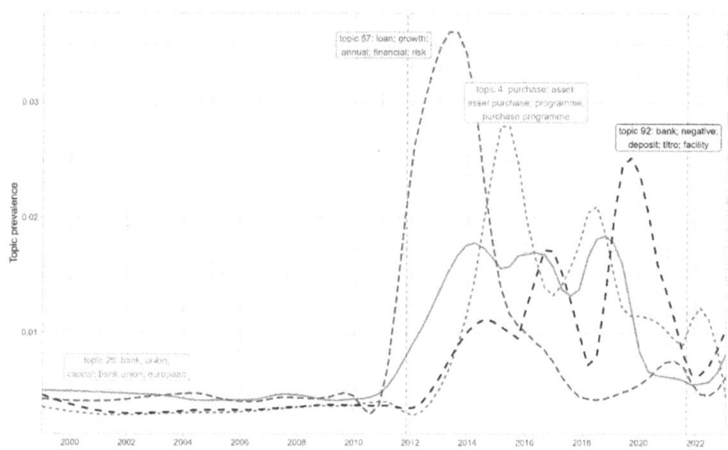


Source : Calcul des auteurs.

Ensuite, ils reconnurent que la stabilité des prix à elle seule n'était pas « une condition suffisante de la stabilité financière »[26] et qu'ils avaient un rôle actif à jouer dans la stabilisation de certains segments du marché. En outre, le *topic* le plus courant durant la période de stagnation séculaire concerne les mécanismes de transmission de la politique monétaire et la manière dont les banquiers centraux peuvent s'assurer que leurs décisions ont un impact sur l'offre de crédit et, par

**24** Daniela Gabor et Cornel Ban, "Banking on Bonds: The New Links Between States and Markets", *JCMS: Journal of Common Market Studies*, Vol. 54, No. 3, 2016, p. 617-635.

**25** Hielke Van Doorslaer et Mattias Vermeiren, "Pushing on a string: monetary policy, growth models and the persistence of low inflation *in* advanced capitalism", *New political economy*, Vol. 26, No. 5, 2021, p. 797-816.

**26** Mario Draghi, "Hearing Committee on Economic and Monetary Affairs of the European Parliament", *before the Hearing Committee on Economic and Monetary Affairs of the European Parliament, Brussels*, 23/03/2015, p. 3.

conséquent, sur la croissance. En d'autres termes, les banquiers centraux reconnaissent des arbitrages entre les différents objectifs macroéconomiques qui leur sont assignés dans la mesure où la seule atteinte de la stabilité des prix n'est pas une condition suffisante à la réalisation des autres objectifs.

Le deuxième défi concernait l'« énigme de l'inflation manquante », qui remet en question des mécanismes cruciaux sous-jacents au modèle BCI. Ainsi, Vitor Constâncio, l'ancien vice-président de la BCE, citait directement le concept de « stagnation séculaire » pour expliquer la persistance d'une inflation trop faible dans la zone euro[27]. Pour l'expliquer, Peter Praet mettait en avant des « (...) niveaux d'emploi plus élevés [ne] se répercutent pas sur la dynamique des salaires »[28]. Il soulignait le rôle joué par la trop faible croissance de la masse salariale, dont l'augmentation serait nécessaire « (...) pour parvenir à un ajustement durable de la trajectoire de l'inflation »[29] . De même, Mario Draghi évoquait le rôle joué par l'affaiblissement des syndicats et la disparition des systèmes d'indexation des salaires[30]. Deuxièmement, Constâncio mentionnait que la faiblesse de l'inflation était également due aux « (...) erreurs de politique budgétaire commises en 2011-2012 », qui ne devraient « (...) pas être répétées afin d'éviter les récessions à double creux »[31]. En d'autres termes, les banquiers centraux reconnaissent que leurs recommandations à d'autres acteurs à l'époque de la BCI (modération budgétaire et réformes structurelles) provoquaient des effets négatifs structurels sur la croissance et, par-là, rendaient leur objectif d'inflation plus difficilement atteignable.

FIGURE 4 **SUJETS LIÉS À LA STAGNATION SÉCULAIRE**

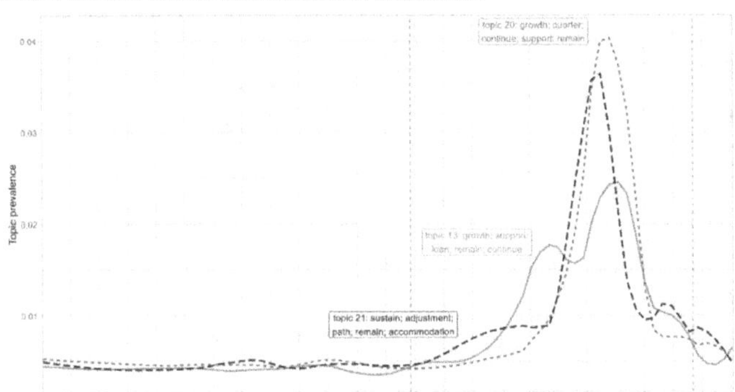


Source : Calcul des auteurs.

**27** Vitor Constâncio, "The challenge of low real interest rates for monetary policy", *Macroeconomics Symposium, Utrecht School of Economics, Utrecht*, 15/06/2016, p. 56.

**28** Peter Praet, "Ensuring price stability", *Belgian Financial Forum colloquium on "The low interest rate environment", Brussels*, 04/05/2017, p. 5.

**29** *Ibidem.*

**30** Mario Draghi, "Accompanying the economic recovery", *ECB Forum on Central Banking, Sintra*, 27/06/2017, p. 5.

**31** Vitor Constâncio, "Past and future of the European Central Bank monetary policy", *Conference on "Central Banks in Historical Perspective: What Changed After the Financial Crisis?", Central Bank of Malta, Valletta*, 04/05/2018, p. 12.

Ainsi, les défis posés par la stagnation séculaire ont conduit la BCE à reformuler ses recommandations aux autres acteurs et à revoir sa stratégie de politique monétaire. Tout d'abord, les banquiers centraux appellent plus fréquemment à l'expansion budgétaire[32] et salariale[33] à partir de 2015. Par exemple, Luis de Guindos, l'actuel vice-président de la BCE, mentionnait une réforme du PSC afin que la politique budgétaire puisse jouer un rôle plus actif dans la réponse aux crises[34].

Deuxièmement, l'analyse des causes de la stagnation séculaire a conduit à des discussions sur un objectif d'inflation « symétrique » de 2 %[35], finalement adopté lors de la révision de stratégie monétaire en 2021[36]. En outre, cette révision introduisit des « tests de proportionnalité », selon lesquels les objectifs de stabilité des prix doivent être mis en balance avec des potentiels effets secondaires négatifs, tels que l'instabilité financière[37]. Toutefois, il ne faut pas surestimer l'ampleur du changement. Certains éléments fondamentaux du modèle de la BCI ont été conservés pendant la période de stagnation séculaire. Par exemple, l'« ancrage des anticipations » reste considéré comme un canal clé de transmission de la politique monétaire. De même, les banquiers centraux restaient catégoriques sur le fait que « (...) sur le long terme, la politique monétaire ne peut pas augmenter la croissance » [38], puisque celle-ci est déterminée par des facteurs liés à l'offre plutôt qu'à la demande. Peu avant la reprise de l'inflation, Isabel Schnabel résumait cette articulation entre nouveaux et anciens éléments de cadrage de l'inflation : « Inflation may not be a serious threat to society current juncture. But the factors that motivated central bank independence four decades ago, and the safeguards that were put in place to protect it, remain important pillars of stability and prosperity. »[39]

## LE RETOUR DE L'INFLATION

Depuis 2018, la BCE intègre les risques liés à la catastrophe climatique dans son champ d'action[40]. Toutefois, à l'instar de la stabilité financière, des critiques ont été émises à l'encontre des nouveaux objectifs climatiques au motif qu'ils pourraient compromettre celui de la stabilité des prix. Pour répondre à ces préoccupations, la BCE a présenté en juillet 2021 un plan d'action qui établit un lien

**32** Isabel Schnabel, "The shadow of fiscal dominance: Misconceptions, perceptions and perspectives", *Centre for European Reform and the Eurofi Financial Forum*, Berlin, 11/09/2020, p. 45.

**33** Peter Praet, "Ensuring price stability", *art. cit.*, p. 5.

**34** Luis de Guindos, "Improving macroeconomic stabilisation *in* the euro area", *Global Interdependence Center Central Banking Series conference*, Madrid, 03/10/2019, p. 3.

**35** Mario Draghi, "Delivering a symmetric mandate with asymmetric tools - monetary policy *in* a context of low interest rates", *200th anniversary of the Central Bank of the Republic of Austria*, Vienna, 02/06/2016.

**36** Auparavant, l'objectif de la BCE était de maintenir un taux d'inflation « *au-dessous,* mais à un niveau proche de 2 % ».

**37** Seraina N. Grunewald et Jens Van't Klooster, "New strategy, new accountability: The European Central Bank and the European Parliament after the strategy review", *Common Market Law Review*, Vol. 60, No. 4, 2023, p. 959-998.

**38** Peter Praet, "Lifting potential growth *in* the euro area", *Welt-Währungskonferenz*, Berlin, 23/04/2015, p. 6.

**39** Isabel Schnabel, "The shadow of fiscal dominance", *art. cit.*, p. 6.

**40** Jérôme Deyris, "Too green to be true? Forging a climate consensus European Central Bank", *New Political Economy*, Vol. 28, No. 3, 2023, p. 713-730.

causal entre l'objectif de stabilité des prix et le changement climatique[41]. Au même moment, l'inflation repartait à la hausse, conduisant la BCE à relever ses taux. La BCE opère alors un nouveau changement de cadrage de l'inflation, reprenant et mélangeant des éléments de cadrage liés aux deux périodes précédentes.

D'une part, les nouveaux *topics* qui émergent font référence à de nouveaux arbitrages entre le resserrement monétaire et le soutien à la transition écologique, ainsi qu'aux nouvelles sources d'inflation telles que les goulots d'étranglement dans les chaînes d'approvisionnement et la hausse des coûts de l'énergie (Figure 6). D'autre part, les suspects habituels, tels que les salaires et la politique budgétaire, refont surface quand il s'agit de surveiller les facteurs d'inflation. Tout d'abord, Fabio Panetta, membre du directoire depuis 2020, souligne le nouvel arbitrage entre stabilité financière et stabilité des prix : en montant ses taux, la BCE doit éviter de « (...) se focaliser excessivement sur les évolutions à court terme et prendre pleinement en compte les risques émanant de l'environnement économique et *financier* national et mondial »[42].

FIGURE 6 ***TOPICS* CENTRAUX PRÉVALENTS AU COURS DE LA PÉRIODE D'INFLATION**

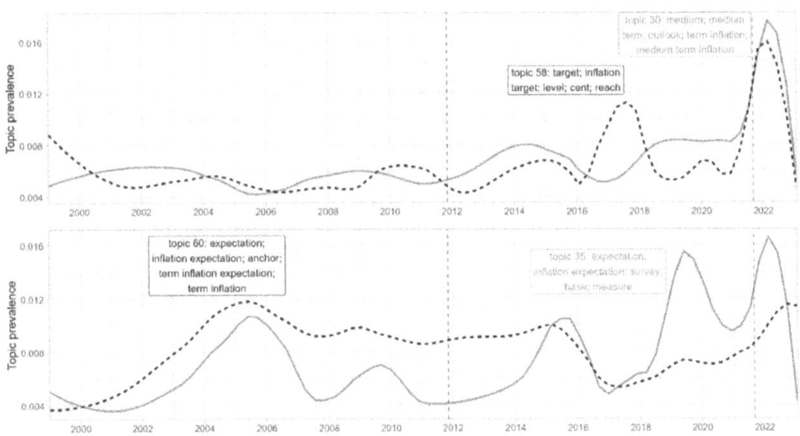


Source : Calcul des auteurs.

De plus, depuis la période de la stagnation séculaire, la BCE souligne que la lutte contre le changement climatique contribue à l'objectif de stabilité des prix. Ainsi, selon Isabel Schnabel, il faut « (...) adapter le cadre de la politique monétaire de la BCE au changement climatique »[43] pour éviter la « *fossilflation* » et la « *green-*

**41** "ECB presents action plan to include climate change considerations *in* its monetary policy strategy", 8 July 1921, <https://www.ecb.europa.eu/press/pr/date/2021/html/ecb.pr210708_1~f104919225.en.html>, (accessed, 5 December 2024).

**42** Fabio Panetta, "Mind the step: calibrating monetary policy *in* a volatile environment", *ECB Money Market Conference*, 03/11/2022, p. 15.

**43** Isabel Schnabel, "Monetary policy tightening and the green transition", *International Symposium on Central Bank Independence*, Sveriges Riksbank, Stockholm, 10/01/2023, p. 4.

*flation* »[44] ; mais elle souligne également les effets contraires de la montée des taux qui « (...) pourrait décourager les efforts visant à décarboniser rapidement nos économies » [45], car les investissements en faveur des énergies renouvelables sont plus sensibles à la hausse des taux que ceux des énergies fossiles. Face à cet arbitrage, les banquiers centraux ne remettent pas pour autant en cause la priorité accordée à la stabilité des prix : « Le rétablissement de la stabilité des prix en temps voulu fournit les conditions dans lesquelles la transition verte peut prospérer durablement »[46]. Les mécanismes théoriques qui sous-tendent ce raisonnement renvoient directement à la question de l'incohérence temporelle de la période IBC : « *A central bank that is perceived as being committed to protecting its mandate can contain inflation at a lower economic cost, since the expectation that adequate policy action will be taken is itself stabilising.* »[47]

Enfin, les banquiers centraux modifient leurs recommandations d'expansion budgétaire et salariale émises lors de la période de stagnation séculaire pour revenir à la division du travail du modèle IBC. Selon Schnabel, « Les gouvernements doivent éviter une politique expansionniste qui alimente les pressions inflationnistes et alourdit le fardeau historiquement élevé de la dette publique » [48], tandis que la BCE « (...) doit rester déterminée à ramener l'inflation vers l'objectif en temps voulu, afin d'éviter que l'inflation élevée actuelle n'affecte les anticipations ». Mais, conformément aux changements apportés durant la période de stagnation séculaire, elle reconnaît que la politique budgétaire a un rôle à jouer « (...) pour protéger les parties les plus vulnérables de la société des conséquences des chocs sur les prix de l'énergie et des denrées alimentaires » et pour encourager les investissements publics en termes d'énergie verte.

* * *

Aujourd'hui, la BCE ne cadre plus sa lutte contre le monstre de l'inflation de la même manière que dans son dessin animé des années 2000. À sa création et jusqu'au lendemain de la crise financière de 2007-2009, la priorité de la BCE était d'établir sa réputation anti-inflationniste en mobilisant les concepts clés du modèle de la BCI. Depuis, pour protéger sa légitimité, la BCE a dû ajuster son cadrage aux défis de l'époque car elle fait dorénavant face à d'autres « monstres » (le changement climatique, l'instabilité financière ou la stagnation séculaire). Avec l'adoption du plan d'action pour le climat et la révision de la stratégie monétaire en 2021, ce nouveau cadrage s'est institutionnalisé. Cependant, ce nouveau cadrage s'est trouvé immédiatement sous tension du fait des nouvelles

44 Isabel Schnabel, "Managing policy trade-offs", *European House workshop "The Agenda for Europe: Macroeconomic and Structural Policy Challenges"*, Cernobbio, 02/04/2022.

45 Isabel Schnabel, "Monetary policy tightening and the green transition", *art. cit.*, p. 1.

46 *Ibidem*, p. 6.

47 Isabel Schnabel, "A new age of energy inflation - climateflation, fossilflation and greenflation", *at "The ECB and Its Watchers XXII" Conference*, Frankfurt am Main, 17/03/2022, p. 6.

48 Isabel Schnabel "Finding the right mix: monetary-fiscal interaction at times of high inflation", *Bank of England Watchers' Conference*, 24/11/2022, p. 1.

tensions inflationnistes. Afin d'y faire face tout en préservant les modifications récentes de sa stratégie monétaire, les banquiers centraux ont articulé de manière stratégique les arguments des deux périodes. D'une part, ils mentionnent les arbitrages à effectuer entre différents objectifs macroéconomiques, reconnaissant explicitement les choix difficiles auxquels ils sont confrontés. Par exemple, la hausse des taux d'intérêt entre en contradiction avec la nécessité d'accélérer la transition écologique, désormais cadrée comme étant directement liée à l'objectif de stabilité des prix. D'autre part, certains éléments clés du modèle BCI ont été conservés. Notamment, les liens établis entre l'indépendance de la banque centrale, l'ancrage des anticipations d'inflation et le maintien d'une trajectoire d'inflation soutenue à moyen et long terme restent essentiels dans la manière dont la BCE cadre l'inflation aujourd'hui. À plus long terme, cette stratégie de légitimation risque d'être fragilisée, en raison de la disparité croissante entre les principes du modèle IBC datant du début des années 1990, d'une part, et, d'autre part, les défis politiques contemporains découlant de la catastrophe écologique et des tensions géopolitiques aiguës.

SIXIÈME PARTIE

# Jeux d'acteurs : les banquiers centraux, puissance d'entraînement et réseaux d'influence

**Patrice Baubeau**
Université de Nanterre

Depuis la Première Guerre mondiale et jusqu'à la « révolution Volcker » de 1979, les banquiers centraux sont demeurés des figures méconnues du grand public malgré leur poids croissant dans les gouvernances économiques. Les quatre contributions proposées explorent les ressorts et les modalités de la reconnaissance croissante tant de leur influence que de la manière dont ils sont influencés, à travers l'étude de deux trajectoires, celles de Montagu Norman et Charles Coombs, et de deux systèmes de relations, saisis par la méthode prosopographique, en Suisse et en Allemagne. Ces perspectives permettent d'examiner leurs rapports avec le monde politique, leurs affiliations partisanes, leurs réseaux professionnels, leur recrutement et, par conséquent, le rôle proprement politique des banques centrales.

Marie-Claude Esposito fait bien ressortir à quel point Montagu Norman (1871-1950) a été un pionnier dans la conception moderne des banques centrales. Gouverneur de la Banque d'Angleterre de 1920 à 1944, son ambition allait bien au-delà de la gestion monétaire : il souhaitait faire de la banque centrale un acteur politique global, et cela d'autant plus qu'il professait un certain mépris pour « la » politique. Il recherchait en particulier une alternative rationnelle, de nature économique, à l'approche trop émotionnelle des hommes politiques, incarnée à ses yeux par l'approche française du règlement du premier conflit mondial.

Sa méfiance envers la capacité des gouvernements à stabiliser les économies européennes dévastées par la guerre explique les grandes ambitions, qu'il fixe aux banques centrales, notamment en vue du retour à l'étalon-or, d'où son rôle clé dans l'organisation de la Conférence de Gênes de 1922, en même temps que sa relation complexe avec la Société des Nations. Même si son soutien constant au rétablissement de la parité or de la livre sterling a terni sa réputation, surtout après la crise de 1931, il a conservé une influence considérable en Grande-Bretagne. Malgré ses échecs, Norman a contribué à structurer une diplomatie financière indépendante, en collaboration avec Benjamin Strong de la Réserve fédérale de New York et donc à ériger la Banque centrale en acteur politique de plein exercice, faisant de lui le premier banquier central qui ait accédé, et pour cette raison, à la stature d'homme d'État.

Au contraire de Morgan, soucieux de capter la lumière, Charles Coombs (1918-1981) apparaît comme l'incarnation de l'agent d'influence : celui qui suscite plutôt qu'il n'impose, qui concilie plutôt qu'il ne tranche, sous le couvert de la *Federal Reserve* et sans jamais perdre de vue les intérêts américains. Comme le montre Laurent le Maux, Coombs, fonctionnaire dirigeant de la Réserve fédérale de New York, a marqué la politique monétaire américaine dans les années 1960, tant d'un point de vie interne qu'externe, mais de façon plus pragmatique que ne l'aurait fait

Norman. D'une certaine façon, il bénéficie de la reconnaissance gouvernementale désormais accordée à l'influence – au rôle politique ? – des banques centrales.

Ses objectifs, bien qu'alignés sur la politique américaine de l'après deuxième guerre mondiale (consolidation du dollar et soutien au système de Bretton Woods), s'inscrivent dans un cadre multilatéral.

Alors que Norman cherchait à imposer une vision personnelle, Coombs a joué le rôle de catalyseur de solutions pragmatiques au sein d'un réseau professionnel, qu'il contribue à animer en traversant régulièrement l'Atlantique, réseau marqué par la technicité et une moindre personnalisation que la relation entre Norman et Benjamin Strong (président de la Réserve fédérale de New York de 1914 à 1928). Ce contraste met en lumière deux modèles de *leadership* dans les banques centrales : celui de l'homme politique charismatique et celui du technocrate influent.

Toutefois, l'influence politique n'est pas seulement un attribut des banquiers centraux, c'est aussi la source de leur carrière, par inscription préalable dans des réseaux ou du fait de l'adoubement initial accordé par un parti ou un intérêt politique. L'analyse prosopographique permet de creuser ces questions, ici abordées à partir des exemples de la Banque Nationale Suisse (BNS) entre 1907 et 2008, analysé par Th. Giddey, et de la *Reichsbank/Bundesbank*, sous la plume de Christian Marx.

Ainsi, la composition des organes de contrôle de la BNS révèle une imbrication entre intérêts économiques, sociaux et politiques, à l'échelon fédéral mais surtout à l'échelon cantonal, les cantons en demeurant, pour une grande part du XXe siècle, les actionnaires de référence. Cela conduit à soulever trois enjeux principaux venant influer à la fois sur la conception « politique » de la banque centrale et sur les profils privilégiés pour la diriger ou la contrôler. En premier lieu, la BNS était-elle initialement une banque d'émission privée ou une banque centrale publique ? Cette distinction influence la politisation de ses dirigeants, car, et c'est le second point, une BNS plus « privée » implique largement le recours à des profils de banquiers plutôt que de techniciens ou de hauts fonctionnaires, constat à nuancer par le poids maintenu des cantons. Enfin, cela soulève la question de la démocratisation des organes de contrôle, dans deux sens au moins : qui est représenté, et comment cette représentation est-elle construite ? Ainsi, les organes délibératifs ou collégiaux doivent-ils refléter les principaux intérêts économiques et sociaux, notamment *via* les spécialisations cantonales, comme cela a longtemps été le cas, ou plutôt les grands équilibres partisans, ce qui implique un processus électoral relativement transparent (puisque les résultats électoraux sont publics), susceptible de s'ouvrir à des enjeux sociétaux longtemps marginaux, comme la parité de genre.

Thibaud Giddey démontre ainsi le lent progrès de la polarisation partisane au cours du XXe siècle. Toutefois, l'âge tardif d'entrée dans ces fonctions (56 à 59 ans) complexifie l'analyse des affiliations politiques, puisque l'on sait qu'avec l'âge, et surtout si parallèlement se produit un phénomène de glissement vers la « gauche » des débats politiques, les personnes se décalent vers la droite de l'éventail politique.

Ces caractéristiques générales se retrouvent en Allemagne, que Christian Marx analyse également à partir d'une méthode prosopographique, mais selon un point de vue un peu différent : celui des mécanismes d'entrée et de sortie de fonction des banquiers centraux, ce que l'on qualifie souvent, en contexte français, de « pantouflage ». Plus précisément, il s'intéresse à la cette période qui, de 1948 à 1970, correspond à la professionnalisation de la Banque centrale allemande (*Bundesbank*), soulevant la question de la capture, soit politique, soit académique des banquiers centraux. Si les membres du Conseil de la *Bundesbank* semblent s'adapter progressivement à leur rôle, les réseaux professionnels restent influencés par leurs origines partisanes ou financières. Cependant, Christian Marx conclut que cette capture reste limitée, la *Bundesbank* opérant avec un degré élevé d'autonomie, ce qui implique aussi qu'il ne faut pas tenir compte seulement d'une forme de socialisation « primaire » soit politique soit académique, mais également tenir compte de l'incorporation progressive des références, des modes de pensée et de d'action du « banquier central » jusqu'à, peut-être, former un « habitus » spécifique.

Pour conclure, il apparaît remarquablement difficile de distinguer le « banquier central » du « politique », qu'il s'agisse des grands enjeux économique et diplomatiques, des objectifs et des modalités d'action, ou encore de la socialisation et des fonctionnements en réseaux. La convergence des résultats à partir de quatre exemples et de deux méthodologies différentes emporte à cet égard la conviction, quoiqu'en disent les principaux intéressés.

Parmi les axes communs ainsi soulignés, on retiendra notamment la question de l'influence politique des banquiers centraux, certes contrainte entre autonomie technique et pressions politiques. Or ces pressions ne se résument pas à la question de l'affiliation et donc de l'alignement partisans : l'influence partisane peut être indéniable, mais la complexité des enjeux fait le plus souvent obstacle à l'application d'un programme *a priori*, coupé des contraintes empiriques. Les réseaux professionnels jouent ici un rôle ambigu : certes ces réseaux peuvent réduire le nombre et la variété des candidats (et plus encore des candidates !), mais ils forment également une ressource permettant de résister aux pressions partisanes et politiques, un espace propre de socialisation, oscillant entre coopération et rivalité, où peut se formuler une « politique » propre aux banquiers centraux.

Chapitre 22

# Montagu Norman, un homme d'État en finance

**Marie-Claude Esposito**
Sorbonne Nouvelle
Mission historique Banque de France

Paul Einzig, journaliste spécialiste des questions monétaires et financières – il était docteur en sciences politique et économique – publia un ouvrage sur Montagu Norman, gouverneur de la Banque d'Angleterre de 1920 à 1944, qu'il intitula *Montagu Norman: a Study in Financial Statemanship*. Il considère qu'entre 1918 et 1932 la Grande-Bretagne n'a pas eu d'homme politique de grande envergure, mais, qu'en revanche, la Banque d'Angleterre (BoE) eut à sa tête un gouverneur Montagu Norman qui « (…) fut en Grande-Bretagne le plus grand d'homme d'État depuis la guerre »[1]. Si le titre de l'ouvrage peut, dans un premier temps, paraître surprenant, il invite toutefois à rechercher pourquoi un banquier central a pu être qualifié d'homme d'État. Cette contribution se propose de montrer pourquoi et comment Norman eut une influence incontestable sur la politique financière externe de la Grande-Bretagne au début des années 1920. Les problèmes monétaires et financiers des pays de l'Europe centrale et orientale seront retracés, avant que, dans un second temps, soit analysée la question du *central banking* et de la coopération entre banques centrales, chevaux de bataille de Norman pour stabiliser les économies européennes. Dans un troisième temps, on s'efforcera d'expliquer pourquoi la stabilisation monétaire des nouveaux États était si importante pour Norman, sa stratégie ayant pour objectif ultime de voir le *sterling* retourner au système de l'étalon-or à sa parité d'avant-guerre.

1 Paul Einzig, *Montagu Norman: a Study in Financial Statemanship*, London, Keegan Paul, Trench, Trubner & Co Ltd, 1932, p. 1.

## LES PROBLÈMES DES ÉCONOMIES EUROPÉENNES

À l'issue de la Première Guerre mondiale, l'ordre monétaire international était entièrement différent de ce qu'il avait été avant la guerre. Le système monétaire international de l'étalon-or avait été emporté durant la crise financière de juillet 1914, qui avait eu lieu juste avant le début de la guerre, et les économies des différents pays sortaient disloquées du conflit. Les États européens se trouvaient face à un énorme endettement et une très forte inflation ; les monnaies n'étaient plus convertibles en or et s'étaient très fortement dépréciées et le *sterling* fluctuait à la baisse autour de sa parité. La guerre avait également provoqué l'effondrement de trois empires – l'empire allemand, l'empire ottoman et l'empire austro-hongrois, ce qui allait imposer de reconstruire des États en Europe centrale et orientale –, pendant que la révolution bolchévique d'octobre 1917 avait plongé l'empire des Tsars dans la guerre civile. Le nouvel ordre mondial en gestation était dominé par deux pays : les États-Unis et la Grande-Bretagne. Le premier avait gagné beaucoup de puissance en termes économiques et financiers ; mais son penchant isolationniste allait permettre au second d'augmenter son emprise sur le continent européen et de rester, au moins pour un temps, une puissance globale grâce à son empire colonial et malgré ses nombreux problèmes (pertes humaines très importantes pendant le conflit, conflits sociaux, entreprises accablées d'impôts élevés, produits industriels concurrencés sur de nombreux marchés, dette colossale vis-à-vis des États-Unis, réserves d'or très faibles).

Les pays de l'Entente avaient gagné la guerre. Mais la victoire masquait la nécessité d'opérer des changements drastiques. En Grande-Bretagne, cela se traduisait par l'obsession de vouloir à tout prix retrouver le monde d'avant dans un contexte géopolitique, qui se caractérisait par de très fortes tensions géopolitiques entre les différents pays européens, en raison des problèmes posés par les réparations et les dettes interalliées et le conflit entre la France et la Grande-Bretagne au sujet de l'Allemagne et de la sécurité en Europe, auxquelles s'ajoutait la rivalité entre la Grande-Bretagne et les États-Unis pour le *leadership* dans le domaine monétaire et financier. Certes, la traite sur Londres (*a bill on London*) n'était pas détrônée, en dépit de la concurrence de New York, et Londres dominait toujours les transactions sur le marché des devises. Mais le capital se trouvait maintenant de l'autre côté de l'Atlantique[2]. La Grande-Bretagne voulait redonner à la livre sterling son statut d'avant-guerre en tant que moyen de paiement international gagé sur l'or et monnaie de réserve. Elle allait devoir recréer un bloc financier, dont le centre se situerait à Londres et à partir duquel elle pourrait réguler les flux de capitaux internationaux et stabiliser les prix mondiaux[3]. Pays débiteur avant la guerre, les États-Unis se trouvaient maintenant le seul pays créancier, qui détenait plus de 50 % des réserves mondiales d'or. Le dollar était la seule devise rattachée à l'or et New York supplantait Londres pour les émissions étrangères.

**2** Youssef Cassis, *Les Capitales du Capital, 1780-2005,* Genève, Slatkine, p. 230.

**3** Frank C. Costigliola, "Anglo-American Financial Rivalry *in* the 1920s", *The Journal of Economic History,* Vol. 37, No. 4, December 1977, p. 914.

Les deux puissances rivales voulaient remodeler l'économie mondiale en fonction de leurs propres intérêts.

## NORMAN ET LE *CENTRAL BANKING*

L'inaptitude à traiter, dans un délai raisonnable, la question des réparations, le problème des dettes interalliées, les conflits y afférant et le recours à l'inflation pour financer les déficits budgétaires attestaient de l'incapacité des hommes politiques à apporter des réponses satisfaisantes aux problèmes de l'immédiat après-guerre. Tel était le constat fait par Norman, gouverneur de la Banque d'Angleterre. Il n'était pas seul à le faire : des banquiers américains, comme Benjamin Strong[4] et Paul Warburg, ou comme le président de la Banque nationale des Pays-Bas, Gerard Vissering, et l'économiste britannique John Maynard Keynes[5], pour ne citer que quelques noms, faisaient le même constat que lui. À l'époque, la priorité de la BoE était centrée sur la défense de la parité du sterling, les difficultés que posait l'énorme endettement de la Grande-Bretagne et la restauration du système monétaire international. Norman et Strong s'étaient rencontrés pour la première fois en 1916 et avaient noué une véritable amitié, grâce à une relation épistolaire et des voyages fréquents en Grande-Bretagne et en Europe pour l'un et aux États-Unis pour l'autre.

Progressivement Norman devint très préoccupé par trois évolutions du monde de l'après-guerre[6] : 1) selon lui, la création des nouveaux États en Europe centrale, issue des traités de paix, ne procédait que d'une logique politique au détriment de considérations économiques. Il refusait cette domination du politique (c'est-à-dire de l'irrationnel) sur l'économique (le rationnel) et ne faisait aucunement confiance aux États pour régler les problèmes des nations. 2) Le nationalisme des nations devenait de plus en plus inquiétant et, pour Norman, il se trouvait à la base des demandes déraisonnables des Alliés concernant les réparations de guerre et de leur incapacité à régler la question des dettes interalliées. 3) Enfin, le déplacement du pouvoir économique et financier de la Grande-Bretagne vers

4 Benjamin Strong fut gouverneur de la *Federal Reserve Bank of New York* (FRBNY) de 1914 à son décès en 1928. La FRBNY étant la plus grande des banques de réserve des États-Unis, il eut une influence très importante sur la banque centrale américaine – le *Federal Reserve System* (la *Fed*) – créé en 1914 par le *Federal Reserve Act* du 23 décembre 1913. Il fut l'un des rares décideurs américains à se préoccuper de l'instabilité financière de l'Europe dans l'entre-deux-guerres et noua une grande amitié avec Montagu Norman.

5 Préoccupé par les conséquences que pouvait avoir l'instabilité des devises sur les relations économiques et financières à l'issue de la guerre, Keynes, qui doutait de la capacité des hommes politiques à avoir un comportement rationnel, était favorable, au début des années 1920, au retour au système de l'étalon-or. On peut lire dans un texte d'avril 1922 écrit pour la Conférence de Genève : « Si l'étalon-or pouvait être réintroduit dans toute l'Europe (...) une des parties la plus vitale de l'organisation d'avant-guerre serait rétablie, car si une monnaie nationale était stabilisée en termes d'or, il serait beaucoup plus difficile (...) pour un ministre des Finances de détruire cette base ». Voir "The stabilisation of the European exchanges, A Plan for Genoa", 20 April 1922. Cité par Görgy Péteri, "Central Bank Diplomacy: Montagu Norman and Central Europe's Monetary Reconstruction after World War I", *Contemporary European History,* Vol. 1, No. 3, November 1992, p. 236. Keynes changea d'avis au début des années 1930 et qualifia le système de l'étalon-or de « relique barbare ».

6 *Ibidem,* p. 234.

les États-Unis était une réalité[7]. Londres bénéficiait toujours d'une expérience et d'une expertise inégalées, qui lui permettaient de conserver le *leadership* sur des segments traditionnels, mais la *City* souffrait d'un manque de capitaux[8] et, progressivement, New York la supplantait dans le domaine des émissions de capital[9].

Norman succéda à Brien Cokayne sur le poste de gouverneur de la BoE le 30 mars 1920. Libérer la monnaie et l'économie de l'emprise des hommes politiques allait devenir l'objectif central de sa stratégie, ce qui voulait dire redonner aux banques d'émission, et en premier lieu à la BoE, l'autonomie, qu'elles avaient perdue pendant la Première Guerre mondiale, afin qu'elles puissent à nouveau préserver la stabilité de la monnaie et réguler le marché du crédit, sans l'ingérence du pouvoir politique, dont les interventions aboutissaient toujours à créer davantage d'inflation. Le point de départ de la réflexion de Norman fut la création de la Banque Centrale de l'Afrique du Sud (SARB). Au cours de l'hiver 1919-1920, il avait été amené, pour le problème de l'or, à discuter avec un certain Henry Strakosch, directeur général de la banque *A. Goerz & Co.* spécialisée dans le financement des mines d'or. Très vite, Strakosch devint un des plus proches confidents de Norman. Très impliqué dans la création de la SARB, Strakosch s'était adressé à Norman pour la nomination de son gouverneur[10]. Pour garantir l'autonomie de la banque vis-à-vis du pouvoir politique, il avait été prévu que seuls trois membres du conseil d'administration sur onze fussent nommés par l'État, les autres étant désignés par les actionnaires de la banque. La SARB allait ensuite servir de modèle lors de la création d'autres banques d'émission, notamment l'*Imperial Bank of India*[11].

Le concept de banque centrale, dans son sens moderne, paraît avoir été discuté pour la première fois lors de la conférence de Bruxelles de septembre 1920, bien que le terme « banque centrale » ne fût pas utilisé dans les comptes-rendus, qui lui préférèrent le terme « banque d'émission ». Les participants à la Conférence définirent la banque centrale comme l'institution dotée du monopole d'émission, disposant d'une large autonomie vis-à-vis du pouvoir politique et devant encadrer l'augmentation de la masse monétaire pour réduire les pressions inflationnistes. Peu de temps après la Conférence de Bruxelles, Norman allait, grâce à ses échanges épistolaires avec Strakosch, Strong et Clegg, gouverneur de la SARB, préciser les concepts de « banque centrale » et de *central banking*, en partant de la question :

7 Dans le dernier tiers de la décennie, c'est surtout le déplacement du pouvoir vers la France, qui inquiète beaucoup Norman, Londres et Paris ayant des visions très différentes, voire opposées, concernant la reconstruction de l'Europe.

8 Pour financer son effort de guerre, la Grande-Bretagne avait dû liquider 15 % de ses avoirs à l'étranger, notamment aux États-Unis, ce qui la privait maintenant d'une source de revenus, et entre juillet 1914 et juillet 1917 elle avait envoyé aux États-Unis un montant d'or équivalent à £305 m (soit un peu moins de $1,500 M). Voir Committee on Finance and Industry, *Report*, Session 1930-I. Vol. 13, Cmd 3897, § 141, June 1931.

9 Leurs montants atteignirent $969 m à New York et £134 m à Londres en 1924, puis respectivement $1 337 m et £ 13 m en 1927 et $ 671 m et £94 m en 1929. *Ibidem*, appendix IV, tables 2 and 3.

10 C'est le caissier principal de la BoE, William Henry Clegg, qui fut proposé pour occuper le poste.

11 BoE: G1/432 Governor's file: South Africa – Correspondence and Cables between W H Clegg (Governor, South African Reserve Bank [SARB]) and Bank (Montagu Collet Norman/Sir Ernest Harvey), 1 Nov 1920 - 1 Apr 1931.

une banque centrale pouvait-elle avoir une succursale à l'étranger[12] ? En février 1921, ces banquiers disposèrent d'un texte « *Central Banks* », qui précisait en quatorze points ce qu'était une banque centrale[13] ; il allait servir de base de discussion avec les autres banques centrales. Ce document, qui insistait sur l'indépendance de la banque centrale vis-à-vis du pouvoir politique, énonçait qu'une banque centrale, en tant que banquier des banques de second rang de son pays, devait exercer un pouvoir de surveillance sur ces banques, pouvait être conduite à leur porter secours, ne devait pas être en concurrence avec les autres banques et devait coopérer avec les banques centrales des autres pays. Strong y ajouta trois alinéas, qui montraient que la banque centrale américaine (la *Fed*) était davantage portée sur la surveillance des banques commerciales que la BoE[14]. Si les banques centrales devaient être indépendantes vis-à-vis du pouvoir politique, elles n'en devaient pas moins servir l'intérêt national. En d'autres termes, indépendance et coopération ne devaient pas rimer avec abandon de souveraineté. Un point litigieux dans les discussions fut la question de savoir si les banques centrales pouvaient détenir des succursales à l'étranger. Pour Norman et Strong, les relations devaient s'établir uniquement de banque centrale à banque centrale, ce qui renforcerait la coopération entre les banques centrales.

Norman précisa ses idées sur le « *central banking* » autour de quatre principes clés : « l'autonomie/l'indépendance », la « coopération », les « relations exclusives » et les « soldes »[15]. L'autonomie vis-à-vis du pouvoir politique était sans aucun doute le principe le plus important pour Norman. Pour être en mesure de préserver la stabilité de la monnaie et de réguler le marché du crédit, il était indispensable que les banques d'émission – et la BoE en premier lieu – retrouvent l'autonomie, qu'elles avaient perdue pendant la Première Guerre mondiale. Grâce à son expérience d'avril 1918 à mars 1920, il était toutefois conscient, qu'une banque centrale ne pouvait pas, dans les faits, être indépendante, lorsque la dette flottante était très importante, ce qui était le cas pour les principaux pays après la guerre. Il en fit part à Strong en mai 1921[16]. La coopération entre les banques centrales, idée dont il n'avait pas la paternité puisqu'elle avait été lancée par Strong et le gouverneur de la BoE Walter Cunliffe au début de 1916[17], allait devenir un autre point très important de la stratégie de Norman. Il caressait l'idée d'organiser un *consortium* des banques centrales et voulait absolument obtenir la coopération

12 Philip L. Cottrell, "Norman, Strakosch and the development of central banking: from conception to practice, 1919-1924", *in* Philip L. Cottrell (Ed.), *Rebuilding the Financial System in Central and Eastern Europe*, 1918-1984, Scholar Press, Aldershot, 1997, p. 33.

13 "Central Banks", February 1921. Norman envoya ce texte à Strong dans un courrier daté du 17 février 1921. Voir Papers of Benjamin Strong, Correspondence with Great-Britain: Letters from Montagu Norman ..., *op. cit.*, Norman to Strong, 17 February 1921. Il est également reproduit dans Henry Clay, *Lord Norman*, London, Macmillan, 1957, p. 283-284.

14 Michel Fior, *Institutions globales et marchés financiers : la Société des Nations face à la reconstruction de l'Europe, 1918-1931*, Berne, Berlin, Bruxelles, Peter Lang, 2008, p. 325.

15 Richard S. Sayers, *The Bank of England, 1891-1944,* Vol. 1, Cambridge, Cambridge University Press, 1976, p. 157 ; Philip L. Cottrell, " The Emergence of International Central Banking during the Aftermath of the First World War", *in* Olivier Feiertag et Michel Margairaz (dir.), *Les banques centrales à l'échelle du monde*, Paris, Presses de La Fondation nationale des Sciences politiques, 2012, p. 44.

16 Papers of Benjamin Strong, Correspondence with Great-Britain: Letters from Montagu Norman..., 1921, *op. cit.*, Norman to Strong, 3 May 1921.

17 Lester V. Chandler, *Benjamin Strong, Central Banker*, Washington, Brookings Institution, 1958, p. 247.

des banquiers centraux des pays neutres, espérant que cela aiderait à dépolitiser la reconstruction des économies européennes. Mais cette opération allait se révéler difficile. Grâce à Vissering, gouverneur de la Banque nationale des Pays-Bas, un contact fut établi avec le Gouverneur de la Banque nationale suisse August Burckhardt, lequel expliqua qu'il n'avait pas, à la différence de la plupart de ses homologues, une très grande liberté d'action, étant sous la coupe d'un conseil d'administration de quarante membres, dont les deux tiers étaient nommés par le parlement, qui était présidé par un député. Norman était déçu, d'autant que par d'autres canaux il comprit que les banques nationales scandinaves n'étaient pas prêtes à répondre favorablement à sa demande, ce qu'il expliqua à Strong dans un courrier du 7 novembre 1921[18]. Vissering permit également à Norman d'entrer en contact avec la *Reichsbank* d'Allemagne, avec laquelle il eut davantage de succès. La venue à Londres de Rudolph Havenstein, son gouverneur, accompagné du contrôleur de la banque, pour obtenir de l'aide et des conseils, permit à Norman de mettre en pratique son principe d'« exclusivité », qui impliquait qu'une banque centrale n'ait un compte rémunéré (les « soldes ») qu'auprès des autres banques centrales. Il obtint des deux banquiers allemands que la *Reichsbank* ferme progressivement les comptes qu'elle détenait à Londres avec d'autres banques, si bien que, dans son courrier du 28 octobre 1921, il put informer Strong que la BoE « (...) allait reprendre la plupart des affaires de la *Reichsbank* à Londres et faire avec elle ce qu'il y a de mieux dans la façon dont une banque centrale doit coopérer avec une autre banque centrale »[19]. Il profita de la présence à Londres du gouverneur adjoint de la Banque nationale de Belgique, Michel Lepreux, pour lui exposer, sous le sceau du secret, pourquoi la coopération entre banques centrales était si importante[20]. Il comprit que la Banque nationale belge était dans une position difficile et très liée à la France pour les questions européennes[21].

Dans le difficile contexte international des années 1921-1922 – opposition de l'Allemagne à toutes les propositions concernant les réparations, guerre civile en Russie, France arcboutée sur la question de sa sécurité, retour des États-Unis à l'isolationnisme – le gouvernement britannique essaya de prendre la main, en proposant une conférence pour reconstruire le système monétaire international, avec l'espoir que les États-Unis acceptent de réduire les dettes de guerre. Elle réunit à Gênes tous les pays ayant participé à la Première Guerre mondiale, à l'exclusion des États-Unis[22]. Les principales résolutions adoptées dans le domaine monétaire reflétaient la position britannique plus qu'un consensus entre les banquiers centraux. Ne disposant que de faibles réserves d'or, Londres avait conçu un système d'étalon de change-or, dont les deux pivots – Londres et New York – conserveraient toutes leurs réserves en or, pendant que les autres pays détiendraient une partie de leurs réserves en or et une partie en devises des pays pivots, c'est-à-dire la livre sterling et le dollar, seules devises convertibles en or.

**18** Papers of Benjamin Strong, Correspondence with Great-Britain: Letters from Montagu Norman..., 1921, Norman to Strong, 7 November 1921.
**19** *Ibidem*, Norman to Strong, 28 October 1921.
**20** *Ibid.*, Norman to Strong, 21 October 1921.
**21** *Ibid.*, Norman to Strong, 16 November 1921.
**22** Les États-Unis se limitèrent à envoyer des observateurs.

À la suite de Gênes, Norman fut chargé d'organiser la conférence sur l'étalon-de change-or. Mais ce fut un échec en raison principalement de l'opposition de New York, de Stockholm et de Tokyo, très opposées à l'institutionnalisation de la coopération. Pour stabiliser les devises, la coopération entre banques centrales prit essentiellement la forme de discussions bilatérales.

## STABILISER LES MONNAIES DE L'EUROPE CENTRALE ET ORIENTALE

Comme les grands hommes d'État, Norman avait une vision à long terme pour son pays. Mais il ne faisait jamais de grandes déclarations pour ne pas donner prise à ses opposants. Il aspirait à la création d'« (...) un monde dans lequel les banquiers centraux remplaceraient les hommes politiques et par une constante coopération serviraient la communauté tout entière »[23]. D'où sa campagne en faveur de banques centrales complètement autonomes du pouvoir politique, qui domineraient leurs marchés financiers et obtiendraient leur pouvoir des accords qu'elles auraient conclus entre elles. Il voulait sortir de la sphère politique des questions – telles que la sécurité financière, la distribution des crédits et les mouvements de prix – qui étaient essentiels pour la prospérité des nations[24]. Seules les banques centrales, c'est-à-dire des acteurs privés, étaient à même de reconstruire l'Europe sur des bases saines. En d'autres termes, il voulait substituer à la diplomatie des diplomates celle des banques centrales. Homme de réseau, ses relations ne se limitaient pas aux banquiers de la *City* et aux banquiers centraux. S'il ne faisait aucune confiance aux hommes politiques, cela ne l'empêchait pas d'entretenir de bonnes relations avec certains d'entre eux, qui se trouvaient dans une position clé par rapport à son projet, en particulier Austen Chamberlain, Stanley Baldwin et Philip Snowden, tous trois ayant été chanceliers de l'Échiquier à un moment ou un autre de leur carrière.

Norman était très conscient que, pour que Londres redevienne la première place financière du monde, il était nécessaire que la Grande-Bretagne retisse les liens commerciaux, qui avaient été détruits pendant le conflit, si bien qu'elle avait perdu de nombreux marchés au profit des États-Unis. Au printemps 1921, ce sont essentiellement des considérations économiques – la reprise des échanges commerciaux – qui apparaissent dans les courriers envoyés à Strong. La crise des économies européennes signifiait, pour la Grande-Bretagne, la perte de revenus invisibles, qui faisaient la fortune de la *City*, et rejaillissait sur la stabilité du sterling. La reconstruction des économies européennes était, pour Norman, un préalable à la reprise économique de la Grande-Bretagne. Si celle-ci se concrétisait, les différents segments de la *City* – activité bancaire, transport maritime,

**23** BoE: OV37/20 South Africa: South African Reserve Bank (SARB), 16 Dec 1920-27 Dec 1923, Montagu Norman to Clegg, 13 October 1920, p. 2.

**24** C'est ce que Pierre Quesnay expliqua au gouverneur de la Banque de France, Émile Moreau, en revenant d'un voyage à Londres, durant lequel il avait eu un entretien avec Norman. Émile Moreau, *Souvenirs d'un Gouverneur de la Banque de France*, Paris, Librairie Médicis, 1954, p. 137.

assurance – retrouveraient des couleurs. Il fallait veiller à ce que ce processus se fasse main dans la main avec le retour du sterling sur la scène internationale, ce qui voulait dire que la stabilisation des monnaies européennes devait se faire au profit du sterling et non pas du dollar. Toutefois, Norman savait également que sans l'aide des États-Unis, la reconstruction des économies européennes ne pourrait avoir lieu. Cette contradiction allait rendre difficile la mise en œuvre de son projet.

Grâce à la très forte implication de Norman, voyageur infatigable, la BoE se montra très constructive dans le domaine de la « diplomatie financière », en jouant un rôle important pour stabiliser le système monétaire de plusieurs pays européens et, d'autre part, en empêchant la ruée vers l'or des banques centrales, anciennement ou nouvellement créées, celles-ci voulant toutes obtenir de l'or pour rejoindre le système de l'étalon-or. Cette « diplomatie » était soutenue par les relations personnelles que Norman entretenait avec les banquiers centraux et en particulier avec Strong, l'énorme correspondance entre les deux hommes étant là pour en témoigner. Mais obtenir la coopération des Américains allait se révéler difficile, voire impossible à plusieurs occasions, d'autant que les Américains ne parlaient pas d'une même voix. Si Norman aimait agir en coulisse, il prenait néanmoins grand soin à informer le *Committee of Treasury*[25] de ses démarches, qui étaient scrupuleusement consignées dans les procès-verbaux. Bien que Norman ne fût pas d'accord avec certaines orientations prise par le Comité financier de la Société des Nations (SDN), il considérait que le cadre organisationnel de cette institution offrait des avantages et devait se combiner avec le *consortium* des banques centrales qu'il espérait mettre sur pied. Dans un courrier à Strong de novembre 1921, il ne doutait pas que vienne « (...) le moment où la Société des Nations devra être habillée avec des habits nouveaux, afin de perdre son caractère politique et devenir acceptable à Vissering, vous-même et ce pays. »[26] De plus, comme le Comité financier incluait des Britanniques dans lesquels il avait toute confiance – en particulier Strakosch, Arthur Salter[27] et Otto Niemeyer[28] –la machinerie de la SdN était d'autant plus intéressante pour concevoir des plans visant à stabiliser les économies des pays de l'Europe centrale et orientale. La doctrine du *central banking* fut d'abord utilisée pour concevoir, dans le cadre de la SdN, les plans de stabilisation de l'Autriche, de la Hongrie et de l'Allemagne, si bien que « Vers 1923, les liens entre Norman et le Comité financier de la SdN étaient devenus des composants organiques du processus de stabilisation européen »[29]. Si Norman n'était pas parvenu, malgré tous ses efforts, à créer un réseau formel de banques centrales à la suite de la Conférence de Gênes, force est de constater qu'il allait réussir à faire coopérer des banques centrales dans le montage de crédits pour stabiliser les économies des pays d'Europe centrale. À chaque fois,

**25** Ce comité fut créé, comme la Banque d'Angleterre, en 1694. Il jouait le rôle le plus important à l'époque.

**26** Papers of Benjamin Strong, Correspondence with Great-Britain: Letters from Montagu Norman ..., *op. cit.*, Norman to Strong, 14 November 1921, p. 3.

**27** James Arthur Salter fut Secrétaire général de la Commission des Réparations de 1920-1922 et directeur du Comité financier de la SDN de 1919 à 1920 et de 1922 à 1931.

**28** Otto Niemeyer, haut fonctionnaire au *Treasury*, fut membre du Comité financier de la SDN de 1922 à 1937. Norman le fit entrer à la BoE en 1927 en tant que conseiller des gouverneurs et il devint directeur exécutif en 1938.

**29** Görgy Péteri, « Central Bank Diplomacy..., *op. cit.*, p. 245.

Norman essayait d'obtenir du pays concerné qu'il accepte de se tourner vers la SdN pour concevoir et mettre en œuvre son plan de stabilisation, pendant que la SdN intégrait dans son programme un des objectifs défini par Norman, à savoir la création d'une banque centrale indépendante vis-à-vis du pouvoir politique, qui soit prête à coopérer avec les autres banques centrales.

Les premiers projets de stabilisation n'ayant pas émané de Londres, mais de Paris dans le cas de l'Autriche, Norman, dans une longue lettre à Strong, commença par critiquer le Comité financier de la SDN[30], parce qu'il « (...) ne [faisait] pas de distinction entre le politique et l'économique ou plutôt parce qu'il ne [reconnaîssait] pas que même un plan sain du point de vue économique [serait] à long terme plus politique qu'économique, s'il [était] financé par l'Entente », l'Entente signifiant, dans ce cas, la France et l'Italie. Norman était certain que, dans de telles conditions, le plan ne pourrait pas être soutenu par les pays neutres et que le contrôle aboutirait dans les mains de Paris, ce dont il ne voulait à aucun prix[31]. Dans un autre courrier à Strong, il ajouta à sa lettre le compte-rendu d'une conversation qu'il avait eue avec l'inspecteur des Finances, Joseph Avenol, pour que son ami ait « (...) une vue d'ensemble sur les différences qui existent entre les Français et les Italiens d'un côté et nous et les Hollandais de l'autre »[32]. À l'époque, son animosité à l'égard de la France s'expliquait, parce que ce pays était incapable de dissocier la question de la reconstruction économique de l'Europe de celle de sa sécurité, en d'autres termes de séparer l'économique du politique. Il revint à la charge, dans un courrier du 7 novembre 1921, en commentant les différends entre les Français et les Britanniques à propos de la stabilisation de la monnaie de l'Autriche[33].

L'émission d'une tranche d'un emprunt à long terme à Londres était une condition de sa réussite, l'acceptation de lancer un emprunt par les banquiers de la *City* fonctionnant comme le sésame qui permettait à l'emprunt d'être émis sur d'autres marchés. Les banques londoniennes n'acceptaient de lancer une émission qu'après avoir reçu le feu vert de la BoE. Comme la procédure au sein du Comité financier et les négociations pour le lancement d'un emprunt prenaient beaucoup de temps, la BoE accordait des crédits à court terme en attendant que les arrangements fussent finalisés.

* * *

Norman souhaitait, au début des années 1920, créer un nouvel ordre économique au plan mondial, grâce à la coopération, au sein d'un *consortium,* de banques centrales indépendantes du pouvoir politique.

**30** Papers of Benjamin Strong, Correspondence with Great-Britain: Letters from Montagu Norman ..., *op. cit.*, Norman to Strong, 9 June 1921.

**31** *Ibidem*, p. 2.

**32** *Ibid.*, Norman to Strong, 13 July 1921, p. 3.

**33** *Ibid.*, Norman to Strong, 7 November 1921, p. 3.

> De telles banques tireraient leur pouvoir de leur accord entre elles. Elles réussiraient à faire sortir du domaine politique les problèmes essentiels pour le développement de la prospérité des nations : la sécurité monétaire, la distribution du crédit, et le mouvement des prix. Elles empêcheraient ainsi les luttes politiques intérieures de nuire à la richesse des nations et à leurs progrès économiques [34].

Cette vision à long terme tenait sans doute plus de l'utopie que du rationnel. Mais, comme le gouverneur de la BoE était un pragmatique, il comprit assez vite que, pendant au moins un certain temps, la coopération entre les banques centrales se limiterait à des relations *ad hoc*, le plus souvent bilatérales, autour de la SDN. Toujours est-il qu'il parvint à mettre en place en Europe, au cours des années 1920, une politique de stabilisation monétaire, grâce à des capitaux privés et à un certain degré de coopération entre banques centrales. Ses initiatives contribuèrent à relancer les activités de la *City*, ce qui allait lui permettre de reconquérir progressivement le terrain et le prestige qu'elle avait perdus.

**34** Propos que Pierre Quesnay, qui venait d'entrer à la Banque de France pour diriger le service des Études économiques, tint au gouverneur, Émile Moreau, le 19 octobre 1926. Voir Émile Moreau, *Souvenirs d'un Gouverneur de la Banque de France, 1926-1928*, Paris, Éditions M.-TH. Génin, 1954, p. 137.

Chapitre 23

# Charles Coombs et la diplomatie monétaire durant la période de Bretton Woods

**Laurent Le Maux**
Université de Brest

> *I recall sitting beside Milton Friedman, no friend of Martin's monetary policy, when Arthur Burns was sworn in as Martin's successor [as Chairman of the Board of the Federal Reserve System] by President Nixon at the White House in January 1970. Friedman surveyed the assembled political dignities, turned to me, and said: « I still think Bill Martin is the best politician in the room. »*
>
> Charles Coombs, *The Arena of International Finance*, 1976, p. 71.

Lorsque Charles Coombs publia *The Arena of International Finance*, ouvrage dans lequel il décrit son action en qualité de vice-président chargé des opérations extérieures de la Banque fédérale de New York durant la période Bretton Woods, les accords de la Jamaïque officialisaient la mise en place du régime de taux de change flottant à l'échelle occidentale[1]. L'architecture monétaire internationale résultant des accords de Bretton Woods correspondait à un système d'étalon change-or avec un prix officiel de l'or à 35 dollars l'once et

1 Charles Coombs (1918-1981) fut engagé à la Banque de réserve fédérale de New York en 1942 et obtint son doctorat en économie à l'université d'Harvard en 1953. Dans les comptes-rendus du *Federal Open Market Committee*, son nom est mentionné le 14 novembre 1961 en qualité de vice-président de la Banque fédérale de New York, et le 13 février 1962 comme directeur spécial des opérations extérieures pour le *System Open Market Account*. La période durant laquelle Coombs fut vice-président de la Banque fédérale de New York (1961-1975) recouvre celle de Bretton Woods (1958-1971). Durant cette période, Alfred Hayes était président de la Banque fédérale de New York (de 1956 à 1975), William McChesney Martin (de 1951 à 1970) et Arthur Burns (de 1970 à 1978) furent successivement présidents du *Board* du Système de réserve fédérale.

ABSTRACT
This article defines monetary diplomacy as the art of negotiation between monetary authorities and examines the way in which it was embodied by Charles Coombs, Vice President of the Federal Reserve Bank of New York in charge of international operations, during the Bretton Woods period. The article begins with an analytical approach, drawing on Charles Kindleberger's analysis of international political economy. It then moves on to the historical level, describing the Basle monetary agreements and the development of the network of swap lines between the Federal Reserve and European central banks. Finally, it looks at the sterling and dollar crises and the thorny issue of burden-sharing. The article concludes with a discussion of monetary diplomacy and the political dimension of central banking.

RÉSUMÉ
Le présent article définit la diplomatie monétaire comme l'art de la négociation entre autorités monétaires et examine la manière dont elle fut incarnée par Charles Coombs, vice-président de la Banque fédérale de New York chargé des opérations internationales, durant la période de Bretton Woods. L'article se situe tout d'abord au niveau analytique et convoque l'analyse de Charles Kindleberger relative à l'économie politique internationale. Il se place ensuite au niveau historique et décrit les accords monétaires de Bâle et la mise en place du réseau de lignes de *swap* entre la Réserve fédérale et les banques centrales européennes, Il aborde enfin la crise de la livre sterling et du dollar ainsi que la question épineuse du fardeau. L'article conclut sur la diplomatie monétaire et la dimension politique de la banque centrale.

JEL : **E58, F33, F42, F55, N10**
Key words : **International monetary cooperation, Bretton Woods regime, Federal Reserve, Charles Coombs**
Mots clés : **Coopération monétaire internationale, régime de Bretton Woods, Réserve fédérale, Charles Coombs.**

des taux de change fixes et ajustables entre les monnaies du bloc occidental. Plusieurs mesures furent prises au début des années 1960 afin de décourager la conversion des dollars en or, à savoir : la création du *Gold Pool* en 1961, l'émission d'obligations du Trésor états-unien libellées en devises étrangères, le *General Arrangement to Borrow* (GAB) créant une ligne de crédit au Fonds monétaire international, la loi sur l'*Interest Equalization Tax* votée en 1963 et portant sur les sorties de capitaux de court terme en dehors des États-Unis. Bordo, Monnet et Naef[2] soulignent que le principal instrument utilisé par la Réserve fédérale pour protéger le stock d'or états-unien était le réseau de lignes de *swap* mis en place à Bâle – le *Basle swap network*. Les lignes de *swap* entre la Réserve fédérale et les autres banques centrales leur permettaient d'échanger leur propre monnaie et elles constituaient la première ligne de défense de la parité du dollar par rapport à l'or et du taux de change fixe entre le dollar et les autres monnaies. L'ouvrage de Coombs détaillant la coopération monétaire durant les années 1960 en général et le réseau de lignes de *swap* entre banques centrales en particulier tomba dans l'oubli jusqu'à sa redécouverte dans les années 2010[3]. Cette redécouverte était liée au fait que, durant la crise financière de 2007-2009, la Réserve fédérale mit en œuvre le programme des lignes de *swap* en dollars – les *dollar swap lines*.

2 Michael D. Bordo, Eric Monnet et Alain Naef, "The Gold Pool (1961-1968) and the Fall of the Bretton Woods System: Lessons for Central Bank Cooperation", *NBER Working Paper 24016*, National Bureau of Economic Research, 2017, p. 13.

3 Michael D. Bordo, Owen F. Humpage and Anna J. Schwartz, "The Evolution of the Federal Swap Lines since 1962", *IMF Economic Review*, Vol. 63, No. 2, 2015, p. 353-372 ; Robert N. McCauley and Catherine R. Schenk, "Central Bank Swaps Then and Now: Swaps and Dollar Liquidity *in* the 1960s," *BIS Working Papers,* No. 851, Bank for International Settlements, 2020, 47 p.

D'un point de vue historique et analytique, une distinction peut être faite entre les accords de *swap* de Bâle et les lignes de *swap* en dollars. Les accords de Bâle étaient mis en œuvre pour des *raisons monétaires* – c'est-à-dire pour stabiliser le régime de Bretton Woods. Ils permettaient de contrer les attaques spéculatives contre le dollar et celles exercées contre la livre sterling. Les lignes de *swap* étaient *de facto* et *de jure* réciproques et leurs montants étaient limités. En revanche, le programme des lignes de *swap* en dollars a été mis en œuvre par la Réserve fédérale, principalement pour des *raisons financières* – c'est-à-dire pour stabiliser le système financier international. Ce programme permettait à l'émetteur du dollar d'agir massivement en tant que prêteur en dernier ressort international[4]. Les lignes de *swap* en dollars étaient *de jure* mais non *de facto* réciproques et leurs montants devinrent illimités à la suite de la faillite de *Lehman Brothers*. Dans la mesure où les contrôles de capitaux de court terme étaient significatifs sous le régime de Bretton Woods, la dimension monétaire des lignes de *swap* entre banques centrales dominait. Par ailleurs, dans le cas d'un régime de taux de change fixes et dans un contexte de libéralisation des mouvements de capitaux, la hiérarchie entre la dimension monétaire et la dimension financière est plus difficile à déterminer. Enfin, dans le contexte actuel de taux de change flexible et de globalisation financière, la dimension financière des lignes de *swap* en dollars domine, de sorte que la Réserve fédérale devient le prêteur en dernier ressort du système financier occidental.

Durant la période de Bretton Woods, les réunions entre les responsables des banques centrales – généralement les directeurs des opérations extérieures – se déroulaient à la Banque des Règlements Internationaux (BRI) à Bâle. Charles Coombs décrit comment ces réunions sont devenues au cours des années 1960

> (...) le point focal d'un effort de coopération majeur visant à maintenir le système financier international dans un état de fonctionnement relativement stable face aux menaces de désintégration. (...) Même si beaucoup de liquidité étaient en jeu, aucun accord n'a été signé, aucun *memorandum* n'a été paraphé. La parole de chaque représentant officiel suffisait et personne n'a pu en ressentir une quelconque frustration[5].

Après les négociations entre le vice-président Coombs et les représentants des autres banques centrales, chaque accord était approuvé par le *Federal Open Market Committee*. Combiné aux caractéristiques institutionnelles du régime de Bretton Woods, le groupe de Bâle permit d'atteindre un niveau inédit dans l'histoire de la coopération *monétaire* internationale – un niveau jamais retrouvé

4 Michael J. Fleming et Nicholas J. Klagge, "The Federal Reserve's Foreign Exchange Swap Lines", *Current Issue in Economics and Finance*, Federal Reserve Bank of New York, Vol. 16, No. 4, 2010, p. 1-7 ; J. Lawrence Broz, "The Federal Reserve as Global Lender of Last Resort, 2007–2010", London School of Economics SRC, Discussion Paper, No. 30, 2015 ; Emmanuel Carré et Laurent Le Maux, « *Dollar Swap Lines* et crédibilité: la Réserve fédérale face à la globalisation financière », *Revue Française d'Histoire Économique* (RFHE), 2021, n° 16, 2021, p. 74-97.

5 Charles A. Coombs, *The Arena of International Finance*, New York, John Wiley & Sons, 1976, p. viii, p. 26; Charles A. Coombs, « Commentaire », dans *Réflexions sur le Système Monétaire International*, Basel, Per Jacobson Fondation, Conférence, 1980, p. 2.

depuis lors – et de faire de Charles Coombs « (...) un acteur majeur de la coopération internationale entre banques centrales »[6].

Dans la présente contribution, on analyse la diplomatie monétaire – définie comme l'art de la négociation entre autorités monétaires – incarnée par Charles Coombs dans le cadre des accords de Bâle instaurant les lignes de *swap* entre la Réserve fédérale et les banques centrales européennes durant la période de Bretton Woods. Outre la publication de son livre en 1976 (ci-après, *Arena*), il s'appuie sur les *memoranda* préparés par Coombs de 1963 à 1972 pour le *Federal Open Market Committee*, les rapports semestriels sur la situation monétaire et financière internationale, intitulés « Treasury and Federal Reserve Foreign Exchange Operations » et publiés dans la *Monthly Review* de la Banque fédérale de New York de 1963 à 1975 (ci-après, *Monthly*). Il se réfère également aux comptes-rendus des réunions du *Federal Open Market Committee* de 1962 à 1975 (ci-après, FOMC)[7]. La présente contribution se situe tout d'abord au niveau analytique et convoque l'analyse de Charles Kindleberger relative à l'économie politique internationale. Elle se place ensuite au niveau historique et décrit les accords monétaires de Bâle et la mise en place du réseau de lignes de *swap* entre banques centrales Enfin, elle aborde la crise de la livre sterling et, en cascade, celle du dollar, ce qui pose la question centrale de l'économie politique internationale, à savoir celle du « fardeau ». La conclusion porte sur la diplomatie monétaire et la dimension politique de la banque centrale.

## L'ANALYSE DE KINDLEBERGER, LA DIPLOMATIE DE COOMBS

En considérant que, « (...) par sa nature même, la finance internationale est une arène d'intérêts politiques nationaux conflictuels »[8], Coombs était, du moins implicitement, proche de la vision réaliste de l'économie politique internationale. En outre, Coombs[9] estimait que « (...) la Banque fédérale de New York était devenue le balancier (*balance wheel*) du système financier international » et,

> (...) que cela soit une bonne chose ou non pour les États-Unis et leurs partenaires commerciaux, il n'y a pas d'alternative à l'échelle mondiale au rôle du dollar en tant

6 Richard N. Cooper, "Almost a Century of Central Bank Cooperation", *BIS Working Papers*, No. 198, 2006, p. 7.

7 Un travail de recherche dans les archives de la Banque fédérale de New York a par ailleurs été réalisé. En raison des indications éditoriales relatives à la taille des articles constituant ce numéro, le présent article constitue une version courte d'un travail plus ample et n'utilise pas l'ensemble des documents collectés dans les archives de la Banque fédérale de New York. Pour des raisons similaires, l'article n'examine pas le regard que Charles Coombs portait sur l'Administration Nixon, laquelle entama le démantèlement du régime de Bretton Woods en fermant la *Gold Window*. Paul Volcker y joua un rôle décisif, notamment lors des conciliabules à Camp David en août 1971, en tant que sous-secrétaire du Trésor chargé des affaires monétaires (1969-1974), et avant qu'il ne devienne président de la Réserve fédérale de New York en 1975.

8 Charles A. Coombs, *The Arena of International Finance*, *op. cit.*, p. 2.

9 Charles A. Coombs, Letter to Allan Sproul, 16 September 1964, Papers of Allan Sproul, Federal Reserve Bank of New York, 1964.

que monnaie de réserve et étalon de mesure, et tant que principal moyen d'échange international.[10]

Ces analyses portant sur la monnaie et la finance internationales résonnent avec celles développées par Kindleberger[11] et selon lesquelles la monnaie est fondamentalement de nature *hiérarchique* – à l'échelle nationale comme à l'échelle internationale. Toutefois, même si la frontière semble parfois ténue, il importe d'établir une distinction entre *i*) l'approche positive de la nature hiérarchique de la monnaie, telle que la développe Kindleberger, et *ii*) la défense du dollar, telle que Coombs l'envisage lorsqu'il doutait qu'« il soit dans l'intérêt des États-Unis d'abandonner le rôle central qui a été assigné au dollar par les accords de Bretton Woods »[12]. En ayant à l'esprit cette distinction entre *i*) l'approche positive de la liquidité internationale et *ii*) les intérêts politiques de la nation émettant la liquidité internationale, examinons plus avant l'analyse proposée par Kindleberger.

Il est généralement considéré qu'avec son ouvrage intitulé *The World in Depression*, Kindleberger fut l'un des fondateurs du programme de recherche au carrefour de l'économie politique et de la science politique, à savoir, l'économie politique internationale[13]. Une lecture erronée de l'œuvre de Kindleberger l'a associée à la théorie dite de la stabilité hégémonique. En guise de mise en garde, Kindleberger soulignait que le terme d'« hégémonie » le mettait « (...) mal à l'aise et ce, en raison de ses connotations renvoyant à la force, la menace et la pression »[14]. Par ailleurs, en lisant les témoignages de Coombs (son ouvrage, ses articles parus dans la *Monthly Review* de la Banque fédérale de New York, ainsi que les comptes-rendus des réunions du FOMC), on peut aisément apprécier à quel point le terme d'« hégémonie » est inapproprié pour analyser les relations monétaires internationales, en l'occurrence, dans le contexte du régime de Bretton Woods. La diplomatie monétaire de Coombs se situait en effet aux antipodes de la force, de la menace et de la pression. Elle s'appuyait au contraire sur l'écoute, le dialogue et la délibération – et l'écoute de Coombs était d'autant plus attentive que les propositions suggérées par les autres banquiers centraux allaient dans le sens de la stabilisation du dollar.

Une interprétation alternative[15] à l'interprétation faisant de Kindleberger un théoricien de la stabilité hégémonique discerne deux arguments dans ses écrits sur le *leadership* en général, et la monnaie internationale en particulier. Le premier argument renvoie au *leadership* bienveillant (*benevolent leadership*). Il concerne la charge financière (le fardeau) que le *leadership* assume en grande partie, afin

**10** Charles A. Coombs, *The Arena of International Finance*, *op. cit.*, p. XIV.

**11** Charles P. Kindleberger, *International Money: A Collection of Essays*, London, Georges Allen et Unwin, 1981, 341 p.

**12** Charles A. Coombs, "Action on International Liquidity", *Memorandum*, Federal Open Market Committee, April 30, 1965, p. 7.

**13** Charles P. Kindleberger, *The World in Depression, 1929-1939*, édition revue et élargie, Berkeley, University of California Press, 1973.

**14** Charles P. Kindleberger, "Hierarchy versus Inertial Cooperation", *International Organization*, Vol. 40, No. 4, 1986, p. 841-847 ; Charles P. Kindleberger, *The International Economic Order: Essays on Financial Crisis and International Public Goods*, New York Harvester-Wheatsheaf, 1988, p. 153.

**15** Laurent Le Maux, « La postérité de l'œuvre de Charles Kindleberger », *Revue européenne des Sciences sociales*, vol. 62, n° 1, 2024, p. 243-253.

de surmonter le problème de *free riding* (passager clandestin) et de rendre ainsi possible l'offre d'un bien public au niveau international. Le second argument renvoie à l'efficacité de l'action du stabilisateur (*efficient stabilizer*). Il porte sur les instruments institutionnels avec lesquels le *leadership* opère, ou devrait opérer, afin d'assurer la stabilité du système monétaire et financier international. *A priori*, il n'y a pas de raison de penser que le stabilisateur soit nécessairement bienveillant. En d'autres termes, les coûts liés à une politique de stabilisation monétaire et financière internationale peuvent être, soit principalement supportés par le *leadership*, soit largement partagés par les autres parties prenantes. Au cours des années 1960, le réseau de *swap* entre la Réserve fédérale et les banques centrales européennes fournissait une première ligne de défense efficace permettant d'assurer la stabilité du régime de Bretton Woods. Au sein du groupe de Bâle, les relations entre le *leadership* monétaire états-unien et les autres autorités monétaires nationales s'appuyaient sur des discussions approfondies portant précisément sur la caractérisation du fardeau et sur la manière de le répartir.

## LES ACCORDS MONÉTAIRES DE BÂLE ET LE RÉSEAU DE LIGNES DE *SWAP*

Tant que le guichet des autorités monétaires états-uniennes pour obtenir de l'or au prix officiel était ouvert, c'est-à-dire jusqu'en août 1971, Charles Coombs était chargé de minimiser les conversions en or du surplus de dollars détenus par les banques européennes. Au début des années 1960, Coombs décrivait l'état de confiance au sein du groupe de Bâle :

> Bien que nous soyons, en un sens, à la merci d'une conversion massive de dollars en or émanant de la Banque de France, la *Bundesbank*, la Banque d'Italie ou d'autres banques centrales européennes, nous pouvons être raisonnablement confiants dans le fait qu'aucune de ces banques centrales ne prendra de telles mesures, que ce soit par hostilité ou suite à un mouvement de panique. (...) Des mesures ont déjà été prises pour inciter ces banques centrales à détenir des dépôts en dollars à New York en les exemptant du plafond de rémunération fixé par la réglementation Q.[16]

Afin de chercher à compléter ces mesures, le vice-président de la Banque fédérale de New York suggéra aux autres banquiers centraux, notamment aux responsables des départements des opérations internationales, de créer un groupe qui se réunirait à Bâle chaque mois « (...) pour discuter des évolutions courantes sur les marchés de change et des possibilités de mener des actions communes pour contrôler la spéculation »[17] – et notamment la spéculation contre le dollar.

**16** Charles Coombs, Max Iklé, Emilio Ranalli et Johannes Tüngeler "Conversations on International Finance", *Federal Reserve Bank of New York Monthly Review*, Vol. 45, No. 8, August 1963, p. 118.
**17** Charles A. Coombs, *The Arena of International Finance*, *op. cit.*, p. 29.

À cette fin, Julien-Pierre Koszul, directeur du département des opérations extérieures de la Banque de France, proposa en janvier 1962, lors d'un passage de Coombs à Paris, l'arrangement suivant :

> *Mon cher Charlie*, c'est très simple. Nous échangeons nos monnaies : nous créditons des francs français sur votre compte ici, à Paris, contre des dollars sur le nôtre à New York. Si vous voulez utiliser vos francs pour défendre le dollar sur le marché des changes, très bien ; sinon, au bout de trois mois, nous inversons la transaction au même taux de change, et la liquidité disparaît des deux côtés.[18]

Dans cette hypothèse, aucune des parties prenantes ne supportait un risque de change. La Banque fédérale de New York pouvait utiliser les francs au comptant pour défendre le cours du dollar ou pour acheter le surplus de dollars sur le compte de la Banque de France. Quant au montant des lignes de *swap*, et après que Koszul eût suggéré la somme de 10 millions de dollars pour chaque opération de *swap*, Coombs lui répondit : « Les *traders* se moqueront de nous – il nous faut au moins dix fois ce montant pour faire une quelconque impression sur le marché des changes »[19]. La proposition de contrat rédigée en février 1962 par la Banque fédérale de New York auprès de la Banque de France portait finalement sur la somme de 50 millions de dollars et stipulait que :

Le *swap* aura une échéance de trois mois et sera liquidé au même taux de change. Il est convenu que la Banque de France placera le solde en dollars le 1er mars sous la forme de certificats de dette non-transférable que le secrétaire au Trésor états-unien se tient prêt à émettre pour une échéance de trois mois (…) et portant un intérêt sur la base d'un taux correspondant à la moyenne de l'escompte sur l'adjudications de la dernière émission de bons du Trésor d'une échéance similaire.[20]

Le contrat fut examiné et validé à l'unanimité par le FOMC[21]. Ainsi, le type de contrat de *swap* entre la Réserve fédérale et la Banque de France servit de « (…) modèle pour la construction d'un réseau plus étendu de lignes de crédit réciproques, entre la Réserve fédérale et d'autres banques centrales », étant entendu qu'il était nécessaire que les « (…) facilités de crédit soient établies bien à l'avance et puissent être octroyées dans un délai très court, par téléphone si nécessaire »[22].

**18** Charles A. Coombs, *The Arena of International Finance*, *op. cit.*, p. 74-75.

**19** *Ibidem*, p. 75. Nous retrouvons ce type d'analyse quatre décennies plus tard dans les propos de Bill Dudley, directeur du *System Open Market Account* de la Banque fédérale de New York, lors de la réunion du FOMC (16 septembre 2008, p. 17) se tenant le lendemain de la faillite de Lehman Brothers : « Ce qui est important ici – et ce que nous recherchons – c'est la crédibilité. En situation de crise, il faut une force suffisante – plus de force que ce que pense le marché pour résoudre le problème ». Sur ce point, voir Emmanuel Carré et Laurent Le Maux, « *Dollar Swap Lines* et crédibilité : la Réserve fédérale face à la globalisation financière », *op. cit.*, p. 74-97. Toutefois, comme indiqué précédemment, les raisons sont différentes entre les deux périodes : à l'époque de Coombs, la raison des accords de Bâle était d'ordre *monétaire* ; à celle de Dudley, la raison des lignes de *swap* en dollars est d'ordre *financier*.

**20** Charles A. Coombs, *The Arena of International Finance*, *op. cit.*, p. 76.

**21** Federal Open Market Committee (FOMC), *Minutes of Meetings of the Federal Open Market Committee*, Board of Governors of the Federal Reserve, 6 March 1962, p. 60-63.

**22** Charles A. Coombs, *The Arena of International Finance*, *op. cit.*, p. 78.

En outre, le FOMC[23] autorisa Coombs à étendre le réseau de *swap* et à entamer des négociations avec la Banque d'Angleterre ainsi qu'avec la Banque nationale suisse. Une réunion entre responsables états-uniens et britanniques tenue au printemps 1962 déboucha sur l'accord suivant :

> Pour protéger les deux parties prenantes contre le risque d'une réévaluation de l'une ou l'autre monnaie, la Réserve fédérale placerait auprès de la Banque d'Angleterre un ordre permanent, à exécuter lorsque cela serait nécessaire, afin d'acheter pour le compte de la Réserve fédérale des livres sterling en quantité suffisante.[24]

Coombs indiquait que l'annonce d'un tel accord de *swap* pouvait avoir une influence stabilisatrice sur le marché des changes. Conformément aux modalités décrites dans les différents *memoranda* rédigés par Coombs, les accords de *swap* avec la Banque d'Angleterre, la Banque des Pays-Bas, la Banque nationale de Belgique, ainsi que ceux avec la Banque nationale suisse et la BRI, furent approuvés par le FOMC[25]. Par la suite, autorisation fut donnée, afin que Coombs pût poursuivre les négociations avec la *Bundesbank*, lesquelles conduisirent à un accord de *swap* adopté par le FOMC. Coombs fit état de « (…) discussions récentes à propos du souhait de la Banque d'Italie d'intégrer le réseau d'accords de *swap* avec la Réserve fédérale »[26], ce qui fut rapidement conclu[27]. De la sorte, le réseau de *swap* entre la Réserve fédérale et les banques centrales européennes connut un développement rapide et remarquable. Pour finir, quatorze banques centrales, outre la Réserve fédérale et la BRI, y participèrent et les montants dont bénéficia la Réserve fédérale passèrent de moins d'un million en 1962 à près de 12 milliards de dollars en 1971[28].

Avec Max Iklé, de la Banque nationale suisse, Emilio Ranalli, de la Banque d'Italie et Johannes Tüngeler, de la *Bundesbank*, Coombs publia un article intitulé "Conversations on International Finance" dans la *Monthly Review* de la Banque fédérale de New York, afin de rendre compte du réseau de lignes de *swap* constitué à Bâle :

> Dans la plupart des cas, [les accords de swap entre banques centrales] sont négociés sur une base bilatérale et ils pourraient donner l'impression de n'être qu'un *patchwork* d'accords, sans lien les uns avec les autres. Mais ces mesures bilatérales présentent l'avantage majeur d'être solidement ancrées dans les réalités du marché des changes et dans celles des institutions de chaque pays, et de pouvoir s'adapter

**23** Federal Open Market Committee (FOMC), Minutes of Meetings of the Federal Open Market Committee, Board of Governors of the Federal Reserve, March 6 Meeting, 1962, p. 75-76.

**24** Federal Open Market Committee (FOMC), *Minutes of Meetings of the Federal Open Market Committee, op. cit.*, 29 May 1962, p. 50-51.

**25** *Ibidem*, 29 May 1962, p. 55, 58; 10 July 1962, p. 57.

**26** *Ibid.*, 2 October 1962, p. 56.

**27** *Ibid.*, 4 December 1962, p. 12.

**28** Michael D. Bordo, Owen F. Humpage and Anna J. Schwartz, "The Evolution of the Federal Swap Lines since 1962", *op. cit.*, p. 357 ; Michael D. Bordo and Catherine R. Schenk "Monetary Policy Coordination and Cooperation : A Historical Perspective on the Importance of Rules", in Michael D. Bordo et John Taylor (eds.), *Rules for International Monetary Stability : Past, Present, and Future*, Stanford, Hoover Institution Press, 2017, p. 224 et tableau en annexe.

avec souplesse aux situations imprévisibles et aux besoins nouveaux. On ne saurait trop insister sur l'importance de pouvoir agir rapidement – sur la base de conversations téléphoniques si nécessaires – afin de contrer les pressions spéculatives avant que celles-ci ne prennent trop d'ampleur.[29]

Les accords monétaires de Bâle ne réglaient pas pour autant les problèmes macroéconomiques liés aux déséquilibres de la balance des paiements, problèmes auxquels les autorités états-uniennes furent confrontées au début des années 1960. Et Coombs[30] de relever, à ce propos, une ironie :

> [John Maynard] Keynes, lors des négociations anglo-américaines qui ont conduit aux accords de Bretton Woods, avait proposé que la discipline exercée par des pertes des réserves d'or et de devises des pays ayant un déficit au niveau de leur balance des paiements soit tempérée par l'octroi de crédit automatique par les pays en excédent. Toutefois, le Trésor états-unien avait argué en faveur d'arrangements institutionnels plus orthodoxes et contraignants, lesquels furent finalement inscrits dans les accords de Bretton Woods. À la fin des années 1950, alors que la balance des paiements [des États-Unis] passait d'un excédent à un déficit, le Trésor s'est trouvé confronté à l'obligation formelle, assumée en 1944 et à sa propre demande, de régler ces déficits en or dès lors qu'un pays étranger en excédent le demandait.

## LE DOLLAR ET LA LIVRE STERLING

Lors d'une réunion du FOMC[31], Coombs fit état au printemps 1963 d'une

> (...) certaine détérioration à l'étranger de la confiance vis-à-vis du dollar états-unien. La publication des chiffres du déficit de la balance des paiements états-unienne au premier trimestre [de 1963] avait attiré l'attention. La crainte grandissante sur les marchés monétaires mais aussi celle exprimée par les banques centrales est qu'il faudrait plusieurs années avant que les États-Unis ne parviennent à équilibrer de manière raisonnable leur position en matière de paiements internationaux.

Après discussion au sein du FOMC des avantages et des limites des accords de *swap* entre banques centrales, Coombs en vint à la réflexion selon laquelle une solution au déséquilibre de la balance des paiements nécessitait des « mesures plus fondamentales ». D'une part, Coombs[32] pointait que :

> La solution consiste principalement à réduire les paiements résultant d'investissements à l'étranger, de l'aide aux pays étrangers et des dépenses militaires, et

**29** *Federal Reserve Bank of New York Monthly Review,* 1962, p. 115.

**30** Charles A. Coombs, *The Arena of International Finance,* New York, John Wiley & Sons, 1976, p. 9.

**31** Federal Open Market Committee (FOMC), *Minutes of Meetings of the Federal Open Market Committee, op. cit.,* 28 May 1963, p. 3, 7.

**32** Charles A. Coombs, "The Present Position of the Dollar", *Memorandum,* Federal Open Market Committee, June 12, 1963, p. 6.

à encourager le rapatriement des capitaux de court terme qui se sont déplacés massivement au cours des dernières années.

D'autre part, Coombs[33] soulignait qu'un excédent ou même un équilibre de la balance des paiements des États-Unis déclencheraient une pression déflationniste sur l'économie mondiale[34].

Ce dilemme d'ordre macroéconomique – entre la nécessité d'un rééquilibrage de la balance des paiements états-uniennes et la stabilisation macroéconomique à l'échelle internationale – découlait notamment de l'architecture institutionnelle propre au système de Bretton-Woods, à savoir l'étalon change-or. À cet égard, malgré ses divergences par rapport à l'approche normative de Robert Triffin au sujet de la monnaie internationale, Coombs[35] rend hommage à

> (...) l'étude lucide et stimulante de Robert Triffin [1960] qui posait le problème ultime du système de Bretton Woods, lequel ne parvenait pas à fournir soit suffisamment d'or, soit suffisamment de dollars, pour répondre aux besoins croissants de liquidité à l'échelle internationale.

L'approche normative de Triffin consistait à mettre fin à l'étalon change-or et au dilemme qui lui était associé : elle s'inspirait de la proposition de Keynes[36], présentée lors des négociations de Bretton-Woods, et visait à établir une véritable monnaie internationale. Coombs[37] estimait que les autorités monétaires états-uniennes devaient « repousser fermement » les propositions s'apparentant à l'approche de Triffin :

> Celles-ci impliqueraient l'établissement d'une nouvelle forme de monnaie internationale qui, pour être acceptable, devrait nécessairement présenter certaines caractéristiques lui conférant un statut et un prestige supérieurs à ceux du dollar. Dans ce cas, nous risquerions de voir la loi de Gresham s'appliquer à nos dépens, les pays étrangers cherchant à se débarrasser de leurs dollars afin de détenir la nouvelle unité de compte dans leurs réserves.

**33** Charles A Coombs, "Short-Dated Sterling Swaps with U.S. Commercial Banks", *Memorandum*, Federal Open Market Committee, December 5, 1967, p. 2.

**34** Coombs a souvent mentionné le problème de la balance des paiements des États-Unis : parmi plusieurs occurrences, voir Federal Open Market Committee (FOMC), *Minutes of Meetings of the Federal Open Market Committee*, *op. cit.*, 21 August 1962, p. 45 ; Charles A. Coombs, "The Present Position of the Dollar", *op. cit.*, p. 1, 3, 1967, p. 2 ; Charles A. Coombs, *The Arena of International Finance*, p. 210. Dans une récension de l'ouvrage *The Arena*, Peter Kenen, ("The Arena of International Finance by Charles A. Coombs", *Challenge*, Vol. 20, No. 2, 1977, p. 69) regrette que Charles Coombs n'examine pas de manière systématique l'évolution de la balance des paiements des États-Unis et les politiques macroéconomiques qu'une telle évolution appelait ou devait appeler. Si cette remarque peut sembler pertinente s'agissant de l'ouvrage de Coombs, elle ne l'est pas concernant ses divers *memoranda* préparés pour le Federal Open Market Committee.

**35** Charles A. Coombs, *The Arena of International Finance*, New York, John Wiley & Sons, 1976, p. 48.

**36** John Maynard Keynes, "Proposals for an International Clearing Union", in Donald Moggridge (Ed.), *The Collected Writings of John Maynard Keynes*, volume XXV, London, Macmillan, 1942, p. 168-195.

**37** Charles A. Coombs, "Action on International Liquidity", *Memorandum*, Federal Open Market Committee, April 30, 1965, p. 2.

Coombs supposait-il que le dollar resterait une monnaie forte, ou oubliait-il que la loi de Gresham s'applique à la monnaie faible ? Quoi qu'il en soit, les accords de *swap* tentaient de pallier le caractère bancal de l'édifice de Bretton-Woods et de maintenir à la fois la parité du dollar par rapport à l'or et le taux de change fixe entre la livre sterling et le dollar.

Le dilemme mis en évidence par Triffin conduisait à un autre dilemme, qui touchait précisément les accords de *swap*. D'une part, la Réserve fédérale pouvait aider la Banque d'Angleterre en émettant des dollars, ce qui mettait le dollar sous pression. D'autre part, la Réserve fédérale pouvait limiter la création de dollars, ce qui fragilisait la livre sterling et, par ricochet, le dollar. Aussi les deux instituts d'émission devaient-ils éviter de donner l'impression de « (...) deux canards boiteux qui s'entraident »[38]. La question portait alors sur le montant des lignes de *swap*. Selon Coombs[39],

> L'expérience suggère que les anticipations sur le marché des changes se modifient de manière abrupte, voire explosive, et nous risquons alors d'être confrontés à la nécessité de mener une action bien plus radicale que les mesures correctives modérées qui ont pu suffire jusqu'aujourd'hui.

Coombs[40] témoignait, alors que lorsque la livre sterling était sous pression,

> (...) il y avait certes un risque qu'un renforcement important des lignes de *swap* pût laisser suggérer que la situation était sans espoir, et ainsi alarmer davantage le marché. Toutefois, cela n'a pas été la réaction du marché suite aux annonces récentes d'accord de facilités de crédit entre banques centrales. Ces annonces ont invariablement été accueillies comme une preuve de la détermination des banques centrales à agir ensemble pour se défendre contre des pressions spéculatives.

Jusqu'à la dévaluation de la livre sterling à l'automne 1967, un tel optimisme pouvait être fondé.

Au cours de la période allant de mai 1965 à avril 1967, la Banque d'Angleterre dut subir deux attaques spéculatives majeures contre sa monnaie[41]. L'intervention des autorités monétaires états-uniennes en faveur de la livre sterling avait un arrière-plan politique, à savoir « (...) le prix que la Grande-Bretagne avait payé pour son éminent rôle durant la Seconde Guerre Mondiale »[42]. La raison d'ordre monétaire était que les crises touchant la livre sterling conduisaient la Réserve fédérale à intervenir afin qu'elles ne se propagent pas sur le dollar. Aussi Coombs[43]

**38** Charles A. Coombs, *The Arena of International Finance*, New York, John Wiley & Sons, 1976, p. 141.

**39** Charles A. Coombs, "The Present Position of the Dollar", *op. cit.*, p. 5.

**40** Federal Open Market Committee (FOMC), *Minutes of Meetings of the Federal Open Market Committee, op. cit.*, 23 August 1966, p. 9.

**41** Charles A. Coombs, "Action on International Liquidity", *op. cit.*; Charles A. Coombs, "Short-Dated Sterling Swaps with U.S. Commercial Banks", *Memorandum,* Federal Open Market Committee, December 5, 1967; *Federal Reserve Bank of New York Monthly Review,* September 1966, p. 192-194.

**42** Charles A. Coombs, *The Arena of International Finance*, New York, John Wiley & Sons, 1976, p. 108.

**43** Federal Open Market Committee (FOMC), *Minutes of Meetings of the Federal Open Market Committee, op. cit.*, 23 August 1966, p. 8.

clarifia-t-il un point : « Il est bien vrai que la raison immédiate de suggérer une augmentation massive du réseau des lignes de *swap* et de leur montant découle des pressions spéculatives sur la livre sterling, mais la raison de fond est d'éviter la pression sur le dollar. »

L'enjeu implicite était de s'assurer que l'intervention de la Réserve fédérale pour sauver la livre sterling était compatible avec le mandat de la Réserve fédérale, à savoir la stabilisation du dollar autour de sa parité officielle par rapport à l'or[44]. La crise de la livre sterling s'aggrava, du fait de l'augmentation du déficit commercial britannique au printemps 1967 et du refus de la Présidence française de répondre favorablement à la demande d'adhésion de la Grande-Bretagne au Marché commun européen. Au cours de l'été, bien que leur proposition pût créer des tensions au sein du groupe de Bâle, les responsables de la Banque d'Angleterre commencèrent à envisager la dévaluation comme une issue politique possible[45]. En novembre, le gouvernement britannique décida unilatéralement de dévaluer la livre sterling – son cours officiel passant de 2,80 à 2,40 dollars. Pour soutenir la nouvelle parité, la Banque d'Angleterre dut porter son taux d'intérêt à 8 % – le niveau le plus élevé depuis plus d'un demi-siècle. Le fardeau découlant de la dévaluation (décidée de manière non coordonnée) de la livre sterling était supporté à la fois par les autorités monétaires états-uniennes, en raison du risque de change et de l'effet de contagion sur le dollar, et par les autorités monétaires britanniques, en raison de taux d'intérêt affaiblissant la croissance économique. L'un des moyens de partager le fardeau (de manière coordonnée) fut la mise en œuvre du *Gold Pool* entre 1961 et 1968. Il résultait initialement d'un accord bilatéral entre la Banque fédérale de New York et la Banque d'Angleterre, un accord grâce auquel cette dernière, au nom de la première, vendait de l'or sur le marché de Londres afin d'en réduire le prix de marché libellé en dollars. Le Trésor états-unien avait toutefois indiqué qu'il ne pouvait pas systématiquement supporter le coût de ces opérations. À l'automne 1960, Guillaume Guindey, directeur général de la BRI, avait suggéré à Alfred Hayes et à Coombs un arrangement selon lequel « (...) un syndicat, au sein duquel plusieurs banques centrales engageraient des quantités d'or convenues », financerait mutuellement les interventions sur le marché de Londres afin de stabiliser le prix de l'or autour de son prix officiel en dollars[46]. Une fois le syndicat de banques centrales constitué, celles-ci partageaient les profits et les pertes lors des interventions menées en commun. Bordo, Monnet,

44 Nous retrouvons une préoccupation similaire, à la suite de la crise de 2007-2009, de la part des responsables de la Réserve fédérale (Emmanuel Carré et Laurent Le Maux, « *Dollar Swap Lines* et crédibilité: la Réserve fédérale face à la globalisation financière », *op. cit.*). Devant le Congrès, ils devaient expliquer pourquoi la Réserve fédérale avait injecté de la liquidité en faveur d'institutions bancaires européennes, soit directement auprès des banques commerciales européennes ayant accès à son guichet, soit indirectement par l'intermédiaire des lignes de *swap* accordées aux banques centrales européennes. Et la raison était la suivante : porter assistance aux banques commerciales européennes, très endettées en dollars, permettait de venir en aide aux banques commerciales états-uniennes créancières. Contrairement à la période de Bretton Woods, l'enjeu n'était plus d'ordre *monétaire* (le maintien de la parité du dollar par rapport à l'or), mais d'ordre *financier* (le maintien de la solvabilité des banques états-uniennes ayant des positions créditrices vis-à-vis des banques européennes).

45 Charles A. Coombs, *The Arena of International Finance*, *op. cit.*, p. 147-148.

46 *Ibidem*, p. 60.

Naef[47] montrent qu'entre 1962 et 1965, le *Gold Pool* a fonctionné avec succès et de manière profitable pour les banques centrales qui y étaient membres et que, suite à la dévaluation de la livre en novembre 1967, celles-ci firent des pertes importantes. Ces résultats font écho à un rapport rédigé par Coombs pour le FOMC, daté du 18 août 1966[48] et dans lequel il comparait la dévaluation de la livre sterling à « une bombe à double détonation », fragilisant à la fois le taux de change fixe entre la livre sterling et le dollar et le *Gold Pool* comme instrument de stabilisation du dollar par rapport à l'or[49].

Un autre moyen de partager le fardeau (toujours de manière coordonnée) était le réseau de *swap* entre banques centrales. Durant la crise de la livre sterling, Coombs[50] s'inquiétait qu'au sein du groupe de Bâle « (...) les négociations étaient dans une impasse » et que « (...) le fardeau retomberait alors directement sur le Federal Open Market Committee ». Lors d'une réunion du FOMC[51], Coombs proposa une approche alternative visant à accentuer la multilatéralisation du réseau de lignes de *swap*. Dans le cadre existant du réseau *swap* bilatéral, une banque centrale (la Banque d'Angleterre) ayant un besoin d'une monnaie autre que le dollar (le mark allemand) pouvait obtenir des dollars par le biais d'un accord de *swap* avec la Réserve fédérale, puis vendre ces dollars à une troisième banque centrale (la *Bundesbank*), laquelle pouvait ensuite utiliser ces mêmes dollars pour acheter de l'or auprès des autorités monétaires états-uniennes. Dans le cadre du réseau *swap* multilatéral que Coombs proposait, la Banque d'Angleterre aurait la possibilité de tirer directement une ligne de *swap* sur la *Bundesbank* et devrait ensuite se procurer des marks pour liquider la ligne de *swap*, sans passer par le dollar. Selon Coombs[52],

> (...) un tel arrangement pourrait accroître à la fois la flexibilité et l'efficacité du réseau de swap, le convertissant ainsi en un mode opératoire plus multilatéral et, finalement, soulagerait les États-Unis d'une partie du fardeau financier lié au rôle central du dollar au sein de la finance internationale.

Le propos de Coombs n'était pas d'éviter le fardeau en tant que tel, mais de trouver un arrangement institutionnel qui put améliorer l'efficacité du réseau de lignes de *swap* et réduire une part inutile du fardeau, permettant ainsi à la Réserve fédérale de concentrer ses efforts pour assurer la stabilisation du système dans son ensemble. La proposition de Coombs en faveur de la multilatéralisation du réseau de lignes de *swap* fut longuement discutée au sein du FOMC. Finalement, elle ne fut pas adoptée, notamment en raison du fait qu'il eût été difficile de convaincre les autorités monétaires de l'Europe continentale d'étendre à la

**47** Michael D. Bordo, Eric Monnet et Alain Naef, "The Gold Pool (1961-1968) and the Fall of the Bretton Woods System: Lessons for Central Bank Cooperation", *op. cit.*, p. 20.
**48** Cité dans *Ibidem*, p. 138-140.
**49** *Ibid.*, p. 199.
**50** Federal Open Market Committee (FOMC), *Minutes of Meetings of the Federal Open Market Committee*, *op. cit.*, 23 August 1966, p. 10.
**51** *Ibidem*, 23 May 1965, p. 10-18.
**52** Charles A. Coombs, "Action on International Liquidity", *op. cit.*, p. 7.

Banque d'Angleterre les facilités qu'elles accordaient déjà à la Réserve fédérale et ce, depuis plusieurs années.

* * *

Comme en témoigne la citation en exergue de la contribution présente, il ne faisait guère de doute, selon Milton Friedman, que le métier de banquier central pût revêtir une dimension politique. Pour déflater la teneur politique de l'action de la banque centrale, Friedman[53] défendait le principe d'une règle d'émission stricte, principe qui le conduisait à envisager, non sans malice, le remplacement des banquiers centraux par des ordinateurs... De surcroît, le paradigme monétariste arguait que la mise en place d'un régime de taux de change flexibles déflaterait par ailleurs la nécessité d'une coopération monétaire internationale, chaque banque centrale appliquant la règle d'émission stricte au niveau national, le taux de change devenant ainsi la variable d'ajustement. Toutefois, le système de taux de change flexibles associé à la libéralisation des mouvements de capitaux, que Friedman appelait également de ses vœux, n'a nullement supprimé le besoin d'une coopération entre banques centrales. Bien au contraire. C'est ce qu'illustre la crise financière globale de 2007-2009, durant laquelle la Réserve fédérale mit en œuvre le programme massif des lignes de *swap* en dollars, intervenant ainsi comme *prêteur en dernier ressort international*.

Ce que donne à voir la diplomatie monétaire de Charles Coombs durant la période de Bretton-Woods, ainsi que les interventions plus récentes de la Réserve fédérale en faveur des banques centrales européennes, corroborent l'analyse de Charles Kindleberger, selon laquelle l'émetteur de la liquidité internationale se doit d'assurer un *leadership* permettant, grâce à des mesures adéquates, d'assurer la stabilité monétaire et financière à l'échelle internationale. *The Arena of International Finance* dessine en filigrane une oscillation entre la dimension politique et la dimension économique de la monnaie, reflétant ainsi une des facettes de l'ambivalence du fait monétaire. D'un côté, Charles Coombs souligne la dimension politique de la banque centrale dans les termes qui suivent :

> Aucun des banquiers centraux que j'ai connus n'a eu la prétention fanatique de défendre des parités difficiles à tenir au prix d'un taux de chômage massif. C'étaient des hommes sophistiqués de leur époque, parfaitement conscients des pressions sociales qui s'exerçaient sur le fonctionnement délicat des gouvernements démocratiques[54].

D'un autre côté, Charles Coombs s'empresse d'ajouter que, lorsqu'il en était vice-président, la Banque fédérale de New York avait « (...) rigoureusement

**53** Milton Friedman, *A Program for Monetary Stability*, Fordham NY, Fordham University Press, 1960, 132 p. ; Milton Friedman, " Do We Need Central Banks?", *in Proceedings of the Seminar on Monetary Management in Hong Kong, 18-19 October 1993*, Hong Kong, Hong Kong Monetary Authority, 1994, p. 44-47.
**54** Charles A. Coombs, *The Arena of International Finance*, *op. cit.*, p. XII.

maintenu une approche apolitique »[55]. « À titre d'illustration, pour les banquiers centraux du groupe de Bâle, tout conseil au gouvernement britannique de dévaluer avant novembre 1967 aurait été « (...) une intrusion présomptueuse dans les affaires politiques britanniques ».[56] Pour autant, ils s'inquiétaient du risque de désintégration de l'édifice construit à Bretton Woods qui pouvait résulter d'une dévaluation mal coordonnée. Et Coombs de citer à ce propos Jelle Zijlstra, l'ancien directeur de la banque centrale des Pays-Bas : « Si le gouvernement britannique décide d'essayer de résoudre le problème par des mesures nationales uniquement, nous ne pouvons pas contester ce jugement politique souverain ».[57]

ANNEXE **TIRAGES DE LIGNES DE *SWAP* ENTRE BANQUES CENTRALES, 1962-1971**

| | Lignes demandées par la Réserve fédérale aux autres banques centrales | | Lignes demandées par les autres banques centrales à la Réserve fédérale | |
|---|---|---|---|---|
| | milliards de $ | % | milliards de $ | % |
| **Belgique** | 1,662 | 14.4 | 724 | 4.7 |
| **Canada** | 20 | 0.2 | 518 | 3.4 |
| **Angleterre** | 835 | 7.2 | 8,650 | 56.6 |
| **France** | 72 | 0.6 | 1,155 | 7.6 |
| **Allemagne** | 1,368 | 11.8 | 0 | 0 |
| **Italie** | 1,400 | 12.1 | 1,450 | 9.5 |
| **Japon** | 0 | 0 | 80 | 0.5 |
| **Pays-Bas** | 1,475 | 12.8 | 247 | 1.6 |
| **Suisse** | 3,773 | 32.7 | 0 | 0 |
| **Autres** | 50 | 0.4 | 200 | 1.3 |
| **BRI** | 890 | 7.7 | 2,266 | 14.8 |
| **Total** | 11,545 | 100 | 15,290 | 100 |

Source: Bordo, Humpage, and Schwartz, "The Evolution of the Federal Swap Lines since 1962", *op. cit.*, p. 357.

**55** *Ibidem*, p. 23.
**56** *Ibid.*, p. 150.
**57** *Ibid.*

Chapitre 24

# Qui contrôle la Banque nationale suisse ? La dimension politique dans la composition des autorités de contrôle de la banque centrale (1907-2008)

**Thibaud Giddey**
Université de Zurich

Le degré de légitimité et d'autorité dont jouit une banque centrale tant à l'égard des instances étatiques que des banques commerciales dépend de nombreux facteurs. Le concept de l'indépendance de la banque centrale, érigé en vertu cardinale des modèles théoriques depuis les années 1970[1], a longtemps dominé les discussions sur les rapports qu'entretiennent un État et sa banque centrale. Résumé à grand trait, le primat de l'indépendance de la banque centrale repose sur l'idée que les banquiers centraux doivent être à l'abri d'une ingérence extérieure des décideurs politiques, qui sont susceptibles de vouloir imposer une politique monétaire selon les aléas court-termistes de leur pêche aux électeurs[2].

Au-delà des principes voulant soustraire les banques centrales à l'influence politique, les relations entre une banque centrale et un gouvernement sont

1 Olivier Feiertag, « Introduction/Les banques centrales et l'État une réévaluation », *in* Olivier Feiertag et Michel Margairaz (dir.), *Les banques centrales et l'État-nation*, Presses de Sciences Po, 2016, p. 11-26; Adriano do Vale, "Central bank independence, a not so new idea *in* the history of economic thought: a doctrine *in* the 1920s", *The European Journal of the History of Economic Thought*, 2021, Vol. 28, No. 5, p. 811-843.

2 Donato Masciandaro et Davide Romelli, "Ups and downs of central bank independence from the Great Inflation to the Great Recession: theory, institutions and empirics", *Financial History Review*, December 2015, Vol. 22, No. 3, p. 259-289.

ABSTRACT
This article explores the partisan dimension in the governance of the Swiss National Bank (SNB) from 1907 to 2008, by analyzing the changing composition of the supervisory bodies, which are partly appointed by the government. Partisan representation is dominated by bourgeois parties, despite an increase in socialist representation after 1945. The appointment process favored the status quo, limiting the possibilities of integrating under-represented groups. This prosopographical contribution provides an insight into the form of control exercised by political appointees over a central bank in a decentralized political system.

RÉSUMÉ
L'article explore la dimension partisane dans la gouvernance de la Banque Nationale Suisse (BNS) de 1907 à 2008, en analysant l'évolution de la composition des organes de contrôle, qui sont en partie nommés par le gouvernement. La représentation partisane y est dominée par les partis bourgeois, malgré une progression des socialistes après 1945. Le processus de nomination privilégie le statu quo, limitant les possibilités d'y intégrer des groupes faiblement représentés. Cette contribution prosopographique permet de saisir quelle forme de contrôle le personnel politique exerce sur une banque centrale dans un système politique décentralisé.

JEL: **N24, E58, G28, D72, P16**
Keywords: **central banking, governance, Swiss National Bank, political representation, supervisory bodies**
Mots-clés : **banque centrale, gouvernance, Banque Nationale Suisse, représentation politique, organes de contrôle**

également façonnées d'une part selon le modèle de gouvernance qui les régit, d'autre part par les personnes qui sont chargées du contrôle de la banque centrale.

Dans cette contribution, nous abordons la question de la relation des banques centrales au politique dans une approche centrée sur les acteurs, les individus. La recherche se focalise ici sur les membres des organes de contrôle de la banque centrale. Il s'agit d'individus nommés en partie par le gouvernement et par les actionnaires de l'institut d'émission. Ces personnes n'exercent pas uniquement une fonction de surveillance, mais elles jouent aussi un rôle de courroie de transmission entre la banque centrale et d'autres centres de pouvoir, tels que les groupes d'intérêts économiques, la grande industrie, les syndicats ouvriers, ou encore les gouvernements cantonaux. Cette relation agit dans les deux sens : les membres des organes de contrôle y défendent les intérêts de leur secteur économique et de leur appartenance politique, mais en retour, une fois les décisions de la banque centrale prises, ils servent aussi à les légitimer auprès des groupes qu'ils représentent.

Cet article cherche donc à mieux cerner l'évolution du profil politique des organes de contrôle de la Banque nationale suisse depuis sa création en 1907 jusqu'à la réforme des instances dirigeantes des années 2000. Il interroge non seulement la composante politique – à savoir la représentation partisane au sein de ces comités –, mais met en lumière le processus de nomination des dirigeants par les autorités politiques, un élément essentiel de la gouvernance et de l'indépendance des banques centrales. Ce faisant, il permet d'analyser la représentativité de la composition politique de la BNS, à savoir son adéquation relative avec les résultats électoraux. En outre, mettre en lumière la structure politique des organes de contrôle permet également de relativiser les tentatives de « dépolitiser » et de « techniciser » le rôle de la banque centrale. Les experts qui siègent dans les comités de surveillance, indépendamment de leurs compétences spécialisées, prennent aussi leurs décisions en fonction des intérêts économiques et politiques qu'ils défendent.

En adoptant une approche par les personnes dans l'analyse des banques centrales, cette contribution s'insère dans un courant de recherche relativement fécond. Plusieurs publications, d'horizons disciplinaires variés, intègrent cette dimension individuelle sous différents angles : des perspectives transnationales sur les compétences et l'expertise du personnel des banques centrales et des agences de supervision[3], des enquêtes sociologiques sur les gouverneurs de banques centrales au cours des 25 dernières années[4] ou encore des analyses historiques du profil des gouverneurs de banques centrales dans les principales économies[5]. Une autre étude récente explore également le profil des membres du Comité de Bâle sur le contrôle bancaire entre 1975 et 1988[6]. Dans une autre veine, le travail comparatif de Christopher Adolph, reposant sur un jeu de données de 600 banquiers centraux couvrant vingt pays entre 1950 et 2000, montre que les parcours professionnels, sectoriels et idéologiques des banquiers centraux jouent un rôle crucial dans la détermination de leurs préférences en matière de politique monétaire[7].

Malgré certains retards dans l'historiographie bancaire suisse en grande partie dus à l'inaccessibilité des archives d'entreprise, les recherches sur le profil des dirigeants bancaires y rencontrent un terreau favorable que le présent article cherche à nourrir davantage. En plus des études sur les élites économiques en général[8], le profil des banquiers helvétiques plus spécifiquement fait l'objet d'un intérêt renouvelé qui met en avant à la fois la plus forte mobilité internationale et la persistance du modèle du capitalisme familial dans la banque privée[9]. Mais le présent article doit surtout beaucoup au travail pionnier effectué par Yves Sancey et Sébastien Guex, qui avaient pour la première fois collecté et analysé

3 Charles Goodhart, Dirk Schoenmaker, et Paolo Dasgupta, "The Skill Profile of Central Bankers and Supervisors", *Review of Finance*, 2002, Vol. 6, No. 3, p. 397-427.

4 Frédéric Lebaron and Aykiz Dogan, "Do Central Bankers' Biographies Matter?", *Sociologica*, 2016, No. 2, p. 1-37 ; Frédéric Lebaron et Aykiz Dogan, "Central Bankers as a Sociological Object: Stakes, Problems and Possible Solutions", *in* Francois Denord, Mikael Palme et Bertrand Réau (dir.), *Researching Elites and Power: Theory, Methods, Analyses*, Cham, Springer International Publishing, 2020, p. 95-111.

5 Youssef Cassis, « La communauté des gouverneurs des banques centrales européennes depuis la fin de la Seconde Guerre mondiale », *in* Olivier Feiertag et Michel Margairaz (dir.), *Politiques et pratiques des banques d'émission en Europe (XVII$^{e}$-XX$^{e}$ siècle)*, Paris, Albin Michel, 2003, p. 753-765 ; Mikael Wendschlag, "Central Bankers *in* Twelve Countries between 1950 and 2000: The Making of a Global Elite", *in Financial Elites and European Banking*, Oxford, Oxford University Press, 2018, p. 182-208.

6 Alexis Drach, *Liberté surveillée: supervision bancaire et globalisation financière au Comité de Bâle : 1974-1988*, Rennes, Presses universitaires de Rennes, 2022, p. 98-110.

7 Christopher Adolph, *Bankers, bureaucrats, and central bank politics: the myth of neutrality*, Cambridge, Cambridge University Press, 2013.

8 André Mach, Thomas David, Stéphanie Ginalski, et Felix Bühlmann, *Les élites économiques suisses au XX$^{e}$ siècle*, Neuchâtel, Alphil - Presses universitaires suisses, 2016 ; André Mach, Thomas David, Stéphanie Ginalski, et Felix Bühlmann, "From Quiet to Noisy Politics: Transformations of Swiss Business Elites' Power", *Politics & Society*, 2021, Vol. 49, No. 1, p. 17-41.

9 Youssef Cassis et Fabienne Debrunner, « Les élites bancaires suisses. 1880-1960 », *Revue suisse d'histoire*, 1990, vol. 40, n° 3, p. 259-273 ; Pedro Araujo, Eric Davoine and Pierre-Yves Donzé, "Banking elites and the transformation of capitalism in Switzerland: A prosopographic analysis (1890-2020)", *Business History*, Vol. 66, No. 7, 2023, p. 1862-1887 ; Pedro Araujo et Felix Bühlmann, « Les élites bancaires suisses : entre localisme et transnationalisme », *Revue française de sociologie*, 2023, vol. 64, n° 1-2, p. 85-110.

des variables biographiques sur les dirigeants de la BNS[10]. Nous remercions les auteurs de nous avoir transmis leurs données. Notre contribution se distingue à trois égards de la publication de Sancey et Guex. Premièrement, nous élargissons le nombre d'individus inclus dans notre travail prosopographique. Nous utilisons un échantillonnage pour le Conseil de Banque (227 individus) et analysons l'intégralité des membres du Comité (112 individus), tandis que Sancey et Guex proposaient un échantillon plus limité (pas d'analyse du Conseil de banque et 53 individus pour le Comité). Deuxièmement, nous intégrons une comparaison entre la composition politique des dirigeants de la BNS et celle des membres de la Commission fédérale des banques, à savoir l'organisme étatique de contrôle des banques. Troisièmement, cette étude se focalise sur les dimensions de l'orientation politique et de son rôle dans le processus de nomination. Enfin, il faut relever que le présent article se situe dans le prolongement de deux recherches récemment publiées et dans lesquelles d'autres variables biographiques que l'appartenance partisane, comme la carrière professionnelle ou la formation, sont étudiées[11].

La suite de l'article se structure en trois parties. Dans un premier temps, nous présenterons brièvement l'organisation et la gouvernance de la Banque nationale suisse et justifierons le choix de notre méthode de réunion des données biographiques. La seconde partie – le cœur de l'article – analyse l'évolution de la composition politique des organes de contrôle de la BNS au cours du XX^e^ siècle, en donnant quelques exemples du processus de nomination tirés des archives. Dans un troisième temps, nous proposerons quelques éléments de comparaison avec le profil politique de l'organe de surveillance des banques, et conclurons par une remise en question de la dépolitisation et technicisation des années 1990.

## LA BANQUE NATIONALE SUISSE ET SA GOUVERNANCE

La création de la BNS en 1907 est le résultat d'un compromis politique entre les intérêts fédéraux et cantonaux, qui combine des caractères publics et privés, qui l'a amenée à prendre une forme juridique particulière[12]. La BNS est une société anonyme, dont l'actionnariat a été réparti entre les cantons (40 %), les actionnaires privés (40 %) et les anciennes banques cantonales d'émission (20 %) ; l'État fédéral n'y est donc pas intéressé financièrement[13]. Mais la BNS

**10** Yves Sancey et Sébastien Guex, « Les dirigeants de la Banque nationale suisse au XX^e^ siècle », *in* Olivier Feiertag et Michel Margairaz (dir.), *Gouverner une banque centrale du XVII^e^ siècle à nos jours*, Paris, Albin Michel, 2010, p. 143-179.

**11** Thibaud Giddey, « Une analyse prosopographique des superviseurs bancaires en Suisse (1935-2008) », *in* Jean-Luc Mastin et Béatrice Touchelay (dir.), *Des banques sous surveillance ? Pour une histoire du contrôle bancaire depuis le XIX^e^ siècle*, Villeneuve d'Ascq, Presses universitaires du Septentrion, 2023, p. 137-162 ; Thibaud Giddey, "Who watches the watchdogs? Central bank board members and banking supervisors *in* Switzerland (1907-2008)", *Management & Organizational History*, 2024, p. 1-27.

**12** Rolf Zimmermann, *Volksbank oder Aktienbank? Parlamentsdebatten, Referendum und zunehmende Verbandsmacht beim Streit um die Nationalbankgründung. 1891-1905*, Zürich, Chronos, 1987 ; Sébastien Guex, *La politique monétaire et financière de la Confédération 1900-1920*, Lausanne, Payot, 1993, p. 19-39.

**13** Michael Bordo et Harold James, « De 1907 à 1946 : enfance heureuse ou adolescence difficile ? », *in* Werner Abegg (dir.), *Banque Nationale Suisse 1907-2007*, Zurich, Neue Zürcher Zeitung, 2007, p. 34.

est également marquée par des éléments publics. Instituée par la Confédération, son activité est définie par une loi fédérale. Elle est placée sous le contrôle des autorités fédérales, qui participent de manière décisive à la nomination de ses dirigeants. Soulignons ici que dans le compromis trouvé en 1905, le pouvoir de nomination des organes de surveillance qui sont au cœur de cet article, le Conseil de banque et le Comité de banque, représente une concession aux tenants d'une banque d'État. Depuis sa création, la BNS jouit d'une indépendance relative par rapport au gouvernement fédéral, dans le but indirect de dépolitiser la politique monétaire. Sa gouvernance a également été façonnée par ce compromis fondateur. La structure organisationnelle de la banque centrale donne un pouvoir considérable à la représentation des intérêts économiques et régionaux ; en ce sens, pour un auteur comme Leon Wansleben la fonction de *central banking* de la BNS se résumait jusqu'aux années 1970 à un rôle de médiation entre les élites financières et économiques[14].

La gouvernance de la Banque nationale est structurée autour de plusieurs instances aux fonctions distinctes. Nous examinerons ici le Conseil de Banque formé de 40 membres, ainsi que le Comité de Banque formé de 7 à 10 membres.

Le Conseil de Banque (*Bankrat*) ne se réunit que trois à cinq fois par an, il exerce une surveillance générale et est responsable des nominations du Comité et de soumettre des candidatures de membres pour la Direction générale – à savoir les trois gouverneurs responsables de la conduite opérationnelle – au gouvernement. Sur les quarante membres du Conseil de banque, vingt-cinq étaient élus par le Conseil fédéral, c'est-à-dire le gouvernement exécutif fédéral – et quinze directement par l'assemblée générale de la BNS. Selon la loi de 1905 régissant la BNS, les membres du Conseil de banque devaient être de nationalité suisse et résider en Suisse. Le Conseil devait également comprendre « des représentants de la finance, du commerce, de l'industrie, des petites entreprises et de l'agriculture » (art. 44). Les vingt-cinq membres nommés par le gouvernement étaient soumis à des exigences supplémentaires : cinq membres au maximum pouvaient être des membres du Parlement fédéral et cinq membres au maximum des chefs des gouvernements cantonaux.

Le Comité de Banque (*Bankausschuss*), composé de sept à onze membres choisis parmi les 40 membres du Conseil de banque, en est une délégation qui se réunit beaucoup plus fréquemment (à échéance mensuelle ou bimensuelle). Il est en étroit contact avec la direction et donne son avis sur des décisions importantes, notamment la fixation du taux officiel de l'escompte[15]. Son président et son vice-président – qui, par extension, présidaient le Conseil de banque – étaient nommés par le Conseil fédéral. Les cinq à neuf membres restants étaient nommés par le Conseil de banque lui-même, selon un système de cooptation.

Les critères d'éligibilité et le processus de nomination sont des éléments essentiels pour comprendre qui a été choisi pour occuper ces postes. Les critères de sélection et le processus de nomination, qui n'ont pas connu de réformes

14 Leon Wansleben, *The Rise of Central Banks: State Power in Financial Capitalism*, Harvard, Harvard University Press, 2023, p. 78-79.

15 Yves Sancey et Sébastien Guex, « Les dirigeants de la Banque nationale suisse au XX$^{e}$ siècle », art. cit.

abruptes au cours du XX$^{e}$ siècle malgré les révisions de la loi sur la BNS en 1953 et 1978, ont eu des conséquences à long terme sur les profils recherchés. La nécessité de posséder une expertise bancaire et de représenter les principaux secteurs du commerce et de l'industrie a façonné de manière décisive le profil des membres, conférant aux représentants de l'économie une influence considérable, au détriment de la société civile en général ou d'une représentation équilibrée des forces politiques du pays.

En comparaison internationale, on pourrait rapprocher les instances que nous étudions ici – le Conseil de Banque et le Comité de Banque de la BNS – du Conseil National du Crédit créé au moment de la nationalisation de la Banque de France en 1945 pour permettre une concertation entre représentants de divers représentants (patronats bancaires et industriels, syndicats et gouvernement)[16]. À la différence du Conseil National du Crédit, les Conseil et Comité de Banque de la BNS font organiquement partie de la banque centrale, et agissent en son sein comme un conseil d'administration dans une société anonyme.

Toujours du point de vue international, une étude de cas sur la gouvernance de la banque centrale helvétique se révèle aussi particulièrement intéressante, puisqu'elle met en avant les spécificités du *central banking* dans un système politique fédéral fortement décentralisé. Le poids des cantons, qui sont les principaux actionnaires de la banque, est déterminant dans l'organisation de la BNS, ce qui influence aussi la sélection de ses organes de contrôle.

## LA COMPOSITION PARTISANE DES AUTORITÉS DE LA BNS

Contrairement à la représentation équilibrée des principaux secteurs économiques et financiers, ainsi que des régions du pays, la tendance politique et l'appartenance partisane ne sont pas explicitement mentionnées comme critères de sélection des membres des organes de surveillance de la banque centrale. En tant qu'autorités indépendantes, ces institutions ne sont pas expressément tenues de fournir une délégation représentative des forces politiques du pays. Toutefois, en tant qu'entités liées à l'État fédéral et dont les dirigeants sont en partie nommés par le gouvernement, les deux institutions comptent des membres ayant des orientations politiques identifiables en tant qu'élus (au niveau de la ville, du canton ou de la Confédération). Malgré ce principe non écrit de représentation équitable, il existe un écart important entre le paysage politique de ces deux institutions et les résultats des élections parlementaires démocratiques.

Avant d'analyser les graphiques qui détaillent l'évolution chronologique de la représentation partisane dans le Comité et le Conseil de banque, précisons nos critères d'identification et ce que nous avons considéré comme une appartenance ou une orientation politique. Pour le Comité de Banque, l'intégralité des 112 membres élus entre 1907 et 2008 a été prise en compte. Pour le Conseil de

**16** Sur le Conseil National du Crédit, voir la contribution d'Antoine Jourdan : « La Banque de France et la distribution du crédit bancaire dans l'économie « concertée » de 1946 aux années 1960 ».

Banque, nous avons fait une sélection en examinant la composition par intervalles de vingt ans (1907, 1920, 1940, 1960, 1980, 2000 et 2020), ce qui totalise 227 individus[17].

En ce qui concerne la définition de l'appartenance politique, nous avons considéré les mandats d'élus – à l'exécutif comme au législatif – de manière exhaustive au niveau fédéral et cantonal, ainsi que les mandats d'élus au niveau communal de manière partielle. Pour l'essentiel du groupe, nous avons récolté les informations relatives aux mandats politiques sur la base de données de l'Observatoire des élites suisses de l'Université de Lausanne[18]. Parfois, des recherches complémentaires, notamment dans les nécrologies et les collections de presse numérisées, ont été effectuées. Malgré nos efforts pour retrouver ces informations sur le parrainage politique, nous n'avons pas pu identifier la tendance politique pour une partie importante de notre groupe (au Conseil de banque entre 27 et 54 %, au Comité de banque pour 31 % en moyenne).

L'appartenance politique a été considérée comme une valeur unique et intemporelle, sans distinguer les cas dans lesquels les membres réalisent une partie de leur carrière politique avant, après ou pendant leur passage dans les organes de contrôle de la Banque nationale suisse. Rappelons toutefois que dans l'écrasante majorité des cas les mandats électifs dans la vie politique suisse précèdent et/ou se juxtaposent à la présence à la BNS. Ceci est confirmé par l'âge relativement avancé des membres du Conseil de banque et du Comité de banque, 59 et 56 ans respectivement sur toute la période.

Il convient enfin de préciser que nous avons opéré quelques simplifications dans la codification des partis politiques, qui connaissent évidemment des changements de noms et des fusions ou scissions pendant la période envisagée (1907-2008). Ainsi, le Parti des artisans et bourgeois, à l'origine agrarien, est issu d'une scission avec le Parti radical-démocratique dans les années 1920 (parti national créé en 1937), avant de se rebaptiser Union Démocratique du Centre (UDC) en 1971, et de se transformer en parti de droite populiste. Cette radicalisation national-populiste se fait depuis les années 1990 sous l'impulsion de la section zurichoise menée par l'entrepreneur Christoph Blocher[19].

À partir de la figure 1, qui présente l'évolution par tranches vicennales au Conseil de banque, trois conclusions peuvent être tirées.

– On constate premièrement la domination des partis bourgeois, à savoir le Parti radical, le Parti conservateur/démocrate-chrétien, le Parti libéral et le Parti des artisans et bourgeois/UDC. En 1907, ils occupent 27 des 40 sièges en 1907, avec

**17** L'identification des membres a été réalisée à partir des listes fournies dans les publications anniversaires (pour 1907-1956 : Emil Mosimann (dir.), *Banque nationale suisse 1907-1957*, Zurich, Banque nationale suisse, 1957, p. 437-438. Pour 1957-1982 : Roland Äppli *et al.* (dir.), *75e anniversaire. Banque nationale suisse : les années 1957 à 1982*, Zurich, Banque nationale suisse, 1982, p. 481. Ces listes ont été complétées, pour les années plus récentes (1983-2008), à l'aide des rapports annuels.

**18** Observatoire des élites suisses, Université de Lausanne : <https://www2.unil.ch/elitessuisses/index.php>, (consulté le 31.10.2024).

**19** Oscar Mazzoleni, *Nationalisme et populisme en Suisse: la radicalisation de la « nouvelle » UDC*, Lausanne, Presses polytechniques et universitaires romandes, 2008.

une tendance décroissante au fil des décennies (23 en 1920, 21 en 1940, 19 en 1960, 16 en 1980, 21 en 2000).

– Deuxième constat, le Parti socialiste fait son apparition au Conseil en 1920, mais sa présence reste très faible (1 seul siège) pendant l'entre-deux-guerres. Ce n'est que pendant la période 1945-2000, qui correspond grossièrement à celle de la « formule magique » au niveau gouvernemental, que le PS obtient une représentation plus fidèle à son poids électoral[20].

– Le troisième constat, plus surprenant, consiste en la baisse de 18 à 14 du nombre de membres pour lesquelles une appartenance politique n'a pas pu être trouvée entre 1980 et 2000. La recherche sur les élites économiques a souvent souligné une forme de désengagement et de distanciation entre les dirigeants du monde de l'entreprise et la vie politique nationale au cours des années 1990[21]. À la Banque Nationale, cette période connaît au contraire un regain de la présence de membres proches des partis politiques dans le conseil de la BNS. Les données pour 2020 ne sont que difficilement comparables avec les périodes précédentes, puisqu'en 2003 une importante réforme de la gouvernance de la BNS : le Comité disparaît formellement et le Conseil de Banque est réduit de 40 à 11 membres.

FIGURE 1 **ORIENTATION POLITIQUE DES MEMBRES DU CONSEIL DE BANQUE DE LA BANQUE NATIONALE SUISSE**

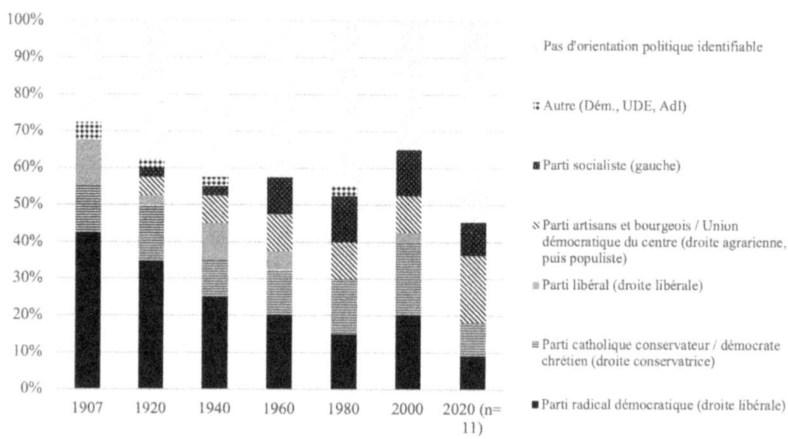


Source : Membres du Conseil et Comité de Banque de la BNS : pour la période 1907-1956 : Emil Mosimann, *Banque nationale suisse 1907-1957*, Zurich, BNS, 1957, p. 437-438. Pour la période 1957-1982 : Äppli, Roland (Ed.), *75e anniversaire. Banque nationale suisse : les années 1957 à 1982*, Zurich, BNS, 1982, p. 481. Pour la période 1983-2008 : Rapports annuels de la BNS. Informations sur l'orientation politique : base de données Observatoire des élites suisses, Université de Lausanne, <https://www2.unil.ch/elitessuisses/index.php>. Pour les mandats politiques locaux (cantons, communes) des recherches complémentaires ont été effectuées dans la presse numérisée et les bases de données locales.

La figure 2 propose une représentation de la composante politique au sein du Comité de banque. Pour rappel, il s'agit d'une instance de décision plus exclu-

**20** La "formule magique" désigne la répartition des sièges au Conseil fédéral proportionnellement à la force électorale des partis, avec une forme de grande coalition qui réunit les quatre principaux partis gouvernementaux (2 PRD, 2 PDC, 2 PSS, 1 UDC). Cette répartition demeure inchangée entre 1959 et 2003.

**21** André Mach, Thomas David, Stéphanie Ginalski, et Felix Bühlmann, "From Quiet to Noisy Politics", *op. cit.*

sive – une dizaine de membres seulement – et aux pouvoirs plus étendus. Dans l'ensemble, les trois constats faits sur la base de la figure 1 – poids des partis bourgeois, faible représentation des socialistes et politisation accrue entre la fin des années 1980 et les années 2000 – restent valables. On pourrait même dire que la composition du Comité les exacerbe.

FIGURE 2 **ORIENTATION POLITIQUE DES MEMBRES DU COMITÉ DE BANQUE DE LA BANQUE NATIONALE SUISSE (1907-2008)**

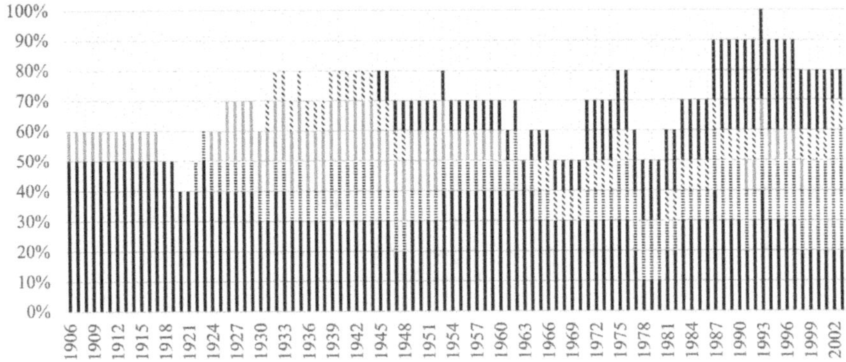


Pas d'orientation politique identifiable (31%)

■ Parti socialiste (gauche, 11%)

⸬ Parti artisans et bourgeois / Union démocratique du centre (droite agrarienne, puis populiste, 5%)

▒ Parti libéral (droite libérale, 8%)

≡ Parti catholique conservateur / démocrate chrétien (droite conservatrice, 12%)

Source : Membres du Conseil et Comité de Banque de la BNS : pour la période 1907-1956 : Emil Mosimann, *Banque nationale suisse 1907-1957*, Zurich, BNS, 1957, p. 437-438. Pour la période 1957-1982 : Äppli, Roland (Ed.), *75e anniversaire. Banque nationale suisse : les années 1957 à 1982*, Zurich, BNS, 1982, p. 481. Pour la période 1983-2008 : Rapports annuels de la BNS. Informations sur l'orientation politique : base de données Observatoire des élites suisses, Université de Lausanne, <https://www2.unil.ch/elitessuisses/index.php>. Pour les mandats politiques locaux (cantons, communes) des recherches complémentaires ont été effectuées dans la presse numérisée et les bases de données locales.

Le poids écrasant des partis de droite pendant la première moitié du XXe siècle ressort de manière plus éclatante encore. Les radicaux et libéraux y disposent d'une majorité de manière presque continue. Ainsi, le premier socialiste, en l'occurrence Johannes Huber, fait son apparition au comité en 1945 seulement. Et encore, il a alors uniquement le statut de suppléant. Ce n'est en fait qu'en 1954, à la faveur d'une révision de la loi qui supprime le statut de suppléant, qu'un socialiste, Robert Bratschi, accède au Comité.

Quant à la phase de regain de la présence politique au cours des années 1990, elle est également mise en évidence par la composition du Comité. En 1993, pour la première fois, l'ensemble des 10 membres sont ou ont été des élus politiques (4 radicaux, 3 socialistes, 2 démocrates-chrétiens, 1 libéral).

Afin d'estimer si la représentation partisane dans la banque centrale est relativement équilibrée par rapport aux résultats sortis des urnes, nous proposons ici deux graphiques qui donnent une idée du poids des partis au niveau national au cours du XX^e^ siècle. La figure 3 présente l'évolution de la Chambre basse, le Conseil national, à partir de 1919, date de l'introduction du scrutin proportionnel, tandis que la figure 4 se concentre sur la répartition des sept sièges au gouvernement, le Conseil fédéral.

FIGURE 3 **FORCE DES PARTIS AU CONSEIL NATIONAL (CHAMBRE BASSE DU PARLEMENT) (1919-2007)**

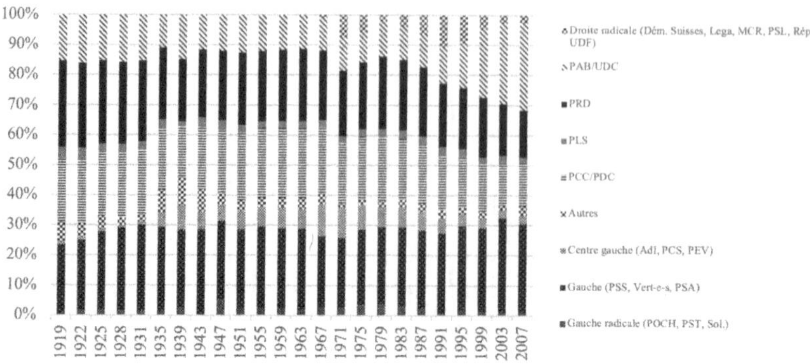


Source : Visualisation réalisée à partir de Martin Grandjean, Office fédéral de la statistique, <Evolution de la force des partis>, Conseil national, 2023.

FIGURE 4 **COMPOSITION DU CONSEIL FÉDÉRAL, 7 SIÈGES, (1907-2007)**

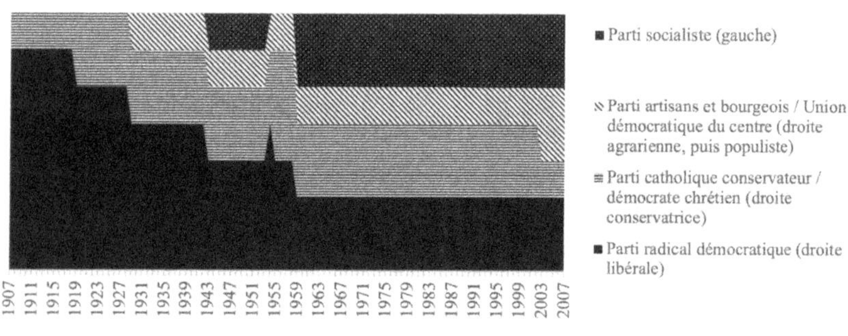


Source : Urs Altermatt (Ed.), *Das Bundesratslexikon*, Basel, NZZ Libro, 2019.

Ces deux visualisations confirment d'une part le retard important dans l'accession des socialistes tant au gouvernement que dans les organes de la Banque nationale. Alors que le parti récolte entre 23 et 28 % des voix durant l'entre-deux-guerres, ce n'est qu'à partir des années 1960 que sa représentation au Conseil fédéral et à la banque centrale correspond grossièrement à son poids électoral dans les élections parlementaires. On peut se demander ce que reflète principalement l'absence de socialistes dans les organes de la banque centrale. Est-ce un signal que, pendant l'entre-deux-guerres, les représentants du PS n'ont pas encore acquis une forme de respectabilité aux yeux des milieux économiques, ce qui sera chose faite après leur intégration dans des exécutifs municipaux, cantonaux puis fédéral, au cours des années 1930 et 1940 ? Ou faut-il y voir la volonté du mouvement ouvrier de se tenir à l'écart d'une institution considérée comme bourgeoise, en faisant l'hypothèse qu'accepter une nomination dans les organes de la BNS aurait été perçu par un socialiste comme une trahison de classe ?

Un second constat qui ressort de la comparaison entre les figures 1 et 2 (BNS) et les figures 3 et 4 (élections politiques) est que le parti libéral dispose jusqu'aux années 1960 d'une présence disproportionnément grande à la banque centrale. Cette surreprésentation est due au fait que les tenants du courant libéral sont souvent les représentants des banques privées (haute banque) genevoises et bâloises (Alexis Lombard, Alfred Sarasin, Edouard Bordier). Troisièmement, pour la période des années 1990 et 2000, il faut relever que les succès électoraux de l'UDC, qui devient le premier parti de Suisse en 1999, ne se reportent qu'avec un certain retard dans la composition des organes de la banque centrale. On peut ici supposer que cette faible représentation de l'UDC reflète le caractère très polarisé du parti, dont les candidats aux scrutins populaires peinent à rassembler pour obtenir des sièges dans des exécutifs.

Au-delà de l'appartenance partisane, il est également significatif de s'interroger sur le degré d'importance dans la vie politique des personnalités pour lesquelles nous avons identifié une orientation politique. S'agit-il de politiciens de premier plan ou d'individus qui, de manière accessoire, ont obtenu au cours de leur carrière un mandat électif dans une circonscription locale ? Il s'avère qu'au conseil de banque, le personnel politique identifié occupe majoritairement des fonctions élevées dans le système politique suisse. Parmi les 142 membres du Conseil de banque ayant obtenu un mandat d'élu, 78 sont des parlementaires fédéraux (Conseil national ou Conseil des États), et 63 des membres d'exécutifs cantonaux, les deux fonctions pouvant se combiner. Autrement dit, 77 % (109 sur 142) des politiciens identifiés sont des dirigeants de première importance. On pourrait même dire dans les cas des membres d'un exécutif cantonal, que ce sont de véritables professionnels de la politique, un statut qui s'impose tardivement dans le système politique suisse[22].

Cette prépondérance s'explique d'une part par le prestige lié à la fonction de membres du Conseil de banque, mais elle est également en lien avec l'actionnariat particulier de la banque centrale helvétique. En effet, selon les dispositions légales, les cantons et les banques cantonales possèdent plus de la moitié des actions de la BNS. Leur emprise dans la participation financière se reflète également dans la composition des organes de contrôle.

### Processus de nomination et représentation politique

Les documents d'archives confirment qu'il existe un lien entre la représentation partisane au gouvernement et le choix des membres du comité. En août 1945, alors que le Département des finances et des douanes, le ministère prioritairement en charge des relations avec la banque centrale, est dirigé pour la première fois par

22 Andrea Pilotti et Oscar Mazzoleni (dir.), *Le système de milice et la professionnalisation politique en Suisse*, Neuchâtel, Livreo-Alphil, 2019, 260 p.

un socialiste, les autorités de la BNS acceptent de nommer le premier socialiste comme suppléant du Comité[23].

En février 1952, au moment où il s'agit de remplacer un membre socialiste sortant, les procès-verbaux révèlent que la dimension politique des candidats prend une importance croissante :

> Bien que le comité ne soit pas un organe politique, il apparaît évident qu'un membre éminent du parti social-démocrate, proche des syndicats, siège dorénavant au sein du comité. Les syndicats [n.d.a. ouvriers] jouent un rôle important dans la vie économique actuelle, ce qui justifie qu'ils soient représentés au sein du comité bancaire. Monsieur Bratschi [n.d.a. le candidat socialiste proposé] est en même temps le représentant du canton de Berne, qui a toujours attaché une grande importance à une représentation au sein du comité[24].

Il s'agit d'une des rares fois où le critère de la couleur politique est explicitement mentionné.

La sortie de la Seconde Guerre mondiale, plus largement, semble correspondre à un moment clé dans la composition politique des organes de contrôle. Au moment du renouvellement des autorités, qui a lieu tous les quatre ans, de vives discussions et négociations ont lieu, ce qui tranche avec le caractère souvent routinier de la procédure de nomination habituelle par cooptation. En effet, jusqu'alors, le poids du statu quo est très important dans le remplacement des membres qui quittent le Conseil ou le Comité de banque. En mars 1944, un exemple frappant de cette pratique a lieu lors du remplacement d'un membre décédé. On apprend alors que le vice-président de la BNS s'est rendu aux funérailles du membre décédé dans le canton de Schwytz pour discuter avec les notables locaux de la succession et pour se faire une première impression du candidat local proposé[25]. Mais revenons à avril 1945, lorsqu'un débat de principe a lieu sur les critères qui doivent régir la composition du Conseil de banque[26]. Alors que les gouvernements cantonaux, les délégués ouvriers et paysans réclament une plus forte représentation, le président et le vice-président de la BNS se montrent fermement opposés à ce que le Conseil se transforme en « parlement proportionnel » :

> Il semble que la tendance soit de considérer la représentation au sein du conseil de banque davantage comme une question nationale. On exige des représentations pour les ouvriers, pour certains groupes professionnels et maintenant aussi pour

**23** Archives de la Banque nationale suisse (désormais ABNS), Procès-verbaux du Comité de Banque, 30-31 août 1945, p. 272.

**24** ABNS, Procès-verbaux du Conseil de banque, 8 février 1952, p. 106-107. Citation originale : „Zwar ist der Bankausschuß kein politisches Gremium; dennoch scheint es gegeben, daß im Ausschuß neuerdings ein prominentes, den Gewerkschaften nahestehendes Mitglied der Sozialdemokratischen Partei Einsitz nimmt. Die Gewerkschaften spielen im heutigen Wirtschaftsleben eine bedeutsame Rolle, die es rechtfertigt, ihnen im Bankausschuß eine Vertretung einzuräumen. Herr Bratschi ist zugleich Repräsentant des Standes Bern, der auf eine Vertretung im Ausschuß von jeher großen Wert gelegt hat".

**25** ABNS, Procès-verbaux du Comité de Banque, 30-31 mars 1944, p. 139.

**26** ABNS, Procès-verbaux du Comité de Banque, 26-27 avril 1945, p. 132-136.

les gouvernements cantonaux. *A contrario,* il ne faut pas oublier que la Banque nationale est une banque par actions et non une banque d'État[27].

La question de la représentativité politique du Conseil revient à intervalles réguliers au cours de la période 1945-1947[28]. En février 1947, quelques concessions sont faites aux revendications des groupes minoritaires : les cantons et les banques cantonales, qui figurent parmi les principaux actionnaires de la banque, obtiennent deux sièges supplémentaires, les socialistes et syndicalistes passent de 2 à 4 sièges. En revanche, la paysannerie en reste à 3 sièges, ce qui déclenche la colère de son principal chef Ernst Laur, qui profère des menaces à peine voilées : « La nouvelle composition prévue du Conseil de banque va provoquer une grande déception au sein de la communauté paysanne. (...) Si l'agriculture devait encore être déçue [n.d.a. par la non-élection d'un de ses membres au Comité], cela pourrait avoir les conséquences les plus fâcheuses »[29].

Ces menaces sont suivies d'effets, puisque l'emblématique *leader* paysan décide de démissionner du Comité de banque en avril 1947 en guise de protestation, un geste extrêmement rare dans les pratiques si policées des dirigeants de la banque centrale.

Cette période mouvementée de la sortie de la Seconde Guerre mondiale, caractérisée en Suisse par une brève phase de succès de la gauche politique et un regain de mouvements de grève, signale que les changements dans la coloration politique des organes de la BNS ne se réalisent qu'au prix de compromis délicats, tant l'inertie du statu quo qui tend à remplacer un membre sortant par une personnalité au profil similaire, est forte.

Ce détour par les archives permet de préciser l'évolution chronologique que les indicateurs sur la composition partisane ne montraient que partiellement. Il y a au fond deux phases dans l'affiliation politique des organes de contrôle de la BNS. Dans un premier temps, jusqu'à la sortie de la Seconde Guerre mondiale, les représentants des partis de droite et les délégués des principales branches économiques y occupent une place quasiment hégémonique. À partir de 1946, à la fois les légers ajustements dans la coloration politique et les discussions lors des renouvellements signalent que l'équilibre partisan devient un critère important. De même que les partenaires sociaux, et principalement des représentants sociaux-démocrates sont plus étroitement intégrés dans l'appareil d'État, on leur concède une place plus importante dans les instances de la banque centrale.

**27** ABNS, Procès-verbaux du Comité de Banque, 26-27 avril 1945, p. 132-133. Gottlieb Bachmann. Citation originale : „Es scheint, dass die Tendenz dahin geht, die Vertretung im Bankrat mehr als eine gesamtschweizerische Angelegenheit zu betrachten. Man verlangt Vertretungen für die Arbeiterschaft, für bestimmte Berufsgruppen und nun auch für die Kantonsregierungen. Demgegenüber ist zu beachten, dass die Nationalbank eine Aktienbank und nicht eine Staatsbank ist".

**28** ABNS, Procès-verbaux du Comité de Banque, 13 septembre 1945, p. 311.

**29** ABNS, Procès-verbaux du Comité de Banque, 6 février 1947, p. 69. Cit. originale : „Die vorgesehene Neubestellung des Bankrates wird *in* der Bauernsame eine grosse Enttäuschung auslösen. Es ist nur zu hoffen, dass Herr Prof. Dr. Howald als Nachfolger des Sprechenden *in* den Bankausschuss nachrückt. Sollte die Landwirtschaft auch hier noch enttäuscht werden, so könnte dies die allerunerfreulichsten Konsequenzen zur Folge haben".

## COMPARAISON AVEC LA COMMISSION FÉDÉRALE DES BANQUES

En guise de conclusion, observons comment cette même question de la représentativité politique a évolué au sein d'une autre institution du paysage bancaire suisse, la Commission fédérale des banques[30]. La Commission fédérale des banques, instituée dans le contexte de la crise financière en 1935, est l'agence chargée de la surveillance microprudentielle, telle que l'application des ratios de liquidité et de fonds propres. Elle est établie par l'État fédéral, et en partie financée par lui, mais jouit d'une grande indépendance[31]. Ses membres sont formellement nommés par le Conseil fédéral, mais dans la pratique le gouvernement se contente d'approuver les candidatures proposées par la Commission fédérale des banques elle-même.

FIGURE 5 **ORIENTATION POLITIQUE DES MEMBRES DE LA COMMISSION FÉDÉRALE DES BANQUES (1935-2008)**

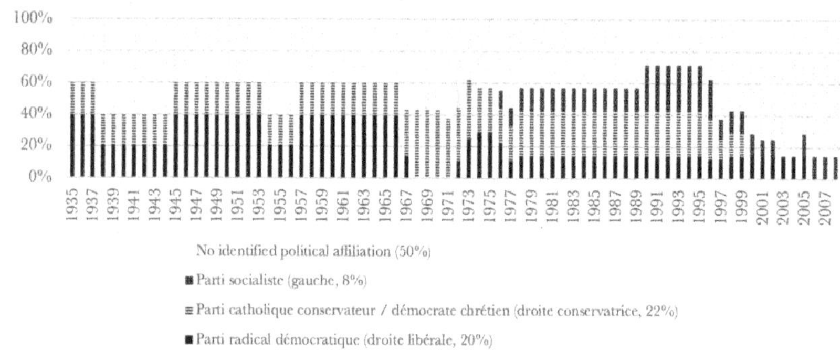


Source : Membres de la Commission fédérale des banques. Pour la période 1935-1985 : Urs Zulauf (Ed.), *50 ans de surveillance fédérale des banques*, Zurich, Schulthess, 1985, p. 383-386. Pour la période 1986-2008 : base de données Observatoire des élites suisses, Université de Lausanne, <https://www2.unil.ch/elites-suisses/index.php>

La figure 5 présente l'évolution de l'appartenance politique des 7 à 9 membres de la Commission fédérale des banques. On constate à la fois des similitudes fortes avec le profil des membres des organes de contrôle de la BNS, mais aussi d'importantes divergences.

Au rang des ressemblances, il faut relever que la Commission fédérale des banques connaît également une longue période de domination des deux principaux partis de la droite bourgeoise helvétique, le Parti radical et le Parti catholique-conservateur/démocrate-chrétien. On constate aussi que l'apparition d'un représentant de la gauche se fait encore plus tardivement qu'à la BNS, en 1976 seulement. Cette nomination se fait alors, dans le but explicite, selon un rapport

**30** Pour une analyse complète du profil socio-professionnel des membres de la Commission fédérale des banques voir Thibaud Giddey, « Une analyse prosopographique des superviseurs bancaires en Suisse (1935-2008) », art. cit.
**31** Thibaud Giddey, *Histoire de la régulation des banques en Suisse (1914-1972)*, Genève, Librairie Droz, 2019.

au gouvernement, de contrer « la critique constante de la gauche à l'égard des banques »[32].

Parmi les divergences, notons que la représentation politique est beaucoup moins complète à la Commission fédérale des banques qu'à la BNS. Le Parti libéral, le Parti des Paysans, Artisans et Bourgeois (devenu UDC en 1971), n'y sont jamais représentés. Deuxième divergence importante : la Commission fédérale des banques est marquée par un phénomène de « dépolitisation » au cours des années 1990 et 2000. Les experts présentés comme des spécialistes en raison de leurs compétences académiques ou techniques prennent le pas sur les membres dont la légitimité repose sur leur parcours et réseau politique.

* * *

Cette brève analyse révèle que la dimension politique des membres des organes de surveillance de la Banque nationale suisse, même si elle n'a jamais été définie comme un critère déterminant dans la composition des instances de contrôle de la banque, a joué un rôle significatif dans leur évolution au cours du XXe siècle. En principe, et selon la loi de 1905, les équilibres entre les places bancaires, les secteurs économiques et les régions d'origine des membres devaient seuls être respectés. Dans la pratique, au gré des renouvellements, les autorités ont dû composer avec l'appartenance politique pour assurer une forme de légitimité à la banque centrale. Comme le montre l'épisode conflictuel de 1945-1947, il y a une force d'inertie élevée dans le processus de nomination des membres dans les organes de la BNS. Ce poids du *statu quo*, qui veut qu'on remplace un membre sortant par un candidat au profil similaire, joue un rôle de blocage dans les revendications des groupes (socialistes, paysans, cantons spécifiques) qui se sentent trop faiblement représentés. Ce n'est que sous une forte pression que de légers réajustements peuvent être effectués.

Cette configuration institutionnelle conduit à une situation où un décalage important s'établit entre la force électorale des partis et leur représentation dans les instances dirigeantes de la banque centrale. Cette tendance s'observe à la fois pour la gauche jusqu'aux années 1950 et pour l'UDC, parti de droite populiste, dans les années 1990 et 2000. Au-delà de la dimension politique, les organes dirigeants de la BNS souffrent d'un manque de représentativité sous d'autres aspects. Citons simplement que la première femme, Lilian Uchtenhagen, est nommée en 1978 au Conseil de banque et en 1986 au Comité de banque. À cet égard, cette contribution permet d'apporter un modeste éclairage sur les racines historiques des enjeux de la diversité dans la gouvernance des banques centrales. Elle explore les interactions entre le processus de nomination, le système de gouvernance et la légitimité d'une organisation telle qu'une banque centrale. Ce faisant, elle analyse aussi la manière dont les différents groupes sociaux ont pu, ou n'ont pas pu, façonner ces institutions étatiques essentielles.

32 Archives fédérales, E6520(B), 2007/62, vol. 18, « Revision LFB 1974-1976 », Proposition du DFFD au Conseil fédéral sur (...) les nouvelles nominations dans la Commission des banques, 24 décembre 1975. Citation originale : „(...) im Hinblick auf die ständige Kritik der Linken an den Banken".

Chapitre 25

# "Pantouflage allemand". The Revolving Door in German Central Banking. Careers of Central Bankers in the Triangle of Finance, Science and Politics (1948-1970)

**Christian Marx**
Leibniz Institute for Contemporary History

## INTRODUCTION

During the global financial crisis in 2007/08, financial markets experienced a loss of confidence. Central banks responded by opening the liquidity floodgates and demonstrated their importance for the stability of the banking and financial system.[1] As a result, economists and politicians demanded stronger banking regulation by central banks; at the same time, critical voices warned of the capture of central bankers by financial interests.

The attempt by private or State actors to influence the monetary policy of central banks is nothing new, nor is the change in personnel between politics, financial institutions and central banks. Mario Draghi and Christine Lagarde at the head of the European Central Bank (ECB) are only the two best-known examples. Draghi was initially appointed to a professorship in economics in 1981 and, after

1 Adam Tooze, *Crashed: How a Decade of Financial Crises Changed the World*, London / New York, Allen Lane, 2018, 720 p.

**ABSTRACT**
**The article examines the careers of German central bankers and the phenomenon of the revolving door in the first two decades after the Second World War. It focuses on the personnel changes between central banking and politics resp. private banking. Furthermore, the impact of recruitment practices on central bank policy will be outlined. The paper argues that party-political orientation was significant for the rise of the presidents of the land central banks (*Landeszentralbankpräsidenten*).**

**RÉSUMÉ**
**L'article examine la carrière des banquiers centraux allemands et le phénomène du pantouflage au cours des deux premières décennies après la Seconde Guerre mondiale. Il se concentre sur les changements de personnel entre la banque centrale et la politique ou les banques privées. En outre, les effets des pratiques de recrutement sur la politique de la banque centrale sont examinés. L'article affirme que l'orientation politique a joué un rôle important pour l'avancement des présidents des banques centrales régionales (*Landeszentralbankpräsidenten*).**

JEL : **E52, E58, M12, M51**
Key words : **central banking, revolving door, pantouflage, careers, Bank deutscher Länder, Bundesbank**
Mots clés : **banques centrales, politique monétaire, pantouflage, carrières, Bundesbank**

working for the World Bank (1984-1990) and the Italian Ministry of Finance (1991-2001), moved to the international investment bank Goldman Sachs before becoming Governor of the Banca d'Italia in 2006 and then President of the ECB in 2011. Lagarde first held a number of ministerial posts in the French government before taking on the position of Managing Director of the International Monetary Fund (2011-2019) and then following Draghi at the ECB. Going back in time, the two German Reichsbank presidents of the 1920s, Hans Luther and Hjalmar Schacht, were not genuine central bankers. Luther had previously worked his way up through local politics to become Reich Chancellor, and Schacht had been a member of the board of a bank (*Darmstädter und Nationalbank*) before joining the Reichsbank in 1923.[2]

On the one hand, the move of central bankers between different spheres is desirable in order to incorporate fresh ideas and external experience into decision-making. On the other hand, the change entails the risk of capture. In this context, Emmanuel Carré and Élise Demange distinguish between the entry of financial actors into the central bank and the change of central bankers into the financial sector.[3]

The entry of bankers into the central banking system could lead to a direct capture of the central bank and jeopardize its independence from the financial sector. This is particularly possible in conflicts when the demands of the financial sector and social interests have to be weighed against each other, and when the career background in the financial sector influences decisions. Even if financial players from the private sector are in fierce competition with each other, they are

**2** Frédéric Clavert, *Hjalmar Schacht. Financier et diplomate 1930-1950*, Bruxelles, Peter Lang, 2009, 473 p. Christopher Kopper, *Hjalmar Schacht. Aufstieg und Fall von Hitlers mächtigstem Bankier*, München/Wien, Carl Hanser Verlag GmbH & Co. KG, 2006, 438 p.
**3** Emmanuel Carré and Élise Demange, « La *Revolving Door* dans les Banques Centrales », *Revue d'économie financière*, vol. 128, n° 4, 2017, p. 233-254.

likely to have a common interest in minimizing the control of their business.[4] In agency theory, this risk of capture is formalized by an implicit contract between the central banker (agent) and the financial sector (principal), and an explicit contract with society.[5] Instead of following his official mandate, the central banker would serve the interests of his implicit principal. This would increase the risk of a weakening of banking regulation and thus the danger of instability in the entire financial system – with considerable costs for the real economy and the whole society.[6] Furthermore, a cognitive appropriation is conceivable in which bankers carry the values they have internalized in the private financial sector into the central bank, or in which ongoing encounters with ex-colleagues create a habitual sense of community that supports the interests of the financial sector.[7]

Similarly, the transfer of central bankers to the financial sector could result in the indirect capture of the central bank if former central bankers were to lobby for the interests of the financial sector via their existing personal network, or exert pressure on the central bank via public opinion.[8] Forms of capture based on personal career interests are also conceivable. The preference for a future career in the financial sector could be an incentive to act in a way that increases the personal and professional attractiveness of the central banker for the future employer in the private financial sector.[9] David Miller and William Dinan identify numerous risks of lateral moves with regard to the integrity of the regulatory authorities and a possible distortion of competition within the financial sector.[10] Lars Frisell, Kasper Roszbach and Giancarlo Spagnolo also recognize a danger if central bankers are tempted to relax financial regulation at the end of their term of office in order to obtain a lucrative job in the financial sector after they leave.[11] According to Anat Admati and Martin Hellwig, the regulator continues to represent the interests of the financial sector when he comes from there or wants to return to it. This does not always have to be a direct act of advocacy but can also be an intellectual appropriation through beliefs and attitudes that are aligned with the interests of the financial world. Personal relationships, mutual

**4** I would like to thank Patrice Baubeau (Paris Nanterre) for this hint and other helpful and critical comments on an earlier version of the text.

**5** Donato Masciandaro, María J. Nieto and Henriette Prast, *Financial Governance of Banking Supervision*, Banco de España, Documentos de Trabajo, No. 0725, Madrid, 2007.

**6** Emmanuel Carré and Élise Demange, « La *Revolving Door* dans les Banques Centrales », *op. cit.*

**7** James R. Barth, Gerard Caprio and Ross Levine, *Guardians of Finance: Making Regulators Work for US*, Cambridge (MA), MIT Press, 2012, 280 p.

**8** Jordi Blanes i Vidal, Mirko Draca and Christian Fons-Rosen, "Revolving Door Lobbyists", *American Economic Review*, Vol. 102, No. 7, 2012, p. 3731-3748.

**9** Christopher Adolph, *Bankers, Bureaucrats, and Central Bank Politics. The Myth of Neutrality*, Cambridge, Cambridge University Press, 2013, 390 p.

**10** David Miller and William Dinan, "Revolving Doors: Emerging Regulatory Concerns and Policy Solutions *in* the Financial Crisis. Expert Group on Conflict of Interest", *OECD Working Paper*, 21 September, 2009, Paris, OECD, 2009.

**11** Pierre C. Boyer and Jorge Ponce, "Regulatory Capture and Banking Supervision Reform", *Journal of Financial Stability*, Vol. 8, No. 3, 2012, p. 206-217 ; Lars Frisell, Kasper Roszbach and Giancarlo Spagnolo, "Governing the Governors: A Clinical Study of Central Bankers", *Sveriges Riksbank Working Paper Series*, No. 221, Stockholm, Central Bank of Sweden, 2008.

sympathies and knowledge networks therefore provide the financial sector with privileged access to regulatory authorities.[12]

In addition to the transitions between the central bank and the financial sector, two other forms of the revolving door have to be mentioned. Here, similar side effects are conceivable. Firstly, as a result of the professionalization of banking and the emergence of modern economics in the 20th century, there is a close relationship between central banks and the scientific community (economics). On the other hand, there are numerous examples of changes between the political field and central banks. Such moves from or into politics are not only subject to moral judgment in the case of the private sector; concerns have also regularly arisen in the case of central banks. This is primarily due to the fact that central banks achieved ever greater independence from political authorities over the course of the 20th century, but this independence was countered by the fact that their leaders moved out of or into political positions.[13]

For the German central bank after 1945, institutional independence from the Federal Government was part of its founding myth and became part of its self-image. Consequently, this article focusses on the personnel changes between the central bank and politics.[14] Both the move into the private sector and into politics could reduce the credibility of the central bank as an institution if the impression emerged that decisions in monetary policy were based on party political, bank-specific or individual career strategy preferences.[15] In Germany, the Reichsbank's institutional independence of the government was codified into law in 1922. After hyperinflation, this independence was reinforced with the new Banking Act of August 1924 as part of the Dawes Plan.[16] According to German central bankers, independence was necessary to guarantee price stability and prevent escalating national debt. The Deutsche Bundesbank (since 1957) and its predecessor institution, the Bank deutscher Länder (1948-57), had always been independent of instructions from the Federal Government.[17]

This article is based on the hypothesis that the party-political orientation became significant for the rise of the state central bank directors (*Landeszentralbankpräsidenten*) after 1945 and that the links to private banking and academia are particularly evident in their training. For this reason, the article examines who succeeded in moving from politics or the private sector.[18] Historical

**12** Anat Admati and Martin Hellwig, *Des Bankers neue Kleider. Was bei Banken wirklich schief läuft und was sich ändern muss*, München, FinanzBuch Verlag, 2013, 528 p.

**13** Bernd Hayo and Carsten Hefeker, "Reconsidering Central Bank Independence", *European Journal of Political Economy*, Vol. 18, 2002, p. 653-674; Gianni Toniolo, *Central banks' independence in historical perspective*, Berlin, De Gruyter, 1988, 198 p.

**14** Jörg Bibow, "On the origin and rise of central bank independence *in* West Germany", *The European Journal of the History of Economic Thought*, Vol. 16, No. 1, 2009, p. 155-190; Simon Mee, *Central Bank Independence and the Legacy of the German Past*, Cambridge, Cambridge University Press, 2019, 368 p.

**15** Emmanuel Carré and Élise Demange, « La Revolving Door dans les Banques Centrales », *op. cit.*

**16** Harold James, "The Reichsbank, 1876-1945", in Deutsche Bundesbank (Ed.), *Fifty Years of the Deutsche Mark. Central Bank and the Currency in Germany since 1948*, Oxford, Oxford University Press, 1999, p. 3-53.

**17** Carsten Hefeker, "Stable Money and Central Bank Independence: Implementing Monetary Institutions *in* Postwar Germany", *Public Choice*, Vol. 186, 2021, p. 287-308.

**18** The article is based on a larger project on the social structure of German central bankers from 1945 to 1969. Cf. Christian Marx, "Currency guardians. Careers of management personnel (1945-1969)", in Magnus Brechtken

studies on German central bankers as agents of the revolving door and their role as lobbyists do not yet exist in any significant form. Changes between political positions and economic management are much more common in France than in Germany.[19] Christopher Adolph has shown that central bankers are characterized by specific professional backgrounds and opt for different monetary policy measures depending on their career paths. This result contradicts the widespread assumption that the independence of the central bank offers a neutral solution for macroeconomic management.[20] However, other studies doubt the alleged risks of changeovers and point out that it was not the central banker, who was well-disposed towards the financial sector, who entered into the financial sector, but – on the contrary – the representatives of rigorous banking regulation.[21]

The following section examines the institutional principles of the German central banking system, in particular the official recruitment channels, before the subsequent sections discuss the party-political effects of recruitment and its influence on monetary policy.

## INSTITUTIONAL CONDITIONS

Entry and promotion opportunities at the central bank are characterized by the personal preferences of the aspirants, by informal contacts as well as by the formal rules of the organization. Access to the two governing bodies of the central bank after 1945 – the Board of Directors (*Direktorium*) and the Central Bank Council (CBC) (*Zentralbankrat*) – was determined by professional aptitude as well as by the legally defined appointment mechanisms.

During the 1920s and 1930s, changes from politics to the Reichsbank were the exception rather than the rule. Karl Helfferich, a qualified national economist and former state secretary, almost succeeded in taking over the post of Reichsbank president in 1923, but was ultimately defeated by his rival Hjalmar Schacht, who subsequently headed the Reichsbank until 1930. His successor Hans Luther, on the other hand, is an example of a successful mover, as he had achieved the position of Reich Chancellor and was therefore a professional politician before succeeding Schacht in 1930.[22] However, the Reichsbank had been independent of the Reich government since 1923 and did not recruit its management staff from

and Ingo Loose (Eds.), *From the Reichsbank to the Bundesbank. People, generations and concepts between tradition, continuity and new beginnings*, Frankfurt am Main, Deutsche Bundesbank, 2024, p. 81-86

**19** Michel Bauer and Bénédicte Bertin-Mourot, *Les énarques en entreprise de 1960 à 1990. Trente ans de pantouflage*, Paris, CNRS Éditions, 1994, 39 p. Christophe Charle, « Le Pantouflage en France (vers 1880 - vers 1980) », *Annales. Économies, Sociétés, Civilisations*, vol. 42, n° 5, 1987, p. 1115-1137; Hervé Joly, « Le pantouflage des hauts fonctionnaires dans les entreprises privées françaises (XIX$^e$-XX$^e$ siècle). Évolution de la réglementaion et des pratiques », *in* Jens Ivo Engels and Andreas Fahrmeir (eds.), *Krumme Touren in der Wirtschaft. Zur Geschichte ethischen Fehlverhaltens und seiner Bekämpfung*, Wien/Köln/Weimar, Böhlau Verlag, 2015, p. 157-174.

**20** Christopher Adolph, *Bankers, Bureaucrats, and Central Bank Politics. The Myth of Neutrality*, *op.* cit.

**21** David Currie, "Regulatory Capture: a Perspective from a Communications Regulator", in Stefano Pagliari (Ed.), *Making Good Financial Regulation*, Guildford, Grosvenor House Publishing, 2012, p. 219-230 ; David Lucca, Amit Seru and Francesco Trebbi, "The Revolving Door and Worker Flows *in* Banking Regulation", *Journal of Monetary Economics*, Vol. 65, 2014, p. 17-32.

**22** Christopher Kopper, *Hjalmar Schacht. Aufstieg und Fall von Hitlers mächtigstem Bankier*, *op.* cit.

ministries and authorities. In terms of career patterns, the connection to the private banking sector was much more significant. Many rising Reichsbankers had completed a banking apprenticeship in the private banking sector, or gained other practical banking experience before joining the central bank (like Schacht).[23]

After the Second World War, the Reichsbank was closed by the Allies and a federal central banking system was established, which was inspired by the American Federal Reserve System. The new federal principle of the *Bank deutscher* Länder (BdL) was reflected in its governing bodies. Although the management of the bank was once again in the hands of a Board of Directors, the CBC (consisting of a chairman, the president of the Board of Directors and the presidents of the state central banks (*Landeszentralbankpräsidenten*)) determined the general policy. The CBC-chairman was elected by the members of the CBC; the presidents of the state central banks (SCB) were appointed by the Minister-President of the Länder on recommendation of the respective Minister of Finance. The BdL Board of Directors consisted of a president, his deputy and other members appointed by the CBC. This shows the superior position of the CBC led by Karl Bernard from 1948 to 1957, even if this body lost influence during the 1950s at the cost of the Board of Directors under the powerful former Reichsbanker Wilhelm Vocke.

Except for the Allied Banking Commission, the BdL was independent of instructions from political authorities. This institutional independence was an irrevocable core principle.[24] The fact that the BdL was nevertheless not completely free from political influence was on the one hand a result of the SCB presidents appointed by the respective Minister-Presidents and on the other hand due to Article 88 of the German constitution (*Grundgesetz*) to establish a central bank as Bundesbank. The Bundesbank Act, promulgated on July 26, 1957, was discussed intensively and, finally, guaranteed the institutional independence of the central bank from instructions from the Federal Government.[25] The central bank system became more centralized again; however, parts of the two-tier federal structure were retained. Although the Board of Directors, which from then on was part of the CBC, gained noticeably more weight, the SCB presidents were still able to influence monetary policy via the CBC. In terms of personnel, the independence was strengthened on the one hand by increasing the period of CBC membership from six to eight years. On the other hand, the Federal Government's ability to influence the recruitment increased, as it now had the right to nominate the members of the Board of Directors. The SCB presidents were proposed by the Federal Council (*Bundesrat*), which followed the proposals of the respective state, i.e. the state governments continued to determine the SCB presidents.

**23** Boris Gehlen, „Diskontinuität einer Funktionselite? Sozialstruktur und Karrierefaktoren leitender Reichsbankbeamter der Weimarer Zeit", in Ingo Köhler and Eva-Maria Roelevink (Eds.), *Transformative Moderne. Struktur, Prozess und Handeln in der Wirtschaft*, Münster, Ardey-Verlag, 2021, p. 269-294; Boris Gehlen and Christian Marx, „Das Führungspersonal der Reichsbank und das NS-Regime", *Vierteljahrshefte für Zeitgeschichte*, Vol. 73, No. 1, 2025, p. 43-83.

**24** Simon Mee, *Central Bank Independence and the Legacy of the German Past, op.* cit.

**25** Volker Hentschel, „Die Entstehung des Bundesbankgesetzes 1949-1957", *Bankhistorisches Archiv*, Vol. 14, 1988, p. 3-31 ; p. 79-115.

## PARTY POLITICAL INTERESTS

The importance of the right party ticket was particularly evident in the case of the SCB presidents. For example, Otto Burkhardt, Karl Klasen and Erich Leist, who headed the SCBs in Hamburg, Lower Saxony and Schleswig-Holstein in the early 1950s, where SPD governments were in power at the time, were all close to the Social Democrats. In this respect, the frequent criticism of the selection criteria and the questioning of the professional suitability of the SCB presidents were justified. While the members of the Board of Directors were highly qualified, people with less experience in central banking were appointed to the CBC via the political ticket. This party-political influence can be seen particularly in the case of Berlin and Rhineland-Palatinate.

When Rudolf Gleimius retired from the Berlin Central Bank in 1959, Franz Suchan took his place. However, this succession caused some tensions. The CBC and especially Bundesbank President Karl Blessing were not pleased with Suchan's appointment. Suchan had resigned from the post of Vice-President of the Berlin Central Bank in July 1957 because – according to him – the new Bundesbank Act would massively devalue his position. For Blessing, there was thus no question that Suchan could not follow Gleimius at the head of the Berlin Central Bank when the new law was in place – especially as Suchan was a member of the SPD.[26] Nevertheless, the conservative Blessing was unable to prevail with these arguments in spring 1959 against the Governing Mayor of Berlin, Willy Brandt, who pointed out that not all CBC members supported Blessing's opinion and that the Berlin Senate had a right of nomination according to the Bundesbank Act. Brandt also denied tensions between Suchan and the management of the SCB of Berlin. In alliance with the Berlin Senator for Economic Affairs (Paul Hertz) – also SPD – Brandt opposed the concerns of the Bundesbank President.[27] But Blessing refused to give up, because the CBC had the right to be heard in the election of the SCB presidents. In May 1959, he therefore initiated a secret trial vote in the CBC, in which Suchan failed miserably. However, Brandt refused to be intimidated. At the beginning of June 1959, he informed Blessing that the Berlin Senate was unanimously in favour of Suchan's candidacy. As a result, on July 10, 1959, the Federal Council proposed Suchan as president of the SCB of Berlin; he was appointed in September. By this, Berlin politicians had prevailed against Blessing and the majority opinion in the CBC.[28]

The second example refers to Rhineland-Palatinate. In December 1946, the French military government appointed Wilhelm Boden as the first provisional Minister President of the newly formed state of Rhineland-Palatinate; on June 13, 1947, he was officially elected. Until then, he showed little ambition to move into central banking, but he lost the support of his parliamentary group and had to resign as Minister President in July 1947. Afterwards, in August 1947, he took

**26** Bundesarchiv Koblenz (BArch), PERS 101/20645, Blessing to Brandt, April 1959.
**27** BArch, PERS 101/20645, Brandt to Blessing, 5.5.1959.
**28** BArchK, PERS 101/20645, Blessing to Brandt, 20.5.1959 ; Brandt to Blessing, 4.6.1959 ; Contract with Suchan, 10.9.1959.

over the management of the SCB of Rhineland-Palatinate. He remained part of the state parliament and was therefore primarily a politician.[29] When Boden retired in 1959, Rhineland-Palatinate followed the principle of awarding the presidency to people from the political spectrum. His two successors, Hans-Georg Dahlgrün and Fritz Duppré, were also lawyers who had made a career in the ministerial administration. Dahlgrün had been a ministerial councillor in the Reich Ministry of Finance until 1942 and had become Minister of Finances of Rhineland-Palatinate in 1958. Duppré was a CDU member and head of the Mainz State Chancellery for a long time, until he left office in May 1969 to take over the management of the SCB. The "right" party book thus played a decisive role in the appointment of the heads of the SBS – in social democratic Berlin as well as in conservative Rhineland-Palatinate.

## ELECTORAL INTERESTS AND BANK LOBBYING

The extent to which the central bank has systematically accommodated the financial policy of the German government and supported its re-election has been examined several times, i.e. whether the government was able to persuade the central bank to pursue an economically stimulating monetary policy before elections in order to benefit from the resulting temporary fall in unemployment. Roland Vaubel, for example, investigated whether the Bundesbank's monetary policy was due to the prevalence of party-political preferences in the CBC, and whether the central bankers would put themselves at the service of "their" party. He assigned all members of the CBC and the Board of Directors (since 1950) to the SPD and the CDU – either as a member or as someone close to one of the two parties. According to him, the hypothesis is confirmed that the expansion of money supply accelerates if the government has a political majority in the CBC at the beginning of the pre-election period or if the CBC's political majority changes in favour of the government during the pre-election period. Conversely, monetary expansion would slow down if the opposite was the case.[30]

Bruno Frey and Friedrich Schneider found a similar correlation. According to their analysis, the Bundesbank followed the fiscal policy course of the Federal Government with a delay of half a year between 1957 and 1977. Hence, the Bundesbank adapted its monetary policy to the government's economic policy.[31] Helge Berger, on the other hand, concluded that this hypothesis should be rejected. He emphasizes the conflicts between the Federal Government and the Bundesbank, such as the establishment of the European Payments Union in 1950/51, the Gürzenich Affair in 1956, and the revaluation in 1960/61. While the

**29** BArch, PERS 101/20614, Personal file Boden.
**30** Roland Vaubel, "The bureaucratic and partisan behavior of independent central banks: German and international evidence", *European Journal of Political Economy*, Vol. 13, 1997, p. 201-224.
**31** Bruno S. Frey and Friedrich Schneider, "Central Bank Behavior. A Positive Empirical Analysis", *Journal of Monetary Economics*, Vol. 7, 1981, p. 291-315.

Federal Government focused more on economic data and unemployment, the Bundesbank concentrated on inflation and the balance of payments.[32]

Manfred Neumann also tested the hypothesis of political proximity by examining whether the Bundesbank lowered the discount rate to support the Federal Government in pre-election periods (15 months). His analysis on the period from 1953 to 1994 comes to two conclusions: First, it shows that the Bundesbank did not always support the Federal Government. Secondly, he investigated the question of whether the CBC was guided by party political preferences in its interest rate decisions. According to him, party political preferences cannot always be translated into corresponding voting results. Both hypotheses should therefore be rejected. Instead, Neumann reasoned that most decisions in the CBC were supported by a large majority (76-86 percent), i.e. even with opposing party orientations. Some members of the governing coalition voted in favour of interest rate hikes before elections – and members of the opposition also supported interest rate cuts.[33]

The findings of Neumann and Berger illustrate that the members of the CBC adapted to central banking over time, so they were not instrumentalized for party political goals. It is undoubtedly difficult to assess how long the individual adaptation process took, but Neumann and Berger's findings suggest that most central bankers quickly committed themselves to the goals of their new institution. This result applies in a similar way to the capture of the CBC for the interests of the financial sector. There have also been changes between private banking and the central bank. Hjalmar Schacht and Karl Klasen are the most prominent examples. However, these changes occurred less frequently than transfers from the political arena. In the end, the members of the CBC and the Board of Directors remained in their positions for a long time and therefore preserved a certain independence from politics and the financial sector.

* * *

The leading persons of the German central bank after 1945 moved primarily in a triangle between the private sector, politics, and science. The central bank recruited its top management either from within or from one of these three fields. Three points can be highlighted regarding those central bankers who changed sides in the two post-war decades.

Firstly, we can distinguish between two groups of people. On the one hand, there were the members of the Board of Directors, among whom academically trained economists gained in importance; on the other hand, we have the – often law educated – SCB presidents, for whom party-political ties played a greater role.

**32** Helge Berger, "The Bundesbank's path to independence: Evidence from the 1950s", *Public Choice*, Vol. 93, 1997, p. 427-453.

**33** Manfred J.M. Neumann, "Monetary Stability: Threat and Proven Response", in Deutsche Bundesbank (Ed.), *Fifty Years of the Deutsche Mark. Central Bank and the Currency in Germany since 1948*, Oxford, Oxford University Press, 1999, p. 269-306.

The distinction between these two groups is a result of different appointment procedures. During the BdL period, the Board of Directors was appointed by the CBC, from 1957 onwards by the Federal Government. The SCB presidents, by contrast, were selected by the state governments, for whom party political considerations were more important.

Secondly, moves into academia or the private sector also took place, but rather rarely. Klasen's move to Deutsche Bank and his return to the Bundesbank is an outstanding but unrepresentative example. The same applies to the president of the SCB of Hesse, Otto Veit, who left the central bank because he got a professorship in 1952. The central bank's connection to these two areas was more in terms of training, i.e. a banking apprenticeship or a degree in economics, and less through changes in later professional life.

While there is no doubt that party-political ties played a role in the rise of the SCB presidents, these ties were – thirdly – of secondary importance in central bank monetary policy. The central bankers did not drop their party-political positions or connections to private banking overnight when they joined the central bank, but central bank considerations – such as monetary stability – became the deciding factor after their entry.

CONCLUSIONS

# Trois jalons pour la suite

**Michel Margairaz**
Université de Paris I Panthéon Sorbonne/IDHE.S
Mission historique de la Banque de France

Traversons à grandes enjambées les quelque trente-cinq contributions réunies dans ce volume et, plus que des éléments destinés à conclure les débats, retenons-en quelques points d'appui pour de futures recherches. Et, pour ce faire, insistons sur le fait que les différents textes ainsi rassemblés, chacun à sa manière, nous incitent notamment, entre autres exigences scientifiques, à celle de respecter et de combiner trois opérations majeures d'investigation historique : *articuler, historiciser, déglobaliser.*

## ARTICULER

La dynamique même du colloque, dont ces textes sont issus, a confirmé le bien fondé du choix initial d'organisation des contributions, devenues des chapitres, notamment celui de retenir, comme principe majeur de répartition des six parties du volume, la succession historique des systèmes monétaires internationaux plus ou moins explicitement institutionalisés, qu'il s'agisse du bimétallisme, du *Gold Standard,* puis du *Gold Exchange Standard,* du système monétaire international né de la conférence de *Bretton Woods* ou du système – ou du non-système, ont pu écrire certains – issu de son effondrement lors des années 1971-1976. Les différents textes montrent que la question posée tout au long de l'ouvrage sur l'éventuelle caractérisation des banques d'émission ou des banques centrales comme « acteurs politiques » s'avère largement tributaire de l'*articulation* entre les systèmes internationaux et nationaux des paiements avec les institutions et les structures politiques du pays ou du groupe de pays sous revue.

D'emblée, les premiers chapitres nous conduisent, de manière plus précise, à remarquer aux origines des banques d'émission, sur plus d'une vingtaine de cas analysés – essentiellement en Europe – que les facteurs politiques de souveraineté, d'indépendance ou d'unification exercent leur action majeure sur l'impulsion initiale, bien davantage que la structuration du système des paiements[1]. Sans doute la création immédiate, *dans le temps court,* des banques d'émission se présente-t-elle plutôt comme une affaire *politique* de souveraineté, notamment liée à la constitution, à l'accroissement ou encore à la préservation du territoire en question. Mais cela n'empêche toutefois pas de constater que, parmi les *conditions de possibilité* et à terme de *réussite* de cette création, *sur le temps long,* il faut bien repérer les ingrédients, au moins potentiels, d'une certaine centralité de la banque future sur le système bancaire et de paiements. Dans un ouvrage de synthèse économique et historique récent, Michel Aglietta, disparu depuis peu, va plus loin et tranche ainsi la question de « l'avènement de la banque centrale » :

1 Cf. *supra,* première partie.

« Il a fallu que les individus deviennent citoyens par transformation des principes de souveraineté. Le politique précède toujours l'économique »[2].

L'historien et l'historienne, qui répugnent par réflexe professionnel à employer le terme « toujours », peuvent constater néanmoins dans le présent volume le rôle majeur des questions politiques de souveraineté, particulièrement de formation, d'extension ou de défense du pays en question dans la genèse des banques centrales ; mais, cela n'empêche pas qu'ils doivent tout autant mesurer combien il convient d'*articuler* ces facteurs politiques à l'état des structures bancaires, financières ou commerciales d'un système de paiements en voie de hiérarchisation.

## HISTORICISER

Chemin faisant, la lecture des diverses contributions nous conduit notamment à relativiser et à *historiciser* deux notions majeures, dans l'analyse de l'évolution des banques centrales, et à en préciser ainsi le contenu.

D'abord, le terme « banques centrales » et, à travers lui, la notion de « prêteur en dernier ressort » (PDR) qui lui est liée. En effet, les « banques centrales » ont le plus souvent été présentées – sans doute sous l'influence des études relatives à l'histoire de la Banque d'Angleterre, puis de la *Federal Reserve* – comme une forme nouvelle de banques d'émission à travers l'émergence de leurs capacités, de l'évolution de leurs fonctions et particulièrement de leurs opérations effectives consistant à prêter aux autres banques lors des crises, et cela selon une chronologie assez rigide, située à la jonction des XIX^e^ et XX^e^ siècles, singulièrement à l'occasion des crises précédant le déclenchement de la Grande Guerre.

Nous-mêmes, Olivier Feiertag et moi-même, avions tenté dans un ouvrage collectif antérieur, consacré à l'histoire d'une grande diversité de banques d'émission et de banques centrales dans leurs rapports aux États-nations sur la longue durée, de rassembler des études originales montrant, certes la fonction de prêteur en dernier ressort comme l'un des facteurs de constitution des banques centrales, mais insistant aussi sur leur rôle dans l'unification et le renforcement des États-nations et des économies nationales, et particulièrement dans la direction de la politique et du système national de crédit[3].

La deuxième partie du volume, consacrée aux banques coloniales et post-coloniales, en nous conduisant à faire un pas de côté par rapport à une chronologie par trop européo-centrée, et en élargissant ainsi l'horizon, nous ouvre elle aussi une autre histoire, plus large et plus nuancée[4]. On y constate l'émergence, d'ailleurs parfois éphémère, de « banques centrales » dès le premier XIX^e^ siècle, caractéri-

2 Michel Aglietta (en collaboration avec Pepita Ould Ahmed et Jean-François Ponsot), *La monnaie entre dettes et souveraineté,* Paris, Odile Jacob, 2016, p. 151. L'auteur y précise dès la première phrase : « Ce livre synthétise trente-cinq années d'études sur la monnaie » (*Ibid.,* p.7). Il ajoute que « (...) [la révolution industrielle] présuppose une révolution monétaire qui résulte de la transformation de la souveraineté. En Angleterre, cette révolution monétaire, marquée par la création de la Banque d'Angleterre, a elle-même précédé la révolution industrielle de près d'un siècle », (*Ibid.,* p. 151).

3 Olivier Feiertag, Michel Margairaz (dir.), *Les banques centrales et l'État-nation. The Central Banks and the Nation-State,* Paris, Sciences Po-Les Presses/Mission historique de la Banque de France, 2016, 688 p.

4 Cf. *supra,* deuxième partie.

sées non pas tant par la fonction de PDR, mais comme des établissements dotés d'un statut spécifique, exerçant une action hégémonique sur la politique du crédit dans un espace donné grâce à leur aptitude à fournir des liquidités aux acteurs locaux ou à l'économie du territoire.

Seconde notion, également largement historicisée dans les derniers chapitres du volume : celle d'« indépendance des banques centrales ». Dans le même ouvrage précité de 2016, nous avons déjà explicitement traité de la question[5]. L'année suivante, Sylviane de Saint Seine, dans la version publiée de sa thèse, présente de manière précise et documentée la genèse et les cheminements, essentiellement aux États-Unis, puis dans le monde et *in fine* au Royaume-Uni, de cette « nouvelle doxa » du modèle de la banque centrale indépendante depuis la publication en 1977 de l'article pionnier d'Edward C. Prescott (Université d'Arizona) et de Finn E. Kydland (Université Carnegie Mellon), puis de plusieurs études jusqu'aux années 1990 (date où Paul Volcker peut célébrer le « triomphe des banques centrales ») et particulièrement à l'année 1997, où le gouvernement du *New Labour* de Tony Blair se convertit en bouleversant la prééminence du « modèle de Westminster », et clôt ainsi une « marche erratique », en faisant accorder tardivement l'indépendance à la Banque d'Angleterre[6].

On peut constater dans les derniers chapitres de notre volume combien la récente indépendance juridique des banques centrales dans les années 1990 a entretenu la croyance dans l'autorégulation financière et dans leur rôle strictement technique, confortée par la création le 1er juin 1998 de la Banque centrale européenne (BCE)[7]. Cet événement est célébré par nombre d'économistes et de financiers publics et privés, tel Rudiger Dornbusch au MIT, qui croît y voir le triomphe de la proposition – paraphrasant la phrase de Georges Clemenceau à propos de la guerre et des questions militaires – selon laquelle « (...) l'argent est trop sérieux pour être laissé aux dirigeants politiques : dans ce domaine, il n'y a pas d'élu responsable, l'argent démocratique est de la fausse monnaie »[8].

Le processus théorique qui conduit à l'indépendance d'un grand nombre de banques centrales repose sur et, en retour, légitime *une vision réductrice,* dépréciative *et prescriptive* de la politique – appuyée sur la théorie contemporaine du *Public Choice* – conçue d'abord et strictement à travers une politique de la dépense clientéliste à des fins électorales de court terme. Ajoutons que nombre des acteurs du débat de théorie économique sur l'indépendance des banques centrales mêlent souvent des activités de recherche académique et des fonctions professionnelles au sein de ces institutions : près d'un demi-millier d'économistes

5 Olivier Feiertag, Michel Margairaz (dir.), *Les banques centrales..., op. cit.,* notamment l'introduction, où Olivier Feiertag invite d'emblée à « (...) historiciser l'indépendance de la banque centrale » (*Ibid,* p. 13 et *sq.*) et la conclusion, où j'indique : « À travers ce thème [de l'indépendance des banques centrales], devenu majeur dans les années 1980, il apparaît souvent une vision à la fois normative, homogénéisante, et somme toute téléologique, de l'histoire de ces institutions particulières, comme si l'indépendance venait ainsi couronner une longue évolution jugée à la fois convergente et optimale et répondant en cela au seul critère d'une rationalité économique *a priori* », (*Ibid,* p. 661).

6 Sylviane de Saint Seine, *La Banque d'Angleterre. Une marche erratique vers l'indépendance, 1977-2007,* Paris, 2017, SciencesPo-Les Presses/Mission historique de la Banque de France, 518 p.

7 Cf. *supra,* cinquième et sixième parties.

8 Rudiger Dornbush, *Keys to Prosperity: Free Markets, Sound Money, and a Bit of Luck,* Cambridge, MIT Press, 2002, trad. française p.15, cité par Éric Monnet, *La Banque-Providence. Démocratiser les banques centrales et la monnaie,* Paris, Éditions du Seuil/La République des Idées, 2021, p. 77.

travaillent à la Banque centrale européenne et probablement pas loin d'un millier à la *Fed*, soit bien davantage que dans la plupart des fondations et des universités.

Quoi qu'il en soit, leur indépendance juridique ne saurait épuiser la question de l'action politique des banques centrales. On peut constater plusieurs exemples dans le volume où des banques centrales (Banque du Japon, BCE, *Fed*) mènent successivement, dans le même cadre juridique, des politiques bien différentes[9]. On peut aussi mesurer, malgré la non-indépendance de la Banque d'Angleterre, les prétentions politiques de Montagu Norman dans l'entre-deux-guerres à tenter, avec Benjamin Strong, d'affirmer le pouvoir de l'*International Central Banking* hors et au-dessus des gouvernants, ou encore la marge de manœuvre du gouverneur Robert – dit Robin – Leigh-Pemberton, en 1989, lorsqu'il signe le rapport Delors *contre* l'avis de Margaret Thatcher[10]. C'est aussi dans ce cadre de non-indépendance, que plusieurs gouverneurs de la Banque de France ont ainsi usé de leur droit de remontrance en donnant leur avis sur les politiques suivies, qu'il s'agisse – épisodes bien étudiés – d'Émile Moreau, qui tient tête à un Poincaré hostile à la dévaluation en 1926-1928, de Wilfrid Baumgartner en 1952, ou encore du gouverneur Renaud de la Génière, qui se montre hostile à la politique financière du gouvernement Mauroy en 1981-1982, et qui caractérisait ainsi à la fin des années 1970 la position de la Banque de France face au pouvoir politique : « subordonnée, mais autonome ». Même après la nationalisation *de jure* de 1945 – qui empêche toute vélléité d'action politique directe contre le pouvoir politique, comme cela avait été le cas en 1926 ou en 1936 – on a mesuré combien la Banque de France dispose de fonctions élargies, qui donnent une *marge de manœuvre* disponible pour ses dirigeants, évidemment variable selon la conjoncture, selon les politiques à l'œuvre et aussi, facteur non négligeable, selon la personnalité même des dirigeants en question[11].

## DÉGLOBALISER

Nous avions suggéré aux participants de déglobaliser la question-titre du colloque, en leur proposant de différencier *la, les* et *le politique* afin de clarifier et de hiérarchiser leurs analyses.

Le volume montre que, dans la plupart des cas, les banques centrales et leurs dirigeants ne sont pas à proprement parler des acteurs de *la* politique institutionnelle. Encore convient-il de mieux préciser et de distinguer plusieurs configurations de relations États-banque centrales. Dans les États précocement et fortement constitués, tels que l'Angleterre ou la France, les banques centrales elles-mêmes parmi les plus précoces (1694 et 1800) disposent de structures propres solides au cœur d'un système financier lui-même vigoureux. Et leur personnel dirigeant connaît une professionalisation croissante et distincte le

**9** Cf. *supra*, cinquième partie.
**10** Cf. *supra*, les sixième et cinquième parties.
**11** Cf. *supra*, quatrième partie.

plus souvent de celle du personnel politique *stricto sensu*[12]. C'est aussi le cas de la Fépublique fédérale d'Allemagne, même si le fédéralisme rend plus complexe la structure des pouvoirs politiques[13]. En revanche, dans certains États faibles et plus tardifs comme l'Italie, on a vu à l'œuvre des dirigeants de la Banque d'Italie mener une véritable action politique – en l'occurrence diplomatique – dans l'immédiat après Seconde Guerre mondiale[14]. Depuis lors, des gouverneurs ont même occupé des fonctions majeures à la présidence du Conseil ou de la République, marquant par là le caractère solide et crédible de la Banque d'Italie face à un État moins pourvu dans ces domaines.

Deuxième approche : *les politiques,* à savoir les politiques publiques. On a pu constater que les banques centrales ont participé le plus souvent à des politiques publiques en nombre croissant, parallèlement à l'augmentation de leurs fonctions. Leur action majeure relève de la politique monétaire, soit au sein des « autorités monétaires », aux côtés des trésoreries, puis de manière indépendante, on l'a vu, de manière massive dans les années 1990 ; mais, elles participent aussi, surtout depuis 1945 – et malgré (ou à cause des) nationalisations multiples – à des politiques publiques diverses, notamment en matière de politique du crédit et de contrôle des banques[15] et, plus largement, à la politique financière, particulièrement en période instable, sans compter des tâches de service public – variables selon les pays – en matière d'études de conjoncture, de statistiques des risques bancaires, de traitement du surendettement, d'éducation à la monnaie et à l'économie, etc. De surcroît, on a pu constater dans le volume combien la politique monétaire, loin de demeurer une fonction technique neutre, joue un rôle croissant avec la mondialisation des mouvements de capitaux et empiète sur nombre de politiques publiques, au-delà même de la politique financière. En ce sens, nombre de banques centrales apparaissent comme des acteurs *du* politique, même si elles ne relèvent pas de *la* politique instituée[16].

Cela conduit à formuler deux remarques comme autant d'appels à poursuivre les investigations. D'abord, la politique monétaire, on l'a vu, a été bien perçue pas les praticiens des banques centrales comme un moyen, sorte de raccourci permettant d'esquiver le contrôle parlementaire ou la négocaition sociale avec les organisations professionnelles ou syndicales : elle « (...) s'accompagne donc d'un assez fort degré *d'anesthésie politique et sociale* », suivant les propos (de 1972) rapportés d'un ancien directeur du Trésor. Manière de signaler combien la politique monétaire, comme les banques centrales, dont les dirigeants sont des experts nommés, ont éprouvé des difficultés à s'accommoder des règles

12 Notons toutefois que Marie-Claude Esposito présente Montagu Norman comme « un homme d'État en finance » (cf. *supra,* sixième partie).

13 Cf. *supra,* sixième partie.

14 Cf. *supra,* quatrième partie.

15 Cf. *supra,* quatième partie.

16 Jean Bouvier, concluait ainsi l'un de ses derniers textes, à propos des relations Banque de France et État des années 1850 aux années 1980 : « En dernière analyse, tout n'est-il pas 'politique', au sens profond de ce mot, en matière de monnaie ? » Rapport au colloque international sur l'indépendance des banques centrales par la *Fondazione Olivetti* (1986), reproduit *in* Jean Bouvier, *L'historien sur son métier. Études économiques XIX-XX*[e] *siècles,* Paris, Éditions des archives contemporaines, 1989, p. 392.

démocratiques, certains auteurs déjà cités définissant récemment comme objet d'étude « (...) démocratiser les banques centrales et la monnaie »[17].

Seconde constatation, présente chemin faisant ici ou là au long du volume : les *marges de manœuvre* des banques centrales et leurs pratiques s'avèrent bien différentes par temps calme et par gros temps, celui des moments critiques, voire des conflits aigus. Incitation sans doute à aller voir de plus près la distinction entre l'histoire froide des rapports de force stables sur la durée et l'histoire chaude des crises, systémiques ou non.

Et autant de chantiers de recherches à venir.

**17** Éric Monnet, *La Banque-providence...*, *op. cit.*, p. 77 et *sq.*

# Biographies

**Marianna Astore** est maîtresse de conférences à l'université de l'Insubrie (Varese, Italie) et membre associée de la faculté d'histoire ainsi que du Collège Nuffield de l'université d'Oxford. Ses recherches portent principalement sur l'histoire financière contemporaine de l'Europe, en particulier le rôle des banques centrales en temps de guerre et de crise durant l'entre-deux-guerres. Entre 2021 et 2023, elle a bénéficié d'une bourse Marie Sklodowska-Curie à la Paris School of Economics (PSE), où elle a dirigé avec Eric Monnet le projet "Europe and Its Central Banks: Lessons from History (EUROCBH)". Ses publications incluent des articles dans des revues d'histoire économique et contemporaine nationales et internationales, en particulier « Capitalismo e regime fascista: dibattiti e prospettive di ricerca » (avec Valerio Torreggiani, *Studi Storici*, 2024), « La Banca d'Italia nel periodo fascista tra gruppi d'interesse e intervento industriale » (avec Mario Perugini, *Studi Storici*, 2024), « Italian Industry under Fascism. What We Learned from Business History » (*Rivista di Storia Economica*, 2022), et « 'We can't pay': How Italy dealt with war debts after World War I » (avec Michele Fratianni, *Financial History Review*, 2019).

**Patrice Baubeau** est maître de conférences en histoire à l'université Paris-Nanterre, chercheur à l'IDHE.S (UMR 8533) et à la Maison Française d'Oxford (USR 3129). Ses travaux portent principalement sur l'histoire de la monnaie, des banques et du crédit. Dernière publication : « Billon, billets : les enjeux autour de la petite monnaie en France entre 1789 et 1852 », chapitre 21, *in* Jérôme Blanc et Bruno Théret (dir.), *La monnaie entre unicité et pluralité : explorations théoriques et empiriques*, Paris, Classiques Garnier, 2025.

**Marcel Boldorf** est professeur de civilisation allemande à l'université Lumière Lyon 2 depuis 2013. Il a obtenu son doctorat en 1996 avec une thèse sur l'aide sociale dans la zone soviétique/la RDA. Il a passé son habilitation sur l'histoire de l'industrialisation (comparaison de la Silésie à l'Irlande du Nord) en 2003. Ses recherches portent sur l'histoire économique et sociale du XVIIIe au XXIe siècle, l'économie des deux guerres mondiales et la politique sociale allemande depuis l'Empire. Publications récentes : (avec Jonas Scherner (dir.), *Handbuch Wirtschaft im Nationalsozialismus*, Berlin et Boston, De Gruyter, 2023 ; Deutsche Wirtschaft im Ersten Weltkrieg, Berlin et Boston, De Gruyter, 2023 ; (avec Hervé Joly) Une victoire impossible ? L'économie allemande pendant la Première Guerre mondiale, Villeneuve d'Ascq, Septentrion, 2021 ; "The Nazi Social Order Implemented ? The Case of France", in Sandrine Kott and Kiran K. Patel (eds.), *Nazism across Borders. The Social Policies of the Third Reich and their Global Appeal*, New York, Oxford University Press, 2018, p. 365-388.

**Louis Bourges** est élève normalien à l'ENS Paris-Saclay et en Master 2 à l'EHESS et à l'université Paris-Dauphine. Il a travaillé sur l'histoire économique du colonialisme au Nigeria, et s'intéresse aujourd'hui à la question du genre dans les communautés des cryptomonnaies.

**Alain Coën** est Professeur Titulaire de Finance à l'École des Sciences de la Gestion de l'université du Québec à Montréal. Titulaire d'un doctorat en Sciences de Gestion (U. Grenoble), d'un doctorat en Sciences économiques (U. Paris I Panthéon-Sorbonne), d'un doctorat en Histoire (U. Montréal) et de deux Habilitations à diriger les recherches (U. Paris Dauphine; U. Paris I), il enseigne la gestion de portefeuille et la finance d'entreprise. Il a été Professeur invité dans plusieurs universités. Ses travaux portent sur la finance internationale, la gestion de portefeuille et l'économétrie financière appliquée. Ils ont été publiés dans de nombreuses revues scientifiques incluant *Journal of Banking and Finance, Journal of International Money and Finance, Real Estate Economics, Journal of Empirical Finance, Journal of Housing Economics* et *Journal of Financial Econometrics.* Récemment, il a publié : *Les relations monétaires franco-allemandes et l'UEM (1969-1992) : des ambitions aux réalités,* Bruxelles, P.I.E. Peter Lang, 2023.

**François de Coustin**, après des études de droit, sciences de l'information et sciences politiques, a notamment été journaliste dans la presse économique, puis durant vingt ans adjoint, puis directeur de la Communication de la Banque de France avant d'y exercer les fonctions de conseiller auprès du gouverneur pour l'histoire, le patrimoine et le mécénat. Spécialisé dans l'histoire de l'Empire et de la Restauration sur laquelle il a écrit trois livres, consacrés à *Louis XIX, duc d'Angoulême* (2017), *Elie Decazes, le dernier favori* (2020) et *Louis Bonaparte, roi rebelle et mélancolique* (2025), publiées chez Perrin, il est l'auteur d'articles et de communications principalement consacrées à l'histoire de la Banque de France au XIXe siècle : « Les tentatives d'indépendance de la Banque de France », *in* Pierre Branda (dir.), *L'Économie selon Napoléon,* Vendémiaire 2016. ; « Le gouverneur, l'Empereur et la Banque de France », *in* Eric Anceau et Pierre Branda (dir.), *Napoléon III et l'économie,* CNRS Éditions, 2024.

**Ghislain Deleplace** est professeur émérite de sciences économiques à l'université Paris 8 à Saint-Denis et membre du Laboratoire d'Économie Dionysien (LED). En plus de nombreux articles dans des revues internationales et contributions à des ouvrages collectifs, il a publié *Théories du capitalisme : une introduction,* PUG/Maspéro, 1979, (traduit en japonais) ; avec M.T. Boyer-Xambeu et L. Gillard, *Monnaie privée et pouvoir des princes. L'économie des relations monétaires à la Renaissance,* CNRS/Presses de la FNSP, 1986 (traduit en italien et en anglais) ; avec M.T. Boyer-Xambeu et L. Gillard, *Bimétallisme, taux de change et prix de l'or et de l'argent. 1717-1873,* PUG, 1995 ; avec E.J. Nell & Malcom B. Smith, *Money in Motion. The Post Keynesian and Circulation Approaches,* Macmillan, 1996 ; *Histoire de la pensée économique,* Dunod, 1999, 3e édition 2018 ; *Ricardo on Money. A Reappraisal,* Routledge, 2017 ; coédité avec M.C. Marcuzzo et p. Paesani, *New Perspectives on Political Economy and Its History* Palgrave Macmillan, 2020.

**Ludovic Desmedt** est professeur d'économie à l'université de Bourgogne Europe où il dirige le master Monnaie Banque Finance Assurance ; il est chercheur au LEDi (Laboratoire d'Économie de Dijon). Il fait partie du Comité de Rédaction de la *Revue d'Histoire de la Pensée Économique.* Il a co-dirigé trois ouvrages collectifs : avec J. Blanc, *Les pensées monétaires dans l'histoire : L'Europe, 1517-1776,* Paris, Classiques Garnier, 2014 ; P. Alary, J. Blanc et B. Théret, *Théories françaises de la monnaie. Une anthologie,* Paris, Presses Universitaires de France, 2016 ; avec B. Quiriny, *Hayek, regards croisés : économie, droit, politique,* Paris, Éditions Matériologiques, 2024.

**Rodrigue Dossou-Cadja** est un macroéconomiste et un historien de l'économie. Il est actuellement chercheur postdoctorant au Centre National de la Recherche Scientifique (CNRS) au sein du laboratoire ART-Dev/UMR5281 et des universités/institutions associées à Montpellier. Ingénieur-Statisticien de formation, ses recherches actuelles sont surtout axées sur la macroéconomie et la finance internationale, l'économie monétaire, la modélisation économique et l'économétrie appliquée, en particulier concernant les perspectives historiques des dynamiques Nord-Sud des crises financières, des guerres des monnaies et des banques centrales. Parmi ses publications récentes, on note : Dossou-Cadja R., "The 1992-93 EMS Crisis and the South: Lessons from the Franc Zone System and the 1994 CFA franc Devaluation", *EHES Working Paper,* No. 246, 11 January 2024; Dossou-Cadja R. & Akimabera F., "On Climate Change: Inequalities and Gender Vulnerability in Benin", *African Journal on Land Policy and Geospatial*

*Sciences*, Vol. 3, Special Issue 2, March 2020, p. 116-127 ; Dossou-Cadja R., Kiki, J. M., & A. Medenon, "Consommation d'essence au Bénin et différentiel de prix entre les secteurs formel et informel : une analyse à partir du modèle à seuil de Hansenl", *Revue d'Economie Théorique et Appliquée*, Vol. 6, No. 1, juin 2016, p. 57-76.

**Marie-Claude Esposito** est professeur émérite à l'université Sorbonne Nouvelle. Elle appartient à l'équipe d'accueil « Intégration et Coopération dans l'Espace Européen » (ICEE) et est membre de la Mission historique de la Banque de France. Elle est l'auteur de plusieurs ouvrages et de très nombreux articles sur l'économie du Royaume-Uni, en particulier sur les aspects monétaires et financiers. Elle a publié en 2016, en coauteur avec Philippe Chassaigne, *Londres la ville-monde*, dont une nouvelle édition augmentée paraîtra au début de 2026. Parmi les articles les plus récents, on citera : « La Banque d'Angleterre et son implication dans les affaires européennes » in Jean-Paul Bled et Jean-Pierre Deschodt (dir.), *Les conséquences de la Grande Guerre 1919-1923*, Paris, Éditions SPM, 2020 ; « Margaret Thatcher et la réforme du *Civil Service* : les obstacles et les réalisations (1979 à 1990) », *in* « 1986-1988 : Le moment libéral français », *Histoire Économie et Société*, 2022/2, p. 101-122 ; « Global Britain », *in* Michel Korinman (dir.), *Vous avez dit « Pacifique » ?*, David Reinharc Éditions, 2022 ; « Crise de la livre sterling de 1976 et crédibilité », *Revue Française d'Histoire Économique*, n° 16, 2021/2, p. 58-72 ; « La Banque d'Angleterre et son implication dans les affaires européennes » *in* Jean-Paul Bled et Jean-Pierre Deschodt (dir.), *Les conséquences de la Grande Guerre 1919-1923*, Paris, Éditions SPM, 2020.

**Clément Fontan** est professeur, depuis 2018, en politiques économiques européennes à l'UC Louvain Saint-Louis Bruxelles. Il a co-dirigé la revue *Politiques Européennes* entre 2018 et 2024. Il est spécialisé dans l'économie politique, les études européennes, l'éthique financière, les banques centrales et les crises financières. Parmi ses publications, on retiendra : « Frankenstein en Europe: l'impact de la Banque centrale européenne sur la gestion de la crise de la zone euro », *Politique européenne*, vol. 4, 2013, p. 22-45 et, en collaboration avec Dietsch, Peter et François Claveau, et Clément Fontan, *Do central banks serve the people?*, New York, John Wiley & Sons, 2018, 140 p.

**Virginia-Anastasia Fournari** studied sociology, global political economy and applied statistics in Greece and France. She holds her PhD in Economic Sociology from the Department of Sociology, Panteion University, 2017. She was Visiting Fellow at the American Institute for Economic Research (MA, USA) and Visiting Scholar at Vinson Centre at University of Buckingham (UK). She conducted postdoctoral research at the Department of Economics of the University of Thessaly (Greece) on taxation and state formation. She has participated in several international conferences, including the Mont Pelerin Society's Conference for the 80th anniversary of the Bretton Woods Conference. A recent publication: *Economic Systems in the Cold War: The Announcement by the Polish Economic Historian Witold Kula to UNESCO,*1966, American Institute for Economic Research, USA, 2024.

**Thibaud Giddey** est historien spécialisé en histoire économique et régulation financière. Actuellement chercheur postdoctoral à l'université de Zurich, il travaille sur l'histoire des avocats d'affaires. Titulaire d'un doctorat sur l'histoire de la surveillance bancaire en Suisse et en Belgique, il a été maître-assistant à l'université de Lausanne et chercheur associé à Oxford. Ses recherches couvrent l'histoire financière, la fiscalité, les élites économiques, les scandales financiers et la politique publique dans les petites économies ouvertes. Sa thèse a été publiée en 2019 chez Droz : *Histoire de la régulation des banques en Suisse (1914-1972)*. Il est aussi le co-auteur de *Formalization of Banking Supervision. 19th-20th Centuries*, 2022. Dans la même approche prosopographique des institutions de contrôle bancaire, il a récemment publié « Une analyse prosopographique des superviseurs bancaires en Suisse (1935-2008) », *in* Jean-Luc Mastin et Béatrice Touchelay (dir.), *Des banques sous surveillance ?*, Presses universitaires du Septentrion, 2023, p. 137-162 et "Who watches the watchdogs? Central bank board members and banking supervisors in Switzerland (1907-2008)", *Management & Organizational History*, 2024, p. 1-27.

**Aurélien Goutsmedt** est chercheur postdoctoral à l'UC Louvain et chargé de cours à l'ICHEC. Il a soutenu une thèse en 2017 sur la stagflation des années 1970. Il travaille sur l'histoire des débats sur l'inflation et sur l'influence de l'expertise économique dans la décision politique. Il a publié : "From the Stagflation to the Great Inflation: Explaining the US economy of the 1970s", *Revue d'économie politique,* vol. 131, n° 3, 2021, p. 557-582. En collaboration avec Francesco Sergi, "Redefining Scientisation: Central Banks between Science and Politics", *Finance & Society* (à paraître, 2025).

**Sébastien Guex** est Professeur honoraire de l'université de Lausanne. Ses centres d'intérêt concernent l'histoire sociale, économique et politique. Ses deux derniers ouvrages sont *Du pouvoir et du profit*, Lausanne, Antipodes, 2022 et S. Guex et H. Buclin (eds.), *Tax Evasion and Tax Havens since the Nineteenth Century,* Basingstoke, Palgrave Macmillan, 2023. Son prochain livre analysera la formation de la Suisse en tant que paradis fiscal – ou plus rigoureusement en tant que prédateur fiscal international – entre 1816 et 1914.

**Antoine Jourdan** est doctorant au Centre de recherches historiques (CRH) de l'EHESS. Sa thèse porte sur l'organisation de la planification française.

**Laurent Le Maux** est professeur en économie à l'université de Brest et enseigne à l'université de Paris Panthéon – La Sorbonne dans le cadre du master d'histoire de la pensée économique. Il a publié en février 2025 un article intitulé "Charles Kindleberger, the Dollar System, and Financial Crises" pour l'Institute for New Economic Thinking ainsi qu'un article sur la théorie classique de la banque centrale à paraître dans *History of Political Economy*.

**Arnaud Manas** est Docteur en histoire et en économie, chercheur associé à Paris I – Sorbonne (IDHE.S). Il dirige le service du Patrimoine Historique et des Archives de la Banque de France. Il est notamment l'auteur de l'*Or de Vichy*, Paris, Vendémiaire, 2016, de l'*Or de la guerre froide*, Paris, Cerf, 2022 et de *Histoire de la fausse monnaie en France des Gaulois à nos jours*, Paris, Cerf, 2025.

**Michel Margairaz** est Professeur émérite d'histoire contemporaine à l'université de Paris I Panthéon Sorbonne/IDHE.S. Il a récemment publié : Michel Margairaz (dir.), « Crédibilités monétaires. *Monetary credibility* », *Revue française d'histoire économique* (RFHE), n° 16, 2021-II, 162 p. Michel Margairaz (dir., avec Fabien Cardoni), *L'État des finances publiques en France.Comprendre les dynamiques du long XXe siècle,* tome 1, Paris, IGPDE/CHEFF, 2022, 296 p. et tome 2, Paris, IGPDE/CHEFF, 2024, 234 p.

**Dr. Christian Marx** is researcher at the Leibniz Institute for Contemporary History (IfZ) in Munich. After he finished his PhD in 2011, he was working for his habilitation on "European multinational companies, 1965-2000" at the Department of Modern and Contemporary History, University of Trier. He then moved to the IfZ, where he examined the history of the German central bank in the first two decades after the Second World War, before joining a project on deindustrialisation in Western Europe since the 1970s in 2022. Related publications: Christian Marx, „Die Deutsche Bundesbank in der Globalsteuerung. Zur Diskussion über die Instrumente und die Unabhängigkeit der Zentralbank in der Ära Schiller (1966-1972)", *in Vierteljahrschrift für Sozial-und Wirtschaftsgeschichte* 111 (3), 2024, p. 277-307. ; Boris Gehlen/Christian Marx, „Das Führungspersonal der Reichsbank und das NS-Regime", in *Vierteljahrshefte für Zeitgeschichte* 73 (1), 2025, p. 43-83.

**Jean-Luc Mastin** est Maître de conférences en histoire économique contemporaine à l'université Paris 8. Il est membre de l'IDHES (UMR 8533 CNRS) et de la Mission historique de la Banque de France. Après s'être intéressé au contrôle interne et plus particulièrement à l'Inspection générale de la Société Générale (années 1860-1940), puis aux résistances des banques nationales au contrôle et à l'encadrement du crédit (années 1950-années 1980), il prépare actuellement une HDR sur l'histoire du contrôle des banques en France jusqu'aux années 1990. Récemment, il a publié « Les banques nationales françaises dans le triple processus de déréglementation – financiarisation – mondialisation des années 1980 : la Société Générale entre 1978 et 1987 », *Histoire Économie et société*, 2024/3, p. 90-124 ; « Control, did you say control ? (or supervision ?) », in *Varieties of supervision. The surveillance of banks in a long-term perspective/Les métamorphoses du contrôle. La surveillance bancaire en longue durée, Revue française d'histoire économique*, 2023-II, p. 12-28 ; « [De] L'affaire Kerviel [à l'affaire Société Générale] », *in* Yvonnic Denoël et Renauld Meltz (dir.), *Mensonges d'État. Une autre histoire de la Ve République,* Paris, Nouveau monde, 2023, p. 511-517 ; avec Béatrice Touchelay (dir.), *Des banques sous surveillance ? Pour une histoire du contrôle bancaire depuis le XIXe siècle*, P.U. du Septentrion, 2023, 344 p.

**Éric Monnet** est Directeur d'études à l'EHESS, professeur à l'École d'Économie de Paris, membre du CEPR (Centre for Economic Policy Research) et conseiller scientifique au CEPII. Il fut économiste à la Banque de France de 2013 à 2019. Il a publié de nombreux articles sur l'histoire du système monétaire international, la dette publique, les crises bancaires, les marchés financiers et le financement de l'investissement en France et en Europe au XXe siècle. Son travail porte également sur l'histoire et les enjeux actuels des politiques des banques centrales. Parmi ses récents ouvrages, on citera : *Euro, les années critiques,* 2015 *; Controlling Credit: Central Banking and the Planned Economy in Postwar France, 1948-1973,* 2018 *; L'Europe : une puissance publique?,* 2024 ; *Balance of Power. Central Banks and the Fate of Democracies*, 2024.

**Pilar Nogues-Marco** submitted a Ph.D. in Economics (International Finance) at Sciences-Po Paris. She is an Associate Professor in Economic History at the University of Geneva (Paul Bairoch Institute) and a Research Fellow at Centre for Economic Policy Research. She currently collaborates as a consultant for the Bank of Spain. Her research focuses on monetary and financial history from the early modern period to the present day. Her research is available in the webpage: <https://www.unige.ch/sciences-societe/dehes/membres/pilar-nogues-marco/>. Among her relevant publications: "Competing Bimetallic Ratios: Amsterdam, London and Bullion Arbitrage in the mid-18th century", *Journal of Economic History*, 73(2), 2013, p. 445-473 ; with A. Herranz-Loncán, and N. Aslandinis, "The making of a national currency. Spatial transaction costs and money market integration in Spain (1825-1874)", *Journal of Economic History*, 79 (4), 2019, p. 1094-1128 ; with C. Vam Malle-Sabouret, "East India bonds, 1718-1763: early exotic derivatives and London market efficiency", *European Review of Economic History*, 11 (3), 2007, p. 367-394.

**Raphaël Orange-Leroy** est ATER à Nantes Université, docteur en Histoire (CY Cergy Paris Université - Université Paris 1 Panthéon-Sorbonne) et *alumnus* du Programme Fulbright. Il a soutenu sa thèse en 2024 sur *L'Autre côté de la pièce. Les pays en développement, la CNUCED et le FMI dans les renégociations du système de Bretton Woods (1961-1976)*. Il a publié plusieurs articles sur le rôle des pays en développement dans les négociations monétaires et financières internationales : "The Crisis of Development Aid and the Origins of the Debt Crisis", *Rivista italiana di storia internazionale*, III-2, 2020, p. 223-245 ; « Les limites de la périphérie. L'action des pays en développement dans les négociations économiques internationales des années 1950 à 1970 et son interprétation structuraliste », *Siècles. Cahiers du Centre d'histoire « Espaces et Cultures »*, 54, 2023 ; avec Getsiva Cayo Durand de Geist, « Les traces du Pérou et du Chili sur la scène multilatérale : du groupe andin au nouvel ordre économique international », *Revue d'histoire diplomatique*, 1, 2022, p. 524.

**Yves-Marie Péréon** est Professeur des universités à Paris Panthéon-Assas où il enseigne l'anglais et l'histoire de l'économie. Diplômé de l'École Supérieure de Commerce de Paris, il a travaillé quinze ans dans le secteur bancaire, principalement aux États-Unis. Agrégé et docteur en histoire, il travaille sur l'histoire politique et économique des États-Unis. Il est notamment l'auteur de : *Rendre le pouvoir. Les présidents américains après la Maison-Blanche, de Washington à Trump*, Paris, Tallandier, 2023, 282 p. *Moralizing the Market. How Gaullist France Embraced the US Model of Securities Regulation*, Johns Hopkins University Press, 2018, 210 p. Et en co-auteur de *Franklin D. Roosevelt*, Paris, Tallandier, 2015, 575 p.

**Marc Perrenoud** a contribué à des projets de recherches historiques, en particulier sur les banques suisses et les relations internationales de la Confédération helvétique. Il fut notamment le conseiller scientifique de la Commission indépendante d'experts Suisse-Seconde Guerre mondiale, présidée par Jean-François Bergier, qui fut autorisée à consulter les archives bancaires en Suisse de 1997 à 2002 (*cf.* www.uek.ch). Ses principales publications sont : *Banquiers et diplomates suisses: (1938-1946)*, Lausanne, Ed. Antipodes, 2011 et *Migrations, relations internationales et Seconde Guerre mondiale: contributions à une histoire de la Suisse au XX*^e^ *siècle*, Neuchâtel, Éditions Alphil, 2021.

**Mario Perugini** est professeur associé d'histoire économique à l'université de Catane (Italie). Ses recherches portent principalement sur l'histoire de l'industrie italienne au XX^e^ siècle. Il a publié plusieurs articles dans des revues d'histoire économique et d'histoire contemporaine. Il est l'auteur de l'ouvrage *Il farsi di una grande impresa. La Montecatini fra le due guerre mondiali*, Milano, Franco Angeli, 2014, 368 p.

**Louis Pons** est agrégé de sciences économiques et sociales, allocataire de la Mission historique de la Banque de France et ATER depuis septembre 2024. Il est doctorant en histoire économique à l'université Paris 1, rattaché au laboratoire Institutions et dynamiques historiques de l'économie et de la société (UMR 8533). Il mène actuellement une thèse sous la direction d'Anne Conchon sur les politiques mises en œuvre sous la Révolution française pour faire face aux crises monétaires (1789-1797). Il collabore également avec l'*Inventaire Condorcet* (www.inventaire-condorcet.com), pour lequel il a préparé, à partir d'archives inédites, un article intitulé « Condorcet et la réforme de la Trésorerie nationale (1791) » (à paraître).

**Evangelos Prontzas** is Professor of Economic History and Economic Sociology. He has a PhD in Economic History (Paris I-Pantheon Sorbonne,1986). He studied economics, political science and economic history in Greece and France. He was a lecturer at the Ionian University, the University of Ioannina and Panteion University. He was Vice-Rector of Panteion University (2011-16) and collaborator of the cultural institutions and historical archives of Greek Banks (National Bank of Greece, Piraeus Bank, Emporiki Bank, Agricultural Bank of Greece). Among his publications: T. Kalafatis, E, Prontzas (eds.), *Economic History of the Greek State*, Athens, PIOP, 2011, Vol. I-III ; E. Prontzas, *The Public Revenues of the Greek State 1833-1939*, Athens, National Bank of Greece, 2011.

**Laure Quenouelle-Corre** est directrice de recherche émérite au CNRS, rattachée au Centre de Recherches Historiques (CNRS/EHESS). Ses recherches récentes s'intéressent à la réception de la dette publique en France, à la politique économique et financière, aux mutations du système bancaire et financier français et européen ainsi qu'à la place des femmes dans la banque et la finance au tournant du dernier siècle. Dernier ouvrage paru : *Le déni de la dette. Une histoire française,* Paris, Flammarion, 2024.

**Valentina Vardabasso** est docteur en histoire. Sa recherche porte sur l'intégration européenne. Elle est et chargée de cours en histoire économique à l'université Paris 1. Elle effectue des études post doctorales à la Banque de France sous la direction des Professeurs Olivier Feiertag et Michel Margaraiz. Elle a notamment publié : « La citoyenneté européenne par le budget », *in* Michel Catala, Anne Sophie Lamblin-Gourdin Stanislas Jeannesson, *L'Europe des citoyens et la citoyenneté européenne,* Bruxelles, Peter Lang, 2016, p. 247-266 ; « La Cour des comptes européenne et la démocratisation des institutions européennes », *Journal of European Integration History* (JEIH), décembre 2011, p. 285-302 ; « Au début de l'humanisation de la mondialisation. L'OIT et les migrations à l'aube des années Cinquante », *in* Alya Aglan, Olivier Feiertag, Dvovinar Kevonian, « *Humaniser le travail: régimes économiques, régimes politiques, et Organisation international du travail* », Bruxelles, Peter Lang, 2011, p. 211-230 ; « La Cendrillon de l'Histoire. La Cour des comptes européenne et la démocratisation des institutions européennes », in *Journal of european integration history/Revue d'histoire de la construction européenne*, décembre 2011, p. 285-302.

**Simon Watteyne**, Docteur en histoire de l'Université libre de Bruxelles (2021), travaille principalement sur les politiques fiscales et monétaires en Belgique, de sa création à nos jours. Il est l'auteur de *Lever l'impôt en Belgique. Une histoire de combats politiques (1830-1962)*, paru aux éditions du Centre de Recherche et d'Information Socio-Politiques en 2023. Sa recherche sur l'histoire de la crise monétaire belge s'est faite durant un post-doctorat (Fondation Wiener-Anspach) à l'université d'Oxford (2021-2022) et un postdoctorat (FNRS) à l'université libre de Bruxelles (2022-2025).

**Wang Wenfei** est maître de conférences au département d'histoire mondiale de l'université normale de Shanghai. Ses recherches portent principalement sur l'histoire des relations internationales contemporaines et l'étude de la dissolution du système de Bretton Woods. Lauréat d'une bourse de recherche de la Banque de France, elle a publié plusieurs articles, dont : Wang Wenfei, "The credibility of the U.S. dollar in the 1960s: a geopolitical approach", *Revue française d'histoire économique*, n° 16, vol. 2, 2021, p. 28-41.

**Kazuhiko Yago**, docteur de l'université Paris X Nanterre, professeur à l'université Waseda au Japon, se spécialise dans l'histoire financière et bancaire contemporaine. Ses principales publications sont les suivantes : Kazuhiko Yago, "Before the 'locomotive' runs: the impact of the 1973-1974 oil shock on Japan and the international financial system", *Financial History Review*, Vol. 27, Issue 3, 2020 ; Stefano Battilossi, Youssef Cassis, Kazuhiko Yago (eds.), *Handbook of the History of Money and Currency*, Springer, 2020; Hubert Bonin, Nuno Valério, Kazuhiko Yago (eds.), *Asian Imperial Banking History*, Taylor and Francis, 2015 ; Yoshio Asai, Masanao Itoh, Kazuhiko Yago (eds.), *History of the IMF, Organization, Policy, and Market*, Springer, 2015 ; Kazuhiko Yago, *The Financial History of the Bank for International Settlements*, Routledge, 2013.

# *Index Nominum*

# Sommaire

www.ingramcontent.com/pod-product-compliance
Lightning Source LLC
LaVergne TN
LVHW050430061026
849532LV00013B/201